华融国际信托有限责任公司
HUARONG INTERNATIONAL TRUST CO., LTD.

U0933068

国家托付事业、人民托付信赖
社会托付财富、员工托付梦想

华融国际信托有限责任公司是国内最早经营信托业务的公司之一，注册资本23.69亿元，控股股东为中国华融资产管理股份有限公司。在中国银监会的科学监管下，在中国华融的正确领导下，在社会各界的大力支持和帮助下，华融信托累计管理信托资产规模超过8000亿元，信托产品收益率排名行业前列，实现了投资者的利益最大化，得到了市场的广泛认同。

近年来，华融信托先后获得银监会授予的“全国银监会系统先进集体”荣誉称号，中华全国总工会授予的“全国模范职工之家”荣誉称号和“中国最具成长性信托公司”、“年度优秀财富管理中心”、“优秀金融服务品牌奖”、“金牛集合信托公司奖”等多项行业大奖，发展成果得到高度认可。

未来，华融信托将按照“创新发展，提质转型，稳中求进，增比进位”的主基调，打造“营销、创新、风控”三大核心竞争力，做强“传统业务、创新业务、固有业务”三大业务板块，奋力打造“主业突出、特色鲜明、业绩良好、经营稳健、值得信赖”的一流信托公司，努力在中国经济转型升级的浪潮中成就“国家托付事业、人民托付信赖、社会托付财富、员工托付梦想”的宏伟基业和发展梦想。

电话：400 610 9969 网址：www.huarongtrust.com 邮编：100032
地址：北京市西城区太平桥大街丰盛胡同28号太平洋保险大厦A座7层

信约天下 专善所托

私募投行 / 资产管理 / 财富管理

中航信托股份有限公司是经中国银监会批准设立的股份制非银行金融机构，由特大型央企中国航空工业集团公司及境外战略投资者新加坡华侨银行等共同发起组建，是国内集央企控股、上市背景、中外合资及军工概念于一身的信托公司，于2009年12月底完成重新登记开业，注册地为江西南昌，注册资本为402226.72万元。

中航信托向客户提供全方位、专业化的私募投行、资产管理和财富管理服务，主要市场为南昌、北京、上海、深圳、成都等地，在全国21个大中城市共设立了31个信托业务团队与近20家财富中心，已初步构建辐射各经济发展城市的业务发展格局。

中航信托以广泛认可的创新精神和金融实力，先后获得“中国优秀信托公司”、“中国优秀风控信托公司”等荣誉称号。2016年末，公司管理信托资产规模4747亿元，七年来累计向投资人分配收益874亿元，主要经营指标进入行业前十。

中航资管

中航财富

航空工业·中航信托

财富热线：400-8855-258　http：//www.avictc.com

興信立業
精誠守托

兴于晨时
惟曦破天下之虚
立于首托
惟信守立业之本

CHINA INDUSTRIAL
INTERNATIONAL TRUST LIMITED

理财热线：400-883-6666
网址：www.ciit.com.cn

官方微博

官方微信

北京（总部）：朝阳区安立路 30 号仰山公园东 1 门 010-87403030
浙江家族办公室：西湖区古墩路 83 号浙商财富中心 4 号楼西门 9 楼 0571-8775924
上海家族办公室：浦东新区浦东大道 1868 号东方城市大厦 5 楼 021-60758533
郑州家族办公室：郑州市新区 CBD 商务内环千玺广场 1902 室

新财道财富管理股份有限公司

新财道财富管理股份有限公司（以下简称“新财道”）由《信托法》起草人周小明博士联合资深财富管理专业团队作为管理股东、品牌信托公司——中航信托股份有限公司作为战略股东、一批志同道合的企业家作为客户股东，采取众筹思维发起和运营。公司经国家工商行政管理总局核名，成立于2015年8月19日。注册地：北京，注册资本：3.88亿元。

新财道定位于“家族财富管理系统解决方案的集成服务商”，旨在依托四大财富理念，运用家族信托、家族保险、理财工具、融资工具、家族治理、家族慈善、家族教育七大财富管理工具，立足目标客户的家族保障、家族理财、家族传承、家族投行四大财富管理需求，为超高净值人士设计并协助执行个性化、专业化和系统化的家族财富管理解决方案，全面解决富裕家族面临的家族财富管理困惑。

公司由家族办公室、家族资产配置中心、家族学院和运营支持中心四大职能部门构成，设立上海家族办公室、杭州家族办公室、郑州家族办公室等区域家族办公室，全资拥有私募管理机构——浙江新财道投资管理有限公司。公司构建由家族规划师、信托规划师、保险规划师、理财规划师、法务规划师、税务规划师、财务规划师组成的专业团队，助力财富家族家业长青、家族繁荣。

公司本着专注、专业、系统的服务理念，致力于打造为专业度、信任度、久远度被客户认可的领先家族财富管理服务机构。目前已成功签约40多家企业家族，全面开展包括家族保障、家族理财、家族传承、家族投行在内的系统服务。公司将在家族客户的基础上，打造一个资源共享、价值分享的家族财富管理生态圈，促进客户间的资源互补和共同成长，为客户带来新的资源、新的机会、新的发展。

www.CHINAFORELAND.com

2017 年中国信托公司经营蓝皮书

中国人民大学信托与基金研究所　编著

战略合作伙伴:中航信托股份有限公司

北 京

图书在版编目（CIP）数据

2017年中国信托公司经营蓝皮书/中国人民大学信托与基金研究所编著．
北京：中国经济出版社，2017.7
ISBN 978-7-5136-4731-1

Ⅰ.①2… Ⅱ.①中… Ⅲ.①信托公司—经营管理—研究报告—中国—2017 Ⅳ.①F832.39

中国版本图书馆CIP数据核字（2017）第128912号

责任编辑 严 莉
责任印制 马小宾
封面设计 任燕飞装帧设计室

出版发行 中国经济出版社
印 刷 者 北京九州迅驰传媒文化有限公司
经 销 者 各地新华书店
开 本 787mm×1092mm 1/16
印 张 28.25 彩页 0.25
字 数 774千字
版 次 2017年7月第1版
印 次 2017年7月第1次
定 价 150.00元
广告经营许可证 京西工商广字第8179号

中国经济出版社 **网址** www.economyph.com **社址** 北京市西城区百万庄北街3号 **邮编** 100037

本版图书如存在印装质量问题，请与本社发行中心联系调换（联系电话：010-68330607）

版权所有 盗版必究（举报电话：010-68355416 010-68319282）

国家版权局反盗版举报中心（举报电话：12390） 服务热线：010-88386794

总策划　周小明

学术委员会主任　陈雨露　郭庆旺　张　杰

专家委员会主任　柯卡生

专家委员会委员　姚江涛　周道许　杨华辉　肖　华　傅　强

主编　邢　成

副主编　赵　颖　张亚兰　高　丽　刘　庆

编委会成员　李　岩　闫丽如　孙艳菲　杨靖坤　辛　清
王茂林　秦洪军　陈镜宇　王　静　孙　竞
宫树梅　邢知远　段晶晶　展博娜　刘凤菊
张　培　田志萍　王永梅　李爱琳　孙晓庆
陈兴菊　陈阿敏　于茹月　李嘉文　邵飞飞

前　言

截至2017年4月30日，68家信托公司按照规定时间披露了年度报告，68家信托公司全部实现盈利。信托公司的2016年经营业绩依然骄人，信托业管理的信托资产规模实现跨越式增长，全行业信托资产管理规模超过20万亿元大关，平均信托资产达到历史最高点的2941亿元，比上一年增长41.94%。68家信托公司当年净利润一举超过上一年507亿元的净利润总额，达到612.85亿元。

2016年，国际经济环境依然严峻，国内宏观经济仍然没有完全走出下降通道，增速持续放缓，GDP增速持续处于个位数低速增长，国民经济供给侧结构性改革逐步进入攻坚阶段。信托业作为仅次于银行业的第二大金融行业，受宏观经济下行压力等诸多因素影响，2016年全年，信托全行业营业收入总规模和全行业利润增幅都出现回落趋缓的态势，甚至个别指标较上一年出现负增长。信托业必须走内涵式、精细化、高科技的发展道路已成为行业共识。2016年末，中国信托业年会提出五大发展方向、八项业务分类，中国信登正式挂牌，搭建出“一体三翼”的监管框架，为未来信托业实现健康持续发展铺平了道路。

面对2016年以来泛资管市场和监管部门密集出台的系列监管新政，以及变化多端的新常态市场环境，信托公司经受住全面的考验，信托业整体大盘仍然基本稳定，增长幅度进入稳定期，核心指标实现平稳增长。就信托公司的整体经营而言，综合业绩仍然骄人。

本报告是中国人民大学信托与基金研究所精心打造的系列报告，迄今已经连续出版了13部。2017年的报告，在总结前12部经验的基础上，进一步改进和提升了实证分析模型和研究分析的方法和手段。强调横向分析与纵向比较相结合，通过财务状况实证分析、经营成果实证分析、盈利能力与收益水平分析、经营效率与经营质量以及风险分析等多个方面几十个具体指标进行了系统、全面、深入、规范、客观、真实的归纳、汇总、概括、提炼、分类、排序和分析。报告突出运用实证分析的方法，客观公正地反映了当前我国信托公司较为完整的概貌，力求为各信托公司和广大投资者以及监管部门提供一部系统全面、客观真实的研究报告和数据体系。

本报告对进一步加深社会各界和投资者对信托业的了解，全面提升信托公司整体形象，促进各信托公司之间的了解和交流，相互借鉴，取长补短，都是一部不可多得的重要学术研究报告和业务参考书。

本报告所引用数据严格依据各信托公司年报所公开披露的资料，或在披露数据基础上加以计算。本报告对各公司所披露年报中数据资料的真实性、口径方法的适用性及内容指标的完整性原则上不做主观评判。报告采集数据原则以银监会规定的信息披露截止日2016年4月30日为最后期限。

本报告力求全面、真实、准确反映行业全貌，但由于本报告时效性极强，编纂时间紧张，所涉及数据十分庞杂繁复，2016年披露的年报中指标体系和数据口径与往年比较又有明显变化和较大调整，在数据采集过程中难免有疏漏之处，故所有原始数据最终均以各信托公司公布的年报及年报摘要原文为准。限于篇幅，本报告在下篇只随机收录了少部分信托公司的年报摘要。

在本报告的编纂过程中，得到了中国银监会信托监管部、中国信托业协会、中航信托有限责任公司、华融国际信托有限责任公司、兴业国际信托有限公司、昆仑信托有限责任公司以及中国经济出版社毛增余社长、严莉编辑的大力支持，在此一并表示衷心的感谢。

中国人民大学信托与基金研究所

2017年7月

目　录

上篇　2016年信托公司经营暨年度报告分析研究

下 篇 2016 年部分信托公司年报摘要

上篇　2016年信托公司经营暨年度报告分析研究

第一章 行业纵览

截至2017年4月30日,68家信托公司年报已经全部披露,行业经营概貌露出清晰轮廓。与往年相比,业内同行、同业机构、社会各界对信托公司2017年的集体亮相似乎更为关注。一方面说明,伴随信托业的不断壮大,其社会影响力和关注度有较大提升;另一方面说明,伴随资管市场竞争的加剧和部分信托公司个案风险的暴露,广大投资者对信托公司经营状况和市场信誉也更加敏感。

信托公司行业整体状况如图1-1和图1-2所示,行业管理信托资产规模继续快速增长,平均信托资产达到历史最高点的2975.88亿元,比2015年大幅增长23.74%;平均信托收入达到1615454万元,出现了2008年以来的首次下跌,跌幅达到14.85%。值得一提的是,自2009—2014年,平均信托资产规模以30%左右的速度迅速增长。平均信托资产规模增长幅度在2015年大幅下跌后,2016年有所反弹。我们不得不注意到一点,2016年信托资产规模大幅增加的同时,信托收入却出现了近8年以来的首次下跌。这表明,2016年整个信托行业发展形势出现了新的变化。

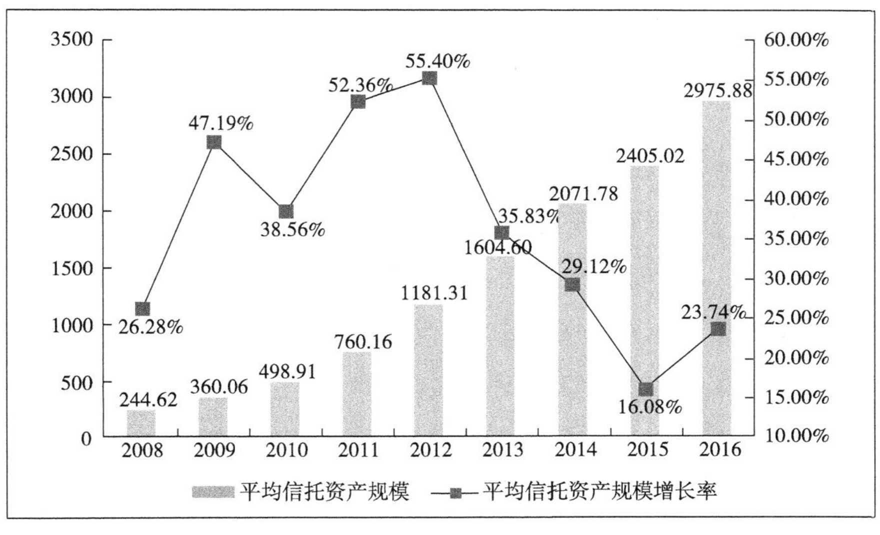

图1-1 平均信托资产规模的变动轨迹(单位:亿元)

从平均信托资产规模的变动轨迹来看，2008年以来，各信托公司平均信托资产规模持续增加。2012年甚至出现了55.40%的增幅。2016年平均信托资产规模达到2975.88亿元，远远超过2015年2405.02亿元的历史次高值。从图1-1可以看出，在2008年国际经济危机阴云尚未散去、欧洲主权债务危机持续发酵、国内金融政策和货币政策趋紧的背景下，信托公司的信托资产规模在2016年出现持续的逆市增长，显示出我国信托业在近年来强劲的发展势头。同时，我们必须注意到平均信托资产规模虽然持续增长，但是自2012年以来涨幅持续收窄，2014年的涨幅相比2013年收窄了近6%，而2015年比2014年大幅收窄13%，2016年虽有所反弹，然而，信托收入却出现了近8年以来的首次下跌。虽然这也符合行业发展规律，但是也显示出2016年信托市场不同于往年的一些消极的变化。

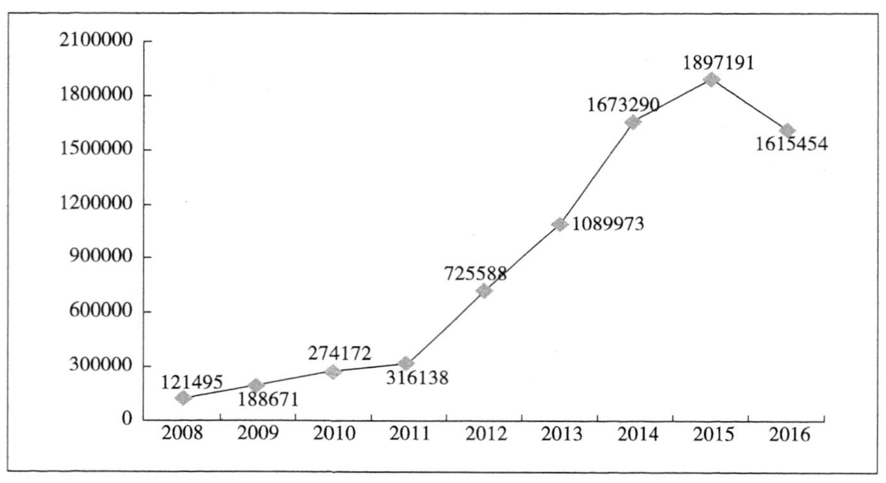

图1-2　平均信托收入变动轨迹(单位:万元)

在信托资产规模稳步增长的同时，从信托公司经营业绩的相对数指标来看，如图1-3、图1-4和图1-5所示，平均信托报酬率在2016年比2015年出现了小幅上涨，但平均资本利润率和人均净利润却出现了一定程度的下跌。尤其是人均净利润，出现了自2009年以来的首次下跌，基本恢复到2012年的水平。其中，平均资本利润率和人均净利润增长率都是自2009年以来就持续增长，但从2013年开始下跌，值得注意的是平均信托报酬率指标，该指标自2011年短暂上涨后连续4年小幅下跌，2016年出现了小幅反弹，上升至0.74%。

作为衡量信托公司赢利能力的主要指标，资本利润率主要反映企业所有者剩余权益

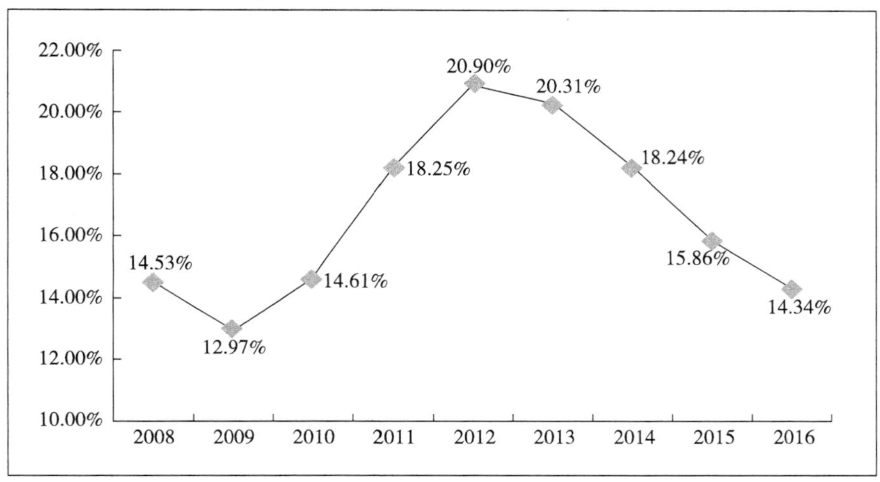

图 1－3 平均资本利润率的变动轨迹

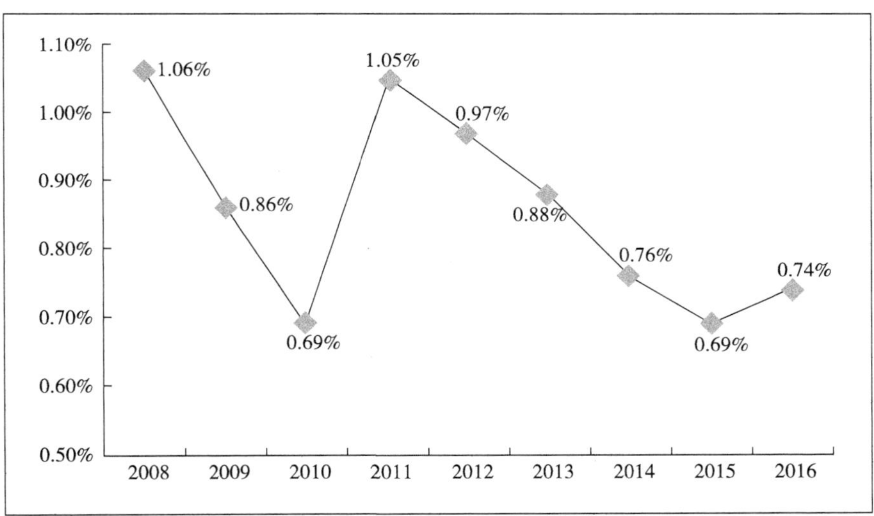

图 1－4 平均信托报酬率的变动轨迹

的获利水平。2008 年以来，信托公司的资本利润率经历了 3 个阶段的波动，2008—2009 年持续下跌，2009—2012 年小幅持续上涨，2012—2016 年期间持续小幅下降至 2016 年的 14.34%，综合图 1－1 和图 1－3 可以分析得出，2016 年信托行业在资产规模大幅增加的同时赢利水平却有所下降。

如图 1－4 所示，2008 年以来，各信托公司平均信托报酬率在 1% 左右波动，最低值为 2010 年和 2015 年的 0.69%，最高值为 2008 年的 1.06%。2016 年，平均信托报酬率相比

2015 年小幅上升。自 2008 年以来,平均信托报酬率除在 2011 年和 2016 年上升外,一直在持续下滑。2016 年,信托报酬率改变了近 4 年以来的持续下滑趋势,恢复至 0.74%。信托报酬率的上升在一定程度上反映出各信托公司在 2016 年追求信托资产规模增长同时,开始重视信托产品附加值和产品的科技含量,整个行业综合创新能力有所提升。这也是 2016 年信托行业出现的可喜变化,虽然整体赢利水平有所下降,但这更有利于整个行业的长期健康发展。

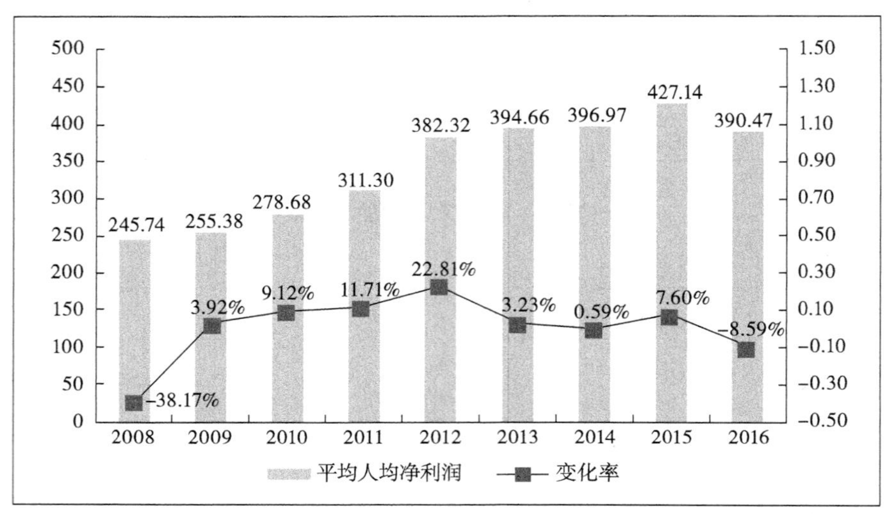

图 1-5　平均人均净利润的变动轨迹(单位:万元)

2008—2015 年,各信托公司平均人均净利润持续小幅增长,如图 1-5 所示。其中,2012 年人均信托净利润出现了 22.81% 的高速增长。由于受到国际金融危机的影响,2008 年信托公司平均人均净利润大幅下跌。2016 年,人均净利润出现了近 8 年以来第二次大幅下跌。值得注意的是,2015 年各信托公司人均净利润达到 427.14 万元的历史最高值,2016 年在 2015 年的基础上出现大幅下跌,人均净利润已经恢复到 4 年前的水平。这显示出,2016 年,各信托公司的人均赢利水平出现了积极的变化。

第二章　主要财务指标分析

财务指标是对信托公司年度经营业绩进行总体评价的重要依据。本书主要通过资本利润率、信托报酬率以及人均利润率等指标对信托公司2016年度的整体经营状况进行分析与比较。

第一节　资本利润率

从本书获取的2016年度信托公司的年报披露状况上看，有65家信托公司对资本利润率这一指标进行了披露。与2015年度相比，除安信信托与陕西国信继续未披露这一指标之外，五矿信托在2016年度尚没有披露该指标，导致披露资本利润率的样本公司相比2015年减少了1家。

资本利润率的主要统计数据如表2-1所示。从用来反映信托公司盈利能力的资本利润率指标来看，由于中国经济进入新常态，信托行业传统行业投向利润收窄以及利率下降、风险上升等一系列不利因素的影响，资本利润率指标继续呈现下行趋势。全行业平均资本利润率由2015年的15.86%降至2016年的14.34%，同比下降了1.52%。一方面，信托行业自2013年开始的连续4年平均资本利润率下降的态势并没有得到逆转；另一方面，相比于2015年，2016年行业平均资本利润率下降的幅度有所减缓。在对资本利润率指标进行披露的65家公司之中，共有49家信托公司的资本利润率超过10%，占比为75.38%；共有12家信托公司的资本利润率超过20%，占比为18.46%。两个指标相比于2015年分别下降了8.44%与9.48%。

从资本利润率排名上看，万向信托与中江国信2016年资本利润率分别同比上涨12.10%与16.21%，分别以28.7%与28.11%的资本利润率位于全行业前两名，其行业排名相比于2015年的第30名和第51名均有了较大程度的提高。中铁信托2016年24.87%的资本利润率虽然相比于2015年有所降低，但其行业排名却由2015年的第5名上升至2016年的第4名。在2015年排名第2的中海信托在2016年以23.98%的资本利润率下滑至第5名。此外,长城新盛则以24.93%的资本利润率由2015年的64名上升至第3名。从信托行业的整体情况来看,2016年信托行业资本利润率标准差为6.01%,相比于2015年略有降低;而资本利润率变异系数则由2015年的0.38上升至2016年的0.42,这主要是由于2016年资本利润率行业平均值的下降幅度大于标准差的下降幅度所造成的。

表2-1　2012—2016年度信托公司资本利润率统计分析表

	2012年	2013年	2014年	2015年	2016年
平均值(%)	20.90	20.31	18.24	15.86	14.34
平均值增长(%)	2.65	-0.59	-1.95	-2.38	-1.52
公司数目	65	67	64	66	65
最大值(%)	64.26	54.06	50.21	28.21	28.70
最小值(%)	4.04	1.36	3.14	0.57	0.80
标准差(%)	10.46	8.80	8.91	6.10	6.01
变异系数	0.50	0.43	0.48	0.38	0.42

2016年度,资本利润率表现比较优异的信托公司前五名分别为万向信托(28.70%)、中江国信(28.11%)、长城新盛(24.93%)、中铁信托(24.87%)以及中海信托(23.98%)。而2015年资本利润率排名前五名的信托公司分别为重庆国信(28.21%)、中海信托(27.20%)、华信信托(26.19%)、四川信托(26.13%)以及中铁信托(26.10%)。与2015年相比,前五名组成变化较大,并且其整体资本利润率仍然呈现下滑趋势。同时,2012年资本利润率在15%~30%的公司为34家,2013年达到了42家,2014年为34家,2015年为37家,2016年为28家。由此可见,自2014年起,在信托行业整体资本利润率不断下滑的同时,行业中的中间阵营无论是从数量还是从业绩表现也在持续下降。

从资本利润率的增幅来看,资本利润率增幅前五名的为长城新盛(21.05%)、中江国信(16.21%)、万向信托(12.10%)、华宝信托(10.74%)以及湖南信托(2.34%)。注意:信托公司名后数字为资本利润率增加量。

信托公司资本利润率是净利润与平均资本的比率,因此公司净利润与注册资本规模的变化均会对资本利润率产生影响。与2015年相比,资本利润率增幅前五名的公司注册资本基本没有发生变化,而中江国信的注册资本更是有了一定的程度的增加,因此,资本利润率增幅较大的信托公司主要得益于其自身收益能力的提高。例如，增幅排名第二的中江国信通过出售国盛证券获得26.13亿元的股权投资收益，导致其资本利润率排名大幅上升。根据其经验，信托公司通过增资或者股权资产出售等方式获取大规模资金后，通过有效的资产管理，可以使得业绩得到大幅提升。

第二节　信托报酬率

信托报酬是受托人通过管理和运作信托财产而获取的报酬。按照《信托投资公司信息披露管理暂行办法》，信托业务报酬率的计算是以信托业务收入除以实收信托平均余额，这一指标所反映的是信托公司在信托业务中所获得的报酬。实际运作中，信托公司在对信托资产的管理中主动管理能力强、作用发挥得大，取得的报酬一般就会较高；反之，如果信托公司在信托业务中并没有进行主动管理、所起的作用小，信托报酬率就会偏低。

从2016年度的信息披露情况来看，有53家信托公司公布了信托报酬率。北京国信在2016年度停止披露该指标，导致披露信托报酬率的公司数相比于2015年减少了1家。从行业平均数上看，2016年平均信托报酬率为0.74%，比2015年提高了0.05%。

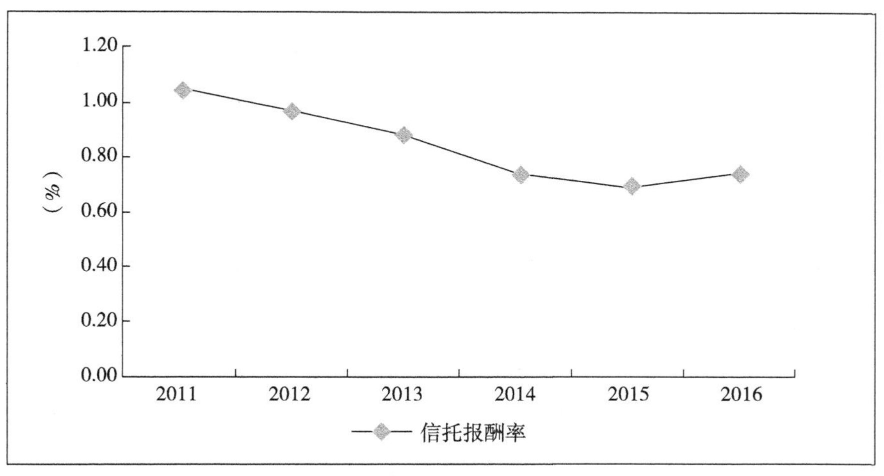

图2-1　2011—2016年度信托公司信托报酬率趋势

由图2-1可以看出，信托行业的平均报酬率自2011年开始进入下行通道，但是2016年该指标却有小幅反弹。总体来看，有三方面因素导致2016年信托报酬率有所回升:一是在整体投资环境不利的局面下,部分信托公司加大主动管理业务的研发创新,增强了盈利能力;二是部分信托公司成本控制能力有所提升,资产清收有所加强,资产减值有所降低;三是部分信托公司普遍转型升级,市场深度得以拓展。

在统计的53家信托公司中,28家公司信托报酬率指标下降,25家上升,报酬指标上升公司占比47%。同时,在信托报酬率指标排名前15的公司中,有11家2016年信托报酬率指标逆势上升,占比73%,远高于53家纳入统计的信托公司中报酬率上涨公司数量的比重。由此可见,行业内公司盈利能力的差异性正在逐步扩大,主动管理能力较强的公司的竞争力优势得到了进一步的强化。

在披露2016年信托报酬率的53家公司中,上升比例最高的为长城新盛,其2016年信托报酬率同比上升1.58%。值得注意的是,长城新盛在2016年的信托资产管理规模为204亿元,位于全行业的倒数第二位。由于中小信托公司的清算项目相对较少,单一项目报酬率会对公司整体报酬率指标产生比较大的影响,因此其信托报酬率的波动程度相比于大型公司会更高。此外,虽然工商信托2016年信托报酬率同比下滑0.47%,为53家公司中下降比例最大的,但其2.38%的报酬率指标仍然位于行业第二位。

从信托报酬率的离散程度来看,2016年信托报酬率分布的标准差与变异系数分别为0.60%与0.80,相比于2015年的0.53%与0.77均有所提高。同时,2016年行业信托报酬率的最大值3.16%(东莞信托)要高于2015年的2.85%(工商信托),而2016年行业信托报酬率的最小值0.14%(西藏信托)要低于2015年的0.19%(云南国信)。因此,信托行业内的报酬率差异还在进一步扩大。在53家样本公司中,有43家公司的信托报酬率低于1%,有23家公司的信托报酬率低于0.5%。在宏观经济增速放缓和资管行业竞争压力加剧的条件下,信托公司的盈利能力还有待进一步提高。

2012—2016年信托公司信托报酬率的主要统计指标如表2-2所示:

表2-2 2012—2016年度信托公司信托报酬率的统计分析表

	2012年	2013年	2014年	2015年	2016年
平均值(%)	0.97	0.88	0.76	0.69	0.75
平均值增长幅度(%)	-0.09	-0.09	-0.12	-0.06	0.05
公司数目	52	55	52	54	53
最大值(%)	2.65	3.44	2.66	2.85	3.16
最小值(%)	0.22	0.25	0.14	0.19	0.14

续表

	2012 年	2013 年	2014 年	2015 年	2016 年
标准差(%)	0.54	0.55	0.49	0.53	0.60
变异系数	0.56	0.63	0.64	0.77	0.80

从信托报酬率的排名来看,2016 年信托报酬率排名前五位的公司分别为东莞信托(3.16%)、工商信托(2.38%)、长城新盛(2.01%)、华宸信托(1.83%)、安信信托(1.55%)。

其中,东莞信托在 2015 年信托报酬率实现 1% 的大幅增长之后,在 2016 年度以 3.16% 的信托报酬率跃升行业首位。工商信托的信托报酬率曾在 2013—2015 年连续三年位于行业首位。2016 年工商信托的指标虽然有所下滑,但仍然以 2.38% 的信托报酬率位居第二位。长城新盛 2016 年的信托报酬率为 2.01%,其排名由 2015 年的第 34 位上升至 2016 年的第 3 位。华宸信托以 1.83% 的信托报酬率由 2015 年的第 3 位下降至 2016 年的第 4 位。值得注意的是,长城信托与华宸信托的信托资产管理规模位于行业最后两位。由于这些公司正处于转型期,更加注重资产质量和收益的把控,而不是规模和增资。安信信托在 2016 年的信托报酬率为 1.55%,同比增长了 0.55%,其排名也由 2015 年的第 11 位上升至 2016 年的第 5 位。

自 2014 年至 2016 年连续三年,银行系的信托公司兴业信托、建信信托均位于信托报酬率排名的后三位之中。信托制度的灵活性可以满足商业银行表外业务的需要,而兴业信托与建信信托的信托规模也位于行业前三位,然而其整体的盈利能力还有待进一步加强。

第三节　人均利润率

从 2016 年的信息披露状况来看,有 64 家信托公司报告了人均净利润率指标。五矿信托尚没有披露该指标,导致 2016 年度的披露公司数相比于 2015 年减少了一家。

从整体上看,2016 年信托行业平均人均净利润为 390.47 万元,相比于 2015 年减少了 36.67 万元。值得注意的是,自 2015 年开始信托行业平均人均净利润指标连续 6 年的增长态势在 2016 年被打破。

在 2015 年,共有 4 家信托公司的人均净利润指标超过 1000 万元。而在 2016 年,受到宏观经济持续下行、利率不断走低、资管行业竞争加剧等一系列因素的影响，只有重庆国信与江苏国信的人均净利润分别达到了2519.74万元与1601.19万元，其他公司人均净利润均没有超过1000万元。从指标的离散程度来看，2016年信托行业人均净利润的标准差与相关系数分别为365.68万元与0.94，均低于2015年的464.71万元与1.09。由此可见，行业内人均净利润指标的差异在2016年有了一定的降低。表2－3显示了2016年人均净利润相关的主要统计指标。

表2－3　　2012—2016年度信托公司人均净利润的统计分析表

	2012年	2013年	2014年	2015年	2016年
平均值(万元)	382.32	394.66	396.97	427.14	390.47
平均值增长幅度(万元)	71.02	12.35	6.77	30.17	-36.67
平均值增长率(%)	22.8	4.52	1.72	7.60	-8.59
公司数目	65	66	63	65	64
最大值(万元)	1559.15	1520.01	2615	3357.92	2519.74
最小值(万元)	61.83	11.36	16	6.44	22.17
标准差(万元)	247.48	270.81	382.5	464.71	365.68
变异系数	0.66	0.70	0.95	1.09	0.94

从2016年信托公司人均净利润的公司排名来看，位列前五名的信托公司分别为重庆国信(2519.74万元)、江苏国信(1601.19万元)、中江国信(866.93万元)、华信信托(863.63万元)以及粤财信托(813.76万元)。其中，重庆国信与江苏国信继2015年之后，继续位居人均净利润指标排名的前两位。受到外部因素的影响，相比于2015年，两家公司的人均净利润指标均有了一定程度的降低，但由于其旗下控股的多家金融机构进行了大比例分红，导致其排名仍然较高，重庆国信更是2016年唯一一家人均净利润指标超过2000万元的信托公司。此外，华信信托与粤财信托的人均净利润指标仍然保持在较高水准。其中，华信信托的排名由2015年的第3名下降至2016年的第4名；粤财信托则以813.76万元的人均净利润由2015年的第9名上升至2016年的第5名。值得注意的是，中江国信以866.93万元的人均净利润由2015年的35名上升至2016年的第3名。数据显示，2016年中江国信在员工人数有所增加的情况下，由于出售国盛证券股权导致利润增幅较大，导致其人均净利润指标有了大幅上升。由图2－2所示，2011年有46家信托公司的人均净利润达到150万元以上，2012年人均净利润达到150万元以上的公司为56家，2013年继续增加到57家，2014年下滑至50家，2015年回升至54家。2016年

人均净利润超过150万的信托公司数为53家，基本与上一年度持平。同时，2016年信托行业人均净利润位于200万～500万元的样本公司为36家，占比56%，该指标橄榄形分布的特征较为明显。

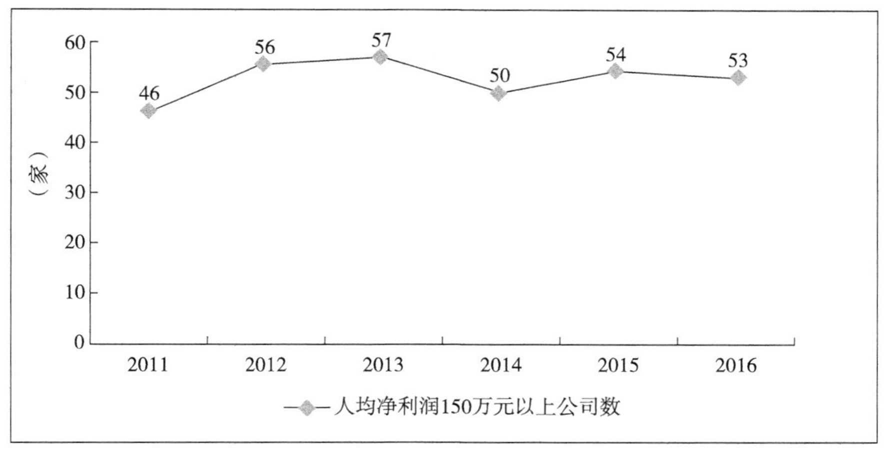

图2-2　2012—2016年人均净利润150万元以上公司数

从人均净利润指标增幅来看，2016年度，人均净利润指标增幅位居前五名的分别为长城新盛（增长488.27%）、新华信托（增长244.25%）、华宝信托（增长242.23%）、中江国信（增长190.38%）以及民生信托（增长96.53%）。2016年人均净利润降幅最大的公司是国民信托，降幅达到50.31%。值得注意的是，2016年排名第1位的长城新盛在2015年度是行业内人均净利润降幅最大的公司（降低67.19%）；而排名最后一位的国民信托在2015年的人均净利润增幅为43.09%，位于行业第8名。由此可见，行业内部分公司的人均净利润指标的年度差异性较大。

综合分析2016年信托行业人均净利润排名以及人均净利润增幅排名，唯一同时进入前五名的公司为中江国信，该公司也被称为2016年最大的黑马。中江国信2016年营业收入为36.16亿元，同比增长178.22%，净利润为19.25亿元，同比增长242.89%，两个指标均排在行业第6名，相比于2015年度其排名分别提高了27名与30名。从信托资产管理规模上看，2016年中江国信的信托资产规模为1668.31亿元，同比下降12.11%。通常信托资产规模的缩水会带来净利润的降低，但中江国信在2016年的人均净利润指标却表现良好。通过分析该公司的利润表可以发现，中江国信的手续费及佣金收入由2015年的10.35亿元降至2016年的8.84亿元，而投资收益则从2015年的2.72亿元升至2016年的26.82亿元，增长幅度超过9倍。在2016年度，中江国信将其所持国盛证券全部股权出售给国盛金控，获得投资收益26.13亿元，这是导致其利润指标大幅上升的主要原因。但值得注意的是，在此次交易之后，中江国信自营的长期股权投资中已经没有了金融类股权，因此其在2016年较高的业绩增长幅度是否具有持续性尚不明朗。

相关数据如表2－4至表2－10所示：

表2－4　　资本利润率序列表（2016年度）

序号	公司简称	2016年(%)	2015年(%)	2014年(%)
1	万向信托	28.70	16.60	8.99
2	中江国信	28.11	11.90	14.68
3	长城新盛	24.93	3.88	13.37
4	中铁信托	24.87	26.10	50.21
5	中海信托	23.98	27.20	25.44
6	四川信托	23.75	26.13	45.56
7	西藏信托	23.21	24.74	37.07
8	中航信托	22.62	21.62	21.19
9	大业信托	21.47	22.00	31.00
10	重庆国信	21.33	28.21	22.21
11	华能贵诚	21.32	22.12	22.46
12	中融信托	21.08	23.78	28.38
13	上海国信	19.50	21.32	21.68
14	长安国信	19.08	21.19	25.57
15	粤财信托	18.78	16.63	16.01
16	湖南信托	18.18	15.84	24.60
17	紫金信托	17.02	21.01	17.40
18	工商信托	17.01	22.66	32.17
19	厦门国信	16.79	14.92	18.38
20	平安信托	16.77	14.65	11.90
21	华信信托	16.19	26.19	27.00
22	百瑞信托	16.01	19.12	22.04
23	华宝信托	16.00	5.26	13.08
24	中信信托	15.99	17.42	17.84
25	中建投信托	15.83	16.07	15.04
26	华融国信	15.60	15.05	17.07
27	中原信托	15.57	21.31	29.98

续表

序号	公司简称	2016年(%)	2015年(%)	2014年(%)
28	爱建信托	15.28	13.70	13.45
29	方正东亚	14.95	20.17	32.89
30	建信信托	14.79	14.78	12.68
31	外贸信托	14.52	17.26	20.56
32	山东国信	14.40	19.26	19.40
33	江苏国信	14.26	16.11	15.51
34	苏州信托	14.00	14.33	19.19
35	国投泰康	13.96	21.03	12.31
36	昆仑信托	13.50	15.02	14.00
37	北京国信	13.50	16.81	20.93
38	陆家嘴信托	13.29	16.05	20.67
39	民生信托	13.08	11.43	13.71
40	交银国信	12.57	12.03	11.50
41	华鑫信托	12.33	16.82	16.78
42	英大信托	11.99	14.35	未披露
43	渤海信托	11.95	13.88	17.21
44	东莞信托	10.84	14.32	14.58
45	天津信托	10.59	14.94	25.99
46	北方国信	10.49	15.61	18.97
47	云南国信	10.36	17.48	17.01
48	华润信托	10.17	20.51	18.20
49	国元信托	9.90	17.03	15.44
50	中粮信托	9.88	9.47	9.24
51	兴业信托	9.49	12.89	17.39
52	西部信托	9.26	9.59	11.78
53	国民信托	8.78	17.32	10.21
54	新时代	8.17	10.12	8.97
55	兴大兴陇	8.05	10.03	9.23
56	浙商金汇	7.79	8.97	12.12
57	吉林信托	7.66	11.82	6.77
58	中诚信托	7.60	12.19	17.89
59	中泰信托	7.49	10.11	12.97

续表

序号	公司简称	2016年(%)	2015年(%)	2014年(%)
60	国联信托	6.60	11.52	14.36
61	山西信托	6.30	4.91	8.07
62	华澳信托	6.00	12.00	16.00
63	金谷信托	4.67	3.60	3.14
64	华宸信托	2.88	4.13	3.29
65	新华信托	0.80	0.57	3.44
66	安信信托	未披露	未披露	未披露
67	陕西国信	未披露	未披露	未披露
68	五矿信托	未披露	21.77	19.35
平均		14.34	15.86	18.24

表2-5　资本利润率增长序列表(2016年度)

序号	公司简称	2016年(%)	2015年(%)	2014年(%)
1	长城新盛	21.05	-9.49	-3.49
2	中江国信	16.21	-2.78	-2.12
3	万向信托	12.10	7.61	未披露
4	华宝信托	10.74	-7.82	-5.13
5	湖南信托	2.34	-8.76	-5.58
6	粤财信托	2.15	0.62	-1.84
7	平安信托	2.12	2.75	0.04
8	厦门国信	1.87	-3.46	-4.36
9	民生信托	1.65	-2.28	未披露
10	爱建信托	1.58	0.25	1.16
11	山西信托	1.39	-3.16	-4.37
12	金谷信托	1.07	0.46	-7.22
13	中航信托	1.00	0.43	-2.33
14	华融国信	0.55	-2.02	-9.08
15	交银国信	0.54	0.53	-1.84
16	中粮信托	0.41	0.23	0.41
17	新华信托	0.23	-2.87	-19.13
18	建信信托	0.01	2.10	1.62
19	中建投信托	-0.24	1.03	-1.96

续表

序号	公司简称	2016年(%)	2015年(%)	2014年(%)
20	苏州信托	-0.33	-4.86	2.44
21	西部信托	-0.33	-2.19	-1.51
22	大业信托	-0.53	-9.00	-5.23
23	华能贵诚	-0.80	-0.34	0.27
24	浙商金汇	-1.18	-3.15	1.69
25	中铁信托	-1.23	-24.11	-3.85
26	华宸信托	-1.25	0.84	1.93
27	中信信托	-1.43	-0.42	-9.48
28	昆仑信托	-1.52	1.02	-1.75
29	西藏信托	-1.53	-12.33	13.44
30	上海国信	-1.82	-0.36	-0.14
31	江苏国信	-1.85	0.60	-1.42
32	渤海信托	-1.93	-3.33	0.05
33	新时代	-1.95	1.15	-2.54
34	兴大兴陇	-1.98	0.80	-5.13
35	长安国信	-2.11	-4.38	-7.06
36	英大信托	-2.36	未披露	未披露
37	四川信托	-2.38	-19.43	6.77
38	中泰信托	-2.62	-2.86	-5.29
39	中融信托	-2.70	-4.60	-2.19
40	外贸信托	-2.74	-3.30	-4.20
41	陆家嘴信托	-2.76	-4.62	-0.85
42	百瑞信托	-3.11	-2.92	-1.54
43	中海信托	-3.22	1.76	2.89
44	北京国信	-3.31	-4.12	-1.91
45	兴业信托	-3.40	-4.50	-7.30
46	东莞信托	-3.48	-0.26	-5.00
47	紫金信托	-3.99	3.61	-5.60
48	吉林信托	-4.16	5.05	-6.30
49	天津信托	-4.35	-11.05	3.89
50	华鑫信托	-4.49	0.04	-1.08
51	中诚信托	-4.59	-5.70	0.35
52	山东国信	-4.86	-0.14	-5.85

续表

序号	公司简称	2016年(%)	2015年(%)	2014年(%)
53	国联信托	-4.92	-2.84	1.91
54	北方国信	-5.12	-3.36	-2.07
55	方正东亚	-5.22	-12.72	-5.36
56	工商信托	-5.65	-9.51	1.28
57	中原信托	-5.74	-8.67	3.06
58	华澳信托	-6.00	-4.00	-12.00
59	重庆国信	-6.88	6.00	7.46
60	国投泰康	-7.07	8.72	-3.41
61	云南国信	-7.12	0.47	-1.68
62	国元信托	-7.13	1.59	1.06
63	国民信托	-8.54	7.11	-2.00
64	华信信托	-10.00	-0.81	5.61
65	华润信托	-10.34	2.31	2.11
66	安信信托	未披露	未披露	未披露
67	陕西国信	未披露	未披露	未披露
68	五矿信托	未披露	2.42	-9.91
平均		-1.53	-2.38	-2.07

表2-6　　信托报酬率序列表(2016年度)

序号	公司简称	2016年(%)	2015年(%)	2014年(%)
1	东莞信托	3.16	2.82	1.82
2	工商信托	2.38	2.85	2.66
3	长城新盛	2.01	0.43	0.42
4	华宸信托	1.83	1.31	1.31
5	安信信托	1.55	1.00	1.02
6	华信信托	1.45	1.22	1.88
7	湖南信托	1.39	1.04	1.00
8	重庆国信	1.24	1.28	1.32
9	紫金信托	1.15	0.98	0.59
10	爱建信托	1.12	1.09	1.87
11	陆家嘴信托	0.99	0.81	0.79
12	百瑞信托	0.99	1.04	0.94
13	平安信托	0.95	0.90	0.84

续表

序号	公司简称	2016 年(%)	2015 年(%)	2014 年(%)
14	中原信托	0.92	1.15	0.93
15	山西信托	0.91	0.60	0.63
16	民生信托	0.91	0.93	0.63
17	苏州信托	0.86	0.89	0.99
18	昆仑信托	0.84	0.71	0.52
19	浙商金汇	0.83	0.74	0.92
20	华澳信托	0.79	0.89	0.76
21	中铁信托	0.77	0.47	0.80
22	中航信托	0.73	0.82	0.80
23	中江国信	0.61	0.38	0.59
24	长安国信	0.59	0.64	0.75
25	国联信托	0.58	0.48	1.22
26	五矿信托	0.53	0.69	0.72
27	国民信托	0.52	0.45	0.53
28	英大信托	0.52	0.23	未披露
29	大业信托	0.52	0.71	0.76
30	中泰信托	0.51	0.49	0.47
31	新华信托	0.47	0.59	1.31
32	上海国信	0.47	0.53	0.62
33	厦门国信	0.46	0.34	0.45
34	方正东亚	0.46	0.69	0.81
35	天津信托	0.44	0.50	0.68
36	山东国信	0.39	0.42	0.32
37	国元信托	0.35	0.34	0.37
38	外贸信托	0.33	0.29	0.44
39	渤海信托	0.33	0.35	0.50
40	陕西国信	0.29	0.28	0.43
41	交银国信	0.29	0.24	0.30
42	金谷信托	0.28	0.32	0.60
43	西部信托	0.26	0.48	0.69
44	华鑫信托	0.24	0.38	0.41
45	北方国信	0.23	0.31	0.37
46	兴大兴陇	0.23	0.35	0.36

续表

序号	公司简称	2016年(%)	2015年(%)	2014年(%)
47	江苏国信	0.23	0.26	0.52
48	新时代	0.23	0.31	0.33
49	国投泰康	0.23	0.34	0.25
50	云南国信	0.23	0.19	0.21
51	兴业信托	0.17	0.21	0.27
52	建信信托	0.15	0.21	0.21
53	西藏信托	0.14	0.22	0.14
54	中诚信托	未披露	未披露	未披露
55	中海信托	未披露	未披露	未披露
56	吉林信托	未披露	未披露	未披露
57	中融信托	未披露	未披露	0.80
58	中信信托	未披露	未披露	未披露
59	华融国信	未披露	未披露	未披露
60	粤财信托	未披露	未披露	未披露
61	华宝信托	未披露	未披露	未披露
62	华润信托	未披露	未披露	未披露
63	北京国信	未披露	1.25	未披露
64	中建投信托	未披露	未披露	未披露
65	华能贵诚	未披露	未披露	未披露
66	四川信托	未披露	未披露	未披露
67	中粮信托	未披露	未披露	未披露
68	万向信托	未披露	未披露	未披露
平均		0.74	0.69	0.75

表2-7　　信托报酬率增长序列表(2016年度)

序号	公司简称	2016年(%)	2015年(%)	2014年(%)
1	长城新盛	1.58	0.01	未披露
2	安信信托	0.55	-0.02	-0.08
3	华宸信托	0.52	0.00	0.23
4	湖南信托	0.35	0.04	-0.26
5	东莞信托	0.34	1.00	0.12
6	山西信托	0.31	-0.03	-0.14
7	中铁信托	0.30	-0.33	0.15

续表

序号	公司简称	2016年(%)	2015年(%)	2014年(%)
8	英大信托	0.29	未披露	未披露
9	中江国信	0.23	-0.21	-0.21
10	华信信托	0.23	-0.66	0.41
11	陆家嘴信托	0.18	0.02	-0.82
12	紫金信托	0.17	0.39	-0.96
13	昆仑信托	0.13	0.19	-0.11
14	厦门国信	0.12	-0.11	-0.05
15	国联信托	0.10	-0.74	0.18
16	浙商金汇	0.09	-0.18	-0.02
17	国民信托	0.07	-0.08	-0.19
18	平安信托	0.05	0.06	未披露
19	交银国信	0.05	-0.06	-0.11
20	外贸信托	0.04	-0.15	-0.04
21	云南国信	0.04	-0.02	-0.04
22	爱建信托	0.03	-0.78	0.02
23	中泰信托	0.02	0.02	-0.13
24	陕西国信	0.01	-0.15	-0.05
25	国元信托	0.01	-0.03	-0.20
26	民生信托	-0.02	0.30	未披露
27	渤海信托	-0.02	-0.15	-0.10
28	山东国信	-0.03	0.10	-0.06
29	苏州信托	-0.03	-0.10	-0.71
30	江苏国信	-0.03	-0.26	0.00
31	兴业信托	-0.04	-0.06	-0.04
32	金谷信托	-0.04	-0.28	-0.26
33	重庆国信	-0.04	-0.04	0.51
34	百瑞信托	-0.05	0.10	0.03
35	长安国信	-0.05	-0.11	-0.25
36	天津信托	-0.06	-0.18	未披露
37	建信信托	-0.06	0.00	-0.04
38	上海国信	-0.06	-0.09	-0.33
39	北方国信	-0.08	-0.06	-0.07
40	新时代	-0.08	-0.02	-0.01

续表

序号	公司简称	2016年(%)	2015年(%)	2014年(%)
41	西藏信托	-0.08	0.08	-0.23
42	中航信托	-0.09	0.02	-0.12
43	国投泰康	-0.11	0.09	0.00
44	兴大兴陇	-0.12	-0.01	-0.06
45	新华信托	-0.12	-0.72	-0.88
46	华鑫信托	-0.14	-0.03	-0.13
47	五矿信托	-0.16	-0.03	0.00
48	大业信托	-0.19	-0.05	-0.20
49	西部信托	-0.22	-0.21	-0.03
50	中原信托	-0.23	0.22	0.15
51	方正东亚	-0.23	-0.12	-0.10
52	工商信托	-0.47	0.19	-0.78
53	中诚信托	未披露	未披露	未披露
54	中海信托	未披露	未披露	未披露
55	吉林信托	未披露	未披露	未披露
56	中融信托	未披露	未披露	-0.39
57	中信信托	未披露	未披露	未披露
58	华融国信	未披露	未披露	未披露
59	粤财信托	未披露	未披露	未披露
60	华宝信托	未披露	未披露	未披露
61	华润信托	未披露	未披露	未披露
62	北京国信	未披露	未披露	未披露
63	中建投信托	未披露	未披露	未披露
64	华能贵诚	未披露	未披露	未披露
65	华澳信托	未披露	0.13	0.01
66	四川信托	未披露	未披露	未披露
67	中粮信托	未披露	未披露	未披露
68	万向信托	未披露	未披露	未披露
平均		0.04	-0.06	-0.13

表2-8　　人均净利润序列表（2016年度）　　单位：万元

序号	公司简称	2016年	2015年	2014年
1	重庆国信	2519.74	3357.92	2615.10
2	江苏国信	1601.19	1685.56	1458.55
3	中江国信	866.93	298.55	327.00
4	华信信托	863.62	1106.79	965.75
5	粤财信托	813.76	663.40	530.79
6	中铁信托	698.00	703.00	439.00
7	中海信托	694.50	820.19	725.78
8	中航信托	595.45	611.68	506.84
9	中信信托	582.13	587.75	539.86
10	华能贵诚	566.34	541.91	502.41
11	华润信托	558.51	1038.31	773.33
12	西藏信托	552.99	645.49	910.16
13	百瑞信托	490.73	493.37	436.12
14	山东国信	455.56	516.80	283.59
15	上海国信	448.77	514.86	674.03
16	国投泰康	437.09	791.10	407.63
17	建信信托	435.11	468.35	418.24
18	中诚信托	435.05	670.17	915.89
19	交银国信	431.00	388.13	356.82
20	西部信托	430.21	447.75	125.90
21	苏州信托	430.20	470.11	458.80
22	英大信托	423.17	456.48	未披露
23	外贸信托	410.36	465.55	435.91
24	湖南信托	387.00	298.00	414.00
25	国联信托	376.43	530.43	651.69
26	国元信托	371.83	543.97	417.52
27	民生信托	369.68	188.10	116.06
28	平安信托	363.01	286.19	223.63
29	中原信托	346.50	388.16	464.44
30	华宝信托	346.06	101.12	211.53
31	爱建信托	335.31	304.89	282.59
32	厦门国信	316.66	304.50	321.00

续表

序号	公司简称	2016 年	2015 年	2014 年
33	渤海信托	309.25	308.61	403.73
34	北京国信	306.00	422.00	394.00
35	华融国信	295.94	271.39	287.55
36	工商信托	295.00	260.00	294.00
37	天津信托	294.71	377.09	551.31
38	昆仑信托	290.64	337.87	318.79
39	华鑫信托	264.00	352.00	358.21
40	万向信托	258.69	134.23	110.37
41	北方国信	255.02	335.10	378.54
42	紫金信托	252.07	295.39	243.22
43	中建投信托	243.48	288.84	335.72
44	东莞信托	242.69	289.44	271.22
45	兴业信托	231.90	295.36	337.82
46	方正东亚	225.56	276.53	440.56
47	中粮信托	221.44	215.06	222.41
48	大业信托	212.91	265.15	308.59
49	四川信托	178.40	144.22	171.12
50	陆家嘴信托	177.63	192.97	173.76
51	新时代	167.51	150.46	117.47
52	长安国信	154.35	182.25	194.30
53	长城新盛	150.01	25.50	77.71
54	吉林信托	143.72	273.19	136.61
55	中融信托	140.10	143.16	136.57
56	兴大兴陇	132.84	101.46	93.01
57	中泰信托	128.96	159.82	216.03
58	金谷信托	120.50	74.88	55.00
59	云南国信	95.53	163.06	184.62
60	国民信托	85.52	172.11	115.49
61	山西信托	67.93	54.07	85.11
62	华宸信托	37.62	43.33	27.73
63	华澳信托	35.00	63.00	84.00
64	新华信托	22.17	6.44	15.81
65	安信信托	未披露	未披露	未披露

续表

序号	公司简称	2016年	2015年	2014年
66	陕西国信	未披露	未披露	未披露
67	五矿信托	未披露	401.63	355.66
68	浙商金汇	未披露	未披露	未披露
平均		390.47	427.14	396.97

表2-9　　人均净利润增长序列表(2016年度)　　单位:万元

序号	公司简称	2016年	2015年	2014年
1	中江国信	568.38	-28.45	18.81
2	华宝信托	244.94	-110.41	-50.70
3	民生信托	181.58	72.04	未披露
4	粤财信托	150.36	132.61	-17.80
5	长城新盛	124.51	-52.21	-63.15
6	万向信托	124.46	23.86	未披露
7	湖南信托	89.00	-116.00	-49.00
8	平安信托	76.82	62.56	4.08
9	金谷信托	45.62	19.88	-111.02
10	交银国信	42.87	31.31	37.76
11	工商信托	35.00	-34.00	36.47
12	四川信托	34.18	-26.90	-91.83
13	兴大兴陇	31.38	8.45	-121.76
14	爱建信托	30.42	22.30	12.16
15	华融国信	24.55	-16.16	-129.71
16	华能贵诚	24.43	39.50	94.47
17	新时代	17.05	32.99	-8.33
18	新华信托	15.73	-9.37	-70.87
19	山西信托	13.86	-31.04	-40.28
20	厦门国信	12.16	-16.50	-48.00
21	中粮信托	6.38	-7.35	39.80
22	渤海信托	0.64	-95.12	-38.60
23	百瑞信托	-2.64	57.25	39.72
24	中融信托	-3.06	6.59	-5.59
25	中铁信托	-5.00	264.00	-493.00
26	中信信托	-5.62	47.89	-138.83

续表

序号	公司简称	2016年	2015年	2014年
27	华宸信托	-5.71	15.60	16.37
28	陆家嘴信托	-15.34	19.21	-27.61
29	中航信托	-16.23	104.84	20.14
30	西部信托	-17.54	321.85	-10.51
31	长安国信	-27.90	-12.05	-59.84
32	华澳信托	-28.00	-21.00	-76.00
33	中泰信托	-30.86	-56.21	-62.12
34	建信信托	-33.24	50.11	40.06
35	英大信托	-33.31	未披露	未披露
36	苏州信托	-39.91	11.31	58.62
37	中原信托	-41.66	-76.28	94.46
38	紫金信托	-43.32	52.17	44.36
39	中建投信托	-45.36	-46.88	-90.10
40	东莞信托	-46.75	18.22	-49.86
41	昆仑信托	-47.23	19.08	-31.83
42	方正东亚	-50.97	-164.03	1.86
43	大业信托	-52.24	-43.44	51.76
44	外贸信托	-55.19	29.64	-176.00
45	山东国信	-61.24	233.21	-187.97
46	兴业信托	-63.46	-42.46	-42.34
47	上海国信	-66.09	-159.17	6.88
48	云南国信	-67.53	-21.56	-50.03
49	北方国信	-80.08	-43.44	-16.77
50	天津信托	-82.38	-174.22	205.89
51	江苏国信	-84.37	227.01	-61.46
52	国民信托	-86.59	56.62	-87.26
53	华鑫信托	-88.00	-6.21	-28.79
54	西藏信托	-92.50	-264.67	352.12
55	北京国信	-116.00	28.00	-51.00
56	中海信托	-125.69	94.41	65.83
57	吉林信托	-129.47	136.58	-90.06
58	国联信托	-154.00	-121.26	101.54
59	国元信托	-172.14	126.45	54.29

续表

序号	公司简称	2016 年	2015 年	2014 年
60	中诚信托	-235.12	-245.72	9.01
61	华信信托	-243.17	141.04	242.64
62	国投泰康	-354.01	383.47	7.10
63	华润信托	-479.80	264.98	155.57
64	重庆国信	-838.18	742.82	1147.49
65	安信信托	未披露	未披露	未披露
66	陕西国信	未披露	未披露	未披露
67	五矿信托	未披露	45.97	0.80
68	浙商金汇	未披露	未披露	未披露
平均		-36.67	30.17	7.36

表 2-10　　人均净利润增幅序列表(2016 年度)

序号	公司简称	2016 年(%)	2015 年(%)	2014 年(%)
1	长城新盛	488.27	-67.19	-44.83
2	新华信托	244.25	-59.27	-81.76
3	华宝信托	242.23	-52.20	-19.33
4	中江国信	190.38	-8.70	6.10
5	民生信托	96.53	62.07	未披露
6	万向信托	92.72	21.62	未披露
7	金谷信托	60.92	36.15	-66.87
8	兴大兴陇	30.93	9.09	-56.69
9	湖南信托	29.87	-28.02	-10.58
10	平安信托	26.84	27.97	1.86
11	山西信托	25.63	-36.47	-32.12
12	四川信托	23.70	-15.72	-34.92
13	粤财信托	22.67	24.98	-3.24
14	工商信托	13.46	-11.56	14.16
15	新时代	11.33	28.08	-6.62
16	交银国信	11.05	8.77	11.83
17	爱建信托	9.98	7.89	4.50
18	华融国信	9.05	-5.62	-31.09
19	华能贵诚	4.51	7.86	23.16
20	厦门国信	3.99	-5.14	-13.01

续表

序号	公司简称	2016年(%)	2015年(%)	2014年(%)
21	中粮信托	2.97	-3.30	21.80
22	渤海信托	0.21	-23.56	-8.73
23	百瑞信托	-0.54	13.13	10.02
24	中铁信托	-0.71	60.14	-52.90
25	中信信托	-0.96	8.87	-20.46
26	中融信托	-2.14	4.83	-3.93
27	中航信托	-2.65	20.69	4.14
28	西部信托	-3.92	255.64	-7.70
29	江苏国信	-5.01	15.56	-4.04
30	建信信托	-7.10	11.98	10.59
31	英大信托	-7.30	未披露	未披露
32	陆家嘴信托	-7.95	11.06	-13.71
33	苏州信托	-8.49	2.47	14.65
34	中原信托	-10.73	-16.42	25.53
35	山东国信	-11.85	82.23	-39.86
36	外贸信托	-11.85	6.80	-28.76
37	上海国信	-12.84	-23.61	1.03
38	华宸信托	-13.18	56.26	144.10
39	昆仑信托	-13.98	5.99	-9.08
40	西藏信托	-14.33	-29.08	63.10
41	紫金信托	-14.67	21.45	22.31
42	长安国信	-15.31	-6.20	-23.55
43	中海信托	-15.32	13.01	9.97
44	中建投信托	-15.70	-13.96	-21.16
45	东莞信托	-16.15	6.72	-15.53
46	方正东亚	-18.43	-37.23	0.42
47	中泰信托	-19.31	-26.02	-22.33
48	大业信托	-19.70	-14.08	20.15
49	兴业信托	-21.49	-12.57	-11.14
50	天津信托	-21.85	-31.60	59.61
51	华信信托	-21.97	14.60	33.56
52	北方国信	-23.90	-11.48	-4.24
53	重庆国信	-24.96	28.41	78.19

续表

序号	公司简称	2016年(%)	2015年(%)	2014年(%)
54	华鑫信托	-25.00	-1.73	-7.44
55	北京国信	-27.49	7.11	-11.46
56	国联信托	-29.03	-18.61	18.46
57	国元信托	-31.65	30.29	14.95
58	中诚信托	-35.08	-26.83	0.99
59	云南国信	-41.41	-11.68	-21.32
60	华澳信托	-44.44	-25.00	-47.50
61	国投泰康	-44.75	94.07	1.77
62	华润信托	-46.21	34.26	25.18
63	吉林信托	-47.39	99.98	-39.73
64	国民信托	-50.31	49.03	-43.04
65	安信信托	未披露	未披露	未披露
66	陕西国信	未披露	未披露	未披露
67	五矿信托	未披露	12.93	0.23
68	浙商金汇	未披露	未披露	未披露
平均		-8.59	7.60	1.89

第三章 信托资产的分布与运用分析

第一节 信托资产规模分析

一、信托资产规模的整体分析

2016年，信托行业平均信托资产规模为29758782万元，比2015年增加了5708612万元，上升率为23.74%。自2012年以来，信托公司的信托资产规模每年都有大幅度的提升，除了2015年外，平均每年提升20%以上。在近5年中，除了2014年、2015年和2016年外，2012—2013年信托资产平均值均实现了35%以上的增幅。

在2016年度，有11家公司缩减了信托资产规模，比2015年的26家减少了15家。另外，中信信托2016年以40207383万元的增幅刷新了该项纪录，信托资产规模达到历史新高142488879万元。从信托资产规模分布的平均程度来看，2016年信托资产规模分布的标准差（28279946万元）比2015年（23583490万元）大幅上升。与此同时，变异系数也出现了近5年以来的第2次下跌，从2015年的0.98下跌到2016年的0.95。

值得注意的是，2012—2016年，信托资产规模的变异系数除了2014年和2015年外，其余3年均出现了下降。2016年变异系数小幅下降，这说明2016年信托行业缩小了信托资产规模分布分化的趋势。如表3-1所示。

表3-1　　2012—2016年度信托公司信托资产规模的统计分析表

	2012年	2013年	2014年	2015年	2016年
平均值（万元）	11813118	16046023	20717837	24050170	29758782
平均值增长幅度（万元）	4211481	4232905	4671814	3332333	5708612
平均值增长率（%）	55.40	35.83	29.12	16.08	23.74
公司数目	66	68	67	68	68
信托资产缩减的公司数	5	7	13	26	11
最大值（万元）	59134914	72966080	90207416	109683950	142488879

续表

	2012 年	2013 年	2014 年	2015 年	2016 年
最小值(万元)	260295	1271355	695795	980256	971111
标准差(万元)	9911516	13235416	18357256	23583490	28279946
变异系数	0.85	0.83	0.89	0.98	0.95

二、信托资产规模的公司分析

从信托资产规模排名来看,2016 年度,信托资产规模最大的信托公司前 5 名为:中信信托(142488879 万元)、建信信托(130619640 万元)、兴业信托(92201673 万元)、上海国信(82579376 万元)以及华润信托(80823043 万元)。与 2015 年相比,信托资产规模排名前 5 名的公司变化不大,除了上海国信外,其余 4 家信托公司在 2015 年也位居行业前 5 名。中融信托从 2015 年的第 5 位下降至 2016 年的第 8 位。上海国信从 2015 年的第 6 位上升至 2016 年的第 4 位。

同时,可以发现,2016 年度信托资产规模达到 1000 亿元以上的公司为 56 家,比 2014 年度的 50 家又增加 6 家。另外,信托资产规模达到 500 亿元以上的公司, 2011 年达到 33 家,2012 年增长到 47 家,2013 年增长到 56 家,2014 年达到了创纪录的 60 家,2015 年则小幅下降至 58 家,2016 年又增加至 59 家。

从信托资产增长幅度来看,2016 年度,信托资产增长幅度前 5 名分别为中信信托(+40207383 万元)、交银国信(+21879787 万元)、上海国信(+21721059 万元)、建信信托(+20935690 万元)以及华能贵诚(+18154338 万元)。与 2015 年相比,信托资产增长前 5 名的变化较大,其中,仅有上海国信和建信信托依然保持了高速增长,继续跻身前 5 名的行列。兴业信托、华润信托和江苏国信分别从 2015 年的第 2 位、第 3 位和第 5 位下跌至 2016 年的第 56 位、第 23 位和第 14 位。而中信信托、交银国信和华能贵诚分别从 2015 年的第 7 位、第 10 位和第 8 位跃升至 2016 年的第 1 位、第 2 位和第 5 位。

从信托资产规模增长率来看,2016 年度,信托资产规模增长率前 5 名的公司为浙江金汇(增长 129.19%)、光大兴陇(增长 121.38%)、国投泰康(增长 118.50%)、爱建信托(增长 110.73%)以及厦门国信(增长 102.47%)。值得一提的是,2016 年信托资产规模增长率排名前 5 的信托公司其增长率远远高于 2015 年。

从 2012 年以来各年信托资产规模的稳定程度来看,最稳定公司的前 3 名分别是粤财信托(变异系数为0.11)、东莞信托(变异系数为0.14)以及国联信托(变异系数为0.14)。粤财信托自2012年来,一直保持了稳定的信托资产规模,平均值为19840627万元。另外,信托资产规模波动程度最大的前三家公司分别是国民信托(变异系数为0.95)、爱建信托(变异系数为0.84)以及光大兴陇(变异系数为0.78),这3家公司近5年来都实现了信托资产规模的持续大幅增长。

第二节 信托资产分布分析

一、信托资产分布的行业分析

信托公司的信托资产可以分为基础产业资产、房地产业资产、证券业资产、实业资产以及金融机构资产等五大行业类别。2011—2016年,信托公司信托资产的行业分布特征如图3-1所示。

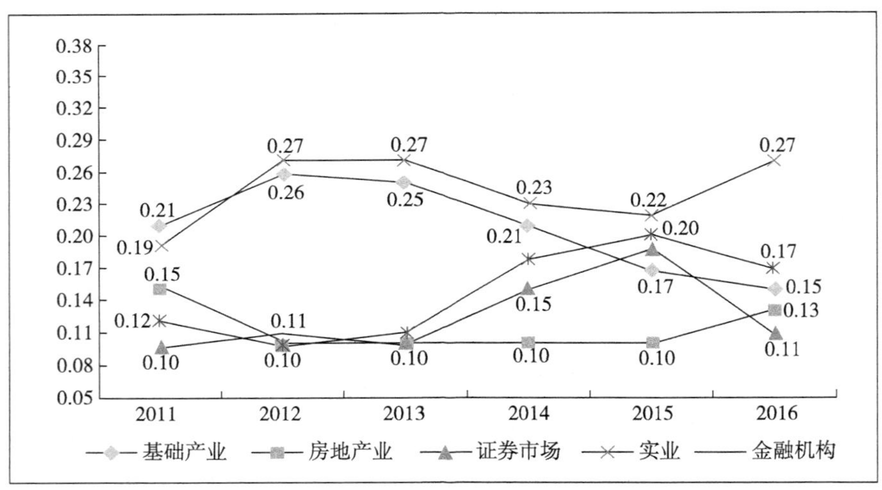

图3-1 2011—2016年信托资产的行业占比平均值分布

第一,2012年以前,信托资产在基础产业的分布比例是最大的,此后连续4年被实业以微弱优势反超。第二,信托资产在金融机构和证券市场的分布比例曲线惊人的一致,2011—2015年占比呈上升趋势,2016年均出现下跌。第三,房地产业资产的分布占比在近6年内除了2011年和2016年外,2012—2015年均在10%左右徘徊。

综合上述数据,我们可以发现在2016年房地产信托和银信合作继续受阻,国内信托公司经营环境持续偏紧的背景下，各家信托公司信托资产比例变化较大。其中，基础产业资产比例和金融机构资产比例比 2015 年小幅下调 2% 和 3%，证券资产比 2015 年大幅下调 7%，而房地产业资产和实业资产分布比例分别上升 3% 和 5%。可以看出，信托公司在 2016 年减少金融机构资产、证券资产和基础产业资产投资的同时，持续加大了对实业资产和房地产业资产的投资，这与 2016 年资本市场的投资低谷不无关系。在原有的投资结构下，整个信托行业的发展并没有受到政策的负面影响而停滞不前，依然实现了 20% 以上的资产规模的扩张。与此同时，信托持续加大对实业资产和房地产业资产的投资，显示出信托公司对经济发展后续走势的乐观态度。综上所述，我们不难看出，2016 年整个信托行业对宏观经济未来的走势判断与 2015 年相比差别较大，因此在投资结构上与 2015 年相比作出了较大的调整。

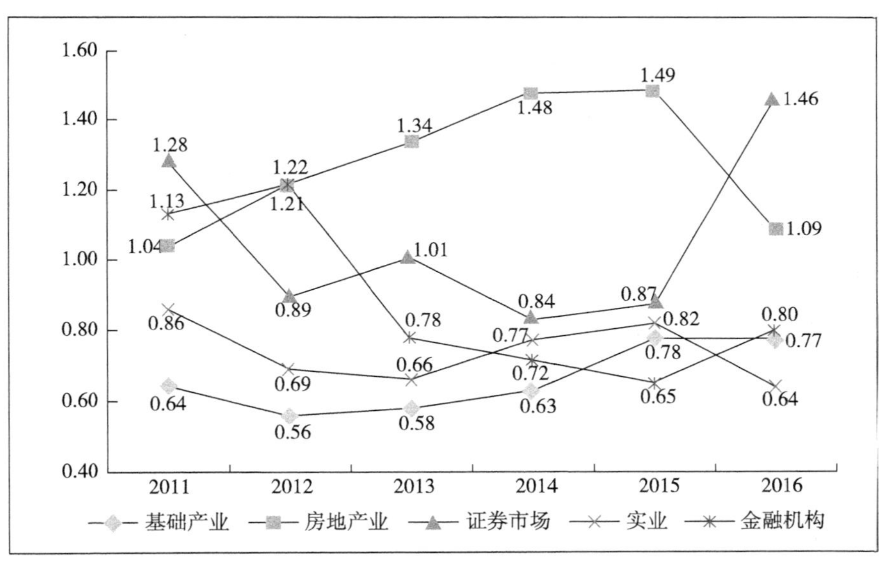

图 3 – 2　2011—2016 年信托资产行业分布比例的变异系数

图 3 – 2 描述了 2011—2016 年度信托资产的行业构成比例在不同信托公司之间的变异系数。首先，基础产业资产的变异系数一直比较低，而且相对稳定，自 2011 以来，一直维持在 0.60 左右。在 2011 年，该指标达到 0.64，2012 年与 2013 年基本持平，分别为 0.56和 0.58，2014 年又回升至 0.63，2015 年该指标大幅上升至 0.78，2016 年与 2015 年基本持平。这表明，不同信托公司对持有基础产业资产比例的态度发生了微妙的变化，2012 年分歧大大减小后，2013 年以来各信托公司对于投资基础产业的比例的大小分歧又逐渐扩大。我们必须注意到，虽然布局基础产业资产是各信托公司近年以来的共识，

其变异系数远低于其他几种行业，但是2015年和2016年这一共识逐渐被打破。其次，证券业资产的变异系数波动较大，2011年和2016年，可能出于对证券市场风险的考虑，不同信托公司对证券业资产的持有态度差异较大，2011年，该项资产的变异系数达到1.28，2016年增加到1.46。2012年证券市场分布比例的变异系数大幅跌至0.89，2013年大幅增加到1.01，2014年又大幅下跌至0.84，2015年为0.87。这显示出各信托公司在2012年纷纷增持证券业资产后2013年对证券资产的持有比例又出现了较大的分歧，2016年出于对证券市场前景的不同判断，各信托公司证券业资产的持有比例分歧程度为近6年来的最高水平。另外，对于实业资产，各信托公司的态度在2011—2013年越来越趋于一致，由2011年的0.86降至2013年的0.66，但是2014年各信托公司对于实业资产的持有比例分歧开始加大，增加到0.77，2015年则持续加大至0.82，2016年又一次大幅下调至0.64。对于房地产业，2011—2015年，其变异系数逐渐加大，2015年达到创纪录的1.49，2016年又大幅下调至1.09，这显示出各信托公司继2011年以来在持有房地产业资产的比例方面发生分化后，2016年这种分歧持续开始缩小。值得注意的是，2012—2015年，各信托公司对于房地产业资产持有比例的变异系数远远高于其他几种资产形式，而2016年则大幅下调，这显示出各信托公司对房地产业发展前景的判断逐渐分化后，2016年这种分歧开始缩小。对于金融机构分布比例，2011—2016年，除了2012年和2016年变异系数上升外，其余4年均小幅下调。2012年小幅回升至1.22，但是2013年又大幅下跌至0.78，2014年延续了2013年的跌势，微跌至0.72，2015年持续大幅下跌至0.65，2016年则大幅上升至0.80。2016年，在5种资产布局中，证券资产的变异系数波动较大。这说明，各信托公司对该种资产的投资比例更具分歧。

2012—2016年度信托公司信托资产的行业分布占比情况如表3－2所示。

表3－2　2012—2016年度信托公司信托资产行业分布占比

		2012年	2013年	2014年	2015年	2016年
披露公司数目		63	63	64	66	67
基础产业	规模（万元）	2762256	4256482	4450960	4353447	4954380
	占比（%）	25.58	25.49	21.35	17.73	15.47
	占比最大值（%）	82.4	85.09	61.74	55.35	53.67
	占比最小值（%）	0.00	0.00	0.00	0.00	0.08
	标准差（%）	14.40	14.67	13.41	13.79	11.90
	变异系数	0.56	0.58	0.63	0.78	0.77

续表

		2012 年	2013 年	2014 年	2015 年	2016 年
房地产	规模（万元）	1028790	1721714	1981747	1986838	2735452
	占比（%）	9.52	10.31	8.09	9.51	13.32
	占比最大值（%）	70.92	70.30	76.74	76.64	69.91
	占比最小值（%）	0.64	0.00	0.00	0.00	0.28
	标准差（%）	11.48	13.87	11.95	14.18	14.56
	变异系数	1.21	1.34	1.48	1.49	1.09
证券资产	规模（万元）	1258315	1748212	3051222	4670180	4615884
	占比（%）	11.42	10.47	14.64	19.02	10.90
	最大值（%）	42.76	41.18	57.91	34.62	75.94
	最小值（%）	0.00	0.00	0.00	0.00	0.00
	标准差（%）	10.20	10.62	12.26	16.52	15.91
	变异系数	0.89	1.01	0.84	0.87	1.46
实业	规模（万元）	2848754	4516831	4879568	5482718	7634547
	占比（%）	26.74	27.05	23.41	22.33	26.97
	最大值（%）	84.54	92.95	78.51	83.59	81.57
	最小值（%）	0.00	0.00	0.00	0.00	0.20
	标准差（%）	18.34	17.94	17.92	18.31	17.29
	变异系数	0.69	0.66	0.77	0.82	0.64
金融机构	规模（万元）	1090494	1842148	3825970	4884625	6028036
	占比（%）	9.78	11.03	18.35	19.89	16.83
	最大值（%）	52.27	48.15	62.65	64.16	48.37
	最小值（%）	0.00	0.00	0.00	0.00	0.00
	标准差（%）	11.96	8.59	13.21	13.03	13.53
	变异系数	1.22	0.78	0.72	0.65	0.80

二、信托资产分布的公司分析

2016 年度各项信托资产比例最大的前 3 名如表 3－3 所示。

表 3－3　　2016 年度各项信托资产比例最大的前 3 名

	第 1 名	第 2 名	第 3 名
基础产业资产	湖南信托（53.67%）	国元信托（49.56%）	光大兴陇（45.00%）
房地产业资产	工商信托（69.91%）	国民信托（62.02%）	国联信托（56.89%）

续表

	第1名	第2名	第3名
证券业资产	华润信托(75.94%)	江苏国信(70.18%)	中海信托(53.62%)
实业资产	天津信托(81.57%)	新时代(74.27%)	安信信托(60.29%)
金融机构	兴业信托(48.37%)	方正信托(46.12%)	中粮信托(45.43%)

基础产业资产占比变化比较大,只有湖南信托连续两年保持基础产业资产占比前3名的位置。英大信托和万向信托分别从2015年的第2名和第3名跌至2016年的第66名和第7名。而国元信托和光大兴陇则上升至2016年的第2名和第3名。

房地产业资产占比变化较大,工商信托以69.91%的比例依然位居行业第1名,长城新盛和浙江金汇则分别从2015年的第2名和第3名下跌至2016年的第5名和第22名。而国民信托和国联信托则分别上升至2016年的第2名和第3名。

证券业资产占比前3名变化不大,2015年和2016年排名前3的均为华润信托、江苏国信和中海信托。只是排名次序略有变化,由2015年的华润信托、中海信托和江苏国信调整为2016年的华润信托、江苏国信和中海信托。

实业资产占比排名前3的企业变化较大,天津信托和新时代继续保持行业前3的位置,国投信托2016年大幅下调实业资产信托比例,从2015年度的64.88%(行业第3名)降为2016年度的53.89%(行业第6名)。

金融机构资产占比变化较大,只有兴业信托继续保持行业前3的位置,西藏信托小幅下调金融机构资产占比,从2015年度的55.22%(行业第1名)小幅下调至2016年的42.62%(行业第5名)。长城兴盛则大幅下调金融机构资产占比,从2015年度的53.06%(行业第2名)大幅下调至2016年的2.88%(行业第58名)。

2016年度各项信托资产规模最大的前3名如表3-4所示。

表3-4　2016年度各项信托资产规模最大的前3名　单位:亿元

	第1名	第2名	第3名
基础产业资产	建信信托(3895)	中信信托(3590)	上海国信(2848)
房地产业资产	国民信托(1535)	中信信托(1505)	建信信托(1197)
证券业资产	华润信托(6137)	江苏国信(3283)	外贸信托(2213)
实业资产	平安信托(3061)	兴业信托(3021)	新时代(2598)
金融机构	兴业信托(4569)	建信信托(4113)	中融信托(2786)

基础产业资产规模，前3名公司变化较大，只有中信信托和上海国信继续位居前3名。交银国信从2015年的1946亿元（第2位）微跌至2016年的2717亿元（第4位）。建信信托则以3895亿元的基础产业资产持有规模跃升为行业第1位。

房地产业资产规模，2016年前3名公司与2015年度变化较大。只有中信信托继续保持房地产规模前3的位置，平安信托和上海国信分别从行业第2名和第3名降至第4名和第7名，国民信托和建信信托则分别从2015年的第28名和第39名跃升至2016年的第1名和第3名。

证券业资产规模，2016年行业前3名公司与2015年相比变化较大。只有华润信托继续位居行业前3名，建信信托和中海信托则分别由2015年的行业第2名和第3名微跌至2016年的行业第9名和第5名，而江苏国信和外贸信托则分别跃居至行业第2名和第3名。

实业资产规模，前3名公司与2015年度相比变化不大，平安信托和兴业信托继续保持行业前3的位置，中融信托从2015年的第2名微跌至2016年的第4名，新时代则从2015年的第8名跃升至2016年的第3名。

金融机构资产规模，前3名公司与2015年变化不大，兴业信托和建信信托继续保持行业前3的位置，华宝信托则从2015年的行业第3名跌至2016年的第65名，中融信托则上升至2016年的第3名。

另外，从2013年以来各年信托资产构成比例的稳定程度来看，投资策略比较明显的是北方国信，其基础产业资产和证券业资产比例基本在17%～26%，工商信托连续4年房地产业资产比例相对稳定在69%～84%，交银国信的基础产业资产比例相对稳定，华鑫信托的实业资产比例也相对稳定，如表3－5所示。

表3－5　　2013—2016年度各项信托资产投资比例最稳定的前3名

	第1名	第2名	第3名
基础产业资产	交银国信 （39.35%，0.03）	北方国信 （24.92%，0.04）	大业信托 （9.9%，0.07）
房地产业资产	华宸信托 （27.27%，0.06）	爱建信托 （17.31%，0.06）	工商信托 （76.35%，0.07）
证券业资产	长安国信 （11.84%，0.14）	北方国信 （21.30%，0.17）	外贸信托 （43.24%，0.21）
实业资产	华鑫信托 （52.69%，0.04）	百瑞信托 （21.61%，0.06）	中信信托 （12.45%，0.06）
金融机构	中信信托 （19.17%，0.14）	粤财信托 （25.51%，0.20）	天津信托 （3.74%，0.22）

注：表中括号内第一个数字是平均值，第二个数字是变异系数。

第三节 信托资产运用分析

一、信托资产的运用分析

信托公司的运用方式可以分为货币资产、贷款、长期投资以及交易性金融资产等。2011—2016年，信托公司信托资产运用的分布特征如图3-3所示。

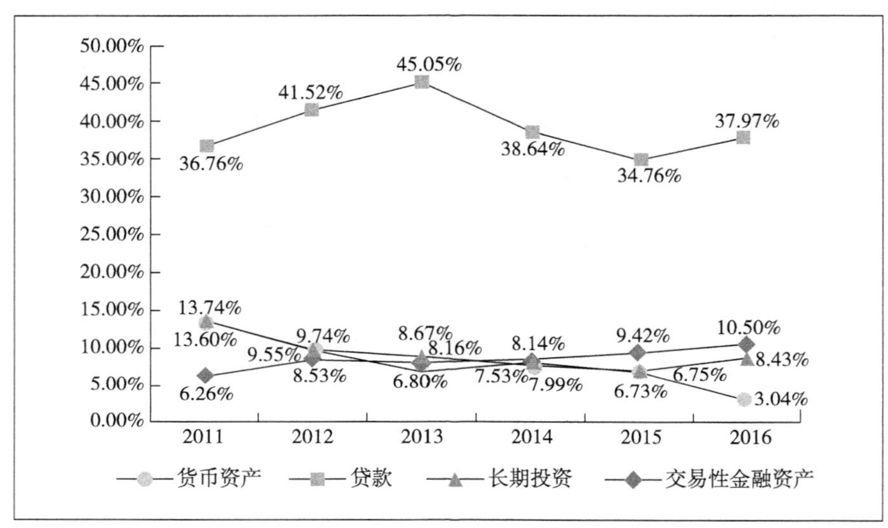

图3-3 2011—2016年信托公司信托资产的运用分布

自2011年以来，贷款资产的比例一直居于首位。2011—2013年，贷款资产比例持续上升，由2011年的36.76%上升至2013年的45.05%，2014年和2015年连续2年下跌至34.76%，2016年贷款资产比例又一次出现上升，小幅反弹至37.97%。在信托资产的运用分布格局中，贷款资产的比例一直远远高于其他几种资产形式。货币资产、长期投资和交易性金融资产比例比较接近。2016年，交易性金融资产比例位居第2位，该指标在2011—2016年变化不大，一直在6%~11%徘徊，2016年该指标首次突破10%，达到历史性的10.50%，在4类资产类型中运用比例仅次于贷款资产，这显示出整个信托行业2016年对于交易性金融资产的判断持续向好。

2016年，长期投资比例居信托资产运用的第3位，2011—2015年，长期投资比例一直持续小幅下调，从2011年的13.60%跌至2015年的6.73%，成为几种资产运用形式中的最低值。但是,2016 年该指标小幅反弹至 8.43%。货币资产的比例在 2011—2016 年除了 2014 年大幅增加外其余年份均逐年下降,从 2011 年的最高值 13.74%降低为 2013 年的 6.80%,2014 年则小幅增加至 8.14%,2015 年则小幅下跌至 6.75%,2016 年大幅下跌至 3.04%。值得一提的是,在过去的 6 年中,除了 2011 年外,货币资产比例一直在 10%以下的水平徘徊。

综上所述,我们不难看出,各信托公司在基本沿用以往的投资资产运用策略的同时,微调了各类型资产的运用比例,贷款资产的运用比例提升至 37.97%%。贷款资产比例最高,交易性金融资产和长期投资居中,货币资产最少。但是,我们应该注意到,2016 年,货币资产运用比例仍然处于下降通道中,交易性金融资产、长期投资和贷款资产运用比例均小幅上升。这种信托资产运用格局在一定程度上反映出 2016 年整个信托行业虽然没有改变依赖贷款业务获取利润的投资格局,但是在其他投资方式上有了一定的尝试和创新。

图 3-4 描述了 2011—2016 年各信托公司信托资产各运用方式比例的增减速度。

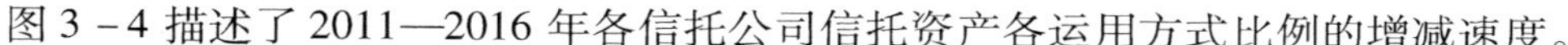

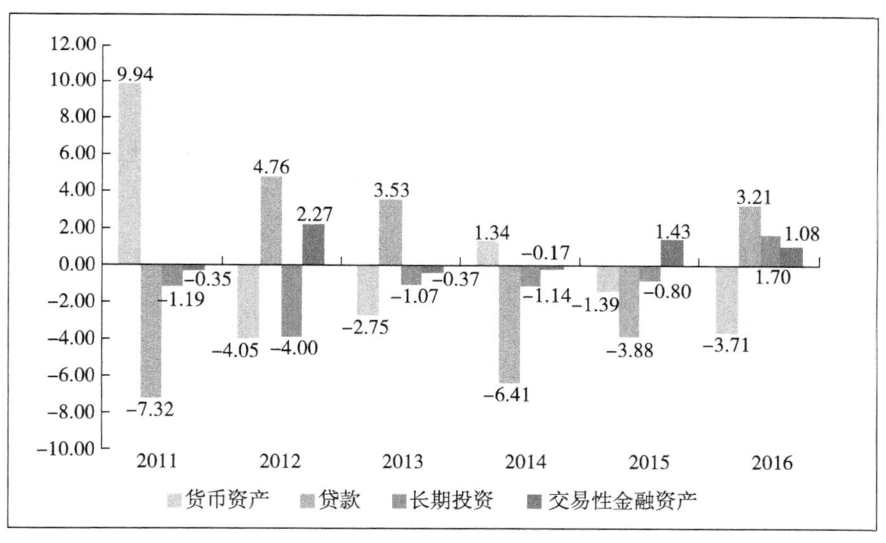

图 3-4　2011—2016 年信托公司信托资产各运用方式比例的变化速度(%)

其中,交易性金融资产的波动性最小,波动区间为 -0.35% ~2.27%,最大跌幅为 2011 年的 -0.35%,最大涨幅则为 2012 年的 2.27%。2011—2015 年,长期投资资产比例均实现了负增长,2016 年则增长 1.70%。另外,在过去的 6 年内,除了 2015 年外,货币资产与贷款的变动基本是负相关的,其中一项资产比例的增长必定伴随另一项资产比例的下降。2015 年,两种资产比例都呈下跌趋势,只是货币资产比贷款下降的幅度小很多。

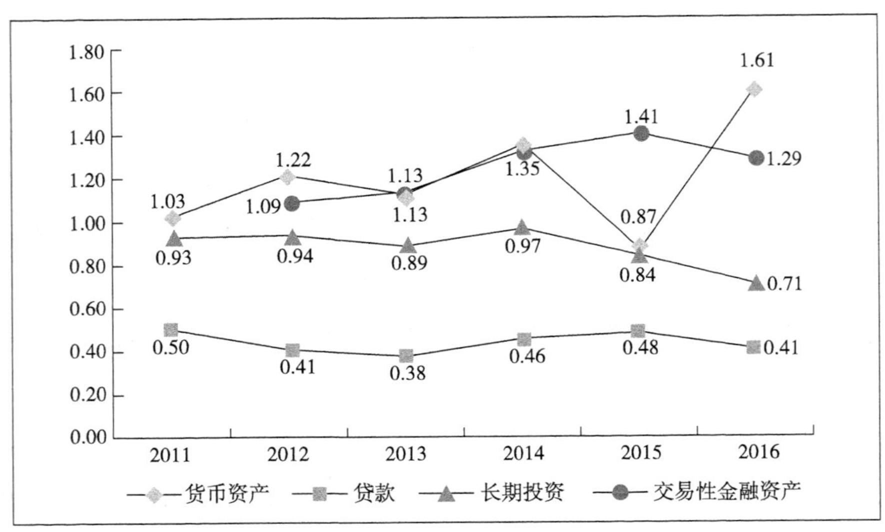

图 3－5　2011—2016 年信托资产运用方式构成比例的变异系数

图 3－5 描述了 2011—2016 年度信托资产的运用构成比例在不同信托公司之间的变异系数。首先,贷款的变异系数一直比较低,2011 年之后,变异系数都在 0.50 左右,除 2011 年为 0.50,2015 年为 0.48 外,其余 4 年均在 0.40 左右徘徊。这表明,不同信托公司对贷款资产比例的态度比较一致。其次,长期投资资产的变异系数也比较稳定,过去的 6 年均为 0.71～0.97。这表明,在近 6 年,不同信托公司对长期投资产业资产比例的态度分歧基本稳定。另外,从变异系数看,不同信托公司对货币资产比例的态度除了 2015 年外,在其余 4 年分歧均比较大,尤其是 2016 年大幅上升至 1.61,达到近 6 年以来的最高值。这表明不同信托公司对货币资产比例的态度在 2015 年保持一致后 2016 年又出现了分化。

综合上述分析,我们不难发现,2011—2014 年,各信托公司对于信托资产运用的变异性变化不大,而 2015 年这一趋势发生了变化,2016 年则继续保持这一趋势。这显示出,各信托公司在信托资产运用方面的态度在 2015 年、2016 年开始出现了分化,这是近 6 年来出现的可喜变化。这表明 2015 年以来各信托公司的同质化竞争形势有了明显的松动,这有利于信托行业的可持续发展,而 2016 年继续保持了这一趋势。

2012—2016 年度信托公司信托资产的运用方式分布情况如表 3－6 所示。

表3-6　　2012—2016年度信托公司信托资产运用方式分布

		2012年	2013年	2014年	2015年	2016年
披露公司数目		63	64	64	66	64
货币资产	规模(万元)	1062537	1146007	1620648	1658037	1656976
	占比(%)	9.55	6.80	8.14	6.75	3.04
	占比增长(%)	-4.05	-2.75	1.34	-1.39	-3.71
	最大值(%)	51.14	32.94	62.65	33.30	29.82
	最小值(%)	0.00	0.20	0.00	0.00	0.00
	标准差(%)	11.66	7.71	11.00	5.91	4.90
	变异系数	1.22	1.13	1.35	0.87	1.61
贷款	规模(万元)	4628246	7404305	7695919	8533610	9844327
	占比(%)	41.52	45.05	38.64	34.76	37.97
	占比增长(%)	4.76	-3.53	-6.41	-3.88	3.21
	最大值(%)	80.98	80.15	83.00	86.60	68.70
	最小值(%)	5.40	12.30	10.25	0.03	8.60
	标准差(%)	17.11	16.95	17.78	16.93	15.54
	变异系数	0.41	0.38	0.46	0.49	0.41
长期投资	规模(万元)	1086106	1425731	1498744	1652335	2146446
	占比(%)	9.74	8.67	7.53	6.73	8.43
	占比增长(%)	-4.00	-1.07	-1.14	-0.80	1.70
	最大值(%)	48.45	39.55	42.70	52.50	28.01
	最小值(%)	0.02	0.39	0.00	0.85	0.86
	标准差(%)	9.13	7.75	7.29	5.65	5.98
	变异系数	0.94	0.89	0.97	0.84	0.71

二、信托资产运用的公司分析

2016年度各项信托资产运用方式比例最大的前3名如表3-7所示。

表3-7　　2016年度各项信托资产运用方式比例最大的前3名

	第1名	第2名	第3名
货币资产	建信信托(29.82%)	江苏国信(18.97%)	华宝信托(15.47%)
贷款	湖南信托(68.70%)	中建投信托(67.97%)	山西信托(66.10%)
长期投资	昆仑信托(28.01%)	百瑞信托(28.01%)	工商信托(19.71%)
交易性金融资产	华润信托(73.08%)	中海信托(44.98%)	陕西国信(39.08%)

从表3-7可以看出,货币资产占比,行业前3名差别不大,建信信托、江苏国信和华宝信托继续保持行业前3名的位置。只是名次略微有些变化,从2015年的华宝信托、建信信托和江苏国信微调至2016年的建信信托、江苏国信和华宝信托。

贷款占比,行业前3名变化较大,只有湖南信托继续保持行业前3名的位置。其中,国投信托和浙江金汇分别从2015年的行业第1名和第3名调整至2016年的第4名和第28名。而中建投信托和山西信托则分别提升至行业第2名和第3名。值得一提的是,湖南信托已经连续5年保持贷款占比行业前3的位置,这表明其投资策略相对比较稳定。

长期投资占比,行业前3名变化不大,昆仑信托和百瑞信托继续保持行业前3的位置。工商信托从2015年的17.49%(行业第5名)小幅增长至2016年的19.71%(行业第3名)。国元信托则从2015年的18.73%(行业第3名)小幅下降至2016年的12.57%(行业第16名)。值得一提的是,昆仑信托连续4年长期投资占比位居行业前3名。

交易性金融资产占比,行业前3名变化不大,华润信托和中海信托2016年继续保持行业前3的位置。外贸信托从2015年的第3名小幅下调至2016年的第5名,陕西国信则从2015年的第7名跃升至2016年的第3名。

表3-8　2016年度各项信托资产规模最大的前3名　单位:万元

	第1名	第2名	第3名
货币资产	建信信托(38951021)	中信信托(14795140)	江苏国信(8874517)
贷款	中信信托(57433676)	上海国信(45634029)	平安信托(29530691)
长期投资	中信信托(14826271)	中融信托(11009444)	兴业信托(7979151)
交易性金融资产	华润信托(59066096)	华宝信托(16657338)	江苏国信(16506600)

2016年货币资产规模和交易性金融资产规模的前3名与2015年相比变化不大。其中,江苏国信在2016年大幅增加货币资产规模,从2015年的6601938万元(行业第5位)增加至2016年的8874517万元(行业第3位)。江苏国信则在2016年大幅增加交易性金融资产规模,从2015年的11652241万元(行业第7位)上升至2016年的16506600万元(行业第3位)。贷款和长期投资规模前3名与2015年完全保持一致,只不过排序略有差别。如表3-8所示。

表 3-9　　2011—2016 年度各项信托资产比例最稳定的前 3 名

	第 1 名	第 2 名	第 3 名
货币资产	百瑞信托 (1.09%,0.19)	建信信托 (34.39%,0.23)	湖南信托 (1.21%,0.27)
贷款	中江国信 (56.59%,0.04)	湖南信托 (75.26%,0.06)	中诚信托 (30.39%,0.06)
长期投资	百瑞信托 (25.70%,0.11)	国元信托 (17.18%,0.11)	粤财信托 (15.56%,0.11)
交易性金融资产	中信信托 (8.07%,0.22)	平安信托 (6.22%,0.28)	中诚信托 (23.61%,0.40)

注：表中括号内第一个数字是平均值，第二个数字是变异系数。

从 2011 年以来各年信托资产运用方式构成比例的稳定程度来看，投资策略比较明显的是百瑞信托，其信托资产分布于货币资产和长期投资的比例之和平均达到 26.79%，而且近 6 年来非常稳定，几乎没有变化。湖南信托的货币资产比例和贷款资产比例也相对比较稳定。值得注意的是，贷款比例比较稳定的前三大信托公司均保持了超过 30% 的贷款比例，而且近 6 年来维持不变。如表 3-9 所示。

第四章　信托资产盈利能力分析

第一节　信托收入

一、信托收入的历史分析

本书收录了68家信托公司的信托收入数据，与上一年度持平。

根据2017年信托公司最新披露信息显示，2016年度，信托行业平均信托收入为1615454万元，比2015年大幅下降，下降幅度为281737万元，下降了14.85%。自2012年以来，信托公司的信托收入在2012年的上升幅度最大，达到129.52%，远远高于其他年份，继2012年大幅增长后，2013年和2014年又连续出现了超过50%的增长幅度；在近5年内，除了2015年和2016年外，其余3年均实现了50%以上的上涨。信托收入增幅在2015年出现大幅下跌后，2016年首次出现了近5年以来的下跌。如表4－1所示。

表4－1　　2012—2016年度信托公司信托收入的统计分析表

	2012年	2013年	2014年	2015年	2016年
平均值(万元)	725588	1089973	1673290	1897191	1615454
均值增长幅度(万元)	409450	364384	583317	223901	－281737
平均值增长率(%)	129.52	50.22	53.52	13.38	－14.85
公司数目	66	68	66	68	68
信托收入为负的公司数	0	0	0	0	0
最大值(万元)	3081299	3824727	5760493	7067050	7552412
最小值(万元)	4680	53014	21565	74021	51312
标准差(万元)	586871.66	825965.62	1346644.32	1712474.41	1398303.66
变异系数	0.78	0.74	0.80	0.90	0.87

自2012年以来，从未出现信托公司的信托收入为负值的情况。在2016年所有收录

的 68 家信托公司均实现了正的信托收入，即使信托收入最少的公司也达到了 51312 万元。信托收入数据表明，2016 年整个信托行业的信托收入出现了消极的变化。

在 2007 年，单个信托公司的信托收入出现历史高点 2137956 万元，在之后的 4 年内，该指标一直在 100 亿元级别徘徊，但是 2012 年的信托收入最高值远远破了 2007 年的纪录，达到 3081299 万元，2013 年单个信托公司信托收入在 2012 年出现历史高值的基础上达到 3824727 万元，2014 年这一指标又创新高，达到 5760493 万元，2015 年这一指标继续刷新历史纪录，达到 7067050 万元，2016 年又一次以 7552412 万元刷新了 2015 年的历史记录。值得一提的是，该指标自 2012 年以来连续 5 年不断被刷新。

2012—2016 年，2015 年和 2016 年各个信托公司的信托收入变异系数最大，分别为 0.90 和 0.87。2013 年和 2016 年该指标均有所下降，其余 3 年时间里，各信托公司信托收入变异系数略微上升。2016 年该指标从 2015 年的 0.90 小幅微调至 0.87。这表明，2016 年各信托公司之间的信托收入差异度小幅回调。

综合上述分析，我们不难发现，2012—2015 年，各信托公司的平均信托收入逐年持续增长。尤其是 2014 年，在 2012 年、2013 年连续出现了 129.52% 和 50.22% 的增幅的基础上持续增长 53.52%。但是，2015 年各信托公司平均信托收入增幅大幅缩减，这说明 2015 年各信托公司收入增长形势不容乐观，以往持续高速增长的态势在 2015 年发生了转变。2016 年则延续了这一趋势，出现了近 5 年以来的首次下跌。与此同时，2016 年各信托公司的信托收入差异性继续保持高水平，表明在各信托公司的信托收入大幅下跌的同时，各信托公司之间的竞争依然激烈。

二、信托收入的公司分析

从信托收入排名来看，2016 年度，信托收入最大的信托公司前 5 名为：中信信托（7552412 万元）、兴业信托（5074847 万元）、建信信托（4915516 万元）、平安信托（4685177 万元）以及上海国信（4524013 万元）。

与 2015 年相比，前 5 名阵营变化较大，其中，只有中信信托和平安信托继续保持信托收入前 5 名的位置。兴业信托在 2016 年信托收入小幅增加 302027 万元，位居行业第 2 名。建信信托和上海国信则分别大幅增加 736106 万元和 735489 万元跃升至行业第 3 名和第 5 名。中融信托的信托收入则在 2016 年以 2925555 万元的增幅小幅下降至行业第 7 名。值得一提的是，2016 年信托收入排名前 5 名的公司平均信托收入比 2015 年前 5

名高出 252876 万元。

另外,2008 年信托收入达到 10 亿元以上的公司只有 5 家,2009 年增加到 28 家,2010 年增加到 41 家,2011 年继续增加到 49 家,2012 年进一步增加到 62 家,2013 年增加至 65 家,2014 年仍然保持 65 家的规模。2015 年保持 67 家的规模,在 68 家信托公司中,2015 年仅有 1 家信托公司的信托收入不足 10 亿元。而 2016 年不足 10 亿元的公司增加到 2 家。值得一提的是,2016 年信托收入达到 100 亿元以上的信托公司达到 40 家,超过了所有披露公司数量的一半。在经济环境持续偏紧的情况下,信托收入达到 100 亿元以上的信托公司比 2015 年减少了 2 家。

从信托收入增幅来看,2016 年度,信托收入增幅前 5 名的公司分别为方正东亚(增幅 152.48%)、光大兴陇(增幅 114.34%)、中粮信托(增幅 59.64%)、国民信托(增幅 53.99%)以及中建投信托(增幅 48.56%)。2016 年增幅排名前 5 的公司与 2015 年变化较大,只有国民信托保持了前 5 的位置,百瑞信托、华宸信托、万向信托和工商信托均跌出了前 5 名。值得一提的是,2016 年度信托收入下跌的公司有 43 家,比 2015 年多出 16 家,这也显示出 2016 年各信托公司在严峻的市场环境中面临收入下跌的压力。

从 2011—2016 年 6 年以来各年信托收入的稳定程度来看,最稳定公司的前 3 名分别是英大信托(变异系数为 0.14,年均值为 1222450 万元)、吉林信托(变异系数为 0.18,年均值为 473758 万元)以及国联信托(变异系数为 0.22,年均值为 349697 万元)。另外,信托收入波动程度最大的前 3 家公司分别是国民信托(变异系数为 1.17,平均值为 456316 万元)、云南国信(变异系数为 0.90,平均值为 1208707 万元)以及外贸信托(变异系数为 0.84,年均值为 2684038 万元),其中,国民信托和云南国信的波动性主要是因为近几年信托收入的连续增长造成的。

三、信托收入与信托业务收入的对比分析

信托收入主要由利息收入、投资收入、公允价值变动收益、租赁业务收入以及其他收入等 5 部分组成,统计分析结果如表 4-2 所示。从表中可以看出,利息收入与投资收入是最主要的两大信托收入来源,公允价值变动收益与租赁业务收入占的比重非常小,而且从事相应业务的公司数目也较少。

表 4-2　　2012—2016 年度信托公司信托收入结构的统计分析表

		2012 年	2013 年	2014 年	2015 年	2016 年
利息收入占比	平均值	53.09%	57.34%	49.57%	45.33%	58.06%
	平均值增长	-19.39%	4.25%	-7.77%	-4.24%	-14.42
	最大值	93.96%	89.08%	92.83%	121.63%	90.43%
	最小值	0.00%	4.31%	20.69%	-10.41%	20.17%
	超过 100% 的公司数	0	0	0	1	0
	小于 0 的公司数	0	0	0	0	0
	标准差	0.20	0.18	0.19	0.22	0.19
	变异系数	0.37	0.32	0.38	0.49	0.32
投资收入占比	平均值	36.50%	38.83%	41.75%	50.01%	44.41%
	平均值增长	5.87%	2.27%	2.92%	8.26%	-5.60%
	最大值	81.87%	81.20%	72.13%	81.92%	75.80%
	最小值	-1.79%	8.37%	3.87%	-161.00%	10.20%
	超过 100% 的公司数	0	0	0	0	0
	小于 0 的公司数	1	0	0	5	0
	标准差	0.21	0.19	0.18	0.25	0.19
	变异系数	0.58	0.49	0.43	0.50	0.43
租赁收入占比	平均值	0.30%	0.18%	0.06%	0.04%	0.02%
	平均值增长	-0.24%	-0.12%	-0.12%	-0.02%	-0.02%
	最大值	2.59%	3.34%	1.67%	24.73%	0.22%
	最小值	0.00%	0.00%	0.00%	0.00%	0.00%
	存在租赁收入的公司	18	15	16	14	5
公允价值变动收益占比	平均值	4.68%	-1.16%	4.77%	-0.46%	-2.80%
	平均值增长	16.67%	-5.84%	5.93%	-5.23%	-2.34%
	最大值	76.67%	47.72%	32.05%	133.70%	24.24%
	最小值	-0.67%	-9.58%	-3.76%	-652.97%	-37.72%
	大于 5% 的公司数	14	10	17	6	2
	大于 0 的公司数	40	25	42	27	23
	小于 0 的公司数	5	4	6	21	37

2012—2016 年，信托利息收入比例值连续波动，除了 2014 年和 2015 年外，其余 3 年均在 50% 以上。近 5 年来信托利息收入比例一直在 50% 左右波动。2012 年，利息收入占比为 53.09%，跌幅达 19.39%，2013 年比 2012 年小幅增加 4.25%，达到 57.34%。

2014 年利息收入占比比 2013 年小幅下降 7.77%，至 49.57%。而 2015 年利息收入比例继续小幅下降 4.24%，达到 45.33%。另外，2015 年出现信托利息收入占比大于 100% 的公司（1 家），小于 0 的公司为 0 家，其余 4 年信托利息收入占比大于 100% 和小于 0 的公司均为 0。从变异系数来看，2012 年以来，信托利息收入的变异系数一直在 0.50 以下，2012—2014 年均在 0.4 以下，2015 年变异系数则大幅增加至 0.49，2016 年又大幅下跌至 0.32。这表明，2016 年各信托公司信托利息收入比例的差异性不大。

相对应的，信托投资收入的比例在 2012—2015 年逐年上升，2012 年为近 5 年的最低点（36.50%），一直上升至 2015 年的 50.01%，2016 年又小幅下跌至 44.41%。除了 2015 年外，其余 4 年信托投资收入比例在 40% 左右波动，这表明近 5 年来各信托公司的收入结构中，投资收入占比相对比较稳定。从投资收入占比的差异性来看，近 5 年中除了 2012 年外，其余 4 年的变异系数比较接近，2014 年和 2016 年更是跌至近 5 年的最低值。这表明 2016 年各公司的投资收入占比的差异程度在 2015 年大幅拉大后又一次下降。

对于从 2009 年开始披露的公允价值变动收益，这一项目一直以来是从事相关业务信托公司收入流失的主要原因，虽然 2012 年这种情况有所改观，但是 2013 年该指标又出现了下滑。近 5 年来，该项业务对信托收入起正向作用的公司从 2012 年的 40 家，大幅下降至 2013 年的 25 家，2014 年则大幅增长至 42 家，而 2015 年该指标又极速下跌至 27 家，2016 年则小幅下跌至 23 家。收入占比超过 5% 的公司从 2012 年的 14 家，小幅下降至 2013 年的 10 家，2014 年又大幅增加至 17 家，2015 年又极速下跌至 6 家，2016 年则继续跌至 2 家。该项业务对信托收入起负向作用的公司，2012 年为 5 家，2013 年和 2014 年也保持在 5 家左右的规模，而 2015 年该指标极速上升至 21 家，2016 年继续大幅上升至 37 家。这表明，2016 年公允价值变动收益成为拖累信托公司收入增加的重要原因之一。

图 4－1 反映了近 6 年来信托公司信托收入结构的变动轨迹，从中我们不难看出，利息收入在信托公司的收入结构中占据了绝对比重，其次分别是投资收入和公允价值变动收益。其中，2011—2013 年投资收入均占据信托收入的 1/3 左右，其比例相对比较稳定，2014 年该比例大幅上升至 41.75%，2015 年继续大幅上升至 50.01%，2016 年又小幅下跌至 44.41%。利息收入比例的变动轨迹在近 6 年呈 W 型，波动较为剧烈，最高值为 2011 年的 72.48%，最低值为 2015 年的 45.33%。公允价值变动收益在信托收入中比重非常小，除 2012 年和 2014 年为正值外，其余 4 年均为负值。

综合上述分析，我们可以看出，在过去的 6 年中，利息收入依然是信托公司信托收入的主要来源，但是，近6年利息收入占比出现了较大的波动。2016年利息收入在2015年该比例大幅下跌后又一次大幅回升，这表明各信托公司2016年又恢复了长久以来依赖利息收入的收入格局。

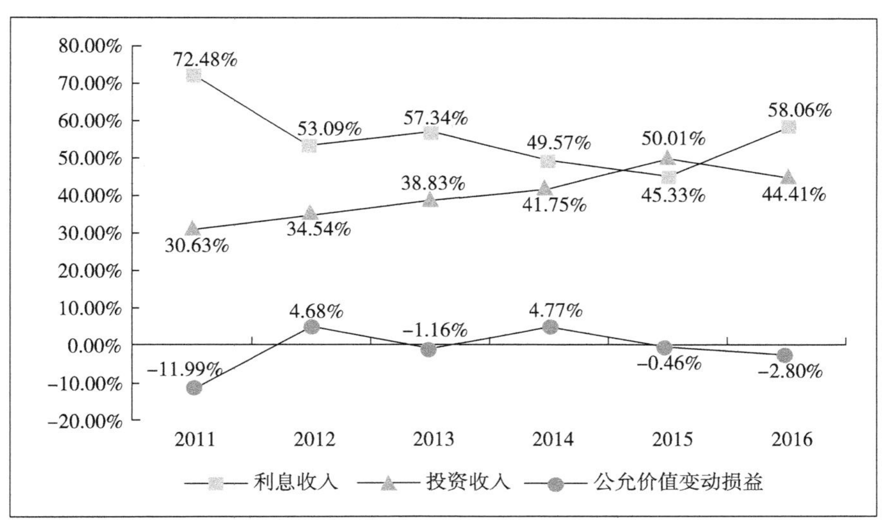

图4-1　2011—2016年度信托公司信托收入结构变动轨迹

表4-3表明，英大信托的利息收入占比非常高，达到84.90%，并且非常稳定，变异系数仅为0.07。显示出近6年来英大信托对利息收入的依赖性较高，而且这种情况并没有发生改变。此外，交银国信和国投泰康的利息收入占比也比较高，而且变异系数也比较小。与英大信托高度依赖利息收入类似，中融信托近6年来平均有67.10%的收入来源于投资收入，而且相对稳定。此外，上海国信和昆仑信托对投资收入的依赖程度也比较高。

表4-3　　2011—2016年度信托公司信托收入结构稳定性前3名

	第1名	第2名	第3名
信托利息占比	英大信托 (84.90%,0.07)	交银国信 (82.42%,0.07)	国投泰康 (72.72%,0.08)
信托投资收入占比	中融信托 (67.10%,0.07)	上海国信 (32.74%,0.08)	昆仑信托 (69.01%,0.09)

注：表中括号内第一个数字是平均值，第二个数字是变异系数。

第二节 信托项目收益率

一、集合类信托项目收益率

2016年度蓝皮书得到68家信托公司披露的集合类信托项目加权平均实际收益率数据,比2015年度蓝皮书多了2家。如表4-4所示。

表4-4 2012—2016年信托公司集合类信托项目平均收益率统计表

	2012年	2013年	2014年	2015年	2016年
平均值(%)	6.87	8.02	9.56	9.70	8.26
均值增长幅度(%)	0.06	1.15	1.54	0.14	-1.44
披露公司数目	63	66	64	66	68
收益率为负的公司数	0	1	0	1	1
最大值(%)	12.30	12.95	33.97	38.21	9.74
最小值(%)	0.00	-2.19	6.43	-2.64	-1.59
标准差(%)	2.46	2.29	3.48	7.25	2.08
变异系数	0.36	0.28	0.36	0.75	0.25

对于全体信托公司集合类信托项目加权平均实际收益率来讲,2012年以来,信托公司集合类信托项目平均收益率在6%~10%波动,经历2012年的最低值6.87%之后,2013年、2014年和2015年该指标持续上升,在2015年达到近5年的最高值9.70%,2016年则又小幅下跌至8.26%。值得一提的是,即使是2015年的最高值9.70%也远低于2007年的11.91%。

就单个公司集合类信托项目收益率而言,在近5年内,只有2012年和2014年所有公司该指标均未出现负值。在2013年、2015年和2016年,分别有1家公司该指标为负值。值得注意的是,2016年披露的68家公司中,67家信托公司集合类信托项目收益率为正值,全行业平均收益率较2015年继续出现了小幅的下跌。

从各信托公司在指标上的表现差异度方面来看,近5年来除了2015年变异系数为最高值0.75外,其余4年的变异系数均在0.40以下。在2012年和2013年连续两年持续下降后,2014年该指标小幅上升至0.36,2015年继续上升至0.75,2016年又大幅下跌至0.25。这表明2016年度各公司在指标的差异度大幅缩小,业绩表现趋于一致。此外,从集合类信托项目收益率最高值和最低值的差距来看,2016 年度也是近 5 年来相对比较小的。

2016 年集合收益率前 3 名公司分别为:国投信托(收益率 9.74%)、北京国信(收益率 8.99%)以及云南国信(收益率 8.46%)。与 2015 年该项指标的排名差异较大,行业前 3 的位置全部发生了变化。2015 年排名前 3 的山西信托(收益率 38.21%)、平安信托(收益率 21.35%)以及厦门国信(收益率 18.85%)在 2016 年分别以 8.55%、12.70% 和 4.88% 的收益率位居行业第 39 位、第 8 位和 66 位。

从该指标历年的稳定程度来看,华澳信托和东莞信托从 2011 年以来保持了非常稳定的表现,每年分别实现了 9.25% 和 9.29% 的平均集合类项目收益率;信托收益率比较稳定的还有新时代和中投信托,变异系数均为 0.07。

二、单一类信托项目收益率

在过去的 5 年中,单一类信托项目平均收益率持续上升,如表 4 - 5 所示。2012 年该指标为 6.61%,2013 年、2014 年、2015 年和 2016 年则持续小幅上涨。2016 年度,取得最高单一收益率的公司达到 7.90%,68 家信托公司单一收益率在 4.67% ~ 7.90% 波动。

表 4 - 5　　2012—2016 年度信托公司平均单一类信托项目收益率统计表

	2012 年	2013 年	2014 年	2015 年	2016 年
平均值(%)	6.61	7.03	7.04	7.43	7.44
均值增长幅度(%)	1.30	0.42	0.01	0.39	0.01
披露公司数目	63	66	64	67	68
最大值(%)	12.10	13.42	9.66	16.21	7.90
最小值(%)	0.00	4.51	0.00	5.40	4.67
标准差(%)	1.62	1.53	1.21	1.80	1.47
变异系数	0.24	0.22	0.17	0.24	0.20

从变异系数来看,2016 年度为 0.20,为 2015 年大幅上升后的小幅下跌,表明 2016 年扭转了 2015 年的趋势,各信托公司在该指标上的表现更加趋同。值得一提的是,近 5 年各信托公司单一类信托项目收益率变异系数均在 0.20 上下波动。该指标历年来都没有出现负值。

2016 年度单一类信托投资项目收益率前 3 名为:长安国信(收益率 7.90%)、重庆国信（收益率7.35%）以及北京国信（收益率7.22%）。信托项目单一类收益率排名与2015年相比变化比较大，行业前3的位置全部发生了变化。2015年度位居行业前3的工商信托（收益率16.21%）、五矿信托（收益率14.09%）以及爱建信托（收益率11.42%）在2016年分别以7.99%、7.74%和7.69%的收益率分别位居行业第23名、第27名和第29名。

从该指标历年的稳定程度来看，苏州信托从2011年以来保持了非常稳定的表现，每年基本实现7.35%的单一类项目收益率，变异系数为0.07。另外，交银国信和新时代的单一收益率也比较稳定，变异系数分别为0.08和0.09，平均值分别为5.71%和8.07%。而国民信托由于在2012年出现了0.00%的单一项目收益率，从而成为2011年以来在该指标方面表现最不稳定的信托公司，变异系数为0.91。

三、证券投资类信托项目收益率

如表4-6所示，2012—2015年，证券投资类信托项目收益率持续上升，2016年该指标又出现大幅下跌，达到5.07%。同时我们必须注意到，该指标为0的公司数目在2016年大幅下降，从2013年最多的22家公司将至2016年的13家。

表4-6　2012—2016年度信托公司平均证券投资类信托项目收益率统计表

	2012年	2013年	2014年	2015年	2016年
平均值（%）	2.79	5.09	6.39	12.58	5.07
均值增长幅度（%）	0.45	2.30	1.30	6.19	-7.51
披露公司数目	64	65	61	65	55
最大值（%）	29.05	13.46	36.93	112.08	176.02
最小值（%）	-28.74	-8.17	-1.71	-65.45	-41.69
取值为0的公司数	21	22	21	19	13
标准差（%）	8.90	4.65	7.63	26.11	11.12
变异系数	3.19	0.91	1.19	2.08	2.19

本年度该指标最大值为重庆国信的176.02%，同时，2016年度只有13家公司证券投资类项目收益率为负值。从变异系数来看，2012年度为3.19，为近5年最高值，远高于2016年的次高值2.19。在2013年达到过去5年最低值（0.91）后2015年该指标大幅上升至2.08，2016年又继续上升至2.19。这表明，2016年各信托公司在该指标上延续了2015年两极分化的趋势。

2016 年证券投资类信托投资项目收益率前 3 名为:重庆国信(收益率 176.02%)、西部信托(收益率 28.16%)以及华融国信(收益率 25.03%)。

2016 年与 2015 年该项指标的排名差别比较大,前 3 名均发生了变化。重庆国信、西部信托和华融国信在 2016 年证券投资类项目收益率大幅增加,跃居行业前 3 位。百瑞信托(收益率 112.08%)、华澳信托(收益率 106.08%)以及平安信托(收益率 70.90%)证券投资类收益率则大幅下跌,跌出行业前 3 位。另外,2016 年前 3 名和 2015 年相比,证券投资类收益率大幅下跌,这与 2015 年的牛市不无关系。

四、加权平均收益率

2012—2016 年各信托公司信托项目的加权平均收益率见图 4 - 2。2012—2015 年,信托公司项目加权平均收益率持续增加,由 2012 年的 5.42% 上升到 2015 年的 9.90%,2016 年则大幅下跌至 6.92%。

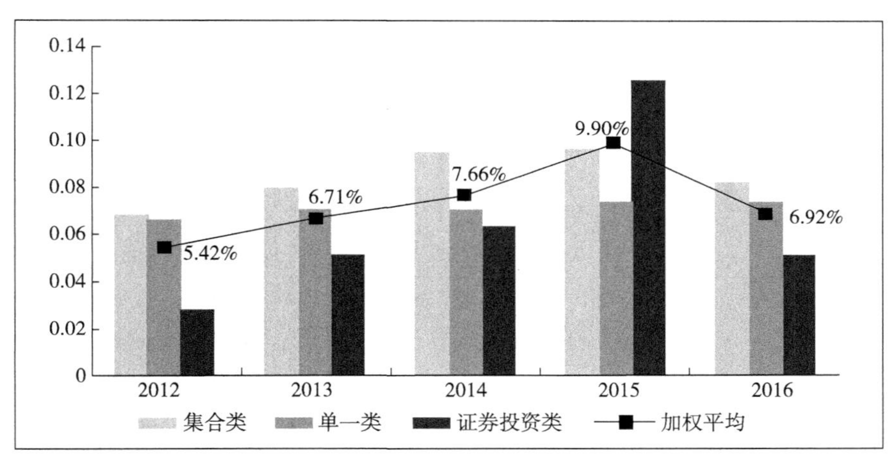

图 4 - 2 2012—2016 年度信托公司信托项目收益率

由图 4 - 2 可以看出:2012—2016 年期间,单一类项目收益率基本持平。集合类项目和证券投资类项目收益率在 2012—2015 年期间持续上升,2016 年则出现了不同程度的下降。2016 年,集合类项目和单一类项目收益率与 2015 年基本持平,证券投资类项目收益率则大幅下降至 5.07%,达到近 5 年来的历史次低值,这与 2015 年证券市场的火爆不无关系。就 2016 年而言,各信托公司集合类项目取得了相对较高的收益率,单一类项目次之,证券投资类项目收益率最低。

第三节　新增信托项目

2016年度蓝皮书得到68家信托公司披露的新增信托项目数据，与2015年持平。

一、新增信托项目规模

2016年，信托公司平均新增信托项目规模为18521612万元，比2015年增长39.90%，达到了历年新增信托项目规模的最高点。另外，2016年度，披露的68家公司中有67家新增信托项目规模达到数百亿元。

各公司新增项目规模的变异系数2012年为0.91，2013年下降至0.85，2014年继续跌至0.84。但是，2015年变异系数又大幅扩大至1.04，2016年则延续了2015年的趋势，达到近5年最高值1.06。这表明，2016年各信托公司新增信托项目规模出现了较大的差异，意味着各信托公司对市场前景判断继续分化。见表4－7。

表4－7　　2012—2016年度新增信托项目规模统计分析表

	2012年	2013年	2014年	2015年	2016年
平均值（万元）	8183326	10077752	10943475	13239438	18521612
均值增长幅度（万元）	1946399	1894426	865723	2295963	5282173
均值增长率（%）	31.21	23.15	8.59	20.98	39.90
公司数目	65	68	66	68	68
最大值（万元）	28884370	44143364	37721223	63084277	111100654
最小值（万元）	0	581668	449500	258746	436870
标准差（万元）	7468963	8556692	9228472	13728662	19639874
变异系数	0.91	0.85	0.84	1.04	1.06

新增项目规模2016年度前3名为：江苏国信（规模111100654万元）、华能贵诚（规模84512531万元）以及中信信托（规模78664057万元）。2016年新增项目规模前3名与2015年相比变化较大，只有华能贵诚继续保持了前3的位置。2015年曾经位列新增项目规模前3的兴业信托和华润信托，在2016年新增信托项目规模则分别下降至行业第4位和第19位。

2016年度新增项目规模最小的3家公司是华宸信托（规模436870万元）、长城新盛（1150694万元）以及东莞信托（规模1202403万元）。

二、新增信托项目数量

2016年,信托公司平均新增信托项目数量为279个,比2015年减少了8个,增加率为-2.79%。2012—2014年,已经连续3年增长,2014年达到了近5年来的最高值。但是,2015年新增信托项目数量均值大幅下降至287个,2016年又继续下降至279个。其中,排名第1的中信信托在继2015年新增1037个信托项目后,2016年新增1280个项目,居行业最高。2016年披露该指标的68家公司中,有38家新增信托项目数量均低于2015年。从年度最小值来看,2011年之前,每年都有新增信托项目数量为0的公司,2012年新增信托项目最少的公司新增5个项目,而2013年即使新增信托项目最少的也达到了29个项目,2014年新增信托项目最小的增加了9个项目,2015年只有3个,2016年则小幅增加至12个。

另外,近5年内,各公司新增项目数量的变异系数均在0.90左右波动。2012年的变异系数为0.90,2013年的变异系数减小到0.82,2014年则小幅回升至0.89,2015年与2014年基本持平,2016年则小幅下降至0.85。这说明,在全行业新增信托项目平均水平小幅减少的同时,2016年度各公司新增信托项目数量之间的差异性变化不大。见表4-8。

表4-8　　2012—2016年度新增信托项目数量统计分析表

	2012年	2013年	2014年	2015年	2016年
平均值(个)	250	301	318	287	279
均值增长幅度(个)	35	51	17	-31	-8
均值增长率(%)	16.28	20.40	5.65	-9.75	-2.79
披露公司数目	65	68	66	66	68
最大值(个)	1238	1441	1282	1148	1280
最小值(个)	5	29	9	3	12
标准差(个)	224	248	283	250	238
变异系数	0.90	0.82	0.89	0.88	0.85

新增信托项目数量前3名为:中信信托(新增1280个)、万向信托(新增979个)以及兴业信托(新增836个)。这个排名与2015年度相比,变化不大。其中,中信信托和兴业信托分别以1280个和836个新增信托项目的成绩继续保持第1名和第3名的位置,万向信托由2015年的第7名(新增547个)大幅增加至2016年的第2名(新增979个),外贸信托则以389个新增信托项目的成绩大幅跌至行业第21名。

另外,新增信托项目少于100个的公司在2016年有9家,比2015年少了2家。

三、新增集合项目比例

新增信托项目可以分为集合类项目和单一类项目,2012—2016年新增信托项目中集合类项目的比例如表4-9所示。2012年新增集合项目比例为25.33%,2013年该指标下降至24.42%,2014年该指标则大幅增加至31.80%,2015年继续增加至35.35%,2016年则小幅增加至35.76%。从变异系数来看,近5年来该指标持续下降,2012年变异系数为0.81,2013年回落至0.74,2014年持续下降至0.70,2015年继续跌至0.63,2016年跌至0.56。这说明自2012年以来,各信托公司新增集合类信托项目比例差异持续减小。

表4-9　　2012—2016年度新增集合类信托项目比例统计分析表

	2012年	2013年	2014年	2015年	2016年
平均值(%)	25.33	24.42	31.80	35.35	35.76
均值增长幅度(%)	-4.96	-0.91	7.38	3.55	0.41
最大值(%)	79.25	96.04	95.69	91.32	91.85
最小值(%)	0.00	3.37	1.96	0.00	0.00
标准差(%)	20.59	18.03	22.22	22.38	20.12
变异系数	0.81	0.74	0.70	0.63	0.56

2016年度新增集合项目比例最高的前3名公司为:工商信托(91.85%)、东莞信托(83.99%)以及方正信托(80.68%)。该指标的前3名与2015年相比变化不大,其中,工商信托和方正信托新增集合项目比例继续保持行业前3的位置。2015年排名前3的重庆国信2016年跌出行业前3名。而东莞信托则跃升至行业前3位。

四、新增主动型比例

2016年,信托公司新增主动管理型信托资产项目平均规模为5072765万元,继2015年该规模大幅增加后小幅下降,比2015年下降635346万元;2016年新增主动型平均占比27.39%,比2015年的43.11%大幅下降。其中,在披露该指标的64家信托公司中只有1家信托公司的新增信托项目主动管理型比例超过90%,创近5年来新增主动管理型信托项目比例新低。见表4-10。

表 4－10　　2012—2016 年度新增主动管理型项目金额比例统计分析表

	2012 年	2013 年	2014 年	2015 年	2016 年
平均值(%)	81.48	51.89	44.56	43.11	27.39
均值增长幅度(%)	24.47	-29.59	-7.33	-1.45	-15.72
最大值(%)	461.56	100.00	100.00	100.00	92.89
最小值(%)	0.01	3.37	0.00	0.00	0.00
标准差(%)	96.37	31.10	29.14	24.93	23.73
变异系数	1.18	0.60	0.65	0.58	0.87

五、新增信托项目平均规模

2016 年,信托公司平均新增信托项目平均规模为 66365 万元,比 2015 年增加了 43.63%。同时,新增项目规模的最大值(590961 万元)也比 2015 年(291742 万元)有了大幅度增加。在过去的 5 年中,新增信托项目平均规模一直在持续上升。这说明各信托公司新增信托项目规模不断扩大。

2012—2016 年,各公司新增项目规模的变异系数均持续波动。2012 年变异系数为 0.62,2013 年则下跌至 0.39,2014 年则小幅上升至 0.53,2015 年大幅上升至 0.97,2016 年则继续小幅上升至 1.12。这表明在 2016 年信托公司之间新增项目规模的变异系数持续增加。见表 4－11。

表 4－11　　2012—2016 年度新增信托项目平均规模统计分析表

	2012 年	2013 年	2014 年	2015 年	2016 年
平均值(万元)	32745	33517	38796	46206	66365
均值增长幅度(万元)	3686	772	5279	7410	20159
均值增长率(%)	12.68	2.36	15.75	19.10	43.63
最大值(万元)	152023	79352	120820	291742	590961
最小值(万元)	0	10576	7162	6985	11248
标准差(万元)	20298	13220	20540	44806	72341
变异系数	0.62	0.39	0.53	0.97	1.12

由图 4－3 可以看出,在 2011—2016 年期间,各信托公司新增信托项目规模和新增信托项目平均规模均实现了稳步的增长。2016 年,新增信托项目规模超过 1800 亿元,而单个项目平均规模也超过 6 亿元。当然,相比 2976 亿元的平均信托资产规模而言,新增信

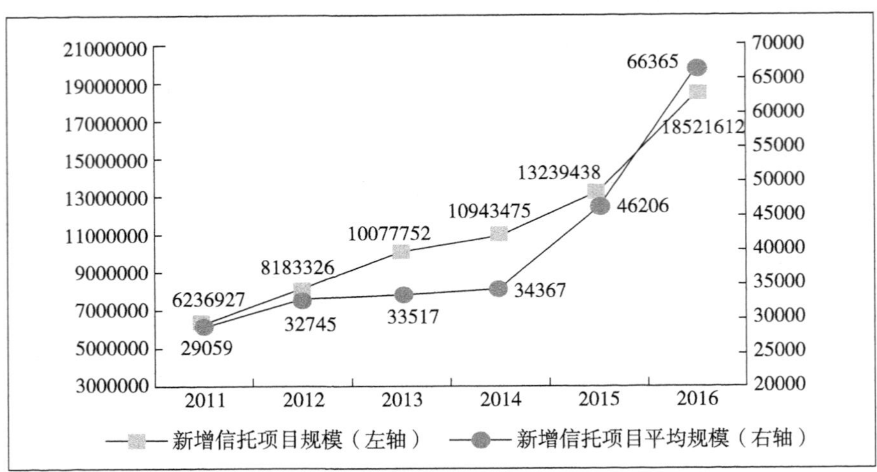

图4－3 2011—2016年度信托公司新增信托项目规模及其平均规模（单位：万元）

托项目规模首次超过60%，而且我们必须看到，信托公司的新增信托项目正在持续增长，这在一定程度上说明了信托公司的持续创新能力在不断提升。

六、新增信托项目结构分析

由图4－4可以看出：2012—2016年期间，在各信托公司新增信托项目中，单一类信托项目占有绝对比重，集合类项目次之，比例最低的是财产管理类信托项目。2015年以前，单一类信托项目比例比财产管理类和集合类信托项目比例之和还要多。但是，2016年这一局面被打破，集合类和财产管理类项目比例之和首次超过单一类项目。我们必须看到，自2015年以来，单一类信托项目和其他两类项目差距在连续加大后又持续收窄。2013—2016年，集合类信托项目比例持续上升。至2016年，单一类信托项目比例已由2013年的72.18%降低至2016年的46.36%，2014年和2015年大幅下降至60.45%和51.63%，2016年则继续小幅下降至46.36%。值得注意的是，相比2013年，2014年、2015年和2016年单一类信托项目比例大幅下降，而集合类项目和财产管理类项目比例则小幅上升。

综合上述分析，我们不难看出，目前我国信托公司的新增信托项目仍以单一类项目为主，显示出创新能力的不足。但是我们也必须注意到，单一类信托项目比例近几年来持续下降，这对于整个信托行业来说，是一种可喜的变化。

由图4－5可以看出，2016年，各信托公司新增信托项目中主动管理型项目比例继

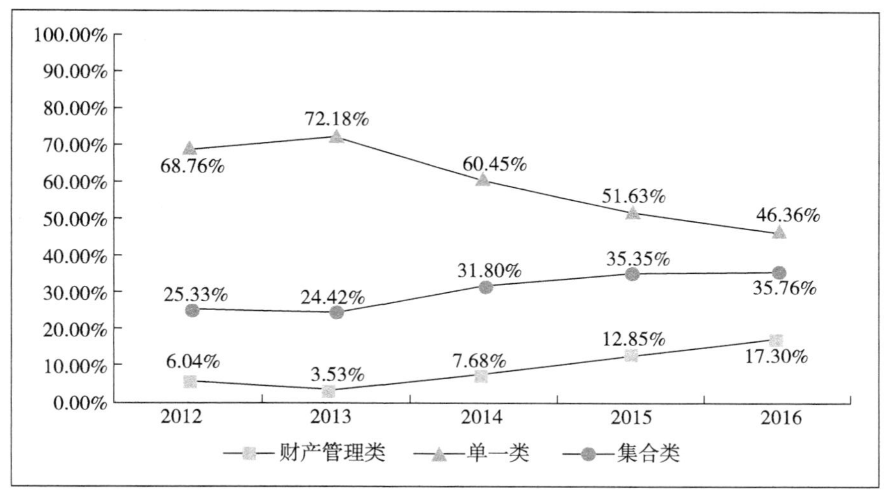

图 4－4　2012—2016 年度信托公司新增信托项目比例(1)

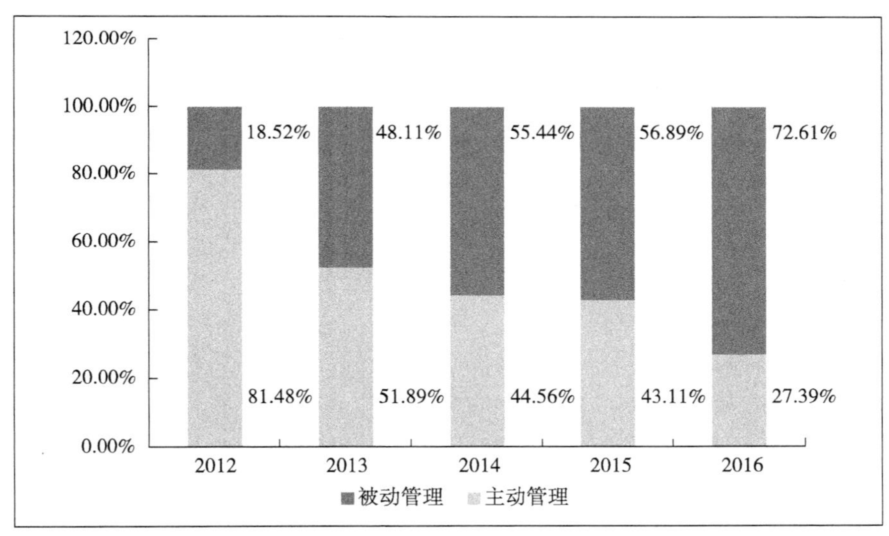

图 4－5　2012—2016 年度信托公司新增信托项目比例(2)

续下降,由 2015 年的 43.11% 下跌至 27.39%。与之相对应的是被动管理型项目比例大幅上升,这是自 2012 年以来信托资产的主动管理规模比例首次跌破 1/3。主动管理型项目比例的大幅提升使得 2012 年成为信托业名副其实的“转型年”,各信托公司之间也逐渐呈现出差异化发展的特征。当然,信托业务转型并非一蹴而就,在 2012 年之后的连续 4 年时间内,新增信托项目主动管理型项目比例又持续降低,严峻的市场环境使得各大信托公司不得不暂时延缓转型。同时我们还必须注意到,我们所看到的数据只是新增信托项目中的主动管理型项目比例，整个信托行业的转型之路更加任重道远。2013 年、2014 年、2015 年和 2016 年的主动管理型比例大幅下降就说明了这一点。

综合图 4－4 和图 4－5，我们不难得出结论，2016 年整个信托行业仍然以追求信托资产规模为主要目标，行业转型之路暂时受阻。新增信托项目中单一类信托项目在连续 3 年持续下跌，而财产管理类和集合类项目比例则小幅上涨。当前，我国经济正处于增长速度换挡期、结构调整阵痛期和前期刺激政策消化期，与此同时，整个信托行业面临利率市场化的推进期和资产管理业务的扩张期。信托业现有的发展模式面临巨大的压力：信托产品很难继续保持高收益和低风险的特征，整个信托行业重规模、轻管理的发展路径没有得到根本性的改变，以信贷类、通道类为主的业务结构将难以为继。因此，信托业的转型之路艰难而易反复。

第五章 自营资产分布与运用分析

第一节 自营资产规模

一、自营资产规模的整体分析

从本书所获取的2016年度信托行业年报披露状况来看,有68家信托公司披露了自营资产规模相关财务数据。

2016年度,信托行业自营总资产规模继续攀升,达到5568亿元,样本信托公司平均每家自营总资产规模为818893万元,相比于2015年提高135557万元,同比增加19.84%,相比于2015年增幅有所放缓。自2005年以来,信托公司的自营总资产规模在2007年度增长率最高,达到34.94%;在2005年下跌幅度最大,下跌了22028万元,降幅为14.53%。

自营总资产缩减的公司数目的最大值出现在2005年,达到27家,在2007年降至9家,2008年又回升到25家,2009年与2010年均为7家,2011年与2012年减少至3家,2015年有5家信托公司总资产额降低,2016年这一数据又有所上升,达到8家。整体来看,信托公司自营总资产的规模波动较大。从自营净资产角度来看,发生减缩的公司数目的最大值出现在2008年,达到15家,此后逐年下降,2011年、2012年降到3家,2013年减少到1家。2014年没有信托公司出现自营净资产缩减。但自2015年开始,该数据又有所上升,其中2015年有5家信托公司自营净资产出现缩减,2016年进一步增加至7家。

2016年信托行业中自营总资产规模与自营净资产规模最大的公司均为平安信托,其2016年自营总资产为2611260万元,自营净资产为2251071万元。值得注意的是,自2011年开始,平安信托已经连续6年位于信托行业自营资产总规模排名的第一位。其中,平安信托在2015年以2925275万元的规模创造了自2004年以来单个公司年度自营总资产规模的最高纪录。2016年,平安信托的自营资产规模虽然有所下滑,但仍然保持行业领先地位。

从各年度自营资产规模的离散程度来看，自营总资产的变异系数自2004年开始逐年上升，到2007年达到最大值1.12，接下来的三年基本保持在1.06～1.08的稳定状态。2015年，变异系数降低到0.79。2016年，变异系数进一步降低到0.72。表明近年来，行业内自营总资产的规模差异正在逐步缩小。从自营净资产的离散程度来看，自2008年以来，信托行业自营净资产的变异系数保持持续下降，2014年为0.79，2015年降至0.74，2016年更是进一步降低到0.68。2012—2016年度信托公司自营总资产与自营净资产的相关统计指标如表5－1与表5－2所示。

表5－1　　2012—2016年度信托公司自营资产规模统计分析表

	2012年	2013年	2014年	2015年	2016年
平均值（万元）	347602	423486	534427	683336	818893
平均值增长额（万元）	62703	75883	107608	153685	135557
平均值增长率（%）	22.01	21.83	25.21	29.02	19.84
公司数目	66	68	67	68	68
自营资产缩减的公司数	3	3	4	5	8
最大值（万元）	1607236	1856314	2130809	2925275	2611260
最小值（万元）	32465	45159	44523	43113	70574
标准差（万元）	297566	341799	424092	542345	591021
变异系数	0.86	0.81	0.79	0.79	0.72

表5－2　　2012—2016年度信托公司自营净资产规模统计分析表

	2012年	2013年	2014年	2015年	2016年
平均值（万元）	307805	374690	474526	560325	659106
平均值增长额（万元）	54128	66885	99835	90142	98781
平均值增长率（%）	21.34	21.73	26.64	19.17	17.63
自营净资产缩减的公司数	3	1	0	5	7
最大值（万元）	1514666	1713394	1966971	2277467	2251071
最小值（万元）	31237	36447	39087	38456	49402
标准差（万元）	265416	306290	376103	416468	453099
变异系数	0.86	0.81	0.79	0.74	0.68

对于信托公司资产负债率指标而言，自2004年以来，信托公司平均自营资产负债率呈逐年下降趋势。其中，2012年行业平均自营资产负债率为11.63%，2013年为

11.35%,2014年为11.21%。从2015年开始,信托行业的自营财务杠杆又开始逐年上升,2015年信托公司平均自营资产负债率为18.00%,2016年该指标进一步上升至19.51%。全行业最高的自营资产负债率出现在2004年,达到81.42%,之后逐年下降,2012年为33.70%,2013年提高到45.97%,2014年为40.83%,2015年为47.62%,2016年又上升至58.58%。从全行业自营资产负债率的离散程度来看,变异系数自2013年以来逐年下降,2013年为0.82,2014年为0.74,2015年为0.57,2016年度基本与2015年持平,为0.58。自营资产负债率的描述性统计如表5-3所示:

表5-3　　2012—2016年度信托公司自营资产负债率统计分析表

	2012年	2013年	2014年	2015年	2016年
平均值(%)	11.63	11.35	11.21	18.00	19.51
平均值增长(%)	0.77	-0.28	-0.14	6.79	1.51
公司数目	66	67	67	68	68
最大值(%)	33.70	45.97	40.83	47.62	58.58
最小值(%)	1.71	1.49	1.6	2.07	1.25
标准差(%)	8.10	9.35	8.33	10.25	11.31
变异系数	0.70	0.82	0.74	0.57	0.58

2016年度自营资产负债率最高的5家公司分别为中海信托(58.56%)、吉林信托(42.12%)、国民信托(42.09%)、中铁信托(42.06%)以及华澳信托(40.95%)。2016年度自营资产负债率最低的5家公司分别为英大信托(1.25%)、外贸信托(1.73%)、国元信托(3.92%)、中原信托(4.03%)以及粤财信托(4.16%)。

二、自营资产规模的公司分析

从自营资产规模的排名上看,2016年度行业内自营资产规模排名前5位的公司分别为平安信托(2611260万元)、重庆信托(2573658万元)、中信信托(2418234万元)、中诚信托(1905737万元)以及中融信托(1856284万元)。

从信托行业内自营资产规模较大的公司数量来看,2010年自营资产规模达到20亿元以上的公司有25家,2011年增长至33家,2012年增至46家,2013年增至52家,2014年增至56家,2015年增至63家,2016年度自营资产达到20亿元以上的公司已经增至65家。此外,自2005年以来,平安信托的自营资产规模一直位于全行业的第一位;2008—2010年,平安信托是行业内唯一一家自营资产超过100亿元的信托公司;在2016年,共有20家信托公司的自营资产规模超过100亿元。其中,平安信托、重庆国信与中信信托的自营资产规模在2015年与2016年均超过了200亿元。

从自营资产规模增幅上看,2016年度自营资产规模增幅排名前五名的信托公司分别为民生信托(168.52%)、新时代(146.48%)、中江国信(104.80%)、中海信托(97.74%)以及安信信托(94.93%)。2016年度自营资产出现下滑的公司分别为西部信托(-28.47%)、平安信托(-10.73%)、华宸信托(-7.83%)、华鑫信托(-5.99%)、金谷信托(-4.03%)、华润信托(-2.39%)、天津信托(-0.62%)与昆仑信托(-0.11%)。2016年度自营资产出现下滑的信托公司数相比于2015年有所增加,这表明部分信托公司在对自营资产规模进行调整。

具体数据如表5-4至表5-11所示。

表5-4　　信托公司资产负债总额序列表(2016年度)　　单位:万元

序号	公司简称	2016年	2015年	2014年
1	平安信托	2611260	2925275	2130809
2	重庆国信	2573658	2440202	1644624
3	中信信托	2418234	2231375	2080871
4	中诚信托	1905737	1829432	1428678
5	中融信托	1856284	1662165	1205727
6	华润信托	1845200	1890457	1505557
7	安信信托	1785333	915895	295394
8	华能贵诚	1466564	1045224	733833
9	兴业信托	1412196	1300345	1162804
10	上海国信	1387998	758945	855857
11	华信信托	1349747	750932	755571
12	民生信托	1264694	470981	344930
13	江苏国信	1152835	910175	828661
14	中铁信托	1126084	1015579	746744
15	建信信托	1086251	873792	748680
16	中江国信	1085806	530189	491480
17	中海信托	1073325	542795	524875
18	华融国信	1016707	710962	544327
19	新时代	1009318	409496	341280

续表

序号	公司简称	2016年	2015年	2014年
20	陕西国信	950467	874386	425725
21	中航信托	871393	860939	548864
22	西部信托	862960	1206352	199321
23	渤海信托	856191	484820	376981
24	北京国信	839955	799398	510956
25	中建投信托	813230	706467	472235
26	外贸信托	783188	759065	672170
27	新华信托	764198	718543	367019
28	中原信托	758984	513081	347221
29	华宝信托	757534	655031	600621
30	百瑞信托	746376	617890	425149
31	交银国信	740283	657268	582055
32	长安国信	739188	674079	542810
33	五矿信托	720582	611610	521893
34	山东国信	710227	529650	454432
35	吉林信托	662956	485798	613143
36	昆仑信托	642495	643182	601991
37	四川信托	637548	510668	414318
38	国元信托	624139	580576	501509
39	国投泰康	590868	505001	655364
40	陆家嘴信托	567949	507719	377904
41	国联信托	567777	395392	328055
42	英大信托	564042	517668	456335
43	爱建信托	546869	475367	374597
44	光大兴陇	523076	462197	173420
45	方正东亚	516902	465931	351336
46	粤财信托	489639	457400	387567
47	厦门国信	485357	444045	374716
48	苏州信托	481821	420103	379741
49	湖南信托	475964	353826	308020
50	金谷信托	474196	494092	361597
51	中泰信托	473006	406709	379176
52	北方国信	454706	426533	374099

续表

序号	公司简称	2016年	2015年	2014年
53	天津信托	448387	451169	358158
54	华鑫信托	422433	449337	328856
55	中粮信托	412667	395256	360531
56	东莞信托	409924	396280	338950
57	国民信托	402036	306513	209666
58	工商信托	401067	335225	203149
59	紫金信托	367690	210482	176521
60	万向信托	289050	206917	157390
61	云南国信	240779	220954	186425
62	山西信托	228829	215284	202883
63	西藏信托	220296	218967	178558
64	大业信托	210505	166172	126466
65	华澳信托	205368	172887	124721
66	华宸信托	143493	155683	103923
67	浙商金汇	90315	87634	84507
68	长城新盛	70574	43113	44523
合计		55684711	46466879	36016270
平均		1614050	1346866	1043950

表5-5　信托公司资产总额增长序列表(2016年度)　单位:万元

序号	公司简称	2016年	2015年	2014年
1	民生信托	793713	126051	229441
2	新华信托	631204	351524	-28500
3	上海国信	629054	-96913	139846
4	新时代	599822	68216	11355
5	陕西国信	598815	448661	32806
6	安信信托	598815	620501	135348
7	西部信托	598815	1007030	20567
8	中江国信	555617	38709	81222
9	中海信托	530530	17920	33482
10	渤海信托	371371	107840	50217
11	华融国信	305745	166635	180625
12	中原信托	245903	165860	94916

续表

序号	公司简称	2016 年	2015 年	2014 年
13	江苏国信	242660	81515	99854
14	重庆国信	242660	795578	414638
15	建信信托	212459	125113	90979
16	中信信托	186859	150504	593183
17	山东国信	180577	75218	9934
18	吉林信托	177157	-127345	219275
19	国联信托	172385	67337	59723
20	紫金信托	157208	33961	25730
21	百瑞信托	128486	192742	85733
22	四川信托	126880	96350	63548
23	湖南信托	122138	45806	63869
24	兴业信托	111852	137541	625094
25	中铁信托	110504	268836	139932
26	华能贵诚	110504	311391	131272
27	中诚信托	110504	400754	158267
28	平安信托	110504	794466	274495
29	五矿信托	108972	89717	69252
30	中建投信托	106763	234232	61741
31	华宝信托	102502	54410	138472
32	国民信托	95523	96847	未披露
33	国投泰康	85867	-150363	372445
34	交银国信	83014	75213	66722
35	万向信托	82133	49527	16502
36	中融信托	76081	456439	247426
37	爱建信托	71502	100769	50294
38	中泰信托	66297	27533	147543
39	工商信托	65842	132076	59565
40	长安国信	65109	131269	142636
41	苏州信托	61718	40362	124513
42	光大兴陇	60879	288777	18344
43	陆家嘴信托	60230	129815	224920
44	方正东亚	50971	114595	99051
45	英大信托	46374	61333	47818

续表

序号	公司简称	2016年	2015年	2014年
46	大业信托	44333	39705	-6240
47	国元信托	43562	79067	69715
48	厦门国信	41312	69329	121572
49	北京国信	40557	288442	89305
50	华澳信托	32481	48165	14420
51	粤财信托	32238	69833	55318
52	北方国信	28173	52434	52632
53	长城新盛	27461	-1410	-635
54	外贸信托	24123	86895	113802
55	中航信托	24123	312075	117407
56	云南国信	19825	34529	25055
57	中粮信托	17411	34725	28833
58	东莞信托	13644	57330	47673
59	山西信托	13545	12401	11552
60	华信信托	13266	-4639	146483
61	浙商金汇	2681	3127	16129
62	西藏信托	1329	40409	73497
63	昆仑信托	-686	41191	37647
64	天津信托	-2782	93011	83467
65	华宸信托	-12190	51760	5759
66	金谷信托	-19897	132495	9941
67	华鑫信托	-26904	120480	-15750
68	华润信托	-343392	384900	188036
合计		9217832	10450609	7219247
平均		135556	153685	106165

表5-6　　资产总额增幅序列表(2016年度)

序号	公司简称	2016年(%)	2015年(%)	2014年(%)
1	民生信托	168.52	36.54	198.67
2	新时代	146.48	19.99	3.44
3	中江国信	104.80	7.88	19.80
4	中海信托	97.74	3.41	6.81
5	安信信托	94.93	210.06	84.57

续表

序号	公司简称	2016 年(%)	2015 年(%)	2014 年(%)
6	新华信托	87.85	95.78	-7.21
7	上海国信	82.89	-11.32	19.53
8	渤海信托	76.60	28.61	15.37
9	紫金信托	74.69	19.24	17.06
10	长城新盛	63.69	-3.17	-1.41
11	中原信托	47.93	47.77	37.62
12	国联信托	43.60	20.53	22.26
13	华融国信	43.00	30.61	49.66
14	华能贵诚	40.31	42.43	21.79
15	万向信托	39.69	31.47	11.71
16	吉林信托	36.47	-20.77	55.67
17	湖南信托	34.52	14.87	26.16
18	山东国信	34.09	16.55	2.23
19	国民信托	31.16	46.19	未披露
20	大业信托	26.68	31.40	-4.70
21	江苏国信	26.66	9.84	13.70
22	四川信托	24.85	23.25	18.12
23	建信信托	24.31	16.71	13.83
24	百瑞信托	20.79	45.34	25.26
25	工商信托	19.64	65.01	41.48
26	华澳信托	18.79	38.62	13.07
27	五矿信托	17.82	17.19	15.30
28	国投泰康	17.00	-22.94	131.64
29	中泰信托	16.30	7.26	63.70
30	华宝信托	15.65	9.06	29.96
31	中建投信托	15.11	49.60	15.04
32	爱建信托	15.04	26.90	15.51
33	苏州信托	14.69	10.63	48.79
34	光大兴陇	13.17	166.52	11.83
35	交银国信	12.63	12.92	12.95
36	陆家嘴信托	11.86	34.35	147.02
37	中融信托	11.68	37.86	25.82
38	方正东亚	10.94	32.62	39.26

续表

序号	公司简称	2016年(%)	2015年(%)	2014年(%)
39	中铁信托	10.88	36.00	23.06
40	长安国信	9.66	24.18	35.64
41	厦门国信	9.30	18.50	48.02
42	云南国信	8.97	18.52	15.53
43	英大信托	8.96	13.44	11.71
44	陕西国信	8.70	105.39	8.35
45	兴业信托	8.60	11.83	116.25
46	中信信托	8.37	7.23	39.87
47	国元信托	7.50	15.77	16.15
48	粤财信托	7.05	18.02	16.65
49	北方国信	6.61	14.02	16.37
50	山西信托	6.29	6.11	6.04
51	重庆国信	5.47	48.37	33.71
52	北京国信	5.07	56.45	21.18
53	中粮信托	4.40	9.63	8.69
54	中诚信托	4.17	28.05	12.46
55	东莞信托	3.44	16.91	16.37
56	外贸信托	3.18	12.93	20.38
57	浙商金汇	3.06	3.70	23.59
58	华信信托	1.77	-0.61	24.05
59	中航信托	1.21	56.86	27.21
60	西藏信托	0.61	22.63	69.96
61	昆仑信托	-0.11	6.84	6.67
62	天津信托	-0.62	25.97	30.39
63	华润信托	-2.39	25.57	14.27
64	金谷信托	-4.03	36.64	2.83
65	华鑫信托	-5.99	36.64	-4.57
66	华宸信托	-7.83	49.81	5.87
67	平安信托	-10.73	37.28	14.79
68	西部信托	-28.47	505.23	11.51
平均		19.84	29.02	25.07

表5-7 净资产序列表(2016年度) 单位:万元

序号	公司简称	2016年	2015年	2014年
1	平安信托	2251071	2277467	1966971
2	中信信托	2008099	1795223	1821626
3	重庆国信	1845196	1617141	1271025
4	华润信托	1644346	1683537	1368856
5	中诚信托	1530728	1411838	1281283
6	安信信托	1371817	630892	180463
7	兴业信托	1336499	1225130	1107010
8	中融信托	1281048	1131905	969767
9	华信信托	1197106	731997	717999
10	华能贵诚	1092865	727761	626973
11	上海国信	1067470	674803	795928
12	民生信托	993239	359374	325249
13	江苏国信	988147	875226	815441
14	建信信托	975272	830851	718941
15	中江国信	875049	494418	448599
16	陕西国信	772836	765414	381387
17	外贸信托	769635	743390	651810
18	北京国信	763414	692123	459454
19	新时代	737493	368456	331685
20	中原信托	728414	420255	317776
21	交银国信	708984	628255	555973
22	渤海信托	704624	423372	368438
23	西部信托	698440	941102	166620
24	华融国信	677606	513808	496216
25	华宝信托	657356	571057	545391
26	中铁信托	652486	531944	441853
27	山东国信	633663	500502	434943
28	中航信托	630774	520002	474839
29	百瑞信托	608699	544031	372056
30	国元信托	599690	557691	483390
31	四川信托	598615	471051	388707
32	中建投信托	577886	500203	428863

续表

序号	公司简称	2016 年	2015 年	2014 年
33	新华信托	577868	573344	275149
34	五矿信托	571140	564975	486900
35	长安国信	561317	492502	421850
36	英大信托	556975	501406	440363
37	国联信托	508882	369873	321010
38	昆仑信托	497428	621304	584271
39	国投泰康	493945	482871	555582
40	粤财信托	469252	427646	370243
41	光大兴陇	459351	432212	165770
42	中海信托	444742	424218	383862
43	方正东亚	433080	372855	304538
44	苏州信托	430905	370791	329884
45	陆家嘴信托	423310	371039	343101
46	爱建信托	403256	382115	360924
47	天津信托	401509	377648	339199
48	北方国信	401370	364032	320610
49	中泰信托	397595	373605	344317
50	中粮信托	391393	377254	340104
51	华鑫信托	390094	346120	313117
52	吉林信托	383730	423593	461274
53	东莞信托	381051	368573	319890
54	厦门国信	374065	398132	348061
55	金谷信托	356428	340160	330258
56	紫金信托	341352	190878	163411
57	工商信托	332522	286047	167652
58	湖南信托	311971	300633	251133
59	国民信托	232827	213185	179224
60	云南国信	207631	187186	161694
61	山西信托	195832	192357	188694
62	万向信托	194529	165168	150110
63	西藏信托	191381	161249	125747
64	大业信托	149598	128091	107205
65	华宸信托	123013	133425	92640

续表

序号	公司简称	2016 年	2015 年	2014 年
66	华澳信托	121275	114373	101853
67	浙商金汇	80623	74581	68179
68	长城新盛	49402	38456	39087
合计		44819207	38102115	31972439
平均		659106	560325	470183

表 5-8　　净资产增长序列表(2016 年度)　　单位:万元

序号	公司简称	2016 年	2015 年	2014 年
1	安信信托	740925	450429	93987
2	民生信托	633865	34125	218744
3	华信信托	465109	13998	130177
4	上海国信	392666	-121124	122037
5	中江国信	380631	45819	73255
6	新时代	369037	36771	11529
7	华能贵诚	365104	100788	88240
8	中原信托	308159	102479	80563
9	渤海信托	281252	54934	49645
10	重庆国信	228055	346116	351485
11	中信信托	212876	-26403	519706
12	华融国信	163798	17592	170370
13	中融信托	149143	162138	213939
14	建信信托	144422	111909	92029
15	国联信托	139009	48863	56671
16	山东国信	133161	65559	119687
17	四川信托	127564	82344	64999
18	中铁信托	120542	90091	53350
19	中诚信托	118889	130556	176847
20	江苏国信	112921	59785	105975
21	兴业信托	111369	118120	607131
22	中航信托	110772	45163	90967
23	华宝信托	86299	25666	138257
24	交银国信	80729	72282	61680
25	中建投信托	77683	71340	74482

续表

序号	公司简称	2016 年	2015 年	2014 年
26	北京国信	71291	232669	70015
27	长安国信	68815	70652	112823
28	百瑞信托	64668	171974	65536
29	方正东亚	60226	68317	86645
30	苏州信托	60115	40907	101346
31	英大信托	55569	61042	53346
32	陆家嘴信托	52271	27938	207198
33	工商信托	46475	118395	46745
34	华鑫信托	43974	33004	2786
35	国元信托	41999	74300	71351
36	粤财信托	41606	57403	50941
37	北方国信	37339	43422	46501
38	西藏信托	30132	35502	50160
39	万向信托	29361	15058	12913
40	光大兴陇	27139	266442	20208
41	外贸信托	26246	91580	120415
42	中泰信托	23989	29288	135228
43	天津信托	23861	38448	80316
44	大业信托	21507	20886	24316
45	爱建信托	21140	21191	45474
46	中海信托	20524	40356	3061
47	云南国信	20444	25492	21662
48	国民信托	19642	33961	未披露
49	金谷信托	16268	9902	6912
50	中粮信托	14138	37150	18332
51	东莞信托	12479	48683	41703
52	湖南信托	11338	49500	50957
53	国投泰康	11073	－72711	283654
54	长城新盛	10946	－631	2640
55	陕西国信	7422	384027	未披露
56	华澳信托	6902	12521	15340
57	五矿信托	6165	78075	64663
58	浙商金汇	6042	6401	7790

续表

序号	公司简称	2016年	2015年	2014年
59	新华信托	4524	298195	12368
60	山西信托	3475	3663	13097
61	华宸信托	-10411	40785	5141
62	厦门国信	-24067	50071	112838
63	平安信托	-26395	310496	253577
64	华润信托	-39191	314681	153828
65	吉林信托	-39864	-37681	131295
66	紫金信托	-116988	27467	22099
67	昆仑信托	-123876	37033	39444
68	西部信托	-242662	774482	15850
合计		6717080	6129685	6444711
平均		98781	90142	95493

表5-9　　净资产增幅序列表（2016年度）

序号	公司简称	2016年（%）	2015年（%）	2014年（%）
1	民生信托	176.38	10.49	未披露
2	安信信托	117.44	249.60	108.68
3	新时代	100.16	11.09	3.60
4	紫金信托	78.83	16.81	15.64
5	中江国信	76.99	10.21	19.52
6	中原信托	73.33	32.25	33.96
7	渤海信托	66.43	14.91	15.57
8	华信信托	63.54	1.95	22.15
9	上海国信	58.19	-15.22	18.11
10	华能贵诚	50.17	16.08	16.38
11	国联信托	37.58	15.22	21.44
12	华融国信	31.88	3.55	52.29
13	长城新盛	28.46	-1.61	7.24
14	四川信托	27.08	21.18	20.08
15	山东国信	26.61	15.07	37.96
16	中铁信托	22.66	20.39	13.73
17	中航信托	21.30	9.51	23.70
18	西藏信托	18.69	28.23	66.36

续表

序号	公司简称	2016年(%)	2015年(%)	2014年(%)
19	万向信托	17.78	10.03	未披露
20	建信信托	17.38	15.57	14.68
21	大业信托	16.79	19.48	29.34
22	工商信托	16.25	70.62	38.66
23	苏州信托	16.21	12.40	44.35
24	方正东亚	16.15	22.43	39.76
25	中建投信托	15.53	16.63	21.02
26	华宝信托	15.11	4.71	33.96
27	重庆国信	14.10	27.23	38.22
28	陆家嘴信托	14.09	8.14	152.46
29	长安国信	13.97	16.75	36.51
30	中融信托	13.18	16.72	28.31
31	江苏国信	12.90	7.33	14.94
32	交银国信	12.85	13.00	12.48
33	华鑫信托	12.70	10.54	0.90
34	百瑞信托	11.89	46.22	21.38
35	中信信托	11.86	-1.45	39.92
36	英大信托	11.08	13.86	13.78
37	云南国信	10.92	15.77	15.47
38	北京国信	10.30	50.64	17.98
39	北方国信	10.26	13.54	16.96
40	粤财信托	9.73	15.50	15.95
41	国民信托	9.21	18.95	未披露
42	兴业信托	9.09	10.67	121.46
43	中诚信托	8.42	10.19	16.01
44	浙商金汇	8.10	9.39	12.90
45	国元信托	7.53	15.37	17.32
46	中泰信托	6.42	8.51	64.68
47	天津信托	6.32	11.34	31.02
48	光大兴陇	6.28	160.73	13.88
49	华澳信托	6.03	12.29	17.73
50	爱建信托	5.53	5.87	14.42
51	中海信托	4.84	10.51	0.80

续表

序号	公司简称	2016年(%)	2015年(%)	2014年(%)
52	金谷信托	4.78	3.00	2.14
53	湖南信托	3.77	19.71	25.46
54	中粮信托	3.75	10.92	5.70
55	外贸信托	3.53	14.05	22.66
56	东莞信托	3.39	15.22	14.99
57	国投泰康	2.29	-13.09	104.31
58	山西信托	1.81	1.94	7.46
59	五矿信托	1.09	16.04	15.31
60	陕西国信	0.97	100.69	未披露
61	新华信托	0.79	108.38	4.71
62	平安信托	-1.16	15.79	14.80
63	华润信托	-2.33	22.99	12.66
64	厦门国信	-6.04	14.39	47.97
65	华宸信托	-7.80	44.02	5.88
66	吉林信托	-9.41	-8.17	39.79
67	昆仑信托	-19.94	6.34	7.24
68	西部信托	-25.78	464.82	10.51
平均		17.63	19.17	25.25

表5-10 信托公司资产负债率序列表(2016年度)

序号	公司简称	2016年(%)	2015年(%)	2014年(%)
1	中海信托	58.56	21.85	26.87
2	吉林信托	42.12	12.80	24.77
3	国民信托	42.09	30.45	未披露
4	中铁信托	42.06	47.62	40.83
5	华澳信托	40.95	33.84	18.34
6	湖南信托	34.45	15.03	18.47
7	华融国信	33.35	27.73	8.84
8	万向信托	32.70	20.18	4.63
9	中融信托	30.99	31.90	19.57
10	长城新盛	30.00	10.80	12.21
11	中建投信托	28.94	29.20	9.18
12	大业信托	28.93	22.92	15.23

续表

序号	公司简称	2016年(%)	2015年(%)	2014年(%)
13	重庆国信	28.30	33.73	22.72
14	中航信托	27.61	39.60	13.49
15	新时代	26.93	10.02	2.81
16	爱建信托	26.26	19.62	3.65
17	华能贵诚	25.48	30.37	14.56
18	陆家嘴信托	25.47	26.92	9.21
19	金谷信托	24.84	31.15	8.67
20	新华信托	24.38	20.21	25.03
21	长安国信	24.06	26.94	22.28
22	安信信托	23.16	31.12	38.91
23	上海国信	23.09	11.09	7.00
24	厦门国信	22.93	10.34	7.11
25	昆仑信托	22.58	3.40	2.94
26	民生信托	21.46	23.70	5.71
27	五矿信托	20.74	7.62	6.71
28	中诚信托	19.68	22.83	10.32
29	中江国信	19.41	6.75	8.72
30	西部信托	19.06	21.99	16.41
31	陕西国信	18.69	12.46	10.41
32	百瑞信托	18.45	11.95	12.49
33	渤海信托	17.70	12.67	2.27
34	工商信托	17.09	14.67	17.47
35	中信信托	16.96	19.55	12.46
36	国投泰康	16.40	4.38	15.23
37	方正东亚	16.22	19.98	13.32
38	中泰信托	15.94	8.14	9.19
39	山西信托	14.42	10.65	6.99
40	江苏国信	14.29	3.84	1.60
41	华宸信托	14.27	14.30	10.86
42	平安信托	13.79	22.15	7.69
43	云南国信	13.77	15.28	13.27
44	华宝信托	13.22	12.82	9.20
45	西藏信托	13.13	26.36	29.58

续表

序号	公司简称	2016 年(%)	2015 年(%)	2014 年(%)
46	光大兴陇	12.18	6.49	4.41
47	北方国信	11.73	14.65	14.30
48	华信信托	11.31	2.52	4.97
49	华润信托	10.89	10.95	9.08
50	山东国信	10.78	5.50	4.29
51	浙商金汇	10.73	14.90	19.32
52	苏州信托	10.57	11.74	13.13
53	天津信托	10.45	16.30	5.29
54	国联信托	10.37	6.45	2.15
55	建信信托	10.22	4.91	3.97
56	北京国信	9.11	13.42	10.08
57	华鑫信托	7.66	22.97	4.79
58	紫金信托	7.16	9.31	7.43
59	东莞信托	7.04	6.99	5.62
60	四川信托	6.11	7.76	6.18
61	兴业信托	5.36	5.78	4.80
62	中粮信托	5.16	4.55	5.67
63	交银国信	4.23	4.41	4.48
64	粤财信托	4.16	6.50	4.47
65	中原信托	4.03	18.09	8.48
66	国元信托	3.92	3.94	3.61
67	外贸信托	1.73	2.07	3.03
68	英大信托	1.25	3.14	3.50
平均		19.51	18.00	11.23

表 5－11　　资产负债率增长序列表(2016 年度)

序号	公司简称	2016 年(%)	2015 年(%)	2014 年(%)
1	华鑫信托	15.32	18.18	－5.16
2	中原信托	14.06	9.61	2.50
3	西藏信托	13.23	－3.22	1.52
4	中航信托	11.99	26.11	2.46
5	平安信托	8.35	14.46	－0.01
6	安信信托	7.96	－7.79	－7.06

续表

序号	公司简称	2016年(%)	2015年(%)	2014年(%)
7	金谷信托	6.32	22.49	0.62
8	天津信托	5.84	11.00	-0.46
9	中铁信托	5.56	6.79	4.85
10	重庆国信	5.42	11.01	-2.52
11	华能贵诚	4.89	15.81	3.97
12	北京国信	4.31	3.34	2.44
13	浙商金汇	4.16	-4.43	7.64
14	方正东亚	3.76	6.66	-0.31
15	中诚信托	3.15	12.51	-2.75
16	北方国信	2.92	0.36	-0.43
17	西部信托	2.92	5.58	0.75
18	长安国信	2.87	4.65	-0.49
19	中信信托	2.59	7.09	-0.03
20	粤财信托	2.34	2.04	0.57
21	民生信托	2.23	17.99	-2.07
22	紫金信托	2.15	1.89	1.14
23	英大信托	1.89	-0.36	-1.76
24	四川信托	1.65	1.58	-1.53
25	云南国信	1.52	2.02	0.04
26	陆家嘴信托	1.45	17.71	-1.96
27	苏州信托	1.17	-1.39	2.67
28	中融信托	0.91	12.33	-1.56
29	兴业信托	0.42	0.99	-2.24
30	外贸信托	0.33	-0.96	-1.80
31	中建投信托	0.26	20.01	-4.49
32	交银国信	0.19	-0.07	0.40
33	华润信托	0.06	1.87	1.30
34	国元信托	0.02	0.33	-0.96
35	华宸信托	0.02	3.44	-0.01
36	东莞信托	-0.05	1.37	1.13
37	华宝信托	-0.40	3.62	-2.71
38	中粮信托	-0.60	-1.11	2.67
39	工商信托	-2.42	-2.80	1.68

续表

序号	公司简称	2016年(%)	2015年(%)	2014年(%)
40	山西信托	-3.77	3.66	-1.23
41	国联信托	-3.92	4.31	0.66
42	新华信托	-4.18	-4.82	-8.53
43	渤海信托	-5.03	10.41	-0.17
44	山东国信	-5.28	1.21	-24.79
45	建信信托	-5.30	0.94	-0.71
46	华融国信	-5.62	18.89	-1.57
47	光大兴陇	-5.70	2.08	-1.72
48	大业信托	-6.02	7.69	-22.31
49	陕西国信	-6.23	2.05	未披露
50	百瑞信托	-6.49	-0.53	2.80
51	爱建信托	-6.64	15.97	0.92
52	华澳信托	-7.10	15.51	-3.23
53	中泰信托	-7.80	-1.05	-0.54
54	华信信托	-8.79	-2.45	1.48
55	江苏国信	-10.45	2.24	-1.06
56	国民信托	-11.64	17.99	-2.07
57	上海国信	-12.01	4.08	1.12
58	国投泰康	-12.02	-10.84	11.34
59	万向信托	-12.52	15.55	2.01
60	厦门国信	-12.59	3.23	0.03
61	中江国信	-12.66	-1.98	0.21
62	五矿信托	-13.11	0.92	-0.01
63	新时代	-16.91	7.21	-0.15
64	昆仑信托	-19.18	0.46	-0.51
65	长城新盛	-19.20	-1.41	-7.08
66	湖南信托	-19.42	-3.43	0.46
67	吉林信托	-29.31	-11.96	8.55
68	中海信托	-36.72	-5.02	4.36
平均		-1.51	6.77	-0.13

第二节 自营资产分布

一、自营资产分布的行业分析

根据本书所获得的2016年度信托公司财务信息披露状况显示，目前有66家信托公司公布了自营资产的行业分布状况。

信托公司的自营资产分布主要可以分为基础产业资产、房地产业资产、证券市场资产、实业资产与金融机构资产等。2012—2016年，信托公司自营资产的行业分布特征如图5-1所示。

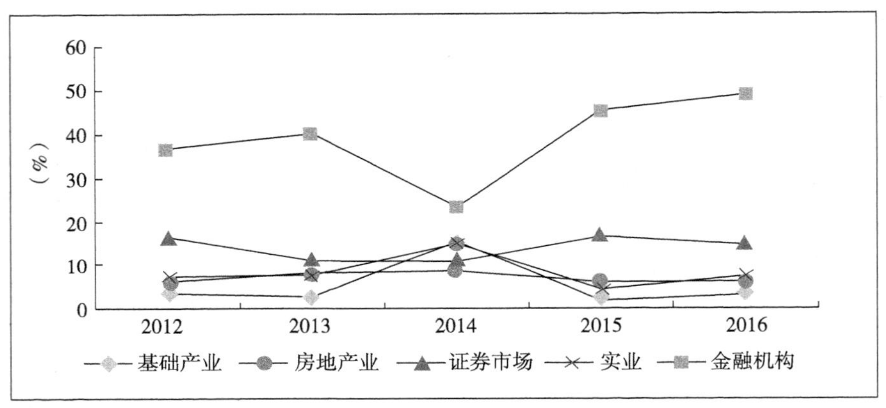

图5-1 2012—2016年度信托公司自营资产行业分布

从图5-1可以发现，基础产业在信托公司自营资产中所占的比重相对较低。其中，2012年度基础产业资产占自营资产比重平均为3.19%，2013年降至2.50%，2014年大幅增加至15.33%，2015年降至1.65%，2016年升至3.08%。由此可见，除2014年以外，该比例在其他年份相对比较稳定。

从实业资产来看，2012年度实业资产占信托公司自营资产比重平均为7.31%，2013年升至7.64%，2014年大幅升至15.01%，2015年降至4.35%，2016年回升至7.41%。由此可见，2012—2016年间，实业资产占比普遍高于基础产业占比，但两类资产的变动趋势较为一致。

随着中国房地产经济的不断发展，房地产业资本占信托公司自营资产比重在2006年达到12.97%，处于一个相对较高的水平。之后，随着一系列宏观调控政策的出台，该数字逐年下降，并且近年来保持在一个相对稳定的水平之上。其中，2012年房地产业占比为6.05%,2013年上升至7.99%,2014年进一步上升为8.50%,2015年下滑至5.91%,2016年小幅调整至6.29%。由此可见,近年来由于房地产行业面临风险较高,信托公司对于此类产品普遍持观望态度。

证券市场资产在信托公司自营资产中所占比例相对较高。其中,2012年证券市场资产占比平均为16.60%,2013年降至10.90%,2014年降至10.79%,2015年升至16.69%,2016年降至14.44%。值得注意的是,证券市场资产占比最低的2014年正是基础产业与实业产业占比最高的年份,因此信托公司在对这些类别资产的配置上具有一定的互补性。

从金融市场资产来看,自2009年以来,金融市场资产在信托公司自营资产中所占的比重一直处于第一位。2009年,金融市场资产占比为35.13%,至2012年该比例已经上升至37.01%,2013年进一步上升至40.28%,2014年降至23.30%,2015年重新回升至45.37%,2016年再次增长至48.91%。由此可见,近年来信托公司更加注重在金融市场资产方面的配置比例。

2012—2016年度信托公司自营资产行业分布如表5-12所示。

表5-12 2012—2016年度信托公司自营资产行业分布统计分析表

		2012年	2013年	2014年	2015年	2016年
披露公司数目		63	61	63	63	66
基础产业资产	平均规模(万元)	11138	10830	146268	11384	10754
	平均占比(%)	3.19	2.50	15.33	1.65	3.08
	该值为0的公司数	44	43	46	47	28
	占比最大值(%)	35.65	34.60	55.06	39.57	48.00
	占比最小值(%)	0	0	0	0	0
	占比标准差(%)	7.52	6.87	9.80	6.94	7.77
	占比变异系数	2.36	2.74	0.64	4.21	2.52
房地产业资产	平均规模(万元)	26690	34556	81109	40816	38283
	平均占比(%)	6.05	7.99	8.50	5.91	6.29
	该值为0的公司数	31	30	31	29	17
	占比最大值(%)	39.75	41.00	42.90	41.37	51.38
	占比最小值(%)	0	0	0	0	0
	占比标准差(%)	9.40	10.92	10.35	8.97	9.90
	占比变异系数	1.55	1.37	1.22	1.52	1.57

续表

		2012年	2013年	2014年	2015年	2016年
证券业资产	平均规模（万元）	58022	47177	102958	115297	99612
	平均占比（%）	16.60	10.90	10.79	16.69	14.44
	该值为0的公司数	7	7	7	7	2
	占比最大值（%）	76.41	68.31	82.03	83.72	81.97
	占比最小值（%）	0	0	0	0	0
	占比标准差（%）	18.40	15.33	18.65	18.33	16.83
	占比变异系数	1.04	1.41	1.73	1.10	1.17
实业资产	平均规模（万元）	26482	33051	143244	30049	53068
	平均占比（%）	7.31	7.64	15.01	4.35	7.41
	该值为0的公司数	25	27	24	29	19
	占比最大值（%）	48.19	66.05	34.27	28.95	56.02
	占比最小值（%）	0	0	0	0	0
	占比标准差（%）	10.83	12.19	10.54	7.04	12.76
	占比变异系数	1.48	1.60	0.7	1.62	1.72
金融业	平均规模（万元）	131486	174267	222315	313499	397058
	平均占比（%）	37.01	40.28	23.30	45.37	48.91
	该值为0的公司数	2	3	3	2	0
	占比最大值（%）	94.97	97.26	96.19	96.15	98.42
	占比最小值（%）	0	0	0	0	1.82
	占比标准差（%）	23.57	28.75	28.10	30.06	29.62
	占比变异系数	0.63	0.71	1.21	0.66	0.61

二、自营资产分布的公司分析

具体数据如表5－13、表5－14所示。

表5－13　2016年度各项自营资产比例最大的前3名

	第1名	第2名	第3名
基础产业资产	湖南信托（48.00%）	大业信托（14.31%）	万向信托（14.31%）
房地产业资产	爱建信托（51.38%）	新华信托（32.02%）	华宸信托（26.50 %）
证券业资产	中江国信（81.97%）	西部信托（69.40%）	吉林信托（60.37%）

续表

	第 1 名	第 2 名	第 3 名
实业资产	华鑫信托（56.02%）	民生信托（56.02%）	北京信托（33.99%）
金融机构	粤财信托（98.42%）	方正信托（96.46%）	长城新盛（96.46%）

注：公司名称后括号中数字为该行业资产占比。

表 5－14　　2016 年度各项自营资产规模最大的前 3 名

	第 1 名	第 2 名	第 3 名
基础产业资产	湖南信托（228461）	昆仑信托（64620）	国元信托（55000）
房地产业资产	中信信托（307266）	中诚信托（297511）	爱建信托（286403）
证券业资产	中江信托（890040）	中融信托（713921）	中诚信托（664860）
实业资产	华鑫信托（708504）	民生信托（708504）	平安信托（684633）
金融机构	重庆国信（1894765）	平安信托（1766540）	华能贵诚（1358833）

注：公司名称后括号中数字为该行业资产规模，单位：万元。

第三节　自营资产运用

一、自营资产运用的行业分析

根据本书所获得的 2016 年度信托公司财务信息披露状况显示，目前有 66 家信托公司公布了自营资产的运用状况。

信托公司自营资产的运用方式可以分为货币资产、贷款资产、长期投资资产与其他方式。2012—2016 年，信托公司自营资产运用的分布特征如图 5－2 所示。

2007 年之前，长期资产投资一直是信托公司自营资产的主要运用方式，其占自营资产的比重一般在 30% 以上。如图 5－2 所示，2012—2016 年，信托公司的自营资产运用方式发生了重大变化。其中，2012 年度，货币资产的比重上升至 20.50%，与当年的长期投资资产比重（21.78%）基本持平，这表明受到外部经济环境动荡的影响，信托公司在当年比较注重保持自身的流动性。自 2013 年开始，货币资产比例开始逐步下降，其中 2013 年

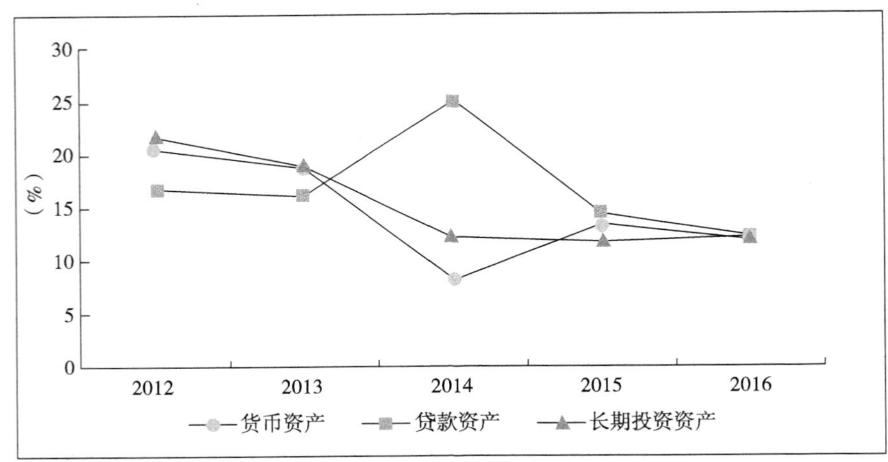

图5－2　2012—2016年信托公司自营资产的运用分布

占比为18.70%，2014年大幅下降至8.19%，2015年与2016年逐步回升并保持稳定。其中，2015年为13.32%，2016年为12.07%。从长期投资资产上看，受到实体经济受阻等方面的影响，长期投资资产占比由2012年的21.78%下降至2015年的11.83%，2016年该类资产占比回升至12.35%，调整幅度不大。此外，贷款资产占比相对比较稳定，2012年为16.87%，2013年降至15.98%，2014年上升至25.16%，2015年下降至14.35%，2016年进一步降至12.30%。相关统计数据如表5－15所示。

表5－15　2012—2016年度信托公司自营资产运用方式分布

		2012年	2013年	2014年	2015年	2016年
披露公司数目		63	61	63	64	66
货币资产	平均规模(万元)	71683	80895	78111	107146	100245
	平均占比(%)	20.50	18.70	8.19	13.32	12.07
	占比最大值(%)	79.29	87.04	64.04	71.58	68.49
	占比最小值(%)	0.30	0.20	0	0.39	0.01
	占比标准差(%)	20.54	19.00	14.98	16.53	13.05
	变异系数	1.00	1.01	1.83	1.24	1.08
贷款资产	平均规模(万元)	58965	69130	239995	87436	202973
	平均占比(%)	16.87	15.98	25.16	14.35	12.30
	占比最大值(%)	60.67	74.07	89.57	83.58	78.48
	占比最小值(%)	0	0	0	0	0
	占比标准差(%)	16.32	17.21	20.43	17.32	16.29
	变异系数	0.97	1.08	0.81	1.21	1.32

续表

		2012年	2013年	2014年	2015年	2016年
长期投资资产	平均规模(万元)	76152	82209	117784	117784	264074
	平均占比(%)	21.78	19.00	12.35	11.83	12.35
	占比最大值(%)	73.65	75.65	75.08	63.79	63.09
	占比最小值(%)	0	0	0	0	0
	占比标准差(%)	18.20	17.30	16.29	16.07	17.42
	占比变异系数	0.84	0.91	1.32	1.36	1.41

二、自营资产运用的公司分析

具体数据如表5－16至表5－34所示。

表5－16　　2016年度自营资产运用方式比例最大的前3名

	第1名	第2名	第3名
货币资产	长城新盛(68.49%)	中海信托(49.61%)	云南国信(48.31%)
贷款资产	方正信托(78.48%)	中信信托(56.95%)	国民信托(56.02%)
长期投资资产	山东国信(63.09%)	华润信托(60.50%)	江苏国信(56.30%)

注：表中公司名称后括号中数字为该种资产占比。

表5－17　　2016年度各项自营资产规模最大的前3名

	第1名	第2名	第3名
货币资产	中融信托(1110018)	中海信托(532526)	平安信托(505297)
贷款资产	中信信托(1377305)	北京国信(452283)	方正信托(405677)
长期投资资产	华润信托(1116494)	重庆国信(737452)	江苏国信(649023)

注：表中公司名称后括号中数字为该种资产规模，单位：万元。

表5－18　　自营货币资产序列表（2016年度）　　单位：万元

序号	公司简称	2016年	2015年	2014年
1	中融信托	1110018	773415	411162
2	中海信托	532526	35253	58551
3	平安信托	505297	848594	146859
4	渤海信托	269393	55598	195555
5	民生信托	241984	206504	214174
6	五矿信托	240352	368393	602047
7	中诚信托	238418	299311	147410
8	中铁信托	219755	195728	106297
9	四川信托	207664	164452	174634
10	北京国信	204671	72904	145863
11	重庆国信	197442	274322	134302
12	中航信托	192902	126090	12670
13	中信信托	186022	532090	5
14	兴业信托	165232	46966	83091
15	中江国信	129738	101678	73380
16	云南国信	116323	153162	24944
17	光大兴陇	114728	330838	35881
18	长安国信	107604	106365	79374
19	华润信托	92377	76992	62761
20	外贸信托	88137	186869	127484
21	交银国信	82889	65823	56354
22	上海国信	75308	65870	39708
23	苏州信托	68046	103824	3794
24	陕西国信	67530	未披露	未披露
25	方正信托	61365	41604	14727
26	中原信托	61066	79092	42192
27	大业信托	54578	43383	8375
28	西藏信托	48975	49356	66288
29	中粮信托	48935	80802	95569
30	昆仑信托	48447	99238	90239
31	长城新盛	48335	24944	28514
32	金谷信托	46556	29267	45997

续表

序号	公司简称	2016 年	2015 年	2014 年
33	天津信托	40899	73294	20454
34	国投信托	40461	2786	226195
35	北方国信	40229	50991	110536
36	华澳信托	37222	87397	45086
37	华能贵诚	36149	72999	43214
38	厦门国信	35890	34708	80934
39	新时代	34627	37252	18036
40	东莞信托	33767	21047	15494
41	湖南信托	32538	25959	22579
42	浙商金汇	31852	20378	35194
43	百瑞信托	30387	41876	50642
44	粤财信托	30225	131873	98828
45	国联信托	28583	54646	77098
46	华宝信托	27766	90034	63192
47	新华信托	27044	23671	36954
48	英大信托	26866	34850	55070
49	山西信托	26246	13778	23512
50	吉林信托	23320	未披露	未披露
51	华融国信	22159	25913	未披露
52	国元信托	17857	10475	3443
53	江苏国信	16445	10568	2228
54	山东国信	16208	16061	28739
55	万向信托	13540	1293	10021
56	爱建信托	12962	33687	14759
57	建信信托	10721	72210	18172
58	中建投信托	10602	43629	38832
59	陆家嘴信托	10353	80567	126195
60	工商信托	10064	28633	42083
61	华宸信托	6861	7948	927
62	西部信托	4254	4707	3455
63	中泰信托	3835	13307	17272
64	国民信托	3305	7811	未披露
65	紫金信托	276	15943	23199

续表

序号	公司简称	2016 年	2015 年	2014 年
66	华鑫信托	52	28329	6253
67	华信信托	未披露	未披露	234197
68	安信信托	未披露	未披露	未披露
合计		6360652	6857346	4920992
平均		100245	107146	78111

表 5－19　自营货币资产占比序列表

序号	公司简称	2016 年(%)	2015 年(%)	2014 年(%)
1	长城新盛	68.49	57.86	64.04
2	中海信托	49.61	6.49	11.16
3	云南国信	48.31	69.32	13.38
4	浙商金汇	35.27	23.25	41.65
5	五矿信托	33.36	60.23	2.26
6	四川信托	32.57	32.20	42.15
7	渤海信托	31.46	11.47	51.87
8	大业信托	25.93	26.00	7.00
9	北京国信	23.98	8.92	28.19
10	西藏信托	22.23	22.54	37.13
11	中航信托	22.14	14.65	2.31
12	光大兴陇	21.93	71.58	20.69
13	中铁信托	19.51	19.27	14.23
14	平安信托	19.35	29.01	6.89
15	民生信托	19.13	43.85	62.09
16	华澳信托	18.12	50.55	28.03
17	长安国信	14.56	15.78	14.62
18	苏州信托	13.80	24.17	1.00
19	中诚信托	12.51	16.36	10.32
20	中江国信	11.95	19.18	未披露
21	方正信托	11.87	8.93	4.19
22	中粮信托	11.86	20.44	26.51
23	兴业信托	11.70	3.61	7.15
24	山西信托	11.47	6.40	11.59
25	外贸信托	11.25	24.62	18.97

续表

序号	公司简称	2016年(%)	2015年(%)	2014年(%)
26	交银国信	10.82	10.01	9.63
27	金谷信托	9.82	5.92	12.72
28	天津信托	9.12	16.25	5.71
29	北方国信	8.85	11.95	29.55
30	东莞信托	8.24	5.31	4.57
31	中原信托	8.05	15.42	12.15
32	中信信托	7.69	23.85	0.00
33	重庆国信	7.67	11.24	8.16
34	昆仑信托	7.54	15.43	14.99
35	紫金信托	7.49	7.57	13.14
36	厦门国信	7.39	7.82	21.60
37	陕西国信	7.10	未披露	未披露
38	国投信托	6.85	0.55	34.51
39	湖南信托	6.84	7.34	7.33
40	粤财信托	6.17	28.83	25.50
41	上海国信	5.43	8.68	4.64
42	国联信托	5.03	13.82	23.50
43	华润信托	5.01	4.07	4.17
44	华宸信托	4.78	5.10	0.89
45	英大信托	4.76	6.73	12.07
46	万向信托	4.68	0.62	6.37
47	中融信托	4.33	41.03	33.70
48	百瑞信托	4.07	6.78	11.91
49	华宝信托	3.67	13.74	10.52
50	新华信托	3.54	3.29	10.07
51	吉林信托	3.52	未披露	未披露
52	新时代	3.43	9.10	5.28
53	国元信托	2.86	1.80	0.69
54	工商信托	2.51	8.54	20.72
55	华能贵诚	2.46	6.99	5.89
56	爱建信托	2.33	6.99	3.88
57	山东国信	2.28	3.03	6.32
58	华融国信	2.18	3.64	未披露

续表

序号	公司简称	2016年(%)	2015年(%)	2014年(%)
59	陆家嘴信托	1.82	15.87	33.39
60	江苏国信	1.43	1.16	0.27
61	中建投信托	1.30	6.18	8.22
62	建信信托	0.99	8.26	2.43
63	国民信托	0.82	2.55	未披露
64	中泰信托	0.81	3.27	4.56
65	西部信托	0.49	0.39	1.73
66	华鑫信托	0.01	6.30	1.90
67	华信信托	未披露	未披露	31.00
68	安信信托	未披露	未披露	未披露
平均		12.07	13.32	8.19

表5-20　自营贷款资产序列表(2016年度)　单位:万元

序号	公司简称	2016年	2015年	2014年
1	中信信托	1377305	699781	402175
2	北京国信	452283	281466	156479
3	方正信托	405677	389401	314694
4	重庆国信	360610	331833	208420
5	新华信托	348150	182926	94240
6	中诚信托	266616	409680	880698
7	国民信托	225209	75545	未披露
8	交银国信	214867	412396	470336
9	陕西国信	210222	未披露	未披露
10	华润信托	195121	31062	46992
11	中原信托	191908	43893	58214
12	中融信托	158590	37510	1099
13	渤海信托	157480	94749	108234
14	中建投信托	142555	558357	351242
15	百瑞信托	121537	92624	122684
16	北方国信	110358	109304	187691
17	爱建信托	107413	151916	178012
18	天津信托	89678	111945	177359
19	工商信托	82274	100547	35230

续表

序号	公司简称	2016 年	2015 年	2014 年
20	长安国信	77986	28301	2408
21	国元信托	77968	67128	66460
22	粤财信托	69732	11571	9634
23	金谷信托	67954	86991	72503
24	江苏国信	60426	76095	160
25	中粮信托	59400	59400	57000
26	四川信托	56863	72110	33899
27	外贸信托	52089	39732	48840
28	中航信托	48073	112634	77985
29	英大信托	40000	48000	92006
30	湖南信托	37625	122392	100699
31	五矿信托	32773	683	9964769
32	光大兴陇	29444	45124	58139
33	山东国信	24394	57603	22798
34	昆仑信托	23107	25344	53717
35	吉林信托	19931	未披露	未披露
36	苏州信托	19554	33718	43953
37	国联信托	17416	37130	25382
38	中泰信托	16941	82938	43157
39	华宝信托	15535	3016	3243
40	华宸信托	14822	19487	19701
41	华融国信	14780	29226	未披露
42	国投信托	14445	2201	667
43	新时代	12445	0	21357
44	兴业信托	11292	11903	30201
45	大业信托	11176	112311	11605
46	厦门国信	9862	14715	12000
47	平安信托	9000	33	1050
48	西藏信托	6794	61200	24600
49	东莞信托	6683	41319	47463
50	华澳信托	5790	29550	51990
51	紫金信托	3139	3992	38991
52	陆家嘴信托	2624	3204	2395

续表

序号	公司简称	2016年	2015年	2014年
53	浙商金汇	1816	2736	3716
54	西部信托	944	604	5481
55	上海国信	0	0	0
56	建信信托	0	0	0
57	中江国信	0	0	0
58	云南国信	0	0	0
59	中铁信托	0	0	1200
60	华能贵诚	0	0	49500
61	华信信托	未披露	未披露	67823
62	中海信托	未披露	100000	100000
63	山西信托	未披露	0	0
64	安信信托	未披露	未披露	未披露
65	华鑫信托	未披露	0	19823
66	长城新盛	未披露	0	0
67	万向信托	未披露	0	0
68	民生信托	未披露	38610	39600
合计		6190675	5595936	15119712
平均		202973	87436	239995

表5-21 自营贷款资产占比序列表(2016年度)

序号	公司简称	2016年(%)	2015年(%)	2014年(%)
1	方正信托	78.48	83.58	89.57
2	中信信托	56.95	31.36	19.33
3	国民信托	56.02	24.65	未披露
4	北京国信	52.98	34.43	30.24
5	新华信托	45.56	25.46	25.68
6	交银国信	28.05	62.72	80.36
7	中原信托	25.28	8.55	16.77
8	北方国信	24.27	25.63	50.17
9	陕西国信	22.12	未披露	未披露
10	工商信托	20.51	30.00	17.34
11	天津信托	20.00	24.81	49.52
12	爱建信托	19.27	31.51	46.77

续表

序号	公司简称	2016 年(%)	2015 年(%)	2014 年(%)
13	渤海信托	18.40	19.54	28.71
14	中建投信托	17.53	79.03	74.38
15	百瑞信托	16.28	14.99	28.86
16	中粮信托	14.39	15.03	15.81
17	金谷信托	14.33	17.61	20.05
18	粤财信托	14.24	2.53	2.49
19	重庆国信	14.01	13.60	12.67
20	中诚信托	13.99	22.39	61.64
21	国元信托	12.49	11.56	13.25
22	华润信托	10.57	1.64	3.12
23	长安国信	10.55	4.20	0.44
24	华宸信托	10.33	12.52	18.96
25	四川信托	8.92	14.12	8.18
26	湖南信托	7.91	34.59	32.69
27	英大信托	7.09	9.27	20.16
28	外贸信托	6.65	5.23	7.27
29	中融信托	6.18	1.99	0.09
30	光大兴陇	5.63	9.76	33.52
31	中航信托	5.52	13.08	14.21
32	江苏国信	5.24	8.36	0.02
33	五矿信托	4.55	0.11	37.40
34	苏州信托	3.96	7.85	11.56
35	昆仑信托	3.60	3.94	8.92
36	中泰信托	3.58	20.39	11.38
37	山东国信	3.43	10.88	5.02
38	西藏信托	3.08	27.95	13.78
39	国联信托	3.07	9.39	7.74
40	吉林信托	3.01	未披露	未披露
41	国投信托	2.45	0.44	0.10
42	华宝信托	2.05	0.46	0.54
43	厦门国信	2.03	3.31	3.20
44	浙商金汇	2.01	3.12	4.40
45	东莞信托	1.63	10.43	14.01

续表

序号	公司简称	2016年(%)	2015年(%)	2014年(%)
46	华融国信	1.45	4.11	未披露
47	新时代	1.23	0.00	6.26
48	紫金信托	0.85	1.90	22.09
49	兴业信托	0.80	0.92	2.60
50	陆家嘴信托	0.46	0.63	0.63
51	平安信托	0.34	0.00	0.05
52	西部信托	0.11	0.05	2.75
53	上海国信	0.00	0.00	0.00
54	建信信托	0.00	0.00	0.00
55	中江国信	0.00	0.00	0.00
56	中铁信托	0.00	0.00	0.16
57	华能贵诚	0.00	0.00	6.75
58	民生信托	0.00	8.20	11.48
59	云南国信	0.00	0.00	0.00
60	华信信托	未披露	未披露	8.98
61	中海信托	未披露	18.42	19.05
62	山西信托	未披露	0.00	0.00
63	安信信托	未披露	未披露	未披露
64	华澳信托	未披露	17.09	32.33
65	大业信托	未披露	7.00	9.00
66	华鑫信托	未披露	0.00	6.03
67	长城新盛	未披露	0.00	0.00
68	万向信托	未披露	0.00	0.00
平均		27.86	14.35	25.16

表5-22　自营长期投资序列表(2016年度)　单位:万元

序号	公司简称	2016年	2015年	2014年
1	华润信托	1116494	1174290	850044
2	重庆国信	737452	633602	404714
3	江苏国信	649023	580573	622142
4	平安信托	587799	608362	608362
5	建信信托	459222	258958	154688
6	山东国信	448051	10235	9000

续表

序号	公司简称	2016 年	2015 年	2014 年
7	中诚信托	372246	345194	274189
8	国元信托	324680	312479	275093
9	中海信托	257834	214834	178934
10	工商信托	256437	5000	3000
11	中融信托	210101	164772	5316
12	中泰信托	189755	190659	182055
13	粤财信托	180088	171431	129622
14	国联信托	158619	162026	112298
15	中信信托	137559	120539	88507
16	中原信托	124761	95241	0
17	厦门国信	106469	50844	53295
18	兴业信托	101834	101129	31426
19	上海国信	85376	65376	241780
20	四川信托	84453	84453	84453
21	华宝信托	81181	80473	76257
22	外贸信托	79671	76194	57963
23	山西信托	68012	40556	36849
24	天津信托	65214	66754	38099
25	中铁信托	51679	37579	63104
26	长安国信	30557	8213	5383
27	新华信托	29334	35447	29462
28	华融国信	20000	0	未披露
29	华能贵诚	20000	0	0
30	吉林信托	19552	未披露	未披露
31	国投信托	12877	11100	11100
32	北京国信	10125	11863	10431
33	昆仑信托	10101	2670	2158
34	英大信托	9800	9800	10447
35	苏州信托	6926	2861	2909
36	东莞信托	6211	5928	5663
37	华宸信托	4567	6205	6858
38	西藏信托	3540	3258	0
39	中建投信托	2880	3049	1390

续表

序号	公司简称	2016 年	2015 年	2014 年
40	爱建信托	2835	2949	3696
41	中粮信托	2510	2510	2510
42	北方国信	1863	65295	35310
43	紫金信托	1471	1471	597
44	交银国信	851	67	10000
45	光大兴陇	0	0	0
46	百瑞信托	0	0	0
47	湖南信托	0	23554	16231
48	国民信托	0	0	未披露
49	新时代	0	0	0
50	中江国信	0	140722	140722
51	陆家嘴信托	0	0	0
52	华澳信托	0	0	0
53	浙商金汇	0	0	0
54	华信信托	未披露	未披露	159600
55	安信信托	未披露	未披露	未披露
56	陕西国信	未披露	未披露	未披露
57	云南国信	未披露	0	0
58	渤海信托	未披露	0	0
59	中航信托	未披露	0	0
60	金谷信托	未披露	0	0
61	方正信托	未披露	0	0
62	大业信托	未披露	0	0
63	华鑫信托	未披露	0	0
64	五矿信托	未披露	0	2254922
65	长城新盛	未披露	0	0
66	万向信托	未披露	0	0
67	民生信托	未披露	0	0
68	西部信托	未披露	0	15000
合计		7130011	7302581	7302581
平均		264074	117784	117784

表5-23 自营长期投资占比序列表(2016年度)

序号	公司简称	2016年(%)	2015年(%)	2014年(%)
1	山东国信	63.09	1.93	1.98
2	华润信托	60.50	62.12	56.46
3	江苏国信	56.30	63.79	75.08
4	国元信托	52.02	53.83	54.85
5	建信信托	42.28	29.64	20.67
6	中泰信托	40.12	46.88	48.01
7	粤财信托	36.78	37.48	33.44
8	山西信托	29.72	18.84	18.16
9	重庆国信	28.65	25.97	24.61
10	国联信托	27.94	40.98	34.23
11	中海信托	24.02	39.58	34.09
12	平安信托	22.51	20.80	28.55
13	厦门国信	21.94	11.45	14.22
14	中诚信托	19.53	18.87	19.19
15	中原信托	16.44	18.56	0.00
16	天津信托	14.55	14.80	10.64
17	四川信托	13.25	16.53	20.38
18	华宝信托	10.72	12.29	12.70
19	外贸信托	10.17	10.04	8.62
20	中融信托	8.19	8.74	0.44
21	兴业信托	7.21	7.78	2.70
22	上海国信	6.15	8.61	28.25
23	中信信托	5.69	5.40	4.25
24	中铁信托	4.59	3.70	8.45
25	长安国信	4.13	1.22	0.99
26	新华信托	3.84	4.93	8.02
27	华宸信托	3.18	3.99	6.60
28	吉林信托	2.95	未披露	未披露
29	国投信托	2.18	2.20	1.69
30	华融国信	1.97	0.00	未披露
31	英大信托	1.74	1.89	2.29
32	西藏信托	1.61	1.49	0.00

续表

序号	公司简称	2016年(%)	2015年(%)	2014年(%)
33	昆仑信托	1.57	0.42	0.36
34	东莞信托	1.51	1.50	1.67
35	苏州信托	1.40	0.67	0.77
36	华能贵诚	1.36	0.00	0.00
37	工商信托	1.25	1.49	1.48
38	北京国信	1.19	1.45	2.02
39	中粮信托	0.61	0.64	0.70
40	爱建信托	0.51	0.61	0.97
41	北方国信	0.40	15.31	9.44
42	紫金信托	0.40	0.70	0.34
43	中建投信托	0.35	0.43	0.29
44	交银国信	0.11	0.01	1.71
45	光大兴陇	0.00	0.00	0.00
46	百瑞信托	0.00	0.00	0.00
47	湖南信托	0.00	6.66	5.27
48	国民信托	0.00	0.00	未披露
49	新时代	0.00	0.00	0.00
50	中江国信	0.00	26.54	未披露
51	陆家嘴信托	0.00	0.00	0.00
52	华澳信托	0.00	0.00	0.00
53	浙商金汇	0.00	0.00	0.00
54	华信信托	未披露	未披露	21.12
55	安信信托	未披露	未披露	未披露
56	陕西国信	未披露	未披露	未披露
57	西部信托	未披露	0.00	7.53
58	云南国信	未披露	0.00	0.00
59	渤海信托	未披露	0.00	0.00
60	中航信托	未披露	0.00	0.00
61	金谷信托	未披露	0.00	0.00
62	方正信托	未披露	0.00	0.00
63	大业信托	未披露	0.00	0.00
64	华鑫信托	未披露	0.00	0.00
65	五矿信托	未披露	0.00	8.46

续表

序号	公司简称	2016 年(%)	2015 年(%)	2014 年(%)
66	长城新盛	未披露	0.00	0.00
67	万向信托	未披露	0.00	0.00
68	民生信托	未披露	0.00	0.00
平均		12.35	11.83	12.35

表 5-24　自营金融机构资产序列表(2016 年度)　单位:万元

序号	公司简称	2016 年	2015 年	2014 年
1	重庆国信	1894765	1701346	1109724
2	平安信托	1766540	2302816	1440078
3	华能贵诚	1358833	948616	531086
4	上海国信	1220027	495334	716278
5	华润信托	1216868	1235050	896071
6	江苏国信	1084542	632727	595295
7	中海信托	852412	313073	264576
8	新时代	850011	342774	296858
9	中诚信托	784717	772432	390318
10	华融国信	732593	416356	未披露
11	中航信托	636428	219056	99522
12	五矿信托	636428	586821	0
13	华宝信托	635754	449940	446348
14	中建投信托	618036	495585	301983
15	英大信托	508226	442211	332687
16	渤海信托	501973	267288	195555
17	中原信托	487526	372296	208337
18	中铁信托	484088	295427	134138
19	粤财信托	481893	439770	367266
20	华鑫信托	481404	242102	135435
21	民生信托	481404	415901	214174
22	长安国信	475949	133461	128755
23	国元信托	443816	406774	350635
24	建信信托	441955	488450	492386
25	中信信托	438386	746301	750222
26	国联信托	425625	274388	174560

续表

序号	公司简称	2016年	2015年	2014年
27	北京国信	360820	440853	299787
28	金谷信托	322785	431923	271262
29	紫金信托	322785	173876	114821
30	陕西国信	321925	未披露	未披露
31	苏州信托	310336	247938	176074
32	华澳信托	274578	101213	87752
33	中粮信托	274578	305472	289597
34	天津信托	260016	229145	64783
35	西部信托	243988	184201	32754
36	光大兴陇	209452	48056	35798
37	中融信托	206033	158927	2867
38	吉林信托	190676	未披露	未披露
39	中泰信托	189755	190659	182055
40	国民信托	171819	189641	未披露
41	湖南信托	140043	84419	76059
42	山东国信	136108	16056	28730
43	西藏信托	118746	134447	95898
44	国投信托	116282	54400	80860
45	兴业信托	116274	96966	156750
46	爱建信托	109629	66206	87324
47	山西信托	98456	86961	47542
48	大业信托	95200	未披露	102360
49	万向信托	95200	110176	19261
50	外贸信托	82479	79002	60771
51	厦门国信	79531	65935	73036
52	交银国信	77000	32000	32000
53	工商信托	73892	68633	42083
54	昆仑信托	72219	51250	26750
55	方正信托	68075	41604	14727
56	长城新盛	68075	41251	42826
57	新华信托	62125	54619	19426
58	北方国信	46350	33720	144071
59	四川信托	34260	269748	174634

续表

序号	公司简称	2016 年	2015 年	2014 年
60	浙商金汇	34260	26151	38068
61	百瑞信托	31163	31163	33737
62	华宸信托	25215	68304	13059
63	东莞信托	21029	18653	16548
64	陆家嘴信托	10352	80567	53671
65	华信信托	未披露	未披露	395811
66	安信信托	未披露	未披露	未披露
67	中江国信	未披露	0	0
68	云南国信	未披露	0	0
合计		25411706	19750429	14005833
平均		780583	606476	433239

表 5-25　　自营金融机构资产占比序列表(2016 年度)

序号	公司简称	2016 年(%)	2015 年(%)	2014 年(%)
1	粤财信托	98.42	96.15	94.76
2	方正信托	96.46	8.93	4.19
3	长城新盛	96.46	95.68	96.19
4	江苏国信	94.08	69.52	72.00
5	华能贵诚	92.65	90.76	72.37
6	英大信托	90.10	85.42	53.86
7	中航信托	88.32	25.44	18.13
8	五矿信托	88.32	95.95	0.00
9	上海国信	87.90	65.27	83.69
10	金谷信托	87.79	87.42	75.02
11	紫金信托	87.79	82.61	65.05
12	新时代	84.22	83.71	86.98
13	华宝信托	83.92	68.69	74.31
14	中海信托	79.42	57.68	50.41
15	中建投信托	76.00	70.15	63.95
16	国联信托	74.96	69.40	53.21
17	重庆国信	73.62	69.72	67.48
18	华融国信	72.06	58.56	未披露
19	国元信托	71.11	70.07	69.91

续表

序号	公司简称	2016 年(%)	2015 年(%)	2014 年(%)
20	平安信托	67.65	78.72	67.58
21	华澳信托	66.54	58.54	54.56
22	中粮信托	66.54	77.28	80.33
23	华润信托	65.95	65.33	59.52
24	长安国信	64.39	19.80	23.72
25	中原信托	64.23	72.56	60.00
26	苏州信托	62.92	57.71	46.31
27	渤海信托	58.63	55.13	51.87
28	天津信托	57.99	50.79	18.09
29	西藏信托	53.91	61.40	53.71
30	山西信托	43.03	40.39	23.43
31	中铁信托	42.99	29.09	17.96
32	国民信托	42.74	61.87	未披露
33	北京国信	42.27	53.92	57.94
34	中诚信托	41.18	42.22	27.32
35	建信信托	40.69	55.90	65.78
36	中泰信托	40.12	46.88	48.01
37	光大兴陇	40.04	10.40	20.64
38	华鑫信托	38.06	53.88	41.18
39	民生信托	38.06	88.30	62.09
40	四川信托	37.93	52.82	42.15
41	浙商金汇	37.93	29.84	45.05
42	陕西国信	33.87	未披露	未披露
43	大业信托	32.94	未披露	81.00
44	万向信托	32.94	53.25	12.24
45	湖南信托	29.42	23.86	24.69
46	吉林信托	28.76	未披露	未披露
47	西部信托	28.27	15.27	16.43
48	国投信托	19.68	10.77	12.34
49	爱建信托	19.66	13.73	22.94
50	山东国信	19.16	3.03	6.32
51	工商信托	18.42	20.47	20.72
52	中信信托	18.13	33.45	36.05

续表

序号	公司简称	2016 年(%)	2015 年(%)	2014 年(%)
53	华宸信托	17.57	43.87	12.57
54	厦门国信	16.39	14.85	19.49
55	昆仑信托	11.24	7.97	4.44
56	外贸信托	10.53	10.41	9.04
57	北方国信	10.19	7.91	38.51
58	交银国信	10.05	4.87	5.47
59	兴业信托	8.23	7.46	13.48
60	新华信托	8.08	7.60	5.29
61	中融信托	8.03	8.43	0.24
62	东莞信托	5.13	4.71	4.88
63	百瑞信托	4.18	5.04	7.94
64	陆家嘴信托	1.82	15.87	14.20
65	华信信托	未披露	未披露	52.39
66	安信信托	未披露	未披露	未披露
67	中江国信	未披露	0.00	0.00
68	云南国信	未披露	0.00	0.00
平均		48.91	45.37	23.30

表 5－26　自营金融机构资产增加序列表(2016 年度)　单位:万元

序号	公司简称	2016 年	2015 年	2014 年
1	上海国信	724692	－220943	140082
2	中海信托	539340	48496	24865
3	新时代	507236	45916	34517
4	江苏国信	451815	37432	78020
5	中航信托	417372	119534	53000
6	华能贵诚	410217	417530	62090
7	长安国信	342488	4706	－71435
8	华融国信	316237	未披露	未披露
9	华鑫信托	239301	106668	58230
10	渤海信托	234685	71733	32861
11	重庆国信	193419	591622	702628
12	中铁信托	188661	161289	114134
13	华宝信托	185814	3593	77390

续表

序号	公司简称	2016 年	2015 年	2014 年
14	华澳信托	173365	13461	7315
15	光大兴陇	161396	12258	757
16	国联信托	151237	99828	22895
17	紫金信托	148909	59055	8986
18	中建投信托	122451	193602	90041
19	山东国信	120051	-12674	-150736
20	中原信托	115230	163959	129373
21	英大信托	66015	109524	117118
22	民生信托	65503	未披露	未披露
23	苏州信托	62398	71864	54191
24	国投信托	61882	-26460	0
25	西部信托	59787	151447	0
26	湖南信托	55624	8360	-5911
27	五矿信托	49607	586821	-335889
28	中融信托	47106	156060	0
29	交银国信	45000	0	10000
30	爱建信托	43423	-21119	31696
31	粤财信托	42123	72504	48978
32	国元信托	37043	56139	14668
33	天津信托	30871	164362	16152
34	长城新盛	26823	-1574	-1096
35	方正信托	26471	26877	-29984
36	昆仑信托	20969	24500	24500
37	兴业信托	19308	-59784	105009
38	厦门国信	13596	-7101	49084
39	北方国信	12630	-110351	107369
40	中诚信托	12285	382113	-75473
41	山西信托	11495	39420	14946
42	浙商金汇	8109	-11917	-12134
43	新华信托	7506	未披露	未披露
44	工商信托	5259	26550	23062
45	外贸信托	3477	18231	10261
46	东莞信托	2376	2105	7892

续表

序号	公司简称	2016 年	2015 年	2014 年
47	百瑞信托	0	-2574	2850
48	中泰信托	-904	8604	160749
49	万向信托	-14976	未披露	未披露
50	西藏信托	-15701	未披露	未披露
51	国民信托	-17821	未披露	未披露
52	华润信托	-18182	338979	202873
53	中粮信托	-30894	15875	129609
54	华宸信托	-43088	55245	1158
55	建信信托	-46494	-3936	-20844
56	陆家嘴信托	-70215	26896	37494
57	北京国信	-80033	141066	65870
58	金谷信托	-109138	160661	-10257
59	四川信托	-235488	95114	-96751
60	中信信托	-307915	-3921	331877
61	平安信托	-536276	862738	378860
62	华信信托	未披露	未披露	未披露
63	吉林信托	未披露	未披露	未披露
64	安信信托	未披露	未披露	未披露
65	陕西国信	未披露	未披露	未披露
66	中江国信	未披露	0	0
67	云南国信	未披露	0	0
68	大业信托	未披露	未披露	49344
合计		5661277	5744595	3375536
平均		468400	91184	48048

表 5-27　　自营基础产业资产序列表（2016 年度）　　单位：万元

序号	公司简称	2016 年	2015 年	2014 年
1	湖南信托	228461	121733	120223
2	昆仑信托	64620	55520	79830
3	国元信托	55000	50000	37400
4	交银国信	50000	50000	50000
5	渤海信托	49092	23669	0
6	大业信托	41370	未披露	0

续表

序号	公司简称	2016 年	2015 年	2014 年
7	万向信托	41370	23820	86660
8	英大信托	40000	48000	92000
9	厦门国信	36938	40644	43095
10	爱建信托	29646	190733	0
11	天津信托	28220	12210	10650
12	华鑫信托	14000	0	0
13	民生信托	14000	0	0
14	新华信托	12596	25621	2310
15	百瑞信托	9500	14800	15400
16	北方国信	6000	27503	21077
17	中诚信托	5460	5460	2968
18	长安国信	5000	0	0
19	上海国信	0	0	0
20	中海信托	0	0	0
21	平安信托	0	0	0
22	吉林信托	0	未披露	未披露
23	东莞信托	0	0	0
24	西藏信托	0	0	0
25	山西信托	0	0	0
26	光大兴陇	0	15000	15000
27	中融信托	0	0	0
28	中信信托	0	0	0
29	苏州信托	0	0	0
30	外贸信托	0	0	31868
31	江苏国信	0	0	0
32	华融国信	0	0	未披露
33	粤财信托	0	0	0
34	中原信托	0	0	0
35	华宸信托	0	0	0
36	兴业信托	0	0	0
37	工商信托	0	0	0
38	中泰信托	0	0	0
39	陕西国信	0	未披露	未披露

续表

序号	公司简称	2016 年	2015 年	2014 年
40	云南国信	0	0	0
41	北京国信	0	0	0
42	中建投信托	0	0	0
43	中铁信托	0	0	1200
44	陆家嘴信托	0	0	0
45	四川信托	0	0	0
46	浙商金汇	0	0	0
47	华信信托	未披露	未披露	0
48	建信信托	未披露	0	0
49	国民信托	未披露	0	未披露
50	华宝信托	未披露	0	0
51	国联信托	未披露	0	0
52	安信信托	未披露	未披露	未披露
53	新时代	未披露	0	0
54	山东国信	未披露	0	0
55	华润信托	未披露	0	0
56	中江国信	未披露	0	0
57	国投信托	未披露	0	0
58	西部信托	未披露	0	5633
59	重庆国信	未披露	0	0
60	华能贵诚	未披露	0	0
61	中航信托	未披露	12485	0
62	华澳信托	未披露	0	0
63	金谷信托	未披露	0	0
64	方正信托	未披露	0	0
65	五矿信托	未披露	0	8599585
66	中粮信托	未披露	0	0
67	紫金信托	未披露	0	0
68	长城新盛	未披露	0	0
合计		731273	717198	9214900
平均		10754	11384	146268

表 5-28　　自营基础产业资产占比序列表(2016 年度)

序号	公司简称	2016 年(%)	2015 年(%)	2014 年(%)
1	湖南信托	48.00	34.40	39.03
2	大业信托	14.31	未披露	0.00
3	万向信托	14.31	11.51	55.06
4	昆仑信托	10.06	8.63	13.26
5	国元信托	8.81	8.61	7.46
6	厦门国信	7.61	9.15	11.50
7	英大信托	7.09	9.27	20.16
8	交银国信	6.53	7.60	8.54
9	天津信托	6.29	2.71	2.97
10	渤海信托	5.73	4.88	0.00
11	爱建信托	5.32	39.57	0.00
12	新华信托	1.64	3.57	14.25
13	北方国信	1.32	6.45	5.63
14	百瑞信托	1.27	2.40	3.62
15	华鑫信托	1.11	0.00	0.00
16	民生信托	1.11	0.00	0.00
17	长安国信	0.67	0.00	0.00
18	中诚信托	0.29	0.30	0.21
19	上海国信	0.00	0.00	0.00
20	中海信托	0.00	0.00	0.00
21	平安信托	0.00	0.00	0.00
22	吉林信托	0.00	未披露	未披露
23	东莞信托	0.00	0.00	0.00
24	西藏信托	0.00	0.00	0.00
25	山西信托	0.00	0.00	0.00
26	光大兴陇	0.00	3.25	8.65
27	中融信托	0.00	0.00	0.00
28	中信信托	0.00	0.00	0.00
29	苏州信托	0.00	0.00	0.00
30	外贸信托	0.00	0.00	4.74
31	江苏国信	0.00	0.00	0.00
32	华融国信	0.00	0.00	未披露

续表

序号	公司简称	2016 年(%)	2015 年(%)	2014 年(%)
33	粤财信托	0.00	0.00	0.00
34	中原信托	0.00	0.00	0.00
35	华宸信托	0.00	0.00	0.00
36	兴业信托	0.00	0.00	0.00
37	工商信托	0.00	0.00	0.00
38	中泰信托	0.00	0.00	0.00
39	陕西国信	0.00	未披露	未披露
40	云南国信	0.00	0.00	0.00
41	北京国信	0.00	0.00	0.00
42	中建投信托	0.00	0.00	0.00
43	中铁信托	0.00	0.00	0.16
44	陆家嘴信托	0.00	0.00	0.00
45	四川信托	0.00	0.00	0.00
46	浙商金汇	0.00	0.00	0.00
47	华信信托	未披露	未披露	0.00
48	建信信托	未披露	0.00	0.00
49	国民信托	未披露	0.00	未披露
50	华宝信托	未披露	0.00	0.00
51	国联信托	未披露	0.00	0.00
52	安信信托	未披露	未披露	未披露
53	新时代	未披露	0.00	0.00
54	山东国信	未披露	0.00	0.00
55	华润信托	未披露	0.00	0.00
56	中江国信	未披露	0.00	0.00
57	国投信托	未披露	0.00	0.00
58	西部信托	未披露	0.00	2.83
59	重庆国信	未披露	0.00	0.00
60	华能贵诚	未披露	0.00	0.00
61	中航信托	未披露	1.45	0.00
62	华澳信托	未披露	0.00	0.00
63	金谷信托	未披露	0.00	0.00
64	方正信托	未披露	0.00	0.00
65	五矿信托	未披露	0.00	32.28

续表

序号	公司简称	2016年(%)	2015年(%)	2014年(%)
66	中粮信托	未披露	0.00	0.00
67	紫金信托	未披露	0.00	0.00
68	长城新盛	未披露	0.00	0.00
平均		3.08	1.65	15.33

表5-29　自营房地产资产序列表(2016年度)　单位:万元

序号	公司简称	2016年	2015年	2014年
1	中信信托	307266	360926	185361
2	中诚信托	297511	456701	612992
3	爱建信托	286403	151437	154179
4	新华信托	246309	297256	129861
5	兴业信托	204812	238175	338200
6	重庆国信	151836	383	87129
7	渤海信托	143013	120344	39000
8	昆仑信托	117300	134732	135356
9	中建投信托	116545	138282	66547
10	中原信托	96482	14363	29300
11	平安信托	71102	78545	64359
12	交银国信	66918	130720	84612
13	外贸信托	64036	57373	184311
14	北方国信	57162	33105	58779
15	陕西国信	55000	未披露	未披露
16	工商信托	48000	45000	9950
17	北京国信	43000	54000	0
18	华鑫信托	38780	6391	6391
19	民生信托	38780	0	0
20	华宸信托	38026	22238	0
21	国元信托	23505	19440	19640
22	吉林信托	21046	未披露	未披露
23	大业信托	20380	未披露	0
24	万向信托	20380	5060	22390
25	光大兴陇	8876	996	10996
26	天津信托	6932	6989	7600

续表

序号	公司简称	2016 年	2015 年	2014 年
27	湖南信托	4900	0	0
28	苏州信托	4397	5000	9000
29	国联信托	1940	9262	9458
30	长安国信	1493	4651	6014
31	百瑞信托	1000	5000	25000
32	华宝信托	89	93	98
33	上海国信	0	0	0
34	中海信托	0	0	0
35	厦门国信	0	1323	0
36	东莞信托	0	0	0
37	西藏信托	0	0	0
38	山西信托	0	0	0
39	中融信托	0	0	0
40	江苏国信	0	0	0
41	华融国信	0	0	未披露
42	粤财信托	0	0	0
43	中泰信托	0	0	0
44	英大信托	0	0	0
45	云南国信	0	0	0
46	中铁信托	0	0	0
47	陆家嘴信托	0	0	0
48	四川信托	0	25590	40497
49	浙商金汇	0	0	0
50	华信信托	未披露	未披露	0
51	建信信托	未披露	0	0
52	国民信托	未披露	0	未披露
53	安信信托	未披露	未披露	未披露
54	新时代	未披露	0	0
55	山东国信	未披露	0	0
56	华润信托	未披露	0	0
57	中江国信	未披露	0	0
58	国投信托	未披露	0	0
59	西部信托	未披露	0	17600

续表

序号	公司简称	2016 年	2015 年	2014 年
60	华能贵诚	未披露	0	0
61	中航信托	未披露	77211	114115
62	华澳信托	未披露	21820	4000
63	金谷信托	未披露	28291	51378
64	方正信托	未披露	17729	48905
65	五矿信托	未披露	0	2536831
66	中粮信托	未披露	0	0
67	紫金信托	未披露	3000	0
68	长城新盛	未披露	0	0
合计		2603218	2571426	5109850
平均		38283	40816	81109

表 5－30　　自营房地产资产占比序列表（2016 年度）

序号	公司简称	2016 年（%）	2015 年（%）	2014 年（%）
1	爱建信托	51.38	31.41	40.51
2	新华信托	32.02	41.37	35.38
3	华宸信托	26.50	14.28	0.00
4	昆仑信托	18.26	20.95	22.48
5	渤海信托	16.70	24.82	10.35
6	中诚信托	15.61	24.97	42.90
7	兴业信托	14.50	18.32	29.08
8	中建投信托	14.33	19.57	14.09
9	中信信托	12.71	16.18	8.91
10	北方国信	12.57	7.76	15.71
11	中原信托	12.07	2.80	8.44
12	工商信托	11.97	13.42	4.90
13	交银国信	8.74	19.88	14.46
14	外贸信托	8.18	7.56	27.43
15	大业信托	7.05	未披露	0.00
16	万向信托	7.05	2.45	14.23
17	重庆国信	5.90	0.02	5.30
18	陕西国信	5.79	未披露	未披露
19	北京国信	5.04	6.60	0.00

续表

序号	公司简称	2016年(%)	2015年(%)	2014年(%)
20	国元信托	3.77	3.35	3.92
21	吉林信托	3.17	未披露	未披露
22	华鑫信托	3.07	1.42	1.94
23	民生信托	3.07	0.00	0.00
24	平安信托	2.72	2.69	3.02
25	光大兴陇	1.70	0.21	6.34
26	天津信托	1.55	1.55	2.12
27	湖南信托	1.03	0.00	0.00
28	苏州信托	0.89	1.16	2.37
29	国联信托	0.34	2.34	2.88
30	长安国信	0.20	0.69	1.11
31	百瑞信托	0.13	0.81	5.88
32	华宝信托	0.01	0.01	0.02
33	上海国信	0.00	0.00	0.00
34	中海信托	0.00	0.00	0.00
35	厦门国信	0.00	0.30	0.00
36	东莞信托	0.00	0.00	0.00
37	西藏信托	0.00	0.00	0.00
38	山西信托	0.00	0.00	0.00
39	中融信托	0.00	0.00	0.00
40	江苏国信	0.00	0.00	0.00
41	华融国信	0.00	0.00	未披露
42	粤财信托	0.00	0.00	0.00
43	中泰信托	0.00	0.00	0.00
44	英大信托	0.00	0.00	0.00
45	云南国信	0.00	0.00	0.00
46	中铁信托	0.00	0.00	0.00
47	陆家嘴信托	0.00	0.00	0.00
48	四川信托	0.00	5.01	9.77
49	浙商金汇	0.00	0.00	0.00
50	华信信托	未披露	未披露	0.00
51	建信信托	未披露	0.00	0.00
52	国民信托	未披露	0.00	未披露

续表

序号	公司简称	2016年(%)	2015年(%)	2014年(%)
53	安信信托	未披露	未披露	未披露
54	新时代	未披露	0.00	0.00
55	山东国信	未披露	0.00	0.00
56	华润信托	未披露	0.00	0.00
57	中江国信	未披露	0.00	0.00
58	国投信托	未披露	0.00	0.00
59	西部信托	未披露	0.00	8.83
60	华能贵诚	未披露	0.00	0.00
61	中航信托	未披露	8.97	20.79
62	华澳信托	未披露	12.62	2.49
63	金谷信托	未披露	5.72	14.21
64	方正信托	未披露	3.81	13.92
65	五矿信托	未披露	0.00	9.52
66	中粮信托	未披露	0.00	0.00
67	紫金信托	未披露	1.42	0.00
68	长城新盛	未披露	0.00	0.00
平均		6.29	5.91	8.50

表5-31 自营证券资产序列表(2016年度) 单位:万元

序号	公司简称	2016年	2015年	2014年
1	中江国信	890040	404053	403164
2	中融信托	713921	628160	641883
3	中诚信托	664860	428462	111385
4	西部信托	598886	1009994	107981
5	吉林信托	400201	未披露	未披露
6	重庆国信	283992	379445	310033
7	外贸信托	226266	239029	147401
8	华融国信	214314	241782	未披露
9	长安国信	183917	442677	350155
10	陕西国信	177760	未披露	未披露
11	山东国信	151672	224137	205717
12	中信信托	150658	295013	43674
13	北京国信	149472	78727	34197

续表

序号	公司简称	2016年	2015年	2014年
14	苏州信托	125204	114394	130470
15	兴业信托	123627	503476	84919
16	国投信托	116282	131872	89197
17	陆家嘴信托	115944	108929	130266
18	上海国信	113611	167896	67181
19	华润信托	105225	300647	155831
20	华澳信托	77612	0	0
21	中粮信托	77612	48586	20855
22	昆仑信托	72613	39999	42280
23	华能贵诚	72277	67110	123815
24	西藏信托	70249	3208	52092
25	华宝信托	65252	126533	84146
26	东莞信托	58754	90529	172016
27	厦门国信	57465	62293	32108
28	百瑞信托	57389	20302	10605
29	中海信托	56799	86950	28767
30	华宸信托	55990	33222	53069
31	国元信托	51705	54561	64528
32	渤海信托	42438	27163	28854
33	中建投信托	40641	41670	36036
34	金谷信托	35226	0	0
35	紫金信托	35226	25717	15964
36	中泰信托	33934	37468	69560
37	爱建信托	31284	31591	65725
38	四川信托	30277	35049	30338
39	浙商金汇	30277	32671	32535
40	交银国信	26773	20837	19054
41	湖南信托	26212	10373	17392
42	天津信托	22280	62545	65364
43	国联信托	21605	10879	30798
44	中航信托	17653	149372	27298
45	五矿信托	17653	418	1531121
46	英大信托	12169	24576	27854

续表

序号	公司简称	2016 年	2015 年	2014 年
47	光大兴陇	12074	10477	27096
48	北方国信	10979	136331	22082
49	大业信托	9650	未披露	0
50	万向信托	9650	14750	9650
51	山西信托	9490	21893	26659
52	江苏国信	7866	8007	181662
53	新华信托	5052	8578	19070
54	粤财信托	2804	12260	6014
55	建信信托	1605	1347	15387
56	中铁信托	500	604	2296
57	工商信托	434	586	365
58	云南国信	288	375	1710
59	平安信托	0	0	0
60	中原信托	0	0	19991
61	华信信托	未披露	未披露	284473
62	国民信托	未披露	3011	未披露
63	安信信托	未披露	未披露	未披露
64	新时代	未披露	0	0
65	方正信托	未披露	2304	6909
66	华鑫信托	未披露	200843	167330
67	长城新盛	未披露	0	0
68	民生信托	未披露	0	0
合计		6773611	7263684	6486323
平均		99612	115297	102958

表 5－32　　自营证券资产占比序列表（2016 年）

序号	公司简称	2016 年（%）	2015 年（%）	2014 年（%）
1	中江国信	81.97	76.21	82.03
2	西部信托	69.40	83.72	54.17
3	吉林信托	60.37	未披露	未披露
4	华宸信托	39.20	21.34	51.07
5	中诚信托	34.89	23.42	7.80
6	四川信托	33.53	6.86	7.32

续表

序号	公司简称	2016 年(%)	2015 年(%)	2014 年(%)
7	浙商金汇	33.53	37.28	38.50
8	西藏信托	31.89	1.47	29.17
9	外贸信托	28.89	31.49	21.93
10	中融信托	27.83	33.32	52.61
11	苏州信托	25.38	26.63	34.32
12	长安国信	24.88	65.67	64.51
13	北方国信	24.08	31.96	5.90
14	山东国信	21.36	42.32	45.27
15	华融国信	21.07	34.01	未披露
16	陆家嘴信托	20.41	21.45	34.47
17	国投信托	19.68	26.11	13.61
18	华澳信托	18.81	0.00	0.00
19	中粮信托	18.81	12.29	5.78
20	陕西国信	18.70	未披露	未披露
21	北京国信	17.51	9.63	6.61
22	东莞信托	14.33	22.84	50.75
23	厦门国信	11.84	14.03	8.57
24	昆仑信托	11.30	6.22	7.02
25	重庆国信	11.03	15.55	18.85
26	金谷信托	9.58	0.00	0.00
27	紫金信托	9.58	12.22	9.04
28	兴业信托	8.75	38.72	7.30
29	华宝信托	8.61	19.32	14.01
30	国元信托	8.28	9.40	12.87
31	上海国信	8.19	22.12	7.85
32	百瑞信托	7.70	3.29	2.49
33	中泰信托	7.17	9.21	18.35
34	中信信托	6.23	13.22	2.10
35	华润信托	5.70	15.90	10.35
36	爱建信托	5.61	6.55	17.27
37	湖南信托	5.51	2.93	5.65
38	中海信托	5.29	16.02	5.48
39	中建投信托	5.00	5.90	7.63

续表

序号	公司简称	2016年(%)	2015年(%)	2014年(%)
40	天津信托	4.97	13.86	18.25
41	渤海信托	4.96	5.61	7.65
42	华能贵诚	4.93	6.42	16.87
43	山西信托	4.15	10.17	13.14
44	国联信托	3.81	2.75	9.39
45	交银国信	3.50	3.17	3.26
46	大业信托	3.34	未披露	0.00
47	万向信托	3.34	7.13	6.13
48	中航信托	2.45	17.35	4.97
49	五矿信托	2.45	0.07	5.75
50	光大兴陇	2.31	2.27	15.62
51	英大信托	2.16	4.75	1.40
52	江苏国信	0.68	0.88	22.00
53	新华信托	0.66	1.19	5.20
54	粤财信托	0.57	2.68	1.55
55	建信信托	0.15	0.15	2.06
56	云南国信	0.12	0.17	0.92
57	工商信托	0.11	0.18	0.18
58	中铁信托	0.04	0.06	0.31
59	平安信托	0.00	0.00	0.00
60	中原信托	0.00	0.00	5.76
61	华信信托	未披露	未披露	37.65
62	国民信托	未披露	0.98	未披露
63	安信信托	未披露	未披露	未披露
64	新时代	未披露	0.00	0.00
65	方正信托	未披露	0.49	1.97
66	华鑫信托	未披露	44.70	50.88
67	长城新盛	未披露	0.00	0.00
68	民生信托	未披露	0.00	0.00
平均		14.44	16.69	10.79

表5-33 自营实业资产序列表(2016年度) 单位:万元

序号	公司简称	2016年	2015年	2014年
1	华鑫信托	708504	0	19700
2	民生信托	708504	38610	39600
3	平安信托	684633	448432	556365
4	北京国信	290120	236719	177342
5	昆仑信托	141875	102969	149998
6	百瑞信托	136238	116724	114761
7	新华信托	127314	89250	36371
8	陕西国信	116150	未披露	未披露
9	重庆国信	100000	100000	0
10	天津信托	72799	83620	102817
11	中原信托	71938	1229	1057
12	渤海信托	63205	22068	98375
13	兴业信托	56291	35594	333606
14	湖南信托	46899	2750	5714
15	国元信托	40650	38750	21500
16	中诚信托	31919	59654	97904
17	北方国信	30000	0	5099
18	长安国信	27395	43820	20501
19	苏州信托	25357	36755	36209
20	光大兴陇	22191	28584	39771
21	大业信托	20220	未披露	0
22	万向信托	20220	17400	17050
23	国联信托	17438	16597	15550
24	华宸信托	14822	26504	21868
25	工商信托	10250	250	250
26	厦门国信	9862	1270	0
27	西藏信托	6794	61200	24600
28	中信信托	6300	11662	13802
29	中建投信托	720	10720	19800
30	上海国信	0	0	0
31	中海信托	0	100000	100000
32	吉林信托	0	未披露	未披露

续表

序号	公司简称	2016 年	2015 年	2014 年
33	东莞信托	0	36500	43525
34	山西信托	0	0	0
35	中融信托	0	0	0
36	外贸信托	0	5301	20997
37	江苏国信	0	0	0
38	华融国信	0	0	未披露
39	粤财信托	0	0	8000
40	中泰信托	0	0	0
41	英大信托	0	0	0
42	云南国信	0	0	0
43	交银国信	0	0	0
44	中铁信托	0	0	0
45	陆家嘴信托	0	0	0
46	爱建信托	0	75	58571
47	四川信托	0	22380	70112
48	浙商金汇	0	0	0
49	华信信托	未披露	未披露	0
50	建信信托	未披露	0	0
51	国民信托	未披露	0	未披露
52	华宝信托	未披露	0	0
53	安信信托	未披露	未披露	未披露
54	新时代	未披露	0	20000
55	山东国信	未披露	29989	14150
56	华润信托	未披露	0	0
57	中江国信	未披露	0	0
58	国投信托	未披露	0	0
59	西部信托	未披露	0	5000
60	华能贵诚	未披露	0	0
61	中航信托	未披露	46243	146675
62	华澳信托	未披露	18500	47990
63	金谷信托	未披露	2951	919
64	方正信托	未披露	0	0
65	五矿信托	未披露	0	6480818

续表

序号	公司简称	2016年	2015年	2014年
66	中粮信托	未披露	0	0
67	紫金信托	未披露	0	38000
68	长城新盛	未披露	0	0
合计		3608609	1893071	9024368
平均		53068	30049	143244

表5-34　　自营实业资产占比序列表(2016年度)

序号	公司简称	2016年(%)	2015年(%)	2014年(%)
1	华鑫信托	56.02	0.00	5.99
2	民生信托	56.02	8.20	11.48
3	北京国信	33.99	28.95	34.27
4	平安信托	26.22	15.33	26.11
5	昆仑信托	22.08	16.01	24.92
6	百瑞信托	18.25	18.89	26.99
7	新华信托	16.55	12.42	9.91
8	天津信托	16.24	18.53	28.71
9	陕西国信	12.22	未披露	未披露
10	华宸信托	10.33	17.03	21.04
11	湖南信托	9.85	0.78	1.86
12	中原信托	9.48	0.24	0.30
13	渤海信托	7.38	4.55	26.10
14	大业信托	7.00	未披露	0.00
15	万向信托	7.00	8.41	10.83
16	北方国信	6.60	0.00	1.36
17	国元信托	6.51	6.67	4.29
18	苏州信托	5.14	8.55	9.52
19	光大兴陇	4.24	6.18	22.94
20	兴业信托	3.99	2.74	28.69
21	重庆国信	3.89	4.10	0.00
22	长安国信	3.71	6.50	3.77
23	西藏信托	3.08	27.95	13.78
24	国联信托	3.07	4.20	4.74
25	工商信托	2.56	0.07	0.12

续表

序号	公司简称	2016年(%)	2015年(%)	2014年(%)
26	厦门国信	2.03	0.29	0.00
27	中诚信托	1.67	3.26	6.85
28	中信信托	0.26	0.52	0.66
29	中建投信托	0.09	1.52	4.19
30	上海国信	0.00	0.00	0.00
31	中海信托	0.00	18.42	19.05
32	吉林信托	0.00	未披露	未披露
33	东莞信托	0.00	9.21	12.84
34	山西信托	0.00	0.00	0.00
35	中融信托	0.00	0.00	0.00
36	外贸信托	0.00	0.70	3.12
37	江苏国信	0.00	0.00	0.00
38	华融国信	0.00	0.00	未披露
39	粤财信托	0.00	0.00	2.07
40	中泰信托	0.00	0.00	0.00
41	英大信托	0.00	0.00	0.00
42	云南国信	0.00	0.00	0.00
43	交银国信	0.00	0.00	0.00
44	中铁信托	0.00	0.00	0.00
45	陆家嘴信托	0.00	0.00	0.00
46	爱建信托	0.00	0.02	15.39
47	四川信托	0.00	4.38	16.92
48	浙商金汇	0.00	0.00	0.00
49	华信信托	未披露	未披露	0.00
50	建信信托	未披露	0.00	0.00
51	国民信托	未披露	0.00	未披露
52	华宝信托	未披露	0.00	0.00
53	安信信托	未披露	未披露	未披露
54	新时代	未披露	0.00	5.86
55	山东国信	未披露	5.66	3.11
56	华润信托	未披露	0.00	0.00
57	中江国信	未披露	0.00	0.00
58	国投信托	未披露	0.00	0.00

续表

序号	公司简称	2016年(%)	2015年(%)	2014年(%)
59	西部信托	未披露	0.00	2.51
60	华能贵诚	未披露	0.00	0.00
61	中航信托	未披露	5.37	26.72
62	华澳信托	未披露	10.70	29.84
63	金谷信托	未披露	0.60	0.25
64	方正信托	未披露	0.00	0.00
65	五矿信托	未披露	0.00	24.33
66	中粮信托	未披露	0.00	0.00
67	紫金信托	未披露	0.00	21.53
68	长城新盛	未披露	0.00	0.00
平均		7.41	4.35	15.01

第六章　公司收入结构分析

第一节　信托公司营业收入

一、营业收入的历史分析

根据信托公司2016年度财务报告披露情况显示，信托行业2016年度共实现营业收入1081余亿元，平均每家信托公司营业收入为159026万元。值得注意的是，自2004年以来，信托公司平均营业收入在2007年的上升幅度最大，增长额度达到21694万元，增长幅度达到158.78%；而在2016年度，信托公司平均营业收入相比于2015年下降11617万元，下降幅度为6.81%，为自2004年以来降幅最大的一年。详见表6－1。

表6－1　　2012—2016年度信托公司营业收入统计分析表

	2012年	2013年	2014年	2015年	2016年
平均值（万元）	96936	122187	138459	170643	159026
均值增长额度（万元）	28919	25251	16272	32184	－11617
公司数目	66	68	67	68	68
最大值（万元）	447433	547823	562954	1019364	603051
最小值（万元）	4161	16620	14609	8157	9390
标准差（万元）	83753	102051	118550	174336	130339
变异系数	0.86	0.82	0.85	0.99	0.82

从行业内单个信托公司年度营业收入的最大值来看，2008年单个信托公司营业收入最大值为200481万元，相比于2007年减少了58788万元。至此之后，信托公司营业收入年度最高值保持持续增长，2012年为4474333万元、2013年为547823万元、2014年为562954万元、2015年为中信信托创造的1019364万元。2016年，信托公司营业收入最大值为平安信托创造的603051万元，这也是年度高点在近年来首次出现下降。从行业内信托公司年度营业收入的离散程度来看，2004年以来，信托公司年度营业收入差异性最

小的年度为 2005 年，变异系数为 0.78，;2007 年，该变异系数上升到最大，达到 1.42，之后开始进入下行通道。其中，2012 年为 0.86，2013 年为 0.82，2014 年为 0.85，2015 年提高至 0.99，2016 年又降到 0.82。结合信托公司营业收入平均值和最大值的数据，可以看出，相比于 2015 年，2016 年信托行业内公司营业收入的主要特征是平均值在减少，但公司之间的差异也在降低，这表明 2016 年度外部环境所带来的系统风险对公司营业收入影响较大。

二、营业收入的公司分析

从营业收入的排名来看，2016 年度营业收入排名最高的五家信托公司分别为平安信托（603051 万元）、中信信托（564900 万元）、中融信托（552300 万元）、安信信托（524267 万元）以及重庆国信（424053 万元）。其中，安信信托的排名由 2015 年的第 6 名上升至 2015 年的第 4 名，其他前五名公司的组成与 2015 年相同。

同时，从统计数据可以发现，2010 年营业收入达到 5 亿元以上的公司只有 16 家，2011 年增加至 27 家，2012 年达到 47 家，2013 年达到 56 家，2014 年达到 57 家，2015 年则达到 62 家。2016 年度，营业收入达到 5 亿元以上的公司为 58 家，自 2009 年开始首次出现了数量减少的情况。造成 2016 年度信托行业营业收入下降的主要原因在于固有收入的明显下降。

从营业收入增幅来看，2015 年度有 6 家信托公司营业收入增幅在 100% 以上，而在 2016 年，达到该标准的只有两家公司，分别为长城新盛（181.70%）与中江国信（178.22%）。2016 年度的最大增幅相比于 2015 年的西部信托（197.64%）也有所降低。

第二节　信托公司利润总额与净利润

一、利润总额与净利润的历史分析

根据信托行业公司最新财务信息披露结果显示，2016 年度信托行业共实现利润总额约 778 亿元，平均每家信托公司实现利润总额 114372 万元。值得注意的是，相比于 2015 年，2016 年信托行业利润总额增加 344233 万元，平均每家信托公司利润总额增加 5062 万元。虽然信托行业的利润总额持续增长的趋势并没有改变，但是利润增速有所放缓。

2015年信托行业利润总额同比增加14.51%，而2016年这一指标已经下降至4.63%，增速同比下降9.88%。

从单个信托公司的利润总额最大值来看，2008年大幅降为140906万元，在2009年小幅回升为147981万元，并在此后保持持续增长态势，其中，2013年中信信托年度营业利润达到418591万元。2014年行业利润总额最大值回落至354984万元，2015年回升至458736万元。2016年该指标又降至424889万元。由此可见，自2013年开始，单个信托公司的利润总额最大值一直处于波动状态。

从信托行业利润总额的离散程度来看，利润总额变异系数最大值为2004年的1.49，此后经过2005年与2006年的下降，2007年变异系数再次增长至1.29，之后一直保持在一个相对比较稳定的水平之内。其中，2012年变异系数为0.86，2013年为0.84，2014年为0.82，2015年为0.86，2016年与2015年保持持平。具体数据如表6-2所示。

表6-2　　2012—2016年度信托公司利润总额统计分析表

	2012年	2013年	2014年	2015年	2016年
平均值(万元)	67931	83745	96526	109310	114372
均值增长额度(万元)	21207	14041	12781	13854	5062
公司数目	66	68	67	68	68
利润总额为负的公司数	0	0	0	0	0
最大值(万元)	360599	418591	354984	458736	424889
最小值(万元)	1658	232	1919	2185	2192
标准差(万元)	58741	70218	78760	94456	98581
变异系数	0.86	0.84	0.82	0.86	0.86

从净利润指标来看，2016年度信托行业实现净利润总约为613亿元，相比于2015年增加200098万元。信托公司2016年平均实现净利润90123万元，相比于2015年增加2943万元。值得注意的是，2016年信托公司净利润平均增幅为3.38%，相比于2015年12.99%的增幅也有所下降。

二、利润总额与净利润的公司分析

从行业内公司利润总额排名来看，2016年度利润总额最大的信托公司排名前五位的分别为重庆国信(424889万元)、平安信托(419028万元)、安信信托(415322万元)、中信信托(397374万元)以及中融信托(305744万元)。同时，2011年度利润总额超过5亿元的为20家,2012年达到35家,2013年为42家,2014年为46家,2015年为49家。2016年,利润总额超过5亿元的信托公司数为51家。

从利润总额的增长率上看,2016年度利润总额增长率位于前五名的分别为长城新盛(573.61%)、中江国信(264.76%)、华宝信托(237.61%)、民生信托(141.03%)以及万向信托(91.70%)。此外,2016年度,有31家信托公司利润总额同比出现下滑,而在2015年度利润总额下滑公司数仅有21家。

从信托行业净利润指标来看,行业净利润增速继续放缓。2016年净利润排名前五位的信托公司分别为平安信托(379710万元)、重庆国信(365362万元)、中信信托(304165万元)、安信信托(303395万元)以及中融信托(236472万元)。2011年度净利润超过1亿元的信托公司为54家,2012年至2015年保持稳定,均为63家。2016年,共有64家信托公司的净利润超过1亿元。净利润在10亿元以上的信托公司2011年为5家,2012年为7家,2013年大幅增长至13家,2014年为14家,2015年增加至20家,2016年降至19家。值得注意的是,2016年度排名前十的信托公司实现净利润总额为242.49亿元,占全行业的39.8%。由此可见,行业内净利润集中度逐步分化的趋势还在继续。

从净利润的增长率上看,2016年度净利润增长率位于前五名的分别为长城新盛(627.88%)、中江国信(242.89%)、华宝信托(234.58%)、民生信托(143.18%)以及万向信托(97.17%)。此外,2016年度,有33家信托公司的净利润同比出现下滑,而在2015年度净利润下滑公司数仅有22家。

导致部分信托公司利润下滑的因素,除了宏观经济持续下行、市场不确定性增加、资管市场同质化竞争加剧之外,信托公司资产减值损失的增加,也是影响信托行业利润指标的重要因素。2014年信托企业平均资产减值损失为7631万元,2015年上升至16395万元,2016年已经增至37517万元。2014年信托行业中资产减值损失数大于零的公司数为39家,2015年上升至50家,2016年为59家。其中,在2016年度净利润同比出现下滑的信托公司中,除国联信托之外,其余32家公司在2016年度资产减值损失的净计提数均有所增加。信托公司出现资产减值损失有可能是自营资产出现减值,更多的是当信托项目出现风险时,以自有资金接盘而出现的损失。在信托行业风险增加以及信托公司积极处理风险的条件下,越来越多的信托公司计提了资产减值损失,从而对利润指标产生影响。具体数据如表6-3所示。

表6-3　　2014—2016年度信托公司资产减值损失统计分析表

	2014年	2015年	2016年
公司总数	68	68	63
资产减值损失大于零的公司数	39	50	59
最大值(万元)	87702	466179	182249
平均值(万元)	7631	16395	26842
标准差(万元)	16441	57814	37517

具体数据如表6-4至表6-12所示。

表6-4　　营业收入序列表(2016年度)　　单位:万元

序号	公司简称	2016年	2015年	2014年
1	平安信托	603051	628744	568515
2	中信信托	564900	1019364	562954
3	中融信托	552300	597669	540948
4	安信信托	524267	295477	180938
5	重庆国信	424053	533525	343666
6	中江国信	361571	129958	123646
7	华能贵诚	280592	267673	226965
8	四川信托	279206	260621	217237
9	中铁信托	278526	147849	147939
10	上海国信	256395	254343	231885
11	华润信托	255825	547528	394561
12	中航信托	238633	200776	170045
13	华信信托	231054	274769	229724
14	建信信托	220343	197552	147116
15	兴业信托	218336	272703	244802
16	五矿信托	204748	217501	154598
17	外贸信托	199526	247415	200005
18	民生信托	192081	108214	46841
19	华融国信	190620	164033	183183
20	中诚信托	177784	267456	311820
21	长安国信	176451	292018	188672
22	北京国信	172886	175022	146986
23	中建投信托	171165	153476	115821

续表

序号	公司简称	2016 年	2015 年	2014 年
24	百瑞信托	164187	171996	135738
25	江苏国信	160032	163967	138959
26	华宝信托	157986	130510	132981
27	中原信托	149867	180632	138659
28	中海信托	138288	159010	140889
29	交银国信	136452	128093	120361
30	山东国信	135558	161581	136608
31	陆家嘴信托	131912	136329	84547
32	渤海信托	125236	106994	114888
33	方正东亚	124457	152796	158732
34	西部信托	120035	118989	39977
35	昆仑信托	119085	147667	138977
36	爱建信托	116916	100068	85325
37	天津信托	112264	114769	148631
38	英大信托	105165	110894	98941
39	万向信托	104786	60313	31407
40	粤财信托	104522	103537	83407
41	国投泰康	103849	161290	80531
42	陕西国信	101357	115097	83548
43	厦门国信	100440	93952	77932
44	北方国信	100132	120146	121908
45	华鑫信托	98895	154730	94637
46	工商信托	97600	88987	92969
47	湖南信托	89664	76628	92902
48	苏州信托	89586	95536	97409
49	国元信托	87610	121379	102536
50	新华信托	87176	101658	99701
51	新时代	80831	70972	70041
52	甘肃信托	80134	61865	29314
53	东莞信托	78057	84639	75805
54	紫金信托	73890	70384	50795
55	国民信托	65453	93243	46224
56	西藏信托	65358	71644	28584

续表

序号	公司简称	2016年	2015年	2014年
57	大业信托	61520	55344	60260
58	中泰信托	60885	76234	73907
59	云南国信	45027	70022	56514
60	金谷信托	42771	47131	75940
61	中粮信托	40412	54071	54071
62	国联信托	38386	61791	58309
63	山西信托	35724	30885	57168
64	华澳信托	33848	50740	43268
65	长城新盛	22978	8157	14609
66	吉林信托	22400	20589	21761
67	浙商金汇	19353	23572	27463
68	华宸信托	9390	21203	19240
合计		10813788	11603721	9415239
平均		159026	170643	138459

表6-5　　营业收入增长序列表（2016年度）　　单位：万元

序号	公司简称	2016年	2015年	2014年
1	中江国信	231613	6313	4006
2	安信信托	228790	114539	97175
3	中铁信托	130677	-90	-9945
4	民生信托	83867	61373	未披露
5	万向信托	44472	28906	未披露
6	中航信托	37857	30731	16323
7	华宝信托	27476	-2471	256
8	华融国信	26587	-19150	-12408
9	建信信托	22791	50437	35193
10	四川信托	18584	43384	12777
11	甘肃信托	18268	32551	-7536
12	渤海信托	18242	-7894	14289
13	中建投信托	17689	37655	13448
14	爱建信托	16849	14743	19550
15	长城新盛	14821	-6452	-840
16	湖南信托	13036	-16274	5470

续表

序号	公司简称	2016 年	2015 年	2014 年
17	华能贵诚	12919	40709	81845
18	新时代	9859	930	2387
19	工商信托	8613	－3982	24413
20	交银国信	8359	7732	19884
21	厦门国信	6488	16020	－1855
22	大业信托	6176	－4916	6341
23	山西信托	4839	－26284	－3043
24	紫金信托	3506	19589	13197
25	上海国信	2052	22458	37091
26	吉林信托	1812	－1172	－49911
27	西部信托	1046	79012	3093
28	粤财信托	986	20130	4140
29	北京国信	－2136	28036	－4994
30	天津信托	－2505	－33862	35029
31	江苏国信	－3935	25008	3340
32	浙商金汇	－4219	－3891	7557
33	金谷信托	－4360	－28809	－33762
34	陆家嘴信托	－4417	51783	27951
35	英大信托	－5728	11953	3969
36	苏州信托	－5950	－1873	30636
37	西藏信托	－6285	43059	79
38	东莞信托	－6582	8834	5902
39	百瑞信托	－7809	36258	19284
40	华宸信托	－11814	1964	－2310
41	五矿信托	－12753	62903	23566
42	中粮信托	－13659	0	12159
43	陕西国信	－13740	31549	270
44	新华信托	－14482	1957	－82743
45	中泰信托	－15349	2327	5553
46	华澳信托	－16892	7472	－13707
47	北方国信	－20014	－1761	8101
48	中海信托	－20722	18121	20227
49	国联信托	－23405	3482	14072

续表

序号	公司简称	2016 年	2015 年	2014 年
50	云南国信	-24995	13507	3518
51	平安信托	-25693	60228	132211
52	山东国信	-26023	24973	20655
53	国民信托	-27789	47018	未披露
54	方正东亚	-28339	-5936	30843
55	昆仑信托	-28582	8690	3939
56	中原信托	-30765	41973	42541
57	国元信托	-33769	18842	15599
58	华信信托	-43715	45044	58881
59	中融信托	-45370	56722	51393
60	外贸信托	-47889	47410	-2964
61	兴业信托	-54368	27901	39957
62	华鑫信托	-55836	60093	3979
63	国投泰康	-57441	80758	18362
64	中诚信托	-89673	-44364	5317
65	重庆国信	-109473	189859	136751
66	长安国信	-115568	103346	-44237
67	华润信托	-291704	152968	119167
68	中信信托	-454464	456410	15130
合计		-789933	2188482	1106549
平均		-11617	32184	16273

表 6-6　营业收入增幅序列表(2016 年度)

序号	公司简称	2016 年(%)	2015 年(%)	2014 年(%)
1	长城新盛	181.70	-44.17	-5.44
2	中江国信	178.22	5.11	3.35
3	中铁信托	88.39	-0.06	-6.30
4	民生信托	77.50	131.02	未披露
5	安信信托	77.43	63.30	116.01
6	万向信托	73.74	92.04	未披露
7	甘肃信托	29.53	111.04	-20.45
8	华宝信托	21.05	-1.86	0.19
9	中航信托	18.86	18.07	10.62

续表

序号	公司简称	2016年(%)	2015年(%)	2014年(%)
10	渤海信托	17.05	-6.87	14.20
11	湖南信托	17.01	-17.52	6.26
12	爱建信托	16.84	17.28	29.72
13	华融国信	16.21	-10.45	-6.34
14	山西信托	15.67	-45.98	-5.05
15	新时代	13.89	1.33	3.53
16	建信信托	11.54	34.28	31.44
17	中建投信托	11.53	32.51	13.14
18	大业信托	11.16	-8.16	11.76
19	工商信托	9.68	-4.28	35.61
20	吉林信托	8.80	-5.39	-69.64
21	四川信托	7.13	19.97	6.25
22	厦门国信	6.91	20.56	-2.32
23	交银国信	6.53	6.42	19.79
24	紫金信托	4.98	38.57	35.10
25	华能贵诚	4.83	17.94	56.40
26	粤财信托	0.95	24.13	5.22
27	西部信托	0.88	197.64	8.39
28	上海国信	0.81	9.68	19.04
29	北京国信	-1.22	19.07	-3.29
30	天津信托	-2.18	-22.78	30.84
31	江苏国信	-2.40	18.00	2.46
32	陆家嘴信托	-3.24	61.25	49.39
33	平安信托	-4.09	10.59	30.30
34	百瑞信托	-4.54	26.71	16.56
35	英大信托	-5.17	12.08	4.18
36	五矿信托	-5.86	40.69	17.99
37	苏州信托	-6.23	-1.92	45.88
38	中融信托	-7.59	10.49	10.50
39	东莞信托	-7.78	11.65	8.44
40	西藏信托	-8.77	150.64	0.28
41	金谷信托	-9.25	-37.94	-30.78
42	陕西国信	-11.94	37.76	0.32

续表

序号	公司简称	2016 年(%)	2015 年(%)	2014 年(%)
43	中海信托	-13.03	12.86	16.76
44	新华信托	-14.25	1.96	-45.35
45	华信信托	-15.91	19.61	34.46
46	山东国信	-16.11	18.28	17.81
47	北方国信	-16.66	-1.44	7.12
48	中原信托	-17.03	30.27	44.26
49	浙商金汇	-17.90	-14.17	37.96
50	方正东亚	-18.55	-3.74	24.12
51	昆仑信托	-19.36	6.25	2.92
52	外贸信托	-19.36	23.70	-1.46
53	兴业信托	-19.94	11.40	19.51
54	中泰信托	-20.13	3.15	8.12
55	重庆国信	-20.52	55.25	66.09
56	中粮信托	-25.26	0.00	29.01
57	国元信托	-27.82	18.38	17.94
58	国民信托	-29.80	101.72	未披露
59	华澳信托	-33.29	17.27	-24.06
60	中诚信托	-33.53	-14.23	1.73
61	国投泰康	-35.61	100.28	29.54
62	云南国信	-35.70	23.90	6.64
63	华鑫信托	-36.09	63.50	4.39
64	国联信托	-37.88	5.97	31.81
65	长安国信	-39.58	54.78	-18.99
66	中信信托	-44.58	81.07	2.76
67	华润信托	-53.28	38.77	43.27
68	华宸信托	-55.72	10.21	-10.72
平均		-6.81	23.24	13.32

表 6-7　利润总额序列表(2016 年度)　单位:万元

序号	公司简称	2016 年	2015 年	2014 年
1	重庆国信	424889	458736	298720
2	平安信托	419028	387692	262910
3	安信信托	415322	236144	137722

续表

序号	公司简称	2016年	2015年	2014年
4	中信信托	397374	403727	354984
5	中融信托	305744	312414	319338
6	中江国信	273996	75118	79254
7	华能贵诚	229881	201257	171167
8	华信信托	220388.36	252133	211613
9	上海国信	193294	190020	189815
10	中铁信托	189487	126652	125331
11	华润信托	187225	294236	266154
12	建信信托	177084	152262	113359
13	中航信托	172385	142827	121136
14	四川信托	165478	147118	136423
15	兴业信托	157873	197666	179843
16	江苏国信	147438	149175	125314
17	外贸信托	140343	151303	156928
18	中诚信托	131679	199764	272212
19	五矿信托	131254	126112	100651
20	民生信托	127735	52996	25395
21	北京国信	127188	122924	120067
22	百瑞信托	123108	121111	97910
23	华宝信托	121807	36079	80678
24	中海信托	121046	130402	117053
25	华融国信	117137	97799	97591
26	长安国信	114140	126496	126593
27	中建投信托	113642	99496	78031
28	山东国信	112788	123758	101134
29	交银国信	111503	94426	81386
30	中原信托	102867	109601	106257
31	西部信托	98695	96145	25110
32	粤财信托	97116	82818	71032
33	昆仑信托	95854	120779	105321
34	渤海信托	85032	67855	78673
35	国投泰康	84107	141739	64274
36	英大信托	83948	88526	77438

续表

序号	公司简称	2016年	2015年	2014年
37	方正东亚	80841	92116	115437
38	厦门国信	79770	71188	59009
39	爱建信托	78979	69410	61387
40	湖南信托	71863	56981	70983
41	苏州信托	71134	70120	65278
42	工商信托	69039	57890	62041
43	陕西国信	68554	60817	46758
44	国元信托	67825	103709	81230
45	陆家嘴信托	67731	70570	47821
46	万向信托	67346	35131	17308
47	华鑫信托	61430	80584	70638
48	紫金信托	56353	49256	36109
49	新时代	55536	48057	40221
50	东莞信托	52957	64875	56132
51	北方国信	50093	71835	75189
52	甘肃信托	47982	30691	18941
53	中粮信托	46215	37933	37933
54	天津信托	45465	65101	96613
55	西藏信托	44969	39063	43712
56	大业信托	39236	34751	39118
57	中泰信托	35974	44643	50572
58	国联信托	34498	42076	48709
59	吉林信托	34243	68352	28127
60	云南国信	27377	42796	34359
61	国民信托	26220	45887	23688
62	金谷信托	21972	15815	15166
63	山西信托	15375	11811	20947
64	长城新盛	14718	2185	7484
65	华澳信托	9340	17047	20472
66	浙商金汇	8084	8564	10453
67	新华信托	6094	3881	10372
68	华宸信托	2192	2604	1919
合计		7777279	7433047	6490943
平均		114372	109310	95455

表 6 – 8　　利润总额增长序列表（2016 年度）　　单位：万元

序号	公司简称	2016 年	2015 年	2014 年
1	华信信托	220388	40520	59497
2	中江国信	198879	–4136	3892
3	安信信托	179179	98422	97559
4	华宝信托	85728	–44598	–9430
5	民生信托	74739	27601	未披露
6	中铁信托	62835	1321	–14718
7	万向信托	32215	17823	未披露
8	平安信托	31336	124782	44686
9	中航信托	29558	21691	22823
10	华能贵诚	28623	30091	59633
11	建信信托	24822	38904	27521
12	华融国信	19338	208	–9954
13	四川信托	18360	10695	–3188
14	甘肃信托	17290	11750	–7331
15	渤海信托	17177	–10818	11944
16	交银国信	17077	13040	13788
17	湖南信托	14882	–14002	8335
18	粤财信托	14298	11787	3911
19	中建投信托	14145	21466	7498
20	长城新盛	12533	–5299	–142
21	工商信托	11149	–4151	16909
22	爱建信托	9569	8023	11944
23	厦门国信	8582	12179	1791
24	中粮信托	8283	0	9941
25	陕西国信	7737	14059	4958
26	新时代	7479	7835	–1842
27	紫金信托	7096	13147	11099
28	金谷信托	6157	650	–19877
29	新华信托	6094	–6491	–61139
30	西藏信托	5906	–4650	25008
31	五矿信托	5142	25461	15129
32	大业信托	4486	–4368	5184

续表

序号	公司简称	2016 年	2015 年	2014 年
33	北京国信	4264	2858	8576
34	山西信托	3563	-9135	-6642
35	上海国信	3273	205	28103
36	西部信托	2550	71035	-176
37	百瑞信托	1997	23200	11895
38	苏州信托	1014	4842	18099
39	华宸信托	-413	685	1687
40	浙商金汇	-480	-1889	2372
41	江苏国信	-1737	23861	3313
42	陆家嘴信托	-2839	22749	12476
43	英大信托	-4579	11088	1706
44	中信信托	-6353	48743	-63607
45	中融信托	-6669	-6925	41114
46	中原信托	-6735	3344	32672
47	国联信托	-7578	-6633	10344
48	华澳信托	-7707	-3425	-10026
49	中泰信托	-8669	-5929	3759
50	中海信托	-9357	13349	14580
51	外贸信托	-10960	-5626	-13182
52	山东国信	-10970	22624	7774
53	方正东亚	-11275	-23321	19062
54	东莞信托	-11918	8743	2932
55	长安国信	-12356	-96	4044
56	云南国信	-15419	8437	2315
57	华鑫信托	-19154	9946	5325
58	天津信托	-19636	-31512	30404
59	国民信托	-19667	22199	未披露
60	北方国信	-21742	-3354	6058
61	昆仑信托	-24924	15458	-5387
62	重庆国信	-33847	160016	151140
63	吉林信托	-34110	40226	-26418
64	国元信托	-35884	22479	13006
65	兴业信托	-39793	17823	33697

续表

序号	公司简称	2016年	2015年	2014年
66	国投泰康	-57632	77466	15659
67	中诚信托	-68085	-72448	35390
68	华润信托	-107011	28081	45635
合计		344233	942103	796257
平均		5062	13854	11710

表6-9 利润总额增幅序列表(2016年度)

序号	公司简称	2016年(%)	2015年(%)	2014年(%)
1	长城新盛	573.61	-70.81	-1.86
2	中江国信	264.76	-5.22	5.16
3	华宝信托	237.61	-55.28	-10.47
4	民生信托	141.03	108.69	未披露
5	万向信托	91.70	102.98	未披露
6	安信信托	75.88	71.46	242.91
7	新华信托	57.03	-62.58	-85.50
8	甘肃信托	56.34	62.04	-27.91
9	中铁信托	49.61	1.05	-10.51
10	金谷信托	38.93	4.28	-56.72
11	山西信托	30.17	-43.61	-24.08
12	湖南信托	26.12	-19.73	13.30
13	渤海信托	25.31	-13.75	17.90
14	中粮信托	21.84	0.00	35.51
15	中航信托	20.70	17.91	23.21
16	华融国信	19.77	0.21	-9.26
17	工商信托	19.26	-6.69	37.47
18	交银国信	18.09	16.02	20.40
19	粤财信托	17.26	16.59	5.83
20	建信信托	16.30	34.32	32.06
21	新时代	15.56	19.48	-4.38
22	西藏信托	15.12	-10.64	133.70
23	紫金信托	14.41	36.41	44.38
24	华能贵诚	14.22	17.58	53.47
25	中建投信托	14.22	27.51	10.63

续表

序号	公司简称	2016年(%)	2015年(%)	2014年(%)
26	爱建信托	13.79	13.07	24.16
27	大业信托	12.91	-11.17	15.28
28	陕西国信	12.72	30.07	11.86
29	四川信托	12.48	7.84	-2.28
30	厦门国信	12.06	20.64	3.13
31	平安信托	8.08	47.46	20.48
32	五矿信托	4.08	25.30	17.69
33	北京国信	3.47	2.38	7.69
34	西部信托	2.65	282.90	-0.70
35	上海国信	1.72	0.11	17.38
36	百瑞信托	1.65	23.70	13.83
37	苏州信托	1.45	7.42	38.36
38	江苏国信	-1.16	19.04	2.72
39	中信信托	-1.57	13.73	-15.20
40	中融信托	-2.13	-2.17	14.78
41	陆家嘴信托	-4.02	47.57	35.30
42	英大信托	-5.17	14.32	2.25
43	浙商金汇	-5.60	-18.07	29.35
44	中原信托	-6.14	3.15	44.40
45	中海信托	-7.18	11.40	14.23
46	外贸信托	-7.24	-3.58	-7.75
47	重庆国信	-7.38	53.57	102.41
48	山东国信	-8.86	22.37	8.33
49	长安国信	-9.77	-0.08	3.30
50	方正东亚	-12.24	-20.20	19.78
51	华信信托	-12.59	19.15	39.11
52	华宸信托	-15.85	35.71	728.12
53	国联信托	-18.01	-13.62	26.96
54	东莞信托	-18.37	15.58	5.51
55	中泰信托	-19.42	-11.72	8.03
56	兴业信托	-20.13	9.91	23.06
57	昆仑信托	-20.64	14.68	-4.87
58	华鑫信托	-23.77	14.08	8.15

续表

序号	公司简称	2016年(%)	2015年(%)	2014年(%)
59	天津信托	-30.16	-32.62	45.92
60	北方国信	-30.27	-4.46	8.76
61	中诚信托	-34.08	-26.61	14.94
62	国元信托	-34.60	27.67	19.06
63	云南国信	-36.03	24.56	7.22
64	华润信托	-36.37	10.55	20.69
65	国投泰康	-40.66	120.53	32.21
66	国民信托	-42.86	93.71	未披露
67	华澳信托	-45.21	-16.73	-32.87
68	吉林信托	-49.90	143.02	-48.43
平均		4.63	14.51	13.98

表6-10　净利润序列表(2016年度)　单位:万元

序号	公司简称	2016年	2015年	2014年
1	平安信托	379710	310941	219046
2	重庆国信	365362	409667	243204
3	中信信托	304165	315034	278569
4	安信信托	303395	172215	102353
5	中融信托	236472	241712	241308
6	中江国信	192459	56128	60494
7	华能贵诚	172876	150788	128240
8	华润信托	169228	313049	235093
9	华信信托	160633	197009	168040
10	上海国信	150563	156775	160705
11	中铁信托	147258	97499	94264
12	建信信托	133580	114512	85320
13	江苏国信	132898	134002	115225
14	中航信托	130167	107563	90967
15	四川信托	127017	112344	102499
16	兴业信托	121515	150338	138383
17	中诚信托	111799	164192	213401
18	外贸信托	109817	120400	121656
19	中海信托	104174	109905	97254

续表

序号	公司简称	2016年	2015年	2014年
20	华宝信托	98282	29375	62295
21	五矿信托	98015	114474	87980
22	北京国信	97514	97340	90758
23	民生信托	95145	39125	18744
24	长安国信	95101	104518	95959
25	华融国信	92925	75990	70163
26	百瑞信托	92257	87573	74795
27	山东国信	88378	92314	73720
28	中建投信托	85156	75136	58910
29	粤财信托	84224	66339	55202
30	交银国信	83777	70834	60528
31	西部信托	75932	72983	18696
32	中原信托	74888	77147	80697
33	昆仑信托	73097	90548	79061
34	国投泰康	68186	109171	50953
35	渤海信托	67416	54933	59147
36	英大信托	63476	67559	58238
37	厦门国信	63015	55724	47479
38	方正东亚	60226	68302	85909
39	爱建信托	60020	50917	45497
40	国元信托	58377	87035	66804
41	湖南信托	55407	42259	53868
42	苏州信托	54155	52960	49444
43	陆家嘴信托	52401	55190	35795
44	工商信托	51707	43353	46418
45	万向信托	51609	26175	12913
46	陕西国信	51524	45395	35063
47	华鑫信托	45402	55430	52299
48	紫金信托	41339	37219	26511
49	天津信托	41259	53547	77734
50	新时代	41207	35357	29484
51	西藏信托	40921	35502	37316
52	北方国信	40548	53448	56402

续表

序号	公司简称	2016 年	2015 年	2014 年
53	东莞信托	39801	49205	42205
54	中粮信托	37866	30562	30562
55	甘肃信托	35868	23031	14510
56	吉林信托	30901	52316	26776
57	大业信托	29382	26248	29316
58	国联信托	28985	39782	42034
59	中泰信托	28887	36279	40506
60	云南国信	20444	30492	25662
61	国民信托	19584	33992	179224
62	金谷信托	16268	12056	10257
63	山西信托	12227	9354	14809
64	长城新盛	10951	1504	5051
65	华澳信托	6902	12660	15201
66	浙商金汇	6042	6401	7790
67	新华信托	4600	2438	9262
68	华宸信托	3687	4702	2939
合计		6128369	5928271	5246907
平均		90123	87180	77160

表 6－11　　净利润增长序列表（2016 年度）　　单位：万元

序号	公司简称	2016 年	2015 年	2014 年
1	中江国信	136331	－4367	5020
2	安信信托	131180	69862	74393
3	华宝信托	68907	－32920	－5623
4	平安信托	68769	91896	27602
5	民生信托	56020	20381	未披露
6	中铁信托	49759	3236	－10818
7	万向信托	25434	13262	未披露
8	中航信托	22604	16596	17025
9	华能贵诚	22088	22548	44663
10	建信信托	19068	29192	21408
11	粤财信托	17885	11137	2538
12	华融国信	16935	5828	－9952

续表

序号	公司简称	2016年	2015年	2014年
13	四川信托	14673	9845	-2679
14	湖南信托	13148	-11609	4593
15	交银国信	12943	10306	9853
16	光大兴陇	12837	8521	-5035
17	渤海信托	12483	-4213	8278
18	中建投信托	10020	16226	5682
19	长城新盛	9446	-3547	-653
20	爱建信托	9103	5420	8988
21	工商信托	8354	-3065	12681
22	中粮信托	7305	0	10110
23	厦门国信	7291	8245	1698
24	陕西国信	6129	10332	3756
25	新时代	5849	5873	-959
26	西藏信托	5419	-1815	21343
27	百瑞信托	4684	12778	10578
28	金谷信托	4212	1799	-16971
29	紫金信托	4120	10708	7818
30	大业信托	3134	-3068	3890
31	西部信托	2949	54288	-266
32	山西信托	2872	-5454	-5756
33	新华信托	2162	-6824	-43790
34	苏州信托	1196	3516	13544
35	北京国信	175	6582	8964
36	浙商金汇	-359	-1389	1799
37	华宸信托	-1015	1763	1769
38	江苏国信	-1103	18777	2744
39	中原信托	-2259	-3549	24923
40	陆家嘴信托	-2789	19395	8812
41	山东国信	-3936	18594	2043
42	英大信托	-4083	9321	1391
43	中融信托	-5240	404	32157
44	中海信托	-5731	12651	11460
45	华澳信托	-5758	-2541	-7500

续表

序号	公司简称	2016 年	2015 年	2014 年
46	上海国信	-6212	-3929	23605
47	中泰信托	-7392	-4227	3929
48	方正东亚	-8076	-17607	15717
49	东莞信托	-9404	7000	2551
50	长安国信	-9417	8559	3610
51	华鑫信托	-10028	3131	1423
52	云南国信	-10048	4830	1728
53	外贸信托	-10583	-1256	-7965
54	国联信托	-10797	-2252	10676
55	中信信托	-10869	36465	-34985
56	天津信托	-12288	-24187	26266
57	北方国信	-12900	-2954	4221
58	国民信托	-14408	-145232	未披露
59	五矿信托	-16459	26493	13419
60	昆仑信托	-17451	11487	-3685
61	吉林信托	-21416	25540	-16518
62	国元信托	-28658	20231	12682
63	兴业信托	-28823	11955	28327
64	华信信托	-36376	28969	50174
65	国投泰康	-40985	58218	11701
66	重庆国信	-44305	166462	115522
67	中诚信托	-52392	-49209	28397
68	华润信托	-143821	77956	55633
合计		200098	681363	826701
平均		2943	10020	12157

表 6-12　　净利润增幅序列表(2016 年度)

序号	公司简称	2016 年(%)	2015 年(%)	2014 年(%)
1	长城新盛	627.88	-70.22	-11.45
2	中江国信	242.89	-7.22	9.05
3	华宝信托	234.58	-52.85	-8.28
4	民生信托	143.18	108.73	未披露
5	万向信托	97.17	102.71	未披露

续表

序号	公司简称	2016 年(%)	2015 年(%)	2014 年(%)
6	新华信托	88.69	-73.68	-82.54
7	安信信托	76.17	68.26	266.07
8	光大兴陇	55.74	58.73	-25.76
9	中铁信托	51.04	3.43	-10.30
10	金谷信托	34.93	17.54	-62.33
11	湖南信托	31.11	-21.55	9.32
12	山西信托	30.70	-36.83	-27.99
13	粤财信托	26.96	20.17	4.82
14	中粮信托	23.90	0.00	49.43
15	渤海信托	22.72	-7.12	16.27
16	华融国信	22.29	8.31	-12.42
17	平安信托	22.12	41.95	14.42
18	中航信托	21.01	18.24	23.03
19	工商信托	19.27	-6.60	37.59
20	交银国信	18.27	17.03	19.44
21	爱建信托	17.88	11.91	24.62
22	建信信托	16.65	34.21	33.50
23	新时代	16.54	19.92	-3.15
24	西藏信托	15.26	-4.86	133.61
25	华能贵诚	14.65	17.58	53.44
26	陕西国信	13.50	29.47	12.00
27	中建投信托	13.34	27.54	10.68
28	厦门国信	13.08	17.37	3.71
29	四川信托	13.06	9.60	-2.55
30	大业信托	11.94	-10.46	15.30
31	紫金信托	11.07	40.39	41.82
32	百瑞信托	5.35	17.08	16.47
33	西部信托	4.04	290.38	-1.40
34	苏州信托	2.26	7.11	37.73
35	北京国信	0.18	7.25	10.96
36	江苏国信	-0.82	16.30	2.44
37	中融信托	-2.17	0.17	15.37
38	中原信托	-2.93	-4.40	44.69

续表

序号	公司简称	2016年(%)	2015年(%)	2014年(%)
39	中信信托	-3.45	13.09	-11.16
40	上海国信	-3.96	-2.45	17.22
41	山东国信	-4.26	25.22	2.85
42	陆家嘴信托	-5.05	54.18	32.66
43	中海信托	-5.21	13.01	13.36
44	浙商金汇	-5.61	-17.83	30.04
45	英大信托	-6.04	16.00	2.45
46	外贸信托	-8.79	-1.03	-6.15
47	长安国信	-9.01	8.92	3.91
48	重庆国信	-10.81	68.45	90.48
49	方正东亚	-11.82	-20.49	22.39
50	五矿信托	-14.38	30.11	18.00
51	华鑫信托	-18.09	5.99	2.80
52	华信信托	-18.46	17.24	42.57
53	东莞信托	-19.11	16.58	6.43
54	兴业信托	-19.17	8.64	25.74
55	昆仑信托	-19.27	14.53	-4.45
56	中泰信托	-20.38	-10.44	10.74
57	华宸信托	-21.59	59.98	151.15
58	天津信托	-22.95	-31.12	51.03
59	北方国信	-24.14	-5.24	8.09
60	国联信托	-27.14	-5.36	34.05
61	中诚信托	-31.91	-23.06	15.35
62	国元信托	-32.93	30.28	23.43
63	云南国信	-32.95	18.82	7.22
64	国投泰康	-37.54	114.26	29.81
65	吉林信托	-40.93	95.39	-38.15
66	国民信托	-42.39	-81.03	未披露
67	华澳信托	-45.48	-16.72	-33.04
68	华润信托	-45.94	33.16	31.00
平均		3.38	12.99	18.70

第三节 信托业务收入

一、行业信托收入总规模的历史分析

根据信托公司最新财务报告披露信息显示,有67家信托公司披露了2016年度信托业务收入。总体来看,2016年信托行业共实现手续费与佣金收入728亿元,平均每家样本信托公司实现信托业务收入108604万元,相比于2015年同比增长3011万元,增幅为2.85%,相比于2015年度信托业务收入的增幅有所放缓。自2004年度以来,信托公司的信托业务收入在2011年的增长幅度最大,达到99.23%;在2009年的下降幅度最大,下跌10.99%。从行业内信托业务收入的离散程度来看,2016年信托业务收入的变异系数为0.86,相比于2015年小幅下降。通过行业内信托业务收入变异系数的历史对比可以发现,自2012年以来,该指标一直保持在相对比较平稳的水平之上。具体数据如表6-13所示。

表6-13 2012—2016年度信托公司信托业务收入统计分析表

	2012年	2013年	2014年	2015年	2016年
平均值(万元)	74231	92784	101906	105593	108604
均值增长额度(万元)	22022	18553	9122	3687	3011
平均增长率(%)	42.19	24.99	9.83	3.62	2.85
公司数目	64	67	64	68	67
最大值(万元)	353381	462460	444697	533140	439342
最小值(万元)	1883	6700	111964	7621	6366
标准差(万元)	68507	83331	90187	94210	93043
变异系数	0.92	0.90	0.88	0.89	0.86

二、信托业务收入的比例分析

从信托业务收入占比来看,2016年度信托行业平均信托业务收入比例为64.32%,相比于2015年同比上升了4.46%。值得注意的是,这是自2014年以来,信托业务收入比例首次出现上升。此外,自2004年以来,信托公司的信托业务收入比例增幅的最大值出现在2008年,同比增长了23.37%。

单个公司信托业务收入比例最高值为2008年交银国信的212.30%，之后2009年与2010年均低于100%，2011年最大值跃升为230.60%，2012年为中江国信的98.48%，2013年为中江国信的97.54%，2014年为吉林信托的96.38%，2015年为西藏信托的92.14%，2016年为长城新盛的91.63%。

从信托业务收入比例的离散程度来看，2004年以来，信托公司信托业务收入比例变异系数最大值为2007年的0.77，之后进入下行通道。2011年降为0.40，2012年降为0.23，2013年进一步降低为0.18，2014年回升至0.24，2015年增长至0.30，2016年又降低至0.27。具体数据如表6-14所示。

表6-14　2012—2016年度信托公司信托业务收入比例统计分析表

	2012年	2013年	2014年	2015年	2016年
平均值(%)	73.89	74.67	69.57	59.86	64.32
平均值增长(%)	-0.22	0.78	-5.10	-9.71	4.46
最大值(%)	98.48	97.54	96.38	92.14	91.63
最小值(%)	14.63	34.04	22.98	22.65	24.45
标准差(%)	16.94	14.16	16.70	17.81	17.33
变异系数	0.23	0.18	0.24	0.30	0.27

三、信托业务收入的公司分析

从信托业务收入的排名来看，2016年度信托业务收入最高的五家信托公司分别为安信信托(439342万元)、中信信托(427176万元)、中融信托(376429万元)、平安信托(338245万元)以及重庆国信(257432万元)。

同时可以发现，2009年信托业务收入达到1亿元以上和10亿元以上的公司分别有27家和1家，2010年增长至41家和2家，2011年增长至56家和7家，2012年达到62家和13家，2013年分别为66家和19家，2014年为64家和25家，2015年为67家和26家，2016年为65家和26家。

整体来看，在信托逐步回归主业的趋势之下，信托行业手续费和佣金收入的增速也随之提升，信托收入占比迅速增加。2016年，全行业中信托收入超过固有收入的信托公司共56家，较2015年增加4家。安信信托、中信信托、中融信托以及平安信托的手续费及佣金收入均超过30亿元。

第四节　股权投资收益

一、股权投资收益的整体分析

根据信托公司最新财务报告披露数据显示，共有55家公司已经披露股权投资收益数据。2016年度样本公司共实现股权投资收益约146亿元，平均每家信托公司实现股权投资收益26546万元，相比于2015年同比增长2009万元，增幅为8.19%。自2004年以来，信托公司股权投资收益在2007年增幅最大，上升了11268万元，上升比率为264.96%；2006年的上升比例也达到了164.44%。2007年之后，信托行业平均股权收益开始逐步下降，2011年行业平均股权投资收益更是降至6077万元的最低点。之后从2012年开始，信托行业股权投资收益开始快速回升，2015年的增幅更是将近一倍。虽然2016年度信托行业股权投资收益持续增长的趋势仍在持续，但相比于2015年平均91.83%的增长率，2016年股权投资收益的增长速度已经明显放缓。

2005年有5家信托公司的股权投资收益为负值，之后股权投资收益为负的公司数逐年下降。到2009年，全部信托公司的股权投资收益均大于零。但是，2010年与2011年，分别有1家与2家信托公司的股权投资收益为负，2012年更是有5家信托公司的股权投资收益为负，2013年有3家公司的股权投资收益为负，2014年与2015年，这一数字分别为2家与3家。2016年，共有2家公司的股权投资收益为负。此外，股权投资收益为0的公司数近年来整体较为平稳，2012年为21家，2013年大幅下降至12家，2014年上升至18家，2015年增加至23家。在2016年，股权投资收益为0的公司数量出现了大幅下降，仅为9家。

从单个信托公司股权投资收益的最高值来看，2015年中信信托实现了489368万元的股权投资收益，为历史最高点。通过对单个信托公司股权投资收益最高值数据的历史比较，可以发现经历了2007年、2011年与2015年三个拐点。其中，2007年单个信托公司股权投资收益最高值为235282万元，之后，该指标进入下行通道，2011年度已经降至64762万元，2012年该指标开始逐年回升，2015年更是升至历史最高点。2016年度，单个信托公司股权投资收益最高值为中江信托的261258万元。

从信托公司股权投资收益的离散程度来看，自2005年以来，信托公司股权投资收益变异系数最小值为2005年的1.45,而变异系数最大值为2007年的2.37。近年来,信托公司股权投资收益的变异系数波动较大,2012年为2.05,2013年上升至2.35,2014年为2.12,2015年增加至3.04。2016年度,该指标又出现了较大幅度的下降,变异系数为1.96。具体数据如表6-15所示。

表6-15　　2012—2016年度信托公司股权投资收益统计分析表

	2012年	2013年	2014年	2015年	2016年
平均值(万元)	7533	9114	12791	24537	26546
均值增长额度(万元)	1456	1580	3677	11746	2009
平均值增长率(%)	23.96	20.98	40.34	91.83	8.19
公司数目	64	67	64	68	55
股权投资收益为负的公司数	5	3	2	3	2
股权投资收益为0的公司数	21	12	18	23	9
最大值(万元)	77133	111897	141717	489368	261258
最小值(万元)	-1095	-849	-104	-747	-1504
标准差(万元)	15458	21462	27116	74588	52072
变异系数	2.05	2.35	2.12	3.04	1.96

二、股权投资收益的公司分析

从目前股权投资收益的排名来看,2016年度股权投资收益排名前五位的分别为中江国信(261258万元)、平安信托(252834万元)、安信信托(108413万元)、华润信托(108135万元)以及重庆国信(99325万元)。此外,2008年股权投资收益达到1亿元以上的公司为19家,2009年降至12家,2010年增长至14家,2011年又降低至11家,2012年增至12家,2014年为13家,2014年为14家,2015年大幅增长至19家,2016年增加至26家。

从股权投资收益增长幅度来看,目前披露相关数据的信托公司中,股权投资收益增长前五名的公司分别为中江国信(261258万元)、平安信托(135928万元)、华信信托(81050万元)、国投泰康(20449万元)以及重庆国信(19682万元)。

值得注意的是,排名第一的中江国信是2016年度业绩变化最大的信托公司。2016年度,中江国信营业收入达到36.16亿元,同比增长178.22%,净利润为19.25亿元,同比增长242.89%,两个指标的排名均实现了大幅度的提升。从信托资产管理规模上看,

2016 年中江国信的信托资产规模为 1668.31 亿元,同比下降 12.11%。同时其信托手续费收入仅为 8.84 亿元,同比下降 14.6%。在信托资产管理规模与信托手续费同时下降的条件下,中江信托收益指标的大幅增加得益于其股权投资收益的迅速提高。2016 年,中江国信通过出售所持国盛证券全部股权,使得投资收益同比增长超过 9 倍。然而,在主业不振的条件下,中江信托通过出售金融子公司获取投资收益的方式是否能够持续还有待市场检验。

从股权投资收益占比来看,2016 年度,中江国信的股权投资收益为 26.13 亿元,占营业收入比重为 72.26%;江苏国信股权投资收益为 8.99 亿元,占营业收入比重为 55.89%。由此可见,在传统信托产品利润空间收紧的条件下,部分信托公司投资收益成为业绩增长的主要推动力。

第五节 利息收入

一、利息收入的整体分析

根据信托公司最新财务信息披露显示,2016 年度样本信托公司共实现利息收入 53 亿元,平均每家信托公司利息收入为 7951 亿元,2016 年度相比于 2015 年度同比下降 456 万元。从信托行业利息收入的历史数据来看,2006 年度与 2007 年度信托行业平均利息收入增长率均超过 20%,2009 年更是实现了 82.72% 的巨幅增长率。自 2011 年开始,利息收入的增长开始逐步放缓,其中,2011 年的增长率为 31.24%,2012 年降至 12.94%,2013 年与 2014 年分别为 3.11% 与 6.03%,增长率均低于 10%。2015 年与 2016 年,信托行业平均利息收入开始逐年下降,其中,2015 年降幅为 7.14%,2016 年降幅为 5.42%。具体数据如表 6 - 16 所示。

表 6 - 16　　2012—2016 年度信托公司利息收入统计分析表

	2012 年	2013 年	2014 年	2015 年	2016 年
平均值(万元)	8281	8538	9053	8407	7951
均值增长额度(万元)	949	258	515	-646	-456
平均值增长率(%)	12.94	3.11	6.03	-7.14	-5.42
公司数目	64	67	64	68	67

续表

	2012年	2013年	2014年	2015年	2016年
最大值(万元)	77955	58273	60895	94520	115133
最小值(万元)	0	-1104	0	-2366	-2838
标准差(万元)	12430	10735	12570	13422	16307
变异系数	1.50	1.26	1.39	1.60	2.05

二、利息收入的公司分析

从2016年度信托行业利息收入排名来看，年度利息收入最高的五家信托公司分别为中信信托(115133万元)、中铁信托(58759万元)、北京国信(34407万元)、安信信托(32651万元)以及中诚信托(19431万元)。

同时，财报数据显示，2008年利息收入达到5000万元以上的公司只有6家，2009年增长至10家，2010年增长至15家，2011年增长至26家，2012年增长至33家，2013年与2014年维持33家不变，2015年上升至30家，2016年进一步减少至26家。

从利息收入占比来看，2016年度占比最高的5家信托公司分别为中粮信托(30.69%)、中铁信托(20.24%)、中信信托(19.73%)、北京国信(17.65%)以及陕西国信(16.99%)。

第六节　证券投资收益

一、证券投资收益的整体分析

根据信托公司最新财务报告披露显示，2016年度信托行业共实现证券投资收益290亿元，平均每家样本信托公司实现证券投资收益43343万元，2016年相比于2015年增长了27947万元。从信托行业证券投资收益历史数据上看，最大年度上升幅度发生在2007年，相比于2006年增长了11119万元，上升比率为388.16%。最大上升比率发生在2006年，上升比率为3638.44%。2015年与2016年，信托行业平均证券投资收益的增长比率分别为180.00%与181.52%，已经连续两年实现了大幅度的增长。

单个信托公司的证券投资收益在2007年达到150143万元，而在2011年，这一指标已经降低至24966万元,2012年回升至23770万元,2013年继续增长至60792万元,2014年为59337万元,2015年大幅增加至150143万元。2016年度,平安信托的年度证券投资收益达到291086亿元,达到了历史最高点。

2011年与2012年,证券投资收益为负的公司数均为13家,2013年减少至4家,2015年为2家。2011年证券投资收益为0的公司数为20家,2012年为22家,2013年与2014年均为24家,2015年达到25家。值得注意的是,2016年,所有样本信托公司的证券投资收益均大于零。具体数据如表6-17所示。

表6-17　2012—2016年度信托公司证券投资收入统计分析表

	2012年	2013年	2014年	2015年	2016年
平均值(万元)	1801	4486	5498	15396	43343
均值增长额度(万元)	536	2685	1012	9897	27947
平均值增长率(%)	42.40	59.86	22.56	180.00	181.52
公司数目	64	67	64	68	67
证券投资收益为负的公司数	13	4	1	2	0
证券投资收益为0的公司数	22	24	24	25	0
最大值(万元)	23770	60792	59337	150143	291086
最小值(万元)	-6327	-5458	-139	-458	590
标准差(万元)	5086	11100	10806	30100	53511
变异系数	2.82	2.47	1.97	1.96	1.23

二、证券投资收益的公司分析

从证券投资收益的排名来看,2016年度信托行业中证券投资收益排名前五位的公司分别为平安信托(291086万元)、中江国信(268170万元)、重庆国信(174698万元)、华润信托(162785万元)以及华信信托(140698万元)。历史数据显示,2009年证券投资收益超过5000万元以上的公司数为9家,2010年增长至13家,2011年减少至5家,2012年为8家,2013年增至13家,2014年达到17家,2015年增至25家。2016年,共有61家信托公司证券投资收益超过5000万元,相比于2015年度有了大幅的增加。

从证券投资收益占比上看,占比最高的五家信托公司分别为中江国信(74.17%)、西部信托(70.89%)、华信信托(60.87%)、江苏信托(58.07%)以及粤财信托(53.68%)。

具体数据如表6-18至6-27所示。

表 6-18　信托手续费收入规模序列表(2016 年度)　单位:万元

序号	公司简称	2016 年	2015 年	2014 年
1	安信信托	439342	233134	未披露
2	中信信托	427176	370471	438186
3	中融信托	376429	461770	444697
4	平安信托	338245	533140	429356
5	重庆国信	257432	248614	188406
6	华能贵诚	235840	194714	120305
7	上海国信	212763	150912	229849
8	中航信托	212712	166291	136926
9	中铁信托	208860	115777	127359
10	四川信托	189393	212520	191623
11	建信信托	180422	137401	80727
12	五矿信托	171925	183333	125525
13	长安国信	169777	167776	186795
14	华融国信	158242	150145	154886
15	兴业信托	152479	164900	143293
16	中建投信托	130448	107146	77461
17	外贸信托	128216	156417	139875
18	北京国信	126631	130048	133166
19	民生信托	120396	79655	33764
20	渤海信托	118054	96916	102952
21	百瑞信托	117734	126252	103846
22	华宝信托	108376	89599	96310
23	中原信托	107920	140003	114352
24	交银国信	106593	93050	81986
25	陆家嘴信托	104941	110518	70003
26	方正东亚	101481	116704	131671
27	昆仑信托	95873	97777	90270
28	山东国信	94280	117317	101687
29	万向信托	91068	47564	18570
30	爱建信托	90177	77126	52645
31	中江国信	88390	103508	115590
32	华润信托	87365	132538	171455

续表

序号	公司简称	2016年	2015年	2014年
33	英大信托	84992	78931	76502
34	华信信托	83954	88985	101286
35	北方国信	77409	92641	90092
36	中海信托	76763	86038	79297
37	工商信托	74571	64840	74106
38	中诚信托	72675	111222	170955
39	华鑫信托	67263	62146	65750
40	江苏国信	66466	54585	47440
41	苏州信托	62244	80427	71929
42	东莞信托	61174	64002	56818
43	湖南信托	60585	60208	70292
44	天津信托	60113	69613	89480
45	紫金信托	59780	51721	35493
46	西藏信托	59119	66015	未披露
47	国民信托	58808	64334	未披露
48	新华信托	57493	69441	132697
49	厦门国信	56247	53458	46155
50	大业信托	53900	47010	52056
51	光大兴陇	53697	25323	24635
52	新时代	50671	39667	51957
53	国投泰康	50146	55788	55059
54	中泰信托	47286	55782	38680
55	粤财信托	44827	49704	63720
56	国元信托	37279	45499	67697
57	中粮信托	33328	24233	19259
58	云南国信	32830	59938	47814
59	金谷信托	32158	31641	60142
60	西部信托	31568	30055	29076
61	华澳信托	28369	41838	36146
62	山西信托	28252	20109	38075
63	国联信托	17516	20666	28767
64	浙商金汇	16731	18554	23513
65	吉林信托	15836	16271	19364

续表

序号	公司简称	2016 年	2015 年	2014 年
66	华宸信托	7102	13328	12238
67	长城新盛	6366	7621	11964
68	陕西国信	未披露	45649	未披露
合计		7276498	7180319	6521991
平均		108604	105593	101906

表 6－19　信托手续费收入占比序列表(2016 年度)

序号	公司简称	2016 年(%)	2015 年(%)	2014 年(%)
1	长城新盛	91.63	82.59	81.89
2	浙商金汇	90.79	73.40	80.37
3	国民信托	89.85	68.96	未披露
4	建信信托	89.26	69.49	53.85
5	安信信托	88.18	78.90	未披露
6	四川信托	88.05	81.31	87.44
7	万向信托	86.41	78.45	58.76
8	五矿信托	86.22	83.98	81.19
9	大业信托	85.73	84.94	85.79
10	中航信托	85.41	80.83	80.37
11	渤海信托	84.98	83.26	84.44
12	上海国信	83.34	59.32	51.96
13	方正东亚	81.42	76.38	80.57
14	英大信托	80.94	71.18	77.09
15	华融国信	80.52	91.53	84.53
16	紫金信托	79.67	72.82	69.02
17	东莞信托	78.75	75.59	74.91
18	北方国信	78.75	76.58	72.14
19	山西信托	78.31	64.43	64.27
20	华能贵诚	77.81	69.10	51.13
21	昆仑信托	77.37	63.54	63.67
22	华澳信托	76.91	79.53	80.02
23	工商信托	76.37	72.81	79.69
24	中建投信托	75.72	69.08	66.53
25	中泰信托	75.31	71.07	51.32

续表

序号	公司简称	2016年(%)	2015年(%)	2014年(%)
26	陆家嘴信托	74.87	79.75	81.59
27	爱建信托	74.06	73.61	61.16
28	中信信托	73.82	36.00	77.32
29	云南国信	73.76	85.60	84.60
30	华宸信托	72.84	62.02	62.76
31	交银国信	71.96	72.09	67.49
32	中铁信托	71.93	75.25	85.31
33	百瑞信托	71.54	73.35	76.38
34	中原信托	71.10	76.71	82.12
35	兴业信托	70.98	60.12	58.33
36	北京国信	70.46	66.99	75.80
37	山东国信	69.08	72.58	74.41
38	光大兴陇	67.98	40.93	83.43
39	苏州信托	67.81	80.16	73.65
40	湖南信托	67.78	78.49	75.49
41	华宝信托	67.48	67.06	71.08
42	外贸信托	66.56	63.09	69.88
43	新华信托	65.32	68.07	132.40
44	金谷信托	64.86	64.62	78.97
45	华鑫信托	62.80	39.43	65.83
46	新时代	62.69	55.04	73.12
47	民生信托	62.68	72.57	72.08
48	中粮信托	62.56	41.03	33.37
49	中融信托	56.92	69.06	80.64
50	重庆国信	56.06	44.99	53.03
51	厦门国信	55.58	56.46	59.12
52	陕西国信	55.56	39.64	未披露
53	中海信托	54.61	53.32	22.98
54	天津信托	53.51	60.63	60.18
55	平安信托	53.03	70.49	75.47
56	国投泰康	48.26	34.58	68.20
57	国联信托	45.63	33.45	49.34
58	中诚信托	44.37	41.27	54.78

续表

序号	公司简称	2016年(%)	2015年(%)	2014年(%)
59	吉林信托	44.05	22.65	96.38
60	粤财信托	42.88	48.01	76.39
61	国元信托	42.82	37.31	65.29
62	江苏国信	41.33	33.29	34.05
63	华信信托	36.62	32.34	44.09
64	华润信托	27.25	24.15	43.43
65	西部信托	26.28	25.26	72.62
66	中江国信	24.45	79.65	93.48
67	西藏信托	未披露	92.14	未披露
68	长安国信	未披露	57.40	73.30
平均		65.45	59.86	69.57

表6-20 信托手续费收入规模增长序列表(2016年度) 单位:万元

序号	公司简称	2016年	2015年	2014年
1	安信信托	206208	658328	305466
2	国联信托	206208	-8101	339
3	中铁信托	93083	-67715	-24274
4	上海国信	61850	-6036	10437
5	中信信托	56704	3687	9122
6	中航信托	46421	29365	2784
7	万向信托	43503	21607	-22189
8	建信信托	43021	56674	4248
9	华能贵诚	41126	未披露	未披露
10	民生信托	40741	45891	22913
11	光大兴陇	28374	-78937	129340
12	中建投信托	23302	29684	2644
13	渤海信托	21138	-6711	-3035
14	华宝信托	18777	24482	10606
15	交银国信	13543	11064	12841
16	爱建信托	13051	-9266	27775
17	江苏国信	11881	7145	1271
18	新时代	11005	-19867	-9373
19	工商信托	9731	4974	-5997

续表

序号	公司简称	2016年	2015年	2014年
20	中粮信托	9096	-17966	-13414
21	重庆国信	8818	25652	33145
22	山西信托	8143	未披露	未披露
23	华融国信	8097	-12290	-369
24	紫金信托	8059	-11582	11552
25	大业信托	6890	-3605	2633
26	英大信托	6061	979	1523
27	华鑫信托	5117	60208	94275
28	厦门国信	2789	-10084	-788
29	长安国信	2001	-19020	-10629
30	西部信托	1514	-4740	-22055
31	金谷信托	517	-28501	-28259
32	湖南信托	377	15630	6741
33	吉林信托	-435	-3093	-22043
34	长城新盛	-1254	-4343	-2074
35	浙商金汇	-1824	-4959	4826
36	昆仑信托	-1905	7507	-5018
37	东莞信托	-2828	未披露	未披露
38	北京国信	-3417	-3118	9970
39	粤财信托	-4876	-14016	1681
40	新华信托	-5031	-5046	2436
41	华信信托	-5031	-12302	7239
42	国民信托	-5525	未披露	未披露
43	陆家嘴信托	-5577	40515	19716
44	国投泰康	-5642	728	11393
45	华宸信托	-6226	1090	-7432
46	西藏信托	-6896	57808	12256
47	国元信托	-8219	-22199	4058
48	中泰信托	-8496	17073	-9508
49	百瑞信托	-8519	22406	11159
50	中海信托	-9276	6741	17855
51	天津信托	-9500	-63256	-39114
52	五矿信托	-11408	28995	11869

续表

序号	公司简称	2016 年	2015 年	2014 年
53	兴业信托	-12421	16542	19172
54	华澳信托	-13469	5692	-16657
55	中江国信	-15117	-12082	-1108
56	方正东亚	-15223	-14967	20415
57	北方国信	-15233	2550	-4140
58	苏州信托	-18183	8498	23023
59	山东国信	-23037	7183	5858
60	四川信托	-23127	688	-925
61	云南国信	-27108	12124	931
62	外贸信托	-28202	2429	-364
63	中原信托	-32083	17103	5591
64	中诚信托	-38547	-59733	-10510
65	华润信托	-45173	-38917	-811
66	中融信托	-85341	16228	3316
67	平安信托	-194895	103784	135014
68	陕西国信	未披露	20897	1051
合计		358103	658328	305466
平均		5345	3687	9122

表 6-21　　利息收入规模序列表(2016 年度)　　单位:万元

序号	公司简称	2016 年	2015 年	2014 年
1	中信信托	115133	94520	59553
2	中铁信托	58759	20889	17959
3	北京国信	34407	18227	12661
4	安信信托	32651	26600	未披露
5	中诚信托	19431	44449	60895
6	陕西国信	17220	22007	未披露
7	重庆国信	16403	25135	35762
8	中粮信托	16349	8154	11406
9	中融信托	15381	12372	42837
10	四川信托	14948	4554	5427
11	平安信托	14288	8205	2370
12	百瑞信托	11752	15728	18662

续表

序号	公司简称	2016年	2015年	2014年
13	交银国信	11478	16922	18758
14	北方国信	11224	21306	29091
15	渤海信托	10902	15013	12051
16	中原信托	8663	5908	7973
17	中海信托	8527	11155	11495
18	工商信托	8494	2134	1415
19	中航信托	8466	10564	9324
20	英大信托	8069	9287	8895
21	国元信托	7745	9014	11175
22	民生信托	6421	7109	5964
23	兴业信托	4864	3142	5514
24	华信信托	4662	6400	2340
25	华润信托	4384	1599	1587
26	中江国信	4335	1778	4954
27	天津信托	4141	15271	18823
28	五矿信托	3833	8815	0
29	山东国信	3751	1333	238
30	云南国信	3577	1413	712
31	苏州信托	3391	4958	5839
32	华澳信托	3160	2447	2134
33	湖南信托	3057	3621	3881
34	中泰信托	2934	7400	496
35	东莞信托	2883	6698	6932
36	国联信托	2475	3776	4598
37	光大兴陇	2322	1889	4071
38	粤财信托	2193	2581	8128
39	吉林信托	2113	4143	0
40	厦门国信	2097	2543	3778
41	山西信托	1670	1545	1754
42	华宝信托	1550	1733	1194
43	中建投信托	1496	16750	16174
44	爱建信托	1346	17629	22852
45	金谷信托	1273	3450	7644

续表

序号	公司简称	2016年	2015年	2014年
46	方正东亚	1172	4515	7348
47	紫金信托	1126	2782	3821
48	长安国信	1062	670	1876
49	华能贵诚	1042	2308	6596
50	昆仑信托	1015	5253	7508
51	国民信托	1001	252	未披露
52	江苏国信	932	-219	68
53	上海国信	830	710	9346
54	华宸信托	823	1306	1034
55	华融国信	719	-2366	10451
56	浙商金汇	716	932	1440
57	建信信托	531	2191	714
58	外贸信托	473	1493	1435
59	陆家嘴信托	452	691	686
60	长城新盛	415	774	589
61	万向信托	273	28	403
62	新华信托	231	1146	1485
63	华鑫信托	122	1563	5702
64	西部信托	61	2216	2033
65	大业信托	38	8334	8203
66	新时代	-1683	1084	959
67	国投泰康	-2838	217	376
68	西藏信托	未披露	5629	未披露
合计		532728	571672	579386
平均		7951	8407	9053

表6-22　　利息收入占比序列表(2016年度)

序号	公司简称	2016年(%)	2015年(%)	2014年(%)
1	中粮信托	30.69	13.81	19.76
2	中铁信托	20.24	13.58	12.03
3	中信信托	19.73	9.19	10.51
4	北京国信	17.65	9.39	7.21
5	陕西国信	16.99	19.11	未披露

续表

序号	公司简称	2016年(%)	2015年(%)	2014年(%)
6	北方国信	11.16	17.61	23.29
7	中诚信托	10.12	16.49	19.51
8	国元信托	8.83	7.39	10.78
9	工商信托	8.70	2.40	1.52
10	华宸信托	8.44	6.08	5.30
11	交银国信	8.36	13.11	15.44
12	华澳信托	8.16	4.65	4.72
13	云南国信	7.94	2.02	1.26
14	渤海信托	7.82	12.90	9.88
15	英大信托	7.64	8.37	8.96
16	百瑞信托	7.14	9.14	13.73
17	国联信托	6.45	6.11	7.89
18	安信信托	6.36	9.00	未披露
19	中海信托	6.07	6.91	8.01
20	中原信托	5.71	3.24	5.73
21	四川信托	5.35	1.74	2.48
22	中泰信托	4.67	9.43	0.66
23	山西信托	4.63	4.95	2.96
24	吉林信托	4.63	5.77	0.00
25	东莞信托	3.69	7.91	9.14
26	苏州信托	3.69	4.94	5.98
27	天津信托	3.69	13.30	12.66
28	浙商金汇	3.58	3.69	4.92
29	重庆国信	3.54	4.55	10.07
30	湖南信托	3.40	4.72	4.17
31	中航信托	3.40	5.13	5.47
32	民生信托	3.34	6.48	12.73
33	光大兴陇	2.90	3.05	13.79
34	山东国信	2.75	0.82	0.17
35	金谷信托	2.54	7.05	10.04
36	中融信托	2.21	1.85	7.77
37	平安信托	2.10	1.08	0.42
38	粤财信托	2.10	2.49	9.74

续表

序号	公司简称	2016 年(%)	2015 年(%)	2014 年(%)
39	厦门国信	2.07	2.69	4.84
40	华信信托	2.02	2.33	1.02
41	五矿信托	1.85	4.04	0.00
42	兴业信托	1.84	1.15	2.24
43	长城新盛	1.67	8.38	4.03
44	国民信托	1.53	0.27	未披露
45	紫金信托	1.50	3.92	7.43
46	华润信托	1.37	0.29	0.40
47	中江国信	1.20	1.37	4.01
48	爱建信托	1.08	16.82	26.55
49	华宝信托	0.94	1.30	0.88
50	方正东亚	0.94	2.96	4.50
51	中建投信托	0.87	10.80	13.89
52	昆仑信托	0.82	3.41	5.30
53	长安国信	0.60	0.23	0.74
54	江苏国信	0.58	-0.13	0.05
55	华融国信	0.37	-1.44	5.70
56	华能贵诚	0.34	0.82	2.80
57	上海国信	0.32	0.28	2.71
58	陆家嘴信托	0.32	0.50	0.80
59	新华信托	0.26	1.12	1.48
60	万向信托	0.26	0.05	1.28
61	建信信托	0.24	1.11	0.48
62	外贸信托	0.24	0.60	0.72
63	华鑫信托	0.11	0.99	5.71
64	大业信托	0.06	15.06	13.52
65	西部信托	0.05	1.86	5.08
66	新时代	-2.08	1.50	1.35
67	国投泰康	-2.73	0.13	0.47
68	西藏信托	未披露	7.86	未披露
平均		4.70	4.77	6.18

表 6-23　　股权投资收益规模序列表（2016 年度）　　单位：万元

序号	公司简称	2016 年	2015 年	2014 年
1	中江国信	261258	0	372
2	平安信托	252834	116906	98206
3	华信信托	108413	27362	63260
4	华润信托	108135	357781	141717
5	重庆国信	99325	79642	60395
6	江苏国信	89878	92002	85046
7	中诚信托	49855	59525	37903
8	中海信托	45210	47943	37778
9	粤财信托	45080	28088	7157
10	国元信托	33510	44243	23612
11	中信信托	28525	489368	38890
12	华宝信托	26301	7852	6394
13	天津信托	25766	18996	30356
14	上海国信	23897	53224	71216
15	国投泰康	23764	3315	3468
16	吉林信托	21146	3434	203
17	中铁信托	20210	10074	737
18	中原信托	19422	19875	7056
19	外贸信托	17650	26052	9842
20	中融信托	16694	9577	3001
21	山东国信	16478	4420	883
22	国联信托	15944	34086	18831
23	四川信托	13700	12429	4237
24	厦门国信	12701	9467	16179
25	湖南信托	12432	2694	5427
26	北方国信	10290	4300	2194
27	北京国信	9679	6822	4576
28	西部信托	7619	2823	2126
29	光大兴陇	7124	25887	1410
30	百瑞信托	7089	5318	4573
31	建信信托	5117	19377	15640
32	昆仑信托	4938	1530	1359

续表

序号	公司简称	2016年	2015年	2014年
33	新华信托	4697	5885	1661
34	中航信托	4027	2343	1053
35	山西信托	2974	2865	2451
36	渤海信托	2734	1318	620
37	安信信托	2558	0	未披露
38	东莞信托	1405	713	679
39	中建投信托	1188	931	414
40	交银国信	1090	832	708
41	兴业信托	705	1462	3278
42	紫金信托	131	109	36
43	英大信托	84	2397	20
44	苏州信托	65	-48	-36
45	华融国信	0	0	0
46	工商信托	0	0	0
47	国民信托	0	0	未披露
48	中泰信托	0	0	0
49	新时代	0	0	0
50	云南国信	0	0	0
51	陆家嘴信托	0	0	0
52	方正东亚	0	0	0
53	浙商金汇	0	0	0
54	爱建信托	-114	-747	-104
55	华宸信托	-1504	-207	1189
56	西藏信托	未披露	0	未披露
57	陕西国信	未披露	0	未披露
58	长安国信	未披露	1690	2582
59	华能贵诚	未披露	0	0
60	华澳信托	未披露	0	0
61	金谷信托	未披露	0	0
62	大业信托	未披露	0	0
63	华鑫信托	未披露	0	0
64	五矿信托	未披露	0	0
65	中粮信托	未披露	0	0

续表

序号	公司简称	2016 年	2015 年	2014 年
66	长城新盛	未披露	0	0
67	万向信托	未披露	0	0
68	民生信托	未披露	0	0
合计		1460024	1643956	818594
平均		26546	24537	12791

表 6－24　　股权投资收益占比序列表（2016 年度）

序号	公司简称	2016 年（%）	2015 年（%）	2014 年（%）
1	中江国信	72.26	0.00	0.30
2	江苏国信	55.89	56.11	61.04
3	华信信托	46.90	9.94	27.54
4	吉林信托	46.31	4.78	1.01
5	粤财信托	43.12	27.13	8.58
6	国联信托	41.54	55.16	32.30
7	国元信托	38.20	36.28	22.77
8	平安信托	37.24	15.46	17.26
9	华润信托	33.73	65.19	35.89
10	中海信托	32.16	29.71	26.32
11	中诚信托	25.98	22.08	12.14
12	天津信托	22.94	16.55	20.42
13	国投泰康	22.87	2.06	4.30
14	重庆国信	21.45	14.41	17.00
15	华宝信托	15.99	5.88	4.72
16	湖南信托	13.84	3.51	5.83
17	中原信托	12.79	10.89	5.07
18	厦门国信	12.55	10.00	20.72
19	山东国信	12.07	2.73	0.65
20	北方国信	10.23	3.55	1.76
21	上海国信	9.30	20.92	20.63
22	光大兴陇	8.89	41.84	4.77
23	外贸信托	8.83	10.51	4.92
24	山西信托	8.24	9.18	4.14
25	中铁信托	6.96	6.55	0.49

续表

序号	公司简称	2016年(%)	2015年(%)	2014年(%)
26	西部信托	6.34	2.37	5.31
27	交银国信	6.21	0.64	0.58
28	新华信托	5.34	5.77	1.66
29	北京国信	4.96	3.51	2.60
30	四川信托	4.90	4.76	1.93
31	中信信托	4.89	47.56	6.86
32	百瑞信托	4.31	3.09	3.36
33	昆仑信托	3.98	1.00	0.96
34	中融信托	2.40	1.43	0.54
35	建信信托	2.32	9.80	10.43
36	渤海信托	1.96	1.13	0.51
37	东莞信托	1.80	0.84	0.90
38	中航信托	1.62	1.14	0.62
39	中建投信托	0.69	0.60	0.36
40	安信信托	0.50	0.00	未披露
41	兴业信托	0.27	0.53	1.33
42	紫金信托	0.17	0.15	0.07
43	英大信托	0.08	2.16	0.02
44	苏州信托	0.07	-0.05	-0.04
45	华融国信	0.00	0.00	0.00
46	工商信托	0.00	0.00	0.00
47	国民信托	0.00	0.00	未披露
48	中泰信托	0.00	0.00	0.00
49	新时代	0.00	0.00	0.00
50	云南国信	0.00	0.00	0.00
51	陆家嘴信托	0.00	0.00	0.00
52	方正东亚	0.00	0.00	0.00
53	浙商金汇	0.00	0.00	0.00
54	爱建信托	-0.09	-0.72	-0.12
55	华宸信托	-15.42	-0.96	6.10
56	西藏信托	未披露	0.00	未披露
57	陕西国信	未披露	0.00	未披露
58	长安国信	未披露	0.58	1.01

续表

序号	公司简称	2016年(%)	2015年(%)	2014年(%)
59	华能贵诚	未披露	0.00	0.00
60	华澳信托	未披露	0.00	0.00
61	金谷信托	未披露	0.00	0.00
62	大业信托	未披露	0.00	0.00
63	华鑫信托	未披露	0.00	0.00
64	五矿信托	未披露	0.00	0.00
65	中粮信托	未披露	0.00	0.00
66	长城新盛	未披露	0.00	0.00
67	万向信托	未披露	0.00	0.00
68	民生信托	未披露	0.00	0.00
平均		40.69	27.63	8.73

表6－25　股权投资收益增长序列表(2016年度)　单位:万元

序号	公司简称	2016年	2015年	2014年
1	中江国信	261258	－372	372
2	平安信托	135928	18700	－13691
3	华信信托	81050	－35898	51297
4	国投泰康	20449	－153	－7819
5	重庆国信	19682	19247	－5412
6	华宝信托	18449	1458	1617
7	吉林信托	17713	3231	－9193
8	粤财信托	16992	20931	－1463
9	山东国信	12058	3537	－2598
10	中铁信托	10136	9337	528
11	湖南信托	9738	－2733	－3073
12	中融信托	7117	6576	－92
13	天津信托	6770	－11360	30701
14	北方国信	5990	2106	52
15	西部信托	4796	697	－441
16	昆仑信托	3407	171	－200
17	厦门国信	3234	－6712	4486
18	北京国信	2857	2246	3335
19	安信信托	2558	未披露	未披露

续表

序号	公司简称	2016 年	2015 年	2014 年
20	百瑞信托	1772	745	1447
21	中航信托	1683	1291	-497
22	渤海信托	1417	698	310
23	四川信托	1272	8192	3101
24	东莞信托	692	34	-127
25	爱建信托	633	-643	-104
26	交银国信	258	124	445
27	中建投信托	257	517	411
28	苏州信托	113	-12	-2086
29	山西信托	109	414	1690
30	紫金信托	22	73	0
31	华融国信	0	0	-1183
32	工商信托	0	0	0
33	国民信托	0	未披露	未披露
34	中泰信托	0	0	-6503
35	新时代	0	0	0
36	云南国信	0	0	0
37	陆家嘴信托	0	0	0
38	方正东亚	0	0	0
39	浙商金汇	0	0	0
40	中原信托	-453	12819	5669
41	兴业信托	-757	-1816	843
42	新华信托	-1188	4224	2511
43	华宸信托	-1297	-1396	2002
44	江苏国信	-2124	6956	998
45	英大信托	-2313	2377	-712
46	中海信托	-2734	10166	3050
47	外贸信托	-8402	16210	673
48	中诚信托	-9670	21622	5585
49	国元信托	-10733	20631	10474
50	建信信托	-14260	3737	12458
51	国联信托	-18142	15255	8824
52	光大兴陇	-18763	24477	1410

续表

序号	公司简称	2016年	2015年	2014年
53	上海国信	-29327	-17991	454
54	华润信托	-249646	216064	78477
55	中信信托	-460843	450478	28346
56	西藏信托	未披露	未披露	未披露
57	陕西国信	未披露	未披露	未披露
58	长安国信	未披露	-892	1615
59	华能贵诚	未披露	0	0
60	华澳信托	未披露	0	0
61	金谷信托	未披露	0	0
62	大业信托	未披露	0	0
63	华鑫信托	未披露	0	0
64	五矿信托	未披露	0	0
65	中粮信托	未披露	0	0
66	长城新盛	未披露	0	0
67	万向信托	未披露	0	0
68	民生信托	未披露	0	0
合计		-183931	825361	207979
平均		2009	11746	3677

表6-26　　证券投资收益规模序列表(2016年度)　　单位:万元

序号	公司简称	2016年	2015年	2014年
1	平安信托	291086	92343	37519
2	中江国信	268170	27194	1101
3	重庆国信	174698	134615	14194
4	华润信托	162785	0	0
5	华信信托	140698	150143	59337
6	江苏国信	93388	14286	265
7	中诚信托	89222	16730	11144
8	西部信托	85160	78249	3557
9	兴业信托	70284	45952	37873
10	外贸信托	66347	39264	22528
11	华能贵诚	57030	0	0
12	粤财信托	56123	0	0

续表

序号	公司简称	2016 年	2015 年	2014 年
13	中海信托	55464	1296	2454
14	国投泰康	55029	0	0
15	中融信托	54980	0	0
16	华宝信托	48526	0	0
17	天津信托	45039	7786	6908
18	厦门国信	43087	9211	177
19	上海国信	42494	49667	28320
20	国元信托	41220	7698	788
21	华鑫信托	39711	72306	17817
22	中信信托	39628	37729	3667
23	中建投信托	38818	1762	2461
24	民生信托	38534	0	0
25	华融国信	37635	4903	4139
26	山东国信	37386	0	0
27	中原信托	34722	0	0
28	百瑞信托	33584	2194	475
29	新时代	30712	0	0
30	新华信托	29888	21752	6725
31	陆家嘴信托	29777	26898	12291
32	陕西国信	29356	0	未披露
33	安信信托	27977	0	未披露
34	中航信托	27698	57	2746
35	湖南信托	26061	-458	542
36	五矿信托	25283	15395	9929
37	苏州信托	24114	4423	14385
38	吉林信托	22952	47663	2222
39	北京国信	22332	20948	12000
40	中粮信托	22249	0	0
41	长安国信	22197	47368	0
42	建信信托	22183	14096	1394
43	昆仑信托	22130	0	0
44	方正东亚	21621	0	0
45	渤海信托	20471	776	5794

续表

序号	公司简称	2016年	2015年	2014年
46	中铁信托	20214	0	0
47	光大兴陇	18833	1608	5
48	国联信托	18436	2429	1459
49	爱建信托	18027	1871	4507
50	四川信托	18006	0	7400
51	交银国信	17551	-40	0
52	紫金信托	16012	6834	1291
53	金谷信托	15304	0	0
54	东莞信托	13672	2467	1498
55	工商信托	13336	8234	11
56	英大信托	11534	0	0
57	北方国信	10883	262	-139
58	中泰信托	10457	0	0
59	万向信托	9790	0	0
60	大业信托	8857	0	0
61	山西信托	5443	2300	9015
62	华澳信托	4434	0	0
63	浙商金汇	1530	4888	3786
64	华宸信托	1337	5235	134
65	国民信托	1146	2674	未披露
66	云南国信	764	504	186
67	长城新盛	590	0	0
68	西藏信托	未披露	0	未披露
合计		2904004	1031513	351903
平均		43343	15396	5498

表6-27　　证券投资收益占比序列表(2016年度)

序号	公司简称	2016年(%)	2015年(%)	2014年(%)
1	中江国信	74.17	20.93	0.89
2	西部信托	70.89	65.77	8.88
3	华信信托	60.87	54.57	25.83
4	江苏国信	58.07	8.71	0.19
5	粤财信托	53.68	0.00	0.00

续表

序号	公司简称	2016年(%)	2015年(%)	2014年(%)
6	国投泰康	52.96	0.00	0.00
7	华润信托	50.77	0.00	0.00
8	吉林信托	50.26	66.36	11.06
9	国联信托	48.03	3.93	2.50
10	国元信托	46.99	6.31	0.76
11	中诚信托	46.49	6.21	3.57
12	平安信托	42.88	12.21	6.59
13	厦门国信	42.57	9.73	0.23
14	中粮信托	41.77	0.00	0.00
15	天津信托	40.09	6.78	4.65
16	中海信托	39.46	0.80	1.71
17	新时代	37.99	0.00	0.00
18	重庆国信	37.73	24.36	3.99
19	华鑫信托	37.08	45.88	17.84
20	新华信托	33.96	21.32	6.71
21	外贸信托	33.17	15.84	11.25
22	金谷信托	30.48	0.00	0.00
23	华宝信托	29.50	0.00	0.00
24	湖南信托	29.02	-0.60	0.58
25	陕西国信	28.96	0.00	未披露
26	山东国信	27.39	0.00	0.00
27	兴业信托	26.56	16.75	15.42
28	苏州信托	26.23	4.41	14.73
29	光大兴陇	23.50	2.60	0.02
30	中原信托	22.87	0.00	0.00
31	中建投信托	22.53	1.14	2.11
32	紫金信托	21.34	9.62	2.51
33	陆家嘴信托	21.25	19.41	14.33
34	百瑞信托	20.41	1.27	0.35
35	民生信托	20.06	0.00	0.00
36	华融国信	19.15	2.99	2.26
37	华能贵诚	18.80	0.00	0.00
38	昆仑信托	17.86	0.00	0.00

续表

序号	公司简称	2016年(%)	2015年(%)	2014年(%)
39	东莞信托	17.50	2.91	1.97
40	方正东亚	17.35	0.00	0.00
41	中泰信托	16.66	0.00	0.00
42	上海国信	16.53	19.52	8.21
43	山西信托	15.09	7.37	15.22
44	渤海信托	14.69	0.67	4.75
45	爱建信托	14.46	1.79	5.24
46	大业信托	14.09	0.00	0.00
47	华宸信托	13.71	24.36	0.68
48	工商信托	13.65	9.25	0.01
49	交银国信	12.78	-0.03	0.00
50	长安国信	12.58	16.21	0.00
51	五矿信托	12.19	7.05	6.42
52	北京国信	11.45	10.79	6.83
53	华澳信托	11.45	0.00	0.00
54	中航信托	11.12	0.03	1.61
55	英大信托	10.92	0.00	0.00
56	北方国信	10.82	0.22	-0.11
57	建信信托	10.05	7.13	0.93
58	万向信托	9.29	0.00	0.00
59	中融信托	7.91	0.00	0.00
60	浙商金汇	7.66	19.34	12.94
61	中铁信托	6.96	0.00	0.00
62	中信信托	6.79	3.67	0.65
63	四川信托	6.45	0.00	3.38
64	安信信托	5.45	0.00	未披露
65	长城新盛	2.37	0.00	0.00
66	国民信托	1.75	2.87	未披露
67	云南国信	1.70	0.72	0.33
68	西藏信托	未披露	0.00	未披露
平均		25.62	8.73	3.75

第七章　风控与资产质量分析

面对不可预期的风险经济环境,风险控制是信托公司价值创造的保障。2016 年全球经济持续低迷,宏观经济下行压力较大,需求持续疲软,投资与消费均不乐观。信托业在"新常态"背景下,面临传统业务萎缩、资管市场竞争加剧、高杠杆风险暴露以及互联网冲击等经济压力,制度红利不断削弱,信用风险持续显现。信托业为加快转型,增强自身风控能力,已加快证券投资、事务管理型信托业务结构调整,专业化和差异化竞争战略逐步成型,然而较庞大的表内外融资业务依然面临信用风险的挑战。

第一节　净资本

净资本管理既有控制"小马拉大车"无意中出现的管理能力与风控能力不相匹配的问题;也有防止个别公司为追逐眼前利益而恶意"违规超载"的现象;同时更有引导信托公司尽快实现从"广种薄收"、"以量取胜"片面追求规模的粗放式经营模式,向"精耕细作"、提升业务科技含量和产品附加值内涵发展的经营模式升级转型的深层考量和战略意图。动荡多变环境下获取竞争优势、进行风险管控的关键是建立以净资本管理为核心的业务发展模式和管理体系。

2016 年全部的 68 家信托公司中披露净资本值的有 56 家,较 2015 年增加 10 家,披露净资产值的有 35 家,而 2015 年所有信托公司均披露了净资产值。但 2016 年详细披露固有业务风险资本和信托业务风险资本的有 18 家,较 2015 年增加了 10 家,披露各项业务风险资本之和的有 51 家,远远超过了 2015 年仅披露的 4 家。显然,2016 年信托公司加强了在具体风险资本方面的披露,但在净资产值的披露上还有待加强。

在合规内容方面,《信托公司净资本管理办法》中明确规定信托公司净资本不得低于人民币 2 亿元。目前披露净资本值的 56 家公司此项风险控制指标均达标,最低值在 15.41亿元以上。其中最高的是平安信托(167.24 亿元),第 2 位为中信信托(139 亿元)。

披露公司的平均净资本值为56.50亿元,较2015年有小幅下降。

监管规定净资本不得低于各项风险资本之和的100%,净资本不得低于净资产的40%。披露的56家公司中这两项指标均达标,信托公司各项业务的风险资本有相应的净资本做支撑。其中,西部信托和华信信托净资本是风险资本之和的414.59%、392.79%,排名第一、二位,净资本占净资产比重最高的是西部信托(93.20%),其次是万向信托(90.39%)。见表7-1。

表7-1　　2016年与2015年净资本相关指标排名

	净资本前3名(2016年)	净资本前3名(2015年)	净资本/各项业务风险资本之和前3名(2016年)	净资本/各项业务风险资本之和前3名(2015年)	净资本/净资产前3名(2016年)	净资本/净资产前3名(2015年)
第1名	平安信托(167.24)	平安信托(184.30)	西部信托(414.59%)	吉林信托(552.56%)	西部信托(93.20%)	五矿信托(91.93%)
第2名	中信信托(139.00)	华润信托(137.85)	华信信托(392.79%)	华信信托(416.21%)	万向信托(90.39%)	万向信托(90.18%)
第3名	华润信托(137.22)	重庆信托(129.05)	中泰信托(366.19%)	云南信托(379.00%)	国元信托(89.05%)	中融信托(90.00%)

注:括号内数值单位为亿元。

第二节　自营业务不良资产

从整体来看,2016年信托公司固有业务风险持续显露。自营业务平均不良资产规模为19562万元,较2015年减少2379万元,但不良资产总体规模从74亿元增加到113亿元,为历年增长之最,不良资产表现令人担忧。

结合后面不良资产规模分布可以看出,68家信托公司中有42家存在不良资产,较2015年增加3家。与上一年度相比不良资产规模缩减的有23家。总体而言,2016年信托自营业务不良资产大幅增加,资产质量下降,经营风险加大。2016年变异系数为1.67,反映了公司间差异较上年增大。主要是亿元以上不良资产规模企业的数量大幅上升(从16家增加到24家),这些企业集中导致了行业整体表现下降。见表7-2。

表7-2 2012—2016年度自营不良资产规模的统计分析表

	2012年	2013年	2014年	2015年	2016年
合计(万元)	163199	265181	400477	745998	1134621
平均值(万元)	2473	3900	6068	21941	19562
平均值增长幅度(万元)	-884	1427	2168	15873	-2379
平均值增长率(%)	-26.33	57.70	55.59	261.59	-10.84
公司数目	66	68	66	68	68
不良资产缩减的公司数	11	13	13	12	23
最大值(万元)	70731	64232	77652	144367	160784
最小值(万元)	0	0	0	0	0
标准差(万元)	9679	10208	13940	26241	33191
变异系数	3.91	2.62	2.30	1.20	1.67

如表7-3,从不良资产率来看,2016年68家公司平均不良资产率为4.13%,较上一年度大幅增加。不良资产率最大值为31.35%,呈逐年下降趋势。21家公司的不良资产率低于上一年度。不良资产率的公司间差异为1.64。总体来看,2016年信托公司自营不良资产率较规模而言表现不好,平均不良资产率大幅高于上年,经营风险加大。华宸信托、浙商金汇、吉林信托不良率较高,分别为31.35%、26.19%和22.87%。信托公司不良资产率升高,一方面是因为这些公司固有资产配置中贷款、应收账款增加,信用风险逐渐显现;另一方面也可能是由于固有资金接盘信托风险项目,可能涉及相关资产风险由表外向表内传递。2016年,银监会发布《关于进一步加强信托公司风险监管工作的意见》,指出表外业务风险可能向表内传递的,需要在财务报表中通过预计负债进行反映。根据信托公司年报披露,新华信托、华信信托、中海信托、平安信托、中粮信托等28家信托公司都与保障基金公司开展了业务合作,通过负债资金参与金融市场投资,使得自身杠杆风险加大。另外,浙商金汇、光大兴陇、国投泰康、爱建信托和厦门国信2016年末股票投资规模进一步上升,增幅超过100%,需要关注其股票二级市场投资风险。

表7-3 2012—2016年度自营不良资产率的统计分析表

	2012年	2013年	2014年	2015年	2016年
平均值(%)	1.3	0.05	0.12	2.71	4.13
平均值增长率(%)	-0.93	-1.25	0.07	2.59	1.42
公司数目	66	68	66	68	68
不良资产率缩减的公司数	7	14	14	21	21
最大值(%)	80.29	55.82	50.52	47.60	31.35
最小值(%)	0.00	0.00	0.00	0.00	0.00
标准差(%)	10.18	7.57	10.36	8.35	6.77
变异系数	7.83	3.46	2.59	3.08	1.64

从不良资产规模的分布区间来看,2016年亿元以上不良资产公司为23家(占全部信托公司数的33.82%),而2012年只有2家,2014年为9家,2015年为16家,越来越多的公司步入亿元不良资产行列。亿元以上不良资产公司产生了90%以上的信托行业不良资产,监管对象和风控重点应集中在这23家公司,还有10家公司没有披露不良资产,也应该引起关注。见表7-4。

表7-4 自营不良资产规模分布

不良资产规模区间	亿元及以上区间	0~亿元区间	0元	总计
2016年公司数目(占比)	23 (33.82%)	19 (27.94%)	16 (23.53%)	68
2015年公司数目(占比)	16 (23.53%)	23 (33.82%)	29 (42.65%)	68
2016年不良资产规模合计(占比)	1064439万元 (93.81%)	70182万元 (6.19%)	0	1134621万元
2015年不良资产规模合计(占比)	680892万元 (91.27%)	65106万元 (8.73%)	0	745998万元

从信托公司不良资产规模增幅来看,2016年不良资产规模缩减最多的是新华信托,缩减3.87亿元,其次是山东国信和华澳信托。不良资产率缩减最多的是浙商金汇(缩减21.41%),其次是中泰信托和华澳信托。其中,新华信托连续四年不良资产规模有较大规模缩减。近两年的不良资产率也有所缩减,浙商金汇2016年的不良资产率也逐年大幅缩减,资产质量稳健提升。见表7-5。

表7－5　　信托公司自营不良资产缩减前5名

	不良资产规模缩减前5名（2016年）	不良资产规模缩减前5名（2015年）	不良资产率缩减前5名（2016年）	不良资产率缩减前5名（2015年）
第1名	新华信托（－38721）	长安国信（－51532）	浙商金汇（－21.41%）	新时代（－32.86%）
第2名	山东国信（－20903）	中信信托（－27743）	中泰信托（－19.50%）	新华信托（－28.50%）
第3名	华澳信托（－9605）	外贸信托（－23761）	华澳信托（－6.00%）	华宸信托（－19.54%）
第4名	华宸信托（－3610）	华鑫信托（－5891）	新华信托（－5.33%）	吉林信托（－12.00%）
第5名	山西信托（－3353）	吉林信托（－2988）	山东信托（－4.04%）	长安信托（－9.14%）

注：括号内不良资产规模缩减单位为万元。

从不良资产的构成来看，按照银监会要求，我国信托公司资产质量实行五级分类管理，次级、可疑和损失类资产即不良资产直接反映了信托公司资产的质量和安全程度。2016年度信托公司正常类资产平均112亿元，占全部资产的94.97%，而次级、可疑和损失类不良资产总计102亿元，占资产总额的2.56%。见表7－6。

表7－6　　2016年度信托公司资产类别　　单位：万元

资产类别	正常	关注	次级	可疑	损失	不良资产合计
合计	37923215	1024963	422662	410462	226993	1022756
平均	1123712	36426	15608	14959	8168	38735
占比	94.97%	2.57%	1.06%	1.03%	0.57%	2.56%

第八章　人力资源分析

第一节　人力资源基本情况

2016 年度信托行业从业人员的整体规模总数为 18393 人，较上一年增长 5.04%，增速上涨 1.01%。信托行业人员队伍不断扩大，但在金融机构中属从业人员较少的行业，而且随着经济下行、信托业景气度下降和业务营销难度加大等因素，人员扩张速度大幅放缓，具体在披露的 68 家公司中，21 家公司出现人员递减的情况。2016 年信托行业人员的变异系数继续保持在 1 左右，各公司间差距逐步缩小。见表 8－1。

表 8－1　　2012—2016 年度信托公司从业人员规模的统计分析表

	2012 年	2013 年	2014 年	2015 年	2016 年
总数(人)	11523	14233	16388	17554	18393
平均值(人)	175	212	248	258	271
平均值增长幅度(人)	26	37	36	10	13
平均值增长率(%)	17.45	21.14	16.98	4.03	5.04
公司数目	66	68	66	68	68
从业人员增加的公司数	58	61	54	46	47
最大值(人)	1221	1620	1815	1980	1939
最小值(人)	20	41	51	49	76
标准差(人)	179.41	221.48	253.7	266.31	253.84
变异系数	1.02	1.04	1.02	1.03	0.94

各信托公司中，从业人员的规模分布以 1000 人以下的中小型信托公司为主，2016 年规模前三位为中融信托、平安信托和四川信托。2016 年从业人员增幅前三名为中建投、中航信托和建信信托，高质量人员的流入也为这些公司业绩增长带来了一定支撑。见表 8－2、8－3。

表 8－2　　2014—2016 年度信托公司从业人员规模前 3 名

	2016 年从业人员规模	2015 年从业人员规模	2014 年从业人员规模
第 1 名	中融信托(1939)	中融信托(1980)	中融信托(1815)
第 2 名	平安信托(972)	平安信托(1120)	平安信托(1053)
第 3 名	四川信托(725)	四川信托(744)	四川信托(752)

注:括号内从业人员规模单位为人。

表 8－3　　2014—2016 年度信托公司从业人员规模增幅前 3 名

	2016 年增幅	2015 年增幅	2014 年增幅
第 1 名	中建投(90)	中融信托(165)	中融信托(399)
第 2 名	中航信托(75)	中建投(95)	长安国信(116)
第 3 名	建信信托(72)	光大兴陇(71)	华能贵诚(113)

注:括号内从业人员规模增幅单位为人。

从披露的信托公司从业人员年龄来看,已披露的 16 家公司中,平均年龄为 35.36 岁,与 2015 年相比上涨。从业人员最大年龄为 40.92 岁,最小年龄为 30.47 岁,行业内分布几乎不存在差异化,整体呈现年轻化态势。在年龄段分布上,30～39 岁人员占比最多,其次是 29 岁以下人员,40 岁以下人群是信托行业的主力。见表 8－4、表 8－5。

表 8－4　　2012—2016 年度信托公司从业人员年龄的统计分析表

	2012 年	2013 年	2014 年	2015 年	2016 年
平均值(岁)	35.72	35.20	35.07	35.00	35.36
平均值增长幅度(岁)	0.23	－0.52	－0.13	－0.07	0.36
平均值增长率(%)	0.64	－1.45	－0.37	－0.20	1.03
公司数目	24	17	17	20	16
最大值(岁)	41	42	41	41	40.92
最小值(岁)	32.33	31.51	31.70	32	30.47
标准差(岁)	2.43	2.65	2.76	2.61	2.62
变异系数	0.07	0.08	0.07	0.07	0.07

表 8－5　　2016 年度信托公司从业人员年龄分布

年龄分布	29 岁以下	占比	30～39 岁	占比	40 岁以上	占比
平均人数	90	33.34%	132	48.93 %	59	21.76 %

注:单位为人。

2016 年披露信息的公司中,平均年龄最小的是国元信托(30.47 岁),兴业信托和浙商信托平均年龄均为33岁,各年度从业人员平均年龄变化不大。

表8-6　　2014—2016年度信托公司从业人员年龄最小的前3名

	2016年	2015年	2014年
第1名	国元信托(30.47)	平安信托(32.00)	兴业信托(31.70)
第2名	兴业信托(33.00)	兴业信托(32.10)	云南国信(31.74)
第3名	浙商信托(33.00)	中泰信托(33.00)	工商信托(32.70)

注:括号内从业人员年龄单位为岁。

第二节　人力资源岗位分布

一、人力资源岗位总体分布

从2016年度披露情况来看,在信托公司人员岗位分布中,高管人员平均人数为9人,占3.42%,自营人员平均为9人,占3.37%,信托业务人员平均157人,占58.07%,其余为其他人员。其中,信托业务人员的变异系数最大,公司间差异较大。高管人数最多的是华融国信(21人),人数最少的为万向信托和浙江金汇(4人);自营人员人数最多的为平安信托(59人),中融信托和华融国信人数最少(0人);中融信托的信托业务人员达到974人,居行业首位。增加自营业务人员,加大自营业务的比重,是信托业新形势下两条腿走路保障公司健康平稳发展的重要途径。见表8-7。

表8-7　　2016年度信托公司从业人员岗位分布的统计分析表

	高管	自营	信托
平均值(人)	9	9	157
占比(%)	3.42	3.37	58.07
公司数目	68	57	60
最大值(人)	21	59	974
最小值(人)	4	0	26
标准差(人)	3.54	8.79	156.85
变异系数	0.38	0.97	0.99

二、信托业务人员分布

信托业务人员是信托公司的主力。从2012—2016年信托业务人员的统计分析来看,2016年信托业务人员的平均人数为157人,较前一年所有下降,占全部从业人员比重增加了5.8%。信托人员的行业内分布不均仍然较高,公司间差异较大。见表8-8。

表8-8 2012—2016年度信托公司信托业务人员的统计分析表

	2012年	2013年	2014年	2015年	2016年
平均值(人)	105	131	151	133	157
占比(%)	50.98	61.61	60.80	52.27	58.07
占比增幅(%)	1.3	1.52	-0.81	-8.53	5.8
最大值(人)	784	1045	1332	1167	974
最小值(人)	7	19	29	22	26
标准差(人)	132.14	162.89	203.74	160.89	156.85
变异系数	1.26	1.24	1.35	1.21	0.99

第三节 人力资源学历分布

2012—2016年博士学历人员的绝对数量保持平稳,2016年平均每家公司6人,相比其他层次人员,变异系数较小,各公司间分布差异不大。与博士学历人员情况不同,硕士学历从业人员持续大幅增加,成为各信托公司的主力军,但与上一年度同期相比,增长幅度放缓。高学历人员(包括硕士和博士两个层次)的平均人数由2012年的78人激增至2016年的134人,所占比例也增加到49.38%。见表8-9。

表8-9 2012—2016年度信托公司从业人员学历的统计分析表

		2012年	2013年	2014年	2015年	2016年
披露公司数目		66	68	66	68	68
博士	平均值(人)	4	5	5	5	6
	占比(%)	2.46	3.15	2.05	2.30	2.04
	占比增长幅度(%)	-0.69	0.83	-0.20	-0.16	-0.26
	最大值	19	60	23	18	17
	最小值	0	0	0	0	0
	标准差	3.83	7.97	4.36	4.14	4.48
	变异系数	0.96	1.71	0.82	0.83	0.81

续表

		2012年	2013年	2014年	2015年	2016年
硕士	平均值(人)	74	57	120	97	129
	占比(%)	42.12	38.67	46.33	45.56	47.74
	占比增长幅度(%)	3.45	5.6	0.48	3.44	2.18
	最大值	508	349	643	745	601
	最小值	3	2	17	9	29
	标准差	78.67	60.83	101.78	104.35	98.64
	变异系数	1.06	1.07	0.85	1.08	0.76
本科	平均值(人)	76.29	69	114	93	117
	占比(%)	43.70	46.74	44.22	43.80	43.24
	占比增长幅度(%)	3.04	2.32	0.43	0.10	-0.56
	最大值	599	642	1112	757	1136
	最小值	9	15	25	10	10
	标准差	88.21	87.17	146.03	103	143.71
	变异系数	1.16	1.27	1.28	1.11	1.23
高学历	平均值(人)	78	62	125	102	134
	占比(%)	44.59	41.82	48.38	47.85	49.38
	占比增长幅度(%)	2.77	6.43	0.27	3.26	1.53
	最大值	514	355	653	757	607
	最小值	6	3	19	10	30
	标准差	80.89	63.10	104.73	23.42	101.67
	变异系数	1.04	1.02	0.84	0.23	0.76

具体到各信托公司，博士学历人员最多的是建信信托和陕西国信(23人)，其次为中信信托和华融信托(17人)；博士学历人员占比最高的是百瑞信托(6.22%)；硕士学历人员最多的是中融信托(601人)，硕士占比最高的仍为百瑞信托(68.39%)；综合博士和硕士高学历人员，中融信托人数最多(607人)，百瑞信托的比例最高(74.61%)。见表8-10。

表 8－10　　2016 年度信托公司人力资源学历分布排名前 3 名

	博士规模（人）	博士占比（%）	硕士规模（人）	硕士占比（%）	高学历规模（人）	高学历占比（%）
第 1 名	建信信托 陕西国信 （23）	百瑞信托 （6.22%）	中融信托 （601）	百瑞信托 （68.39%）	中融信托 （607）	百瑞信托 （74.61%）
第 2 名	中信信托 华融信托 （17）	甘肃信托 （5.54%）	平安信托 （474）	中信信托 （67.89%）	平安信托 （487）	华鑫信托 （71.21%）
第 3 名	甘肃信托 兴业信托 （15）	建信信托 （4.96%）	中信信托 （351）	山东国信 （67.19%）	中信信托 （367）	中信信托 （70.99%）

第九章　公司治理结构分析

第一节　信托公司股权结构分析

根据第一大股东持股信息数据来看（见表9－1），68家信托公司均对各大股东的持股比例进行了披露，与2015年持股信息的披露情况相同。从2016年各大公司的披露数据来看（见表9－2），我国信托公司的股权结构依然呈现高度集中的特征，主要表现有：第一大股东股权比例在90%及其以上的公司为13家，比2015年减少1家；持股比例在80%至90%之间的公司为9家，比2015年增加2家；持股比例在70%至80%之间的公司为7家，比2015年减少1家；持股比例在60%至70%之间的公司为9家，比2015年减少2家；持股比例在50%至60%之间的公司为12家，比2015年增加4家。因此，在所调查的这68家信托公司中，第一股东持股比例在50%以上即达到绝对控股地位的有50家，比上年增加了1家，而持股比例在50%以下的只有18家。

表9－1　　第一大股东信息

序号	公司简称	第一大股东名称	持股比例
1	中诚信托	中国人民保险集团股份有限公司	32.921%
2	新华信托	上海珊瑚礁信息系统有限公司	40.000%
3	华信信托	华信汇通集团有限公司	26.290%
4	上海国信	上海浦东发展银行股份有限公司	97.333%
5	中海信托	中国海洋石油总公司	95.000%
6	平安信托	中国平安保险（集团）股份有限公司	99.880%
7	厦门国信	厦门金圆金控股份有限公司	80.000%
8	吉林信托	吉林省财政厅	97.496%
9	东莞信托	东莞金融控股集团有限公司	73.500%
10	西藏信托	西藏自治区财政厅	80.000%
11	山西信托	山西金融投资控股集团有限公司	90.700%
12	甘肃信托	中国光大集团股份公司	51.000%

续表

序号	公司简称	第一大股东名称	持股比例
13	中融信托	经纬纺织机械股份有限公司	37.470%
14	中信信托	中国中信集团公司	80.000%
15	苏州信托	苏州国际发展集团有限公司	70.010%
16	外贸信托	中国中化集团股份有限公司	96.220%
17	江苏国信	江苏省国信股份有限公司	81.490%
18	华融国信	中国华融资产管理股份有限公司	98.400%
19	粤财信托	广东粤财投资控股有限公司	98.140%
20	天津信托	天津海泰控股集团有限公司	51.580%
21	北方国信	天津泰达投资控股有限公司	32.330%
22	百瑞信托	国家电投集团资本控股有限公司	50.240%
23	中原信托	河南投资集团有限公司	46.429%
24	华宸信托	包头钢铁(集团)有限责任公司	36.500%
25	湖南信托	湖南财信投资控股有限责任公司	96.000%
26	兴业信托	兴业银行股份有限公司	73.000%
27	工商信托	杭州市投资控股有限公司	57.992%
28	建信信托	中国建设银行股份有限公司	67.000%
29	国民信托	上海丰益股权投资基金有限公司	31.730%
30	华宝信托	中国宝武钢铁集团有限公司	98.000%
31	中泰信托	中国华闻投资控股有限公司	31.570%
32	英大信托	国网英大国际控股集团有限公司	84.550%
33	国联信托	无锡市国联发展(集团)有限公司	65.850%
34	安信信托	上海国之杰投资发展有限公司	52.440%
35	陕西国信	陕西煤业化工集团有限责任公司	34.58%
36	新时代	新时代远景(北京)投资有限公司	58.540%
37	山东国信	山东省鲁信投资控股集团有限公司	63.020%
38	华润信托	华润股份有限公司	51.000%
39	国元信托	安徽国元控股(集团)有限责任公司	49.688%
40	中江国信	领锐资产管理股份有限公司	32.740%
41	国投泰康	国投资本控股有限公司	55.000%
42	昆仑信托	中油资产管理有限公司	82.180%
43	长安国信	西安投资控股有限公司	40.440%
44	西部信托	陕西省电力建设投资开发公司	57.780%
45	云南国信	云南省财政厅	25.000%
46	重庆国信	重庆国信投资控股有限公司	66.990%

续表

序号	公司简称	第一大股东名称	持股比例
47	北京国信	北京市国有资产经营有限责任公司	34.300%
48	交银国信	交通银行股份有限公司	85.000%
49	渤海信托	海航资本集团有限公司	60.22%
50	中建投信托	中国建银投资有限责任公司	90.050%
51	中铁信托	中国中铁股份有限公司	78.911%
52	陆家嘴信托	上海陆家嘴金融发展有限公司	71.60.6%
53	爱建信托	上海爱建集团股份有限公司	99.330%
54	华能贵诚	华能资本服务有限公司	67.737%
55	中航信托	中航投资控股有限公司	80.000%
56	华澳信托	北京融达投资有限公司	50.010%
57	金谷信托	中国信达资产管理股份有限公司	92.290%
58	方正东亚	武汉金融控股(集团)有限公司	67.510%
59	四川信托	四川宏达(集团)有限公司	32.039%
60	大业信托	广州金融控股集团有限公司	38.330%
61	华鑫信托	中国华电集团公司	51.000%
62	五矿信托	五矿资本控股有限公司	66.000%
63	中粮信托	中粮资本投资有限公司	76.0095%
64	紫金信托	南京紫金投资集团有限责任公司	60.010%
65	长城新盛	长城股份公司	35.000%
66	浙商金汇	浙江国际贸易集团有限公司	56.000%
67	万向信托	中国万向控股有限公司	76.500%
68	民生信托	武汉中央商务区建设投资股份有限公司	82.7071%

表9-2　第一大股东持股比例分布

持股区间	100%	(100%, 90%]	(90%, 80%]	(80%, 70%]	(70%, 60%]	(60%, 50%]	(50%, 40%]	(40%, 30%]	(30%, 20%]	未披露	合计
2015年公司数量	1	14	7	8	11	8	3	13	2	1	68
占比	1.47%	20.59%	10.29%	11.76%	16.18%	11.76%	4.41%	19.12%	2.94%	1.47%	100.00%
2016年公司数量	0	13	9	7	9	12	4	12	2	0	68
占比	0	19.12%	13.24%	10.29%	13.24%	17.65%	5.87%	17.65%	2.94%	0	100.00%

由以上分析可以得出,2016年有绝对控股地位的公司数量有小幅度增加,因此所调查信托公司在2016年仍未改变股权高度集中和一股独大的显著特点。股权的高度集中导致控股股东对公司的控制力明显增强,有助于推动公司高级管理人员与股东尤其是控

股股东的利益趋同,代理成本因此而得到一定控制。但股权的高度集中会导致控股股东对公司的参与程度过高,从而导致董事包括独立董事、监事甚至中介机构缺乏独立性,进而导致较为严重的利益侵占问题。由上面的分析可见,大多数的公司都存在此问题,因此平衡股权结构应该成为信托公司进行公司治理的关键。

就关联交易数量来看(见表9-3),由于我国信托行业市场化程度较低,关联交易现象普遍存在。在统计的68家公司中有63家信托公司披露了2016年度的关联交易数量和金额,比2015年减少了3家,其中关联交易共计728起,总额达100776177万元,平均每家信托公司的关联交易金额为1599622万元,交易的数量比2015年有小幅减少,但是关联交易金额却比2015年大大增加。从交易金额来看(见表9-4),交易金额在100万以上的有15家,占总体的23.81%;100万元以下存在关联交易的公司有47家,比例约为74.60%,占绝大多数;2016年只有1家公司未发生关联交易,占比1.59%,可见我国信托公司基本上都存在关联交易。2016年所有公司的关联交易数量均在100以下,其中华信信托、西藏信托、山西信托、粤财信托等16家交易数量都控制在1家或2家,比上年有所减少。

由上分析可知,与2015年相比,2016年68家信托公司的关联交易有增加的趋势,关联交易通过集团内部适当的交易安排,可以使配置在一定程度上最优加强企业间合作,达到企业集团的规模经济效益。虽然关联交易能够降低谈判成本和交易成本,提高交易效率,但频繁的关联交易也可能存在着交易双方从中谋利、侵犯股东和中小投资者的状况。因此如何规范关联交易是信托行业的一个突出问题,也是监管机构重点关注的重点之一。

表9-3　　2016年关联交易数量　　单位:万元

序号	公司简称	关联方数量	关联交易金额
1	中诚信托	56	-119978.17
2	新华信托	3	348155.81
3	华信信托	1	558890.00
4	上海国信	7	2860633.46
5	中海信托	11	6173663.28
6	平安信托	25	5025322.34
7	厦门国信	12	123406.00
8	吉林信托	3	438.00
9	东莞信托	5	134650.00

续表

序号	公司简称	关联方数量	关联交易金额
10	西藏信托	2	73100.00
11	山西信托	2	6303.04
12	甘肃信托	6	8895196.63
13	中融信托	12	1836651.89
14	中信信托	22	2365138.77
15	苏州信托	59	330774.54
16	外贸信托	4	3652.56
17	江苏国信	6	355203.64
18	华融国信	7	2106590.05
19	粤财信托	1	670.45
20	天津信托	2	60000.00
21	北方国信	5	289000.00
22	百瑞信托	4	2912439.61
23	中原信托	38	467670.99
24	华宸信托	1	180000.00
25	湖南信托	3	74576.00
26	兴业信托	12	29516027.76
27	工商信托	1	9.00
28	建信信托	7	1662946.04
29	国民信托	1	287.69
30	华宝信托	3	305383.00
31	中泰信托	4	15822.42
32	英大信托	90	15647149.45
33	国联信托	4	28040.00
34	安信信托	未披露	未披露
35	陕西国信	未披露	未披露
36	新时代	未披露	未披露
37	山东国信	未披露	未披露
38	华润信托	17	6278516.49
39	国元信托	1	2.15
40	中江国信	1	180000.00
41	国投泰康	15	832474.29
42	昆仑信托	14	1730300

续表

序号	公司简称	关联方数量	关联交易金额
43	长安国信	70	817107.77
44	西部信托	8	365.58
45	云南国信	1	105000
46	重庆国信	44	1480336.26
47	北京国信	3	506820
48	交银国信	5	31991.17
49	渤海信托	20	1639288.10
50	中建投信托	2	2852.80
51	中铁信托	3	78460.11
52	陆家嘴信托	5	95972.35
53	爱建信托	0	0.00
54	华能贵诚	6	789895.00
55	中航信托	7	419327.31
56	华澳信托	未披露	未披露
57	金谷信托	6	524922.24
58	方正东亚	1	130.30
59	四川信托	4	770.56
60	大业信托	1	2300.00
61	华鑫信托	14	226363.24
62	五矿信托	10	821349.02
63	中粮信托	20	161550.00
64	紫金信托	2	171470.63
65	长城新盛	7	22442.21
66	浙商金汇	4	1096.01
67	万向信托	2	935.36
68	民生信托	16	1616323.45
合计		728	100776177
平均		12	1599622

表9－4　关联交易金额情况

关联交易金额数目	100万元以上	100万元以下	未发生关联交易	披露总数
公司数量	15	47	1	63
占比	23.81%	74.60%	1.59%	100%

第二节　董事会结构分析

依据68家信托公司2016年的董事会设置(见表9-5),有59家信托公司的第一大股东会担任董事长一职,剩余公司的第一大股东未担上述职务。与2015年相比,第一大股东的控股情况有所改善,但从总数来看,第一大股东对公司的经营决策仍然具有较高的掌控能力。在被研究的68家公司中,第一大股东担任董事长并同时兼任总经理或者总裁一职的有23家企业,较2015年两职兼任的企业数量有减少的趋势。董事直接兼任公司经营管理人员,在董事长有时间行使总经理的权利时,决策速度快;节省了总经理的工资开支;防止了总经理吃里爬外的行为。但这使得公司管理架构缺失,不利于公司管理层次的提升,妨碍了下属的发展,董事长行事则更加武断,而且董事长没时间行使总经理权利时,会出现扯皮现象。容易造成董事会实际干预经营的局面,股东、董事会与经营管理层之间并没有各司其职、明确分工,没有形成彼此之间的良性互动,这对公司的治理是不利的。

表9-5　董事会设置

序号	公司简称	第一大股东名称	担任高管职务
1	中诚信托	中国人民保险集团股份有限公司	总裁
2	新华信托	上海珊瑚礁信息系统有限公司	未担任
3	华信信托	华信汇通集团有限公司	董事长
4	上海国信	上海浦东发展银行股份有限公司	董事长
5	中海信托	中国海洋石油总公司	董事长、总裁、财务总监
6	平安信托	中国平安保险(集团)股份有限公司	董事长、总经理、副总经理
7	厦门国信	厦门金圆金控股份有限公司	董事长、副总经理
8	吉林信托	吉林省财政厅	董事长
9	东莞信托	东莞金融控股集团有限公司	董事长、副董事长
10	西藏信托	西藏自治区财政厅	董事长
11	山西信托	山西金融投资控股集团有限公司	董事长
12	甘肃信托	中国光大集团股份公司	董事长
13	中融信托	经纬纺织机械股份有限公司	董事长、副董事长、财务总监
14	中信信托	中国中信集团公司	董事长、副董事长、副总经理
15	苏州信托	苏州国际发展集团有限公司	董事长
16	外贸信托	中国中化集团股份有限公司	董事长、总经理、副总经理

续表

序号	公司简称	第一大股东名称	担任高管职务
17	江苏国信	江苏省国信股份有限公司	董事长
18	华融国信	中国华融资产管理股份有限公司	董事长、副董事长
19	粤财信托	广东粤财投资控股有限公司	董事长、副总经理
20	天津信托	天津海泰控股集团有限公司	董事长
21	北方国信	天津泰达投资控股有限公司	董事长
22	百瑞信托	国家电投集团资本控股有限公司	董事长
23	中原信托	河南投资集团有限公司	董事长
24	华宸信托	包头钢铁（集团）有限责任公司	董事长
25	湖南信托	湖南财信投资控股有限责任公司	董事长、总裁
26	兴业信托	兴业银行股份有限公司	董事长、副总裁
27	工商信托	杭州市投资控股有限公司	董事长
28	建信信托	中国建设银行股份有限公司	董事长、总裁
29	国民信托	上海丰益股权投资基金有限公司	未披露
30	华宝信托	中国宝武钢铁集团有限公司	董事长、总经理、副总经理
31	中泰信托	中国华闻投资控股有限公司	董事长
32	英大信托	国网英大国际控股集团有限公司	董事长
33	国联信托	无锡市国联发展（集团）有限公司	董事长
34	安信信托	上海国之杰投资发展有限公司	未披露
35	陕西国信	陕西煤业化工集团有限责任公司	未披露
36	新时代	新时代远景（北京）投资有限公司	未披露
37	山东国信	山东省鲁信投资控股集团有限公司	董事长
38	华润信托	华润股份有限公司	董事长
39	国元信托	安徽国元控股（集团）有限责任公司	董事长
40	中江国信	领锐资产管理股份有限公司	未披露
41	国投泰康	国投资本控股有限公司	董事长
42	昆仑信托	中油资产管理有限公司	董事长、副总裁
43	长安国信	西安投资控股有限公司	董事长、副总裁
44	西部信托	陕西省电力建设投资开发公司	董事长
45	云南国信	云南省财政厅	无
46	重庆国信	重庆国信投资控股有限公司	董事长
47	北京国信	北京市国有资产经营有限责任公司	董事长、副董事长、总经理、副总裁
48	交银国信	交通银行股份有限公司	董事长、总裁、副总裁
49	渤海信托	海航资本集团有限公司	董事长、总裁

续表

序号	公司简称	第一大股东名称	担任高管职务
50	中建投信托	中国建银投资有限责任公司	董事长、总经理、常务副总经理
51	中铁信托	中国中铁股份有限公司	董事长、副董事长、总经理、常务副总经理
52	陆家嘴信托	上海陆家嘴金融发展有限公司	董事长
53	爱建信托	上海爱建集团股份有限公司	董事长、副董事长
54	华能贵诚	华能资本服务有限公司	董事长
55	中航信托	中航投资控股有限公司	董事长
56	华澳信托	北京融达投资有限公司	董事长
57	金谷信托	中国信达资产管理股份有限公司	董事长、总经理
58	方正东亚	武汉金融控股(集团)有限公司	董事长
59	四川信托	四川宏达(集团)有限公司	董事长、副总裁、财务总监
60	大业信托	广州金融控股集团有限公司	董事长
61	华鑫信托	中国华电集团公司	董事长、副总经理
62	五矿信托	五矿资本控股有限公司	董事长、董事
63	中粮信托	中粮资本投资有限公司	董事、独立董事
64	紫金信托	南京紫金投资集团有限责任公司	董事长、董事、独立董事、总裁
65	长城新盛	长城股份公司	董事长、董事、独立董事、副总经理、风险总监
66	浙商金汇	浙江国际贸易集团有限公司	董事长、董事、独立董事、总经理、
67	万向信托	中国万向控股有限公司	董事长、董事
68	民生信托	武汉中央商务区建设投资股份有限公司	董事长、副董事长、董事、独立董事、总裁、首席稽核总监、董事会秘书

就董事数量而言(见表9-6),2016年披露相关信息的公司为63家,较2014年减少3家。依据调查,2016董事会人数平均数约为6人,高于2015年的平均水平4人,人数最多的是北京国信,达到13人,人数最少的为中诚信托、山西信托和方正东亚,均为1人,而2015年有1家公司董事会人数为0,可以看出,2016年董事会成员有增加的趋势。学术界认为董事会规模与公司绩效之间存在着明显的倒U形曲线,人数过多会导致沟通不到位、决策效率低下、成本上升等问题,人数过少又难以实现真正的集体决策,一般认为7~8人为最佳人数标准。由以上的分析可以得知,我国信托公司的董事会规模结构有待改善,但同时也应该考虑信托行业的特殊性。

表9－6　　董事数量

序号	公司简称	董事数量
1	中诚信托	1
2	新华信托	2
3	华信信托	2
4	上海国信	4
5	中海信托	4
6	平安信托	7
7	厦门国信	4
8	吉林信托	2
9	东莞信托	5
10	西藏信托	6
11	山西信托	1
12	甘肃信托	3
13	中融信托	4
14	中信信托	8
15	苏州信托	6
16	外贸信托	6
17	江苏国信	6
18	华融国信	8
19	粤财信托	4
20	天津信托	4
21	北方国信	5
22	百瑞信托	4
23	中原信托	3
24	华宸信托	2
25	湖南信托	6
26	兴业信托	4
27	工商信托	3
28	建信信托	7
29	国民信托	10
30	华宝信托	8
31	中泰信托	10
32	英大信托	9
33	国联信托	9
34	安信信托	未披露

续表

序号	公司简称	董事数量
35	陕西国信	未披露
36	新时代	未披露
37	山东国信	未披露
38	华润信托	3
39	国元信托	未披露
40	中江国信	9
41	国投泰康	9
42	昆仑信托	9
43	长安国信	8
44	西部信托	10
45	云南国信	9
46	重庆国信	12
47	北京国信	13
48	交银国信	8
49	渤海信托	7
50	中建投信托	10
51	中铁信托	8
52	陆家嘴信托	7
53	爱建信托	12
54	华能贵诚	3
55	中航信托	4
56	华澳信托	4
57	金谷信托	4
58	方正东亚	1
59	四川信托	3
60	大业信托	3
61	华鑫信托	5
62	五矿信托	3
63	中粮信托	7
64	紫金信托	3
65	长城新盛	4
66	浙商金汇	7
67	万向信托	7
68	民生信托	11

第十章 非财务信息披露情况分析

第一节 影响公司发展的有利因素分析

根据所调查的数据(见表 10－1),2016 年被调查信托公司普遍认为影响自身发展的前五位有利因素是:(1)居民收入持续增长,高净值人群不断增多;(2)经济平稳发展,宏观经济环境好;(3)监管环境进一步向好,制度保证政策支持加强;(4)信托市场逐步成熟,信托公司的资产管理能力得到市场认可;(5)私人理财需求迅速膨胀。2015 年与 2016 年相同,2014 年被普遍认为影响信托公司发展的前五位有利因素是:(1)经济平稳发展,宏观经济环境好;(2)居民可支配收入增加,国民财富积累;(3)信托市场逐步成熟,信托公司的资产管理能力得到市场认可;(4)财富理财管理市场的巨大需求和潜力;(5)监管环境进一步向好,制度保证政策支持加强。

综上可以发现,过去三个年度影响信托公司发展的有利因素基本没有发生重大变动,宏观环境、行业环境和监管环境基本上都是大家认同的主要影响因素。与 2015 年相比,宏观环境因素仍然是主要有利因素,其他四个主要因素没有变化。监管环境因素仍保持在第三位,说明信托业务监管环境的优化为信托公司的发展带来了极大的便利,能够为信托业发展提供更强大的法律制度支撑,推动信托业发展实现新的高度。信托业正处于成长阶段,以及行业法制建设提升阶段,以此强化行业发展的法制支撑,这就需要监管部门不断推进信托制度与现有法律法规的融合,满足信托机构在业务发展等多方面的制度需求,从而有效促进行业可持续发展,以此实现我国信托业由人治向法治的转变(见表 10－2)。

表 10－1　　2016 年影响信托公司发展的有利因素

序号	有利因素	认同公司数量
1	居民收入持续增长,高净值人群不断增多	30
2	经济平稳发展,宏观经济环境好	24

续表

序号	有利因素	认同公司数量
3	监管环境进一步向好,制度保证政策支持加强	24
4	信托市场逐步成熟,信托公司的资产管理能力得到市场认可	22
5	私人理财需求迅速膨胀	21
6	财富理财管理市场的巨大需求和潜力	20
7	供给侧改革带来新的发展机遇	15
8	依托股东的资源和品牌优势	10
9	制度优势和平台优势,创新能力强	9
10	良好的信誉和品牌形象,先进管理理念	9
11	专业的资产经营管理团队的建立	8
12	利率市场化、人民币国际化进程加速,多层次市场体系建设加快推进	8
13	地域、资源优势	7
14	城镇化进程加快,基础设施愈发完善	7
15	激烈的行业竞争的推动	6
16	优良的资产	5
17	资产证券化备案制的改革政策	4
18	央行“双降”,社会融资成本下降	3
19	新的“十三五”布局	3
20	互联网金融发展	3
21	银信、信证、政信合作业务的广度深度提升	2
22	金融体制改革的深化	2
23	行业盈利能力和市场影响力不断提高	2
24	国企改革进一步深化	2
25	“大众创业、万众创新”催生新产业新业态	2
26	与地方政府建立合作关系	1
27	信托业创新转型初露端倪	1
28	信托业保障基金正式启动	1
29	信托行业风险整体下降	1
30	未分配利润转增为注册资本	1
31	基础设施、能源、交通行业及新兴行业的发展提供更广阔的业务拓展空间	1
32	股市持续震荡以及证监会的清理整顿行动	1
33	《信托公司行业评级指引(试行)》和《信托公司条例(代拟稿)》等一系列顶层制度的出台	1

表 10-2　　2014—2016 年三年有利因素对比

序号	2016 年	2015 年	2014 年
1	居民收入持续增长,高净值人群不断增多	居民收入持续增长,高净值人群不断增多	经济平稳发展,宏观经济环境好
2	经济平稳发展,宏观经济环境好	经济平稳发展,宏观经济环境好	居民可支配收入增加,国民财富积累
3	监管环境进一步向好,制度保证政策支持加强	监管环境进一步向好,制度保证政策支持加强	信托市场逐步成熟,信托公司的资产管理能力得到市场认可
4	信托市场逐步成熟,信托公司的资产管理能力得到市场认可	信托市场逐步成熟,信托公司的资产管理能力得到市场认可	财富理财管理市场的巨大需求和潜力
5	私人理财需求迅速膨胀	私人理财需求迅速膨胀	监管环境进一步向好,制度保证政策支持加强

第二节　影响公司发展的不利因素分析

2016 年有关影响信托公司发展的不利因素分析(见表 10-3),被普遍认可的不利于信托公司发展的因素按照重要性排在前五位的有:(1) 宏观经济持续下行,利率下降,部分宏观调控政策增加了传统信托融资风险;(2)经济进入新常态,信托公司传统的行业投向利润收窄、风险增加;(3)市场不确定性增加,金融市场波动大,业务风险管理压力加大;(4)资产管理市场同质化竞争加剧,优质业务机会少,信托行业处于弱势地位;(5)信托传统业务难以支撑营收增长,新的增长点尚未形成,行业进入转型和创新的关键时期。而 2015 年不利于信托公司发展的因素按照重要性排在前五位的有:(1)宏观经济下行,经济增速放缓;(2)互联网金融的冲击;(3)房地产、基础设施等行业调整仍在继续,风险较大;(4)金融大资管竞争加剧,资本市场运作难度加大;(5)世界经济低迷,复苏乏力。2014 年排在前五位的因素有:(1)宏观经济下行;(2)"泛资管"全面开启,资产管理行业全面开放,竞争激烈;(3)与银行、证券、保险等相关行业竞争加剧;(4)信用风险上升,市场风险加大;(5)互联网金融快速崛起的冲击。

根据过去三个年度影响信托公司发展的不利因素分析来看(见表 10-4),宏观环境下行的影响程度仍居第一位;"互联网金融的冲击"因素的重要程度较 2016 年减小,不再存在于前五位;同时行业调整带来的风险有增大的趋势,同时还受世界经济发展的影响。

总之,信托行业虽受到宏观环境和自身调整的影响,但本身仍有巨大的发展潜力,信托公司在充分利用推动信托行业发展的有利因素的同时，也不可忽视影响业务发展的不利因素。

表10-3　　2016年影响信托公司发展的不利因素

序号	不利因素	认同公司
1	宏观经济持续下行，利率下降，部分宏观调控政策增加了传统信托融资风险	32
2	经济进入新常态，信托公司传统的行业投向利润收窄、风险增加	20
3	市场不确定性增加，金融市场波动大，业务风险管理压力加大	16
4	资产管理市场同质化竞争加剧，优质业务机会少，信托行业处于弱势地位	15
5	信托传统业务难以支撑营收增长，新的增长点尚未形成，行业进入转型和创新的关键时期	13
6	调控政策使房地产投资放缓，房地产投资信托风险增大	10
7	行业收入增长放缓，报酬率下降，风险陆续暴露	9
8	业务转型压力大，资产证券化和境外理财等创新业务的市场规模和盈利能力尚需接受市场实践检验	9
9	资管行业监管标准趋严，对信托行业风险监管强化	5
10	业务创新能力和团队建设需要不断加强，客户结构有待优化	5
11	利率市场化改革挤压套利空间，利差收窄致使传统信托盈利模式亟待转型	4
12	跨市场风险管理难度加大，部分金融产品交易复杂，风险管控能力需提升	4
13	传统业务利润贡献比例不断降低，业务开展难度持续加大	4
14	信托行业政策收紧，信托行业制度优势进一步减弱	3
15	信托报酬率仍然处于低水平	3
16	信托价值的社会认可度仍需提高	3
17	自有资金主动管理能力不足，自主管理能力与金融服务水平仍有待提升	3
18	优质投资项目稀缺	3
19	互联网金融的冲击	2
20	消费者投资理念与风险意识有待提高	2
21	信托来源资金对市场利率更加敏感，资金成本上升	2
22	供给侧改革使得对边缘过剩的行业项目的风险规避存在困难	2
23	公司净资本实力较弱，抵抗风险能力有待提升	2
24	公司治理结构还需不断完善，建立市场化的经营管理机制	2
25	各类金融行业的兴起使得竞争压力加大	2
26	短期业绩压力制约了长期转型发展	1

表 10－4　　2014—2016 年三年不利因素对比

序号	2016 年	2015 年	2014 年
1	宏观经济持续下行，利率下降，部分宏观调控政策增加了传统信托融资风险	宏观经济下行，经济增速放缓	宏观经济下行
2	经济进入新常态，信托公司传统的行业投向利润收窄、风险增加	互联网金融的冲击	“泛资管”全面开启，资产管理行业全面开放，竞争激烈
3	市场不确定性增加，金融市场波动大，业务风险管理压力加大	房地产、基础设施等行业调整仍在继续，风险较大	与银行、证券、保险等相关行业竞争加剧
4	资产管理市场同质化竞争加剧，优质业务机会少，信托行业处于弱势地位	金融大资管竞争加剧，资本市场运作难度加大	信用风险上升、市场风险加大
5	信托传统业务难以支撑营收增长，新的增长点尚未形成，行业进入转型和创新的关键时期	世界经济低迷，复苏乏力	互联网金融快速崛起的冲击

下篇　2016 年部分信托公司年报摘要

中江国际信托股份有限公司 2016年年度报告

目 录

1. 重要提示

1.1 本公司董事会及董事保证报告所载资料不存在任何虚假记载、误导性陈述或者重大遗漏,并对其内容的真实性、准确性和完整性承担个别及连带责任。

1.2 大信会计师事务所(特殊普通合伙)为本公司

出具了无保留意见的审计报告，本公司董事会对相关事项亦有详细说明，请客户及相关利益人注意阅读。

1.3 本公司负责人董事长裘强、主管会计工作负责人曾海及财务负责人彭缅良声明：保证年度报告中财务报告的真实、完整。

2. 公司概况

2.1 公司简介

中江国际信托股份有限公司（以下简称"中江信托"或"本公司"）的前身是成立于1981年6月的江西省国际信托投资公司。2003年3月，江西省国际信托投资公司、江西省发展信托投资股份有限公司、赣州地区信托投资公司以新设合并方式重新登记成立江西国际信托投资股份有限公司。2009年3月，经中国银监会核准换发新牌，本公司名称变更为江西国际信托股份有限公司。2012年10月，本公司更名为中江国际信托股份有限公司。报告期末，本公司注册资本为人民币30.05亿元。

表2.1

1	法定中文名称（缩写）	中江国际信托股份有限公司（中江信托）
2	法定英文名称（缩写）	zhongJiang International Trust Co.，LTD（zJI）
3	法定代表人	裘强
4	注册地址	南昌市北京西路88号江信国际金融大厦
5	邮政编码	330046
6	国际互联网网址	http://www.jxi.cn
7	电子信箱	http://www.jxi.cn
8	负责信息披露事务的高管人员	钟镰斧
9	联系人姓名	易勤华
10	联系电话	0791－86304498
11	传真电话	0791－86304500
12	电子信箱	ygh－jx@163.com
13	公司信息披露的报纸名称	上海证券报
14	公司年度报告备置地点	南昌市北京西路88号江信国际金融大厦25楼
15	公司聘请的会计师事务所名称及住所	大信会计师事务所（特殊普通合伙）
16	公司聘请的律师事务所名称及住所	江西豫章律师事务所，江西.南昌

2.2 组织结构

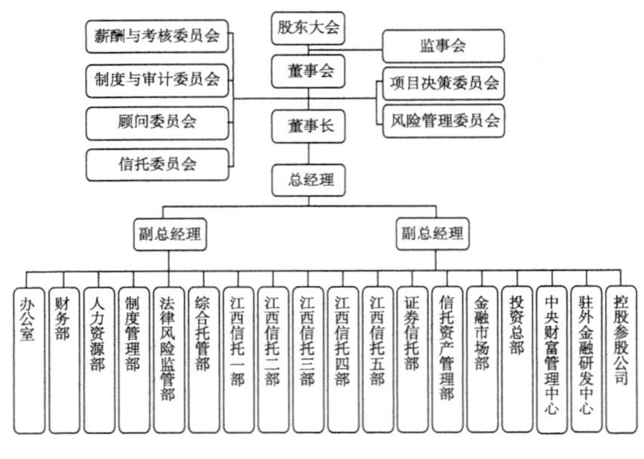

3. 公司治理结构

3.1 股东

2016年末，本公司股东总数14名，本公司前三位股东的名称、出资比例如下：

表3.1

股东名称	法人代表	持股比例（%）	注册资本	注册地址	主要经营业务及主要财务情况
领锐资产管理股份有限公司	张霄静	32.74	35.8亿元	天津市华苑产业区	对工业、基础设施开发建设、金融、房地产业、物流业、酒店进行投资；资产投资；债务重组与企业重组咨询等。
大连昱辉科技发展有限公司	赵霖	25.11	16亿元	辽宁大连	计算机软硬件技术开发、技术转让、技术服务；计算机系统集成；计算机硬件及自动化仪表销售；经济信息咨询；国内一般贸易等。

续表

股东名称	法人代表	持股比例(%)	注册资本	注册地址	主要经营业务及主要财务情况
江西省财政厅	胡 强	20.44		江西南昌	制定全省性财政立法规划,拟订全省地方性财政、税收、财务、会计管理、国有资产管理的法规草案及实施办法和规章制度;参与制定全省各项有关宏观经济政策,拟订和执行全省财政分配政策;编制省本级年度预算草案和汇编全省年度预算和决算草案;负责组织实施地方税法和税收条例、决定、规定及有关实施细则;管理和监督各项财政收入、支出;监管全省政府采购工作;管理省级财政社会保障支出;负责地方性金融机构的财务监管工作;管理全省有关政府性基金和行政事业性收费项目的立项及标准等。

3.2 董事

本公司董事会由9名董事组成。各董事情况如表3.2。

表3.2

姓名	职务	性别	年龄	所推举的股东名称	该股东持股比例(%)	简要履历
裘强	董事长	男	58	江西省财政厅	20.44	1974年至1978年任江西省清江县昌付公社知青办主任;1978年至1981年任空军十一航校警卫排副排长;1981年至1989年任宜春市委组织部正科级组织员、上高县政府县长助理;1989年至1990年任江西省委农工部副处长;后调江西省展览中心任主任,期间曾兼任南昌佳盛典当行有限公司副董事长主持全面工作;1997年后曾任江西省人民政府办公厅副主任,协助副省长分管商贸、金融工作;2000年至2004年任江西省民政厅党组副书记、副厅长;2004年6月至今任中江国际信托股份有限公司党委书记、董事长。先后在南昌大学、中央党校、上海浦东干部管理学院、长江商学院学习,获得哲学硕士、高级管理人员工商管理硕士。
吴伟光	董事	男	60	江西省财政厅	20.44	1983年至1986年任赣州地区公路局宣传部干部;1986年起历任公司员工、业务部门经理、办公室主任、副总经理、总经理、董事。
余森清	副董事长	男	54	江西省财政厅	20.44	1978年至1982年江西大学计算数学专业学生;1982年至1984年江西省上饶地区统计局干部;1984年至1987年厦门大学计划统计专业研究生;1987年至1989年江西省社科院经济所科研人员;1989年至1999年江西省政府办公厅商金处干部、副处长;1999年至2009年江西省委政策研究室副主任;2009.5起任中江国际信托股份有限公司党委副书记、副董事长。

续表

姓名	职务	性别	年龄	所推举的股东名称	该股东持股比例(%)	简要履历
康毅	董事	男	61	江西江信国际大厦有限公司	5.29	1973—1976年南昌县东新乡大洲村插队;1976—1983年福州军区独立防化学营战士、排长、政治指导;1983—1998年武警江西省总队司令部直政处正连职干事、副营职干事、正营职干事、副处长、处长;萍乡市支队政治委员;1998年至现在历任中江国际信托股份有限公司监察室副主任、办公室副主任、江信置业有限责任公司董事长、经营总监、总经理助理、副总经理、常务副总经理、天安保险股份有限公司副董事长。
陈林芳	董事	男	61	江西省财政厅	20.44	1976年到1978年在宜丰县敖桥公社农机厂任会计;1980年至1993年历任江西省财政厅农财处干部、组长、副处长;1993年至1995年在高安市人民政府挂职副市长;1995年至1996年任江西省财政厅条法税政处处长;1996年至今在江西省财政投资管理公司任负责人(主持工作)、董事长,期间曾任江西省发展信托投资股份有限董事长,现任江西省财政厅副巡视员。
曾福星	董事	男	55	江西省财政厅	20.44	1983年至1990年在江西省财政厅农税处工作任主任科员;1993年至1995年在井冈山财政干部培训基地挂职锻炼,任基地主任兼支部书记;1995年至1996年在江西省财政厅预算处工作;1996年7月至今任江西省财政投资管理中心任副主任;期间曾担任江西省发展信托投资股份有限公司监事召集人。
陈出新	董事	男	52	江西省财政厅	20.44	1982—1986年江西财经学院计统系国民经济专业学习;1986—1989年四川省财政厅预算处工作;1989—2009年江西省财政厅会计处助调、副处长,2001年获得华中科技大学硕士学位,2006—2007年派驻天津滨海新区筹建天津锦绣置业公司,2007年12月组织安排到江西博苑房地产公司工作,现任江西省财政厅投资管理中心(公司)主任(总经理)。
钟镰斧	董事	男	48	江西省金象投资有限公司	0.90	1987—1991年南昌航空工业学院电子工程系本科毕业;1991—1993年江西大茅山企业集团开发部工作;1993—1996年江西省江信房地产公司贸易部经理;1996—2009年江信置业有限责任公司副总经理、总经理、董事长;2006年至现在任中江国际信托股份有限公司总监、总经理助理、副总经理、代理总经理、总经理、党委副书记。

3.3 监事

本公司监事会由3名监事组成，其中江西省财政厅和江西省金象投资有限公司各推荐1名，职工代表监事1名，设1名监事会召集人。

表3.3

姓名	职务	性别	年龄	所推举的股东名称	该股东持股比例%	简要履历
周志宏	监事会召集人	男	58	江西省金象投资有限公司	0.90	1975—1976年吉林省东辽县渭津公社福民大队知青；1976—1981年兰州军区空军高炮14师40团3营8连士兵；1981—1991年兰州军区空军混成4旅军官；1991—1993年兰州军区空军政治部秘书处少校；1993年至现在中江国际信托股份有限公司科长、人事处处长、制度管理部部长、制度总监督。
贾俊	监事	男	53	江西省财政厅	20.44	1981—1988年在南昌铁路局工作；1988—1997年江西省工商银行信托投资股份有限公司部门副经理；1997—2003年江西省发展信托投资股份有限公司总经理助理、办公室主任；2003—2010年历任中江国际信托股份有限公司办公室副主任、董事会秘书、战略中心主任、行政总管、行政总监、总稽核。现任江信国际投资集团有限公司总裁。
万国钦	监事	男	57	职代会		1977.2—1979.3江西省上高县镇渡公社知青；1979.4—1993.5江西省南昌市市政工程处监察科副科长；1993.6至现在先后任中江国际信托股份有限公司人事处劳资科长、办公室主任助理、人力资源部部长、行政总部总管。

3.4 高级管理人员

表3.4

姓名	职务	性别	年龄	选任日期	金融从业年限	学历	专业	简要履历
钟镰斧	总经理	男	48	2013	24	在职研究生	产业经济学	1987—1991年南昌航空工业学院电子工程系本科毕业；1991—1993年江西大茅山企业集团开发部工作；1993—1996年江西省江信房地产公司贸易部经理；1996—2009年江信置业有限责任公司副总经理、总经理、董事长；2006年至现在任中江国际信托股份有限公司总监、总经理助理、副总经理、代理总经理、总经理、党委副书记。
曾海	副总经理	男	53	2011	22	在职研究生	产业经济学	1983—1989年在江西木材厂工作；1989—1992年任江西省林化公司（原江西省林业工业公司林产品供应站）财务科科长；1992—1995年在江西省木材公司任财务科副科长、科长；1995年至现在历任中江国际信托股份有限公司计划财务处综合管理科科长、计划处处长助理、副处长、财务部总经理、财务总监、副总会计师、总会计师、总经理助理、副总经理。

续表

姓名	职务	性别	年龄	选任日期	金融从业年限	学历	专业	简要履历
易勤华	副总经理	男	51	2011	24	博士	古代文学	1986—1989年江西安福中学教师;1992—1993年江西经济技术信息开发公司办公室主任、江西经济管理干部学院财会系行政干事兼教师;1993—2002年江西省国际信托投资公司秘书科科长、经济研究所所长助理;2002—2005年宜春市袁州区政府挂职副区长;2005年至今中江国际信托股份有限公司战略投资开发部副部长、部长、党办副主任、办公室主任、行政总监、副总经理
陈华玲	首席风险官	男	52	2011	24	研究生	自然辩证法	1984—1987年在江西龙南师范学校任教;1990—1993年江西中医学院社科部讲师;1993年至现在先后任中江国际信托股份有限公司办公室秘书、国际金融部信贷员、信贷科付科长、江信律师事务所副主任、法律事务中心主任、法律风险监管部部长、风险控制委员会委员副主任、总法律顾问、副风险控制官、法务总监、首席风险官。
黄雪梅	副总经理	女	53	2011	23	大学	电子	1986.08—1993.07 南昌洪都无线电厂工程师;1993.08—2000.03 江西省瑞德改革咨询中心职员、江西省瑞德资产评估事务所职员、江西省中昊会计师事务所职员;2000.03—2003.05 国盛证券有限责任公司职员;2003.06 至今中江国际信托股份有限公司信托二部总经理助理、信托四部副总经理、金融理财中心总经理、总监、副总经理。
周跃明	副总经理	男	58	2012	23	大学	会计	1975.6—1978.2 下放南昌县;1978.2—1980.1 江西银校学生;1980.1—1985.8 人民银行南昌市支行四交办,干部;1985.7—1998.12 人民银行南昌市分行历任稽核处副主任科员、副处长、安义县支行行长、科技处处长;1998.12—2003.10 人民银行南昌中心支行历任科技处副处长、清算中心副主任、合作金融处副处长;2003.10—2011.10江西银监局历任农行处副处长、股份处副处长、处长、非银行金融机构处处长。2011.10至今任中江国际信托股份有限公司总经理助理、副总经理
黄昊	副总经理	男	40	2012	20	大学	金融	1992.9—1995.7 就读于江西省银行学校,1995.8 至今在中江国际信托股份有限公司工作,历任信托业务部执行经理、副经理、北京信托业务一部经理、总经理助理,副总经理。

3.5 公司员工

表 3.5

项目		2016 年末		2015 年末	
人数		252		191	
平均年龄		37		37	
		人数	比例	人数	比例
年龄分布	20 以下	0	0	0	0
	20 – 30	97	38.49	112	58.64
	31 – 40	67	26.59	30	15.72
	41 以上	88	34.92	49	25.65
学历分布	博士	2	0.08	2	1.05
	硕士	56	22.22	51	26.70
	本科	154	61.11	110	57.59
	专科	40	15.87	28	14.65
	其他	0	0	0	0
岗位分布	董事、监事及其他高管人员	9	3.57	10	5.24
	自营业务人员	7	2.78	24	12.57
	信托业务人员	155	61.5	157	82.20
	其他人员	0	0	0	0.00

4. 经营管理

4.1 经营目标、方针、战略规划

4.1.1 经营目标

立足信托本业，发挥地方金融机构的职能，在市场中求生存，在竞争中求发展，确保信托财产的安全高效，促进本公司稳健经营和可持续发展，为股东实现稳定的回报，为受益人的利益服务，为地方经济建设提供金融支持。

4.1.2 经营方针

坚持"为了共同利益"的核心价值观，坚持"诚信理财、服务社会"的经营宗旨，坚持"风险第一、效益第一"的经营理念，坚持"简单直接"的管理理念，以多元化的资产管理手段，谋求集团内信托、证券、保险、期货、基金等金融工具及货币、资本和产业等多种行业的融合，实现收益的最大化。

4.1.3 战略规划

通过不懈的努力，把本公司发展成为地方性金融（控股）集团，进入全国信托业先进行列。

4.2 所经营业务的主要内容

本公司所经营业务主要分为固有业务和信托业务两大块，其中固有业务包括自有资金投资等业务，各种业务所形成的资产组合与分布情况如下：

4.2.1 自营资产运用与分布

表 4.2.1

货币资产	129,737.64	11.95	基础产业		
拆出资金			房地产业		
交易性金融资产	73,748.02	6.79	证券、保险	890,039.97	81.97
其他流动资产	51,438.77	4.74	实业		
可供出售金融资产	816,291.95	75.18			
持有至到期投资		0.00			
长期股权投资	—	0.00	其他	195,765.85	18.03
其他	14,589.44	1.34			
资产合计	1,085,805.82	100.00	资产合计	1,085,805.82	100.00

4.2.2 信托资产运用与分布

表 4.2.2

资产运用	金额（万元）	占比（%）	资产分布	金额（万元）	占比（%）
货币资产	144,102.28	0.86	基础产业	2,871,259.83	17.21
交易性金融资产	1,003,137.34	6.01	房地产业	2,191,476.92	13.14
贷款	8,857,459.29	53.09	证券	793,234.18	4.75
应收账款	134,820.82	0.81	金融机构	1,518,803.35	9.10
可供出售金融资产	825,314.20	4.95	工商企业	7,506,121.18	44.99

续表

资产运用	金额(万元)	占比(%)	资产分布	金额(万元)	占比(%)
长期股权投资	959,319.56	5.75	其他	1,802,182.43	10.80
其他	4,758,924.40	28.53			
资产合计	16,683,077.89	100.00	资产合计	16,683,077.89	100.00

4.3 市场分析(影响本公司业务发展的主要因素)

4.3.1 有利的因素主要有:

4.3.1.1 区域环境优势。江西省委、省政府的支持和帮助及监管部门的科学监管为本公司的发展提供了较好的区域发展环境。

4.3.1.2 股东资源优势。通过引进战略投资者和股权调整,优化了股东背景,实现了股权多元化,推动了法人治理结构的进一步完善,有利于依托股东资源优势进一步做强做大。

4.3.1.3 经营管理团队优势。本公司领导班子有很强的凝聚力和战斗力,在中江信托企业文化的熏陶和引领下,打造了一支"忠诚拼搏、艰苦创业"的经营管理团队。

4.3.1.4 业务拓展和战略扩张优势。本公司具备了对外扩张的基础。一是2016年度公司增加注册资本至30.05亿元,资本实力得到大幅提高;二是本公司经营业绩稳定,经营理念和策略进一步得到市场验证,创新能力不断提升,抗风险能力显著提高;三是本公司与国有银行、股份制银行、城商行、村镇银行等各类金融机构及大型企业集团、上市公司等建立了稳固的战略合作伙伴关系,银信合作、企信合作业务稳步推开;四是政信合作业务有成熟的操作模式,稳中求进,风险可控;五是本公司在全国主要城市设立50多个金融研发中心,业务渠道辐射全国,为本公司的业务拓展和战略扩张奠定了基础。

4.3.2 不利的因素主要有:

4.3.2.1 在境内外不确定性因素增多的大背景下,宏观经济波动性加大,资本市场低迷,债券等市场违约风险上升,经营面临较多不确定性。

4.3.2.2 行业竞争加剧,面临周期性调整压力。

4.3.2.3 地处欠发达地区,客户资源相对有限,尤其是高端客户缺乏,合格投资者的培育拓展难度相对较大。

4.4 内部控制概况

4.4.1 内部控制环境和内部控制文化

本公司建立健全了以股东大会、董事会、监事会以及经营管理层为主体的组织架构和公司治理结构。董事会下设信托委员会、项目决策委员会、风险管理委员会、薪酬与考核委员会、制度与审计委员会、顾问委员会,构建了一个相对完整的决策和风险控制体系。通过前、中、后台不同职能部门及岗位的设置,赋予相应的权、责,并建立和完善各项业务操作规程与制度,从而形成了各岗位和人员之间相互独立、相互制衡和相互协调的监督管理机制。

本公司形成了一整套完善的制度体系,**建立了相关机构组织及议事制度、具体业务风险防控内部控制制度,相关主体的行为均纳入内部控制范围**。为保证制度有效性和可执行性,本公司定期组织相关部门进行制度清理,形成制度汇编。

本报告期内,本公司根据国家政策、法律法规、监管导向及业务发展变化,实施"内控第一、全员遵守"内控文化,践行和巩固"风险第一、效益第一"的经营理念,增强创新能力,提升品牌竞争力,促进本公司实现转型发展;继续完善业务规范、内控制度和操作流程,防范经营及管理风险;通过开展"忠诚拼搏、艰苦创业"系列主题教育活动、"精细化管理年"活动、"雷霆行动"、"两个加强、两个遏制"专项检查回头看等专项活动,引导员工树立合规意识、风险意识和诚信理念,着力提高员工职业道德水准,夯实管理基础。

4.4.2 内部控制措施

在内部机构分工方面,本公司董事会下设的各委员会在分级授权范围内通过体系建设和及时完整的过程控制,使决策、研发、操作、审核及监督评价程序化、体系化。制度管理部作为审计与制度委员会的办事机构,除监督制度执行外,主要负责本公司内部稽核审计,以相对独立的审计工作程序和规范加强对制度执行的监察;法律风险监管部代表风险管理委员会负责法律及合规风险控制及评价具体事务。两大内控部门与财务部、综合托管部等相互配合、相互制衡,分别独立、客观地履行各自内部控制职能,从组织结构上完善了公司内部控制体系。

在业务运作方面,明确前、中、后台业务的工作职责,规范程序,形成有监督、有制衡的业务运作体系。通过具体、明确、合理的分工与授权,建立业务操作规程,在内部界定各责任主体的目标、职责和权限,分别在授权范围内各行其职,相互独立。本公司主要职能部门之间建立健全了防火墙制度,不同部门人员不得相互兼职,保证了自营、信托业务各成体系,独立运行。

在文化意识形态方面,本公司树立了"风险第一、效益第一"的经营理念,制定了"十八支持、十八反对"的员工行为准则、职业道德规范,建立诚信记录,营造本公司合规经营的制度、文化环境;坚持企业文化的宣传教育,利用封闭培训、晨会制度等潜移默化地引导员工理解和践行企业文化;注重对员工的持续教育,通过中江国际金融大学的封闭式轮训、周末专题讲座及定期培训,宣传合法合规经营的理念,使员工树立起合规经营优先、风险控制优先的意识;充分发挥激励约束机制效用,优化内部控制人员的评价与激励,使内部控制效果与经济效益挂钩,驱动员工依法合规经营。

4.4.3 信息交流与反馈

通过强有力的制度执行，向风险管理委员会、高级管理层和董事会报告，及时披露业务开展和内控过程中的实质性缺陷或失控，以完善的信息系统确保报告程序的有效性和保密性。同时，定期披露或通报各责任主体或责任人履行职责情况、制度执行情况。各有关部门对项目运作、公司决议的执行实行跟踪，按照公司制度规定的流程及时将跟踪信息反馈，保证本公司对项目和合同履行等的控制。本公司建立了舆情监测和报告机制，成立了声誉风险管理小组，及时获取与公司经营相关的外部信息，并及时作出相应反馈。

4.4.4 监督评价与纠正

本公司董事会和高级管理层定期和不定期召开内控工作会议和风险例会，听取制度管理部、法律风险监管部、综合托管部、财务部在稽核审计、内控检查、财务执行和风险监督过程中有关情况的汇报，对内控工作定期评价，对有关问题及时处理，切实防范各类风险。监事会依据公司章程规定负责实施对董事会、高级管理人员进行监督。

本公司管理层和内控部门对存在的问题进行现场检查和督促，及时有效地纠正运行中的偏差。

4.5 风险管理

4.5.1 风险管理概况

4.5.1.1 面临的主要风险

本公司经营活动中主要面临信用风险、市场风险、操作风险、政策和法律风险、道德风险和声誉风险等。

4.5.1.2 风险管理的基本原则与政策

本公司**严格遵守国家有关法律、法规、行业规章以及公司各项制度的规定，自觉树立规范运作、稳健经营的风险管理理念**，坚持全面性、全员性、独立性、相互制衡、防火墙、适时有效、风险控制与业务发展同等重要、定性与定量相结合等原则，建立健全了信托赔偿准备金、防火墙、恢复与处置计划、绩效薪酬延期分配等方面的风险管理制度，**建立行之有效的风险控制机制，不断提高风险管理水平和风险控制能力**，保障公司健康、稳定经营和发展。

4.5.1.3 风险管理组织结构与职责划分

在风险管理组织架构上，本公司通过分离决策层、执行层、监督层职能，实现各层级、各职能部门相互独立、相互制衡。董事会对公司总体风险进行识别、评价和管理。风险管理委员会是本公司常设风险控制的议事机构，主要负责制订和实施风险管理政策和措施，进行全面风险评估和控制。法律风险监管部作为风险控制委员会的办事机构，负责审查、评估风险控制制度、程序及流程的合法性和合规性。制度管理部负责草拟稽核、审计业务制度，对各项内控制度的执行情况进行检查、评价。各业务部门设立相关的风险管理对口岗位配合专职部门的风险管理。同时，本公司注重发挥独立的外部机构在风险管理中的作用，聘请了专门的律师事务所、会计师事务所、资产评估事务所等第三方专业机构，为本公司风险管理提供常年和专项服务。

4.5.2 风险状况

4.5.2.1 信用风险状况

信用风险是指交易对方不履行约定义务导致本公司固有财产及管理的信托财产损失的可能性。本报告期内，受宏观经济下行、经济结构调整、行业景气下滑、市场个体经营基本面恶化等多重因素的影响，部分行业的信用风险加速暴露，本公司经营中所面临的信用风险有所上升。融资类固有及信托业务的信用风险是本公司主要面临的信用风险。本公司固有业务主要为存放同业、金融资产投资，交易对手信用风险相对较小；受经济运行下行的周期性影响，融资类信托业务交易对手的信用风险有所增加，公司积极采取各项信用风险防控措施，严格按照信托文件及交易文件的约定履行受托人管理职责，恪尽职守，保障受益人利益最大化。

4.5.2.2 市场风险状况

市场风险是指在固有及信托业务经营中所面临的因市场参数的波动而产生的风险。截至2016年末，本公司固有资产余额108.58亿元，主要为存放同业、金融资产投资等；信托业务余额1668.31亿元，资金运用主要为贷款、交易性金融资产投资及其他形式信托业务。受国际和国内经济形势的影响，本报告期内人民币汇率、利率、证券、大宗商品等市场出现较大幅度的波动，本公司固有及信托业务面临的市场风险管理压力总体有所增加。本公司通过对市场风险的动态监测，加强市场调查研究，及时采取各类应对措施，保障了公司固有及信托业务经营的稳健性和可持续性。

4.5.2.3 操作风险状况

操作风险是指因不完善或有问题的内部程序、人员及系统或外部事件所造成损失的风险。操作风险可能产生在本公司固有及信托业务各个环节和流程，主要来自于内部管理风险、决策风险及信息技术系统风险。为最大程度避免此类风险的发生，本公司**建立和完善了各项业务操作规程与制度，通过不同机构和岗位的设置，赋予相应的权、责，形成了各岗位和人员之间相互独立、相互制衡和相互协调的监督管理机制**；开展“精细化管理年”、“雷霆行动”、“两个加强、两个遏制”专项检查回头看等专项活动，加强人员培训、风险警示教育和制度执行检查，进一步加强操作风险的测量和监控，完善制度流程，保障本报告期内各项固有及信托业务的正常运行。

4.5.2.4 政策和法律风险状况

政策和法律风险是指国家有关政策和法律法规发生重大变化或新出台有关政策和法律法规，引起市场的波动，从而给投资者带来的风险。本报告期内，本公司相关业务面临的政策和法律风险不减，《慈善法》的出台、行业监管新规的实施，金融业税收制度及信托业供给侧结构性改革，无一不对信托业发展产生重大影响。本公司坚持以宏观调控为导向，及时研判宏观经济形势，深入解读和贯彻经济政策、产业政策及税收政策等，保障依法合规开展固有及信托业务。

4.5.2.5　道德风险状况

道德风险是指市场交易方内部人员违反行业行为准则、道德规范的要求，从而引起或故意导致公司业务处于风险状态的可能性。2016年，面对市场环境的复杂多变以及本公司人员引进情况，本公司加强企业文化、员工思想及职业道德教育，加强违法违规检查力度，防范内部道德风险的发生。

本报告期内，公司未发生因内部人员蓄意违规违法或与公司的利益主体串通而给信托受益人或本公司自身带来损失的案件，道德风险得到有效防控。

4.5.2.6　声誉风险状况

声誉风险是指因公司经营、管理及其它行为或外部事件导致利益相关方对公司负面评价的风险。随着信托理财进一步普及，信托公司、信托产品的相关信息日益受到社会关注，声誉风险事件对信托公司经营的影响越来越强烈。

本公司制订并实施了《声誉风险管理规定》、新闻发言人制度等声誉风险控制制度。本报告期内，本公司坚持审慎管理，规范产品销售，规范信息披露管理，及时准确报告或发布信息，做好产品到期兑付工作，加强舆情监测引导，依法合规经营，未发生声誉风险事件。

4.5.3　风险管理

本公司风险管理工作坚持“事前防范为主、事中控制及事后补救为辅”的基本原则，以全面性原则、全员性原则、独立性原则、防火墙原则、适合有效原则、定性与定量相结合原则等为指导，全面覆盖信用风险、市场风险、操作风险等各个方面防控。2016年，本公司深入贯彻落实国家法律法规、金融监管政策，进一步强化公司风险管理，提升精细化管理水平。

4.5.3.1　信用风险管理

2016年，面对宏观经济下行、行业景气下滑、部分行业的信用风险加速暴露，交易对手的信用风险有所增加的形势，本公司进一步加强交易对手的信用风险管理。

风险控制制度方面，本报告期内进一步优化国有企业、房地产企业及一般工商企业融资等各类传统业务评审指标，制定和完善创新业务审议标准，进一步完善了信托项目信用融资及担保等风险控制制度，以满足业务发展新需要。

项目调查和评审方面，进一步充实项目调查力量，优化项目调查及评审机构设置，加强交易对手信用风险评估。

信用增级方面，根据项目情况采取不同的信用增级措施，降低风险敞口。采用信用担保的，优先选择代为清偿债务能力强、信誉状况好的保证人；需要提供物的担保的，坚持抵（质）押品确认原则，明确权属，评估价值及流通性，设置合理的抵（质）押率或预警及平仓线，建立风险缓冲；采取优先和劣后的结构化设计的，合理确定优先及劣后资金配比。

信用风险监测方面，公司信托业务部门及后期监管部门加强存续项目的持续监管，对交易对手的资信状况和履约能力等定期进行了解或检查，及时识别存续项目交易对手的信用风险，对风险资产进行五级分类并进行相应管理。

一般及专项拨备方面，公司依据相关规定足额计提一般及专项准备金。

4.5.3.2　市场风险管理

本公司固有业务的资产主要集中在存放同业、金融资产投资等，尚未涉足外汇市场；信托资金运用主要为贷款、交易性金融资产及长期股权投资。

本公司建立了与公司业务性质、规模和复杂程度相适应的风险管理体系，加强市场调查、研究和分析，尽量对股价、利率、汇率等市场要素有较全面、较准确的了解，尽量规避市场风险。对于较复杂的特定市场且本公司不能有效了解和把握其风险的，一般采取谨慎原则，稳健操作。本公司从规模控制以实现对各类市场投融资的风险控制，集合类信贷资产规模比例控制在30%以下。同时，业务开展中注重投资组合，分散风险。固有资金运用主要采取货币类资产、金融资产投资，货币类资产以存放同业等形式使用管理，市场风险较小。金融资产投资为交易性金融资产、证券及保险公司股权，证券投资类项目采用专业交易管理系统，通过系统参数设置，实现对证券价格、市值进行监控。信托业务中，根据不同业务类型、不同市场、不同交易对手采取相应的市场风险管理措施。

4.5.3.3　操作风险管理

本公司建立了较完善的内部控制制度及相关机构组织及议事制度，相关主体的行为均纳入内部控制范围；建立了全面、完善的具体业务流程，梳理业务全流程操作风险控制点，确保流程清晰、可操作性强，确保前、中、后台有效制约、相互牵制；严格落实“五个两、十环节”的程序要求，在项目调查评审、财务管理、内部稽核、资金运作、账户管控、清算终止、信息披露、档案管理等方面，严格按信托法规设定相应的管理岗位，明确管理职责及审批权限，做到责任落实、跟踪有效，最大程度地控制内部管理方面的风险。

本公司建立和完善公司信息系统，使审批流程标准化、系统化，信息处理、经营管理和内部控制系统功能更加完备；明确信息科技工作主管部门及人员职责，杜绝信息安全管理职能交叉、责任不清、管理真空的情况。

本报告期内，本公司继续加强员工培训，提高员工的业务素质，降低人为因素引发操作风险的几率，先后开展了“精细化管理年”、“两个加强，两个遏制”检查回头看等专项活动，加强操作风险的排查，每月进行制度执行检查评比，并开展警示教育活动，指导员工合规操作，保障制度和流程得到遵守。

4.5.3.4　政策和法律风险管理

本公司以依法合规经营为第一要务，坚持遵纪守法的经营方针和经营宗旨，加强对宏观政策、监管政策和法律法规的调查研究，深入解读和贯彻经济政策、产业政策和法律法规，加强与监管部门和行业的沟通联系，尽可能更准确地了解现有宏观政策、监管政策和法律法规，制订并适时调整公司经营管理策略，完善相关内控制度，使内控制度与国家政策、法律法规和监管要求相统一。本公司严格项目评审，从合法、合规的视角审视评价每笔业务，加强公司内部审查和监督，聘请声誉良好的律师事务所提供常年和专项法律服务，保障项目操作符合国家宏观经济调控政策、产业政策、法律法规及监管要求。

4.5.3.5 道德风险管理

2016年，本公司进一步完善内控制度，建立健全各项规章制度，厘清和规范调查评审、产品推介、财产管理、信息披露、产品分配和清算等环节职责。公司道德风险防范委员会全面指导道德风险防控工作，完善道德风险管理制度规定，对可能出现的道德风险问题进行综合分析，总结经验教训并提出防控意见，稽核部门负责通过制度监察、跟踪审计等方式协助道德风险防范委员会进行道德风险管理。公司继续加强员工的忠诚教育，开展了“雷霆行动”专项排查、“两个加强，两个遏制”专项检查回头看、风险警示教育等活动，进一步加大案防工作力度，排查案件风险隐患，堵塞管理漏洞。

4.5.3.6 声誉风险管理

本公司建立、健全了声誉风险管理制度，根据法律法规的要求、信息披露管理制度及信托文件的规定或约定，及时准确地向公众和投资者发布信息，主动接受舆论监督。公司注重形象宣传和品牌管理，建立了金融消费者权益保护制度，与客户保持良好的沟通，妥善处理客户诉求，确保客户合法权益。

5. 报告期末及上一年度末的比较式会计报表

5.1 自营资产(经审计)

5.1.1 会计师事务所审计结论

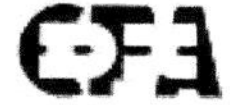

大信会计师事务所
北京市海淀区知春路1号
学院国际大厦15层
邮编 100083

WUYIGE Certified Public Accountants LLP
15/F, Xueyuan International Tower
No.1 Zhichun Road, Haidian Dist.
Beijing China 100083

电话 Telephone: +86 (10) 82330558
传真 Fax: +86 (10) 82327668
网址 Internet: www.daxincpa.com.cn

审计报告

大信审字【2017】第6-00065号

中江国际信托股份有限公司全体股东：

我们审计了后附的中江国际信托股份有限公司（以下简称“贵公司”）财务报表，包括2016年12月31日合并及母公司资产负债表，2016年度的合并及母公司利润表，合并及母公司现金流量表、合并及母公司股东权益变动表，以及财务报表附注。

一、管理层对财务报表的责任

编制和公允列报财务报表是贵公司管理层的责任，这种责任包括：（1）按照企业会计准则的规定编制财务报表，并使其实现公允反映；（2）设计、执行和维护必要的内部控制，以使财务报表不存在由于舞弊或错误导致的重大错报。

二、注册会计师的责任

我们的责任是在执行审计工作的基础上对财务报表发表审计意见。我们按照中国注册会计师审计准则的规定执行了审计工作。中国注册会计师审计准则要求我们遵守中国注册会计师职业道德守则，计划和执行审计工作以对财务报表是否不存在重大错报获取合理保证。

审计工作涉及实施审计程序，以获取有关财务报表金额和披露的审计证据。选择的审计程序取决于注册会计师的判断，包括对由于舞弊或错误导致的财务报表重大错报风险的评估。在进行风险评估时，注册会计师考虑与财务报表编制和公允列报相关的内部控制，以设计恰当的审计程序，但目的并非对内部控制的有效性发表意见。审计工作还包括评价管理层选用会计政策的恰当性和作出会计估计的合理性，以及评价财务报表的总体列报。

大信会计师事务所 北京市海淀区知春路1号学院国际大厦15层 邮编100083
WUYIGE Certified Public Accountants LLP 15/F, Xueyuan International Tower No.1 Zhichun Road, Haidian Dist. Beijing, China 100083
电话 Telephone: +86（10）82330558 传真 Fax: +86（10）82327668 网址 Internet: www.daxincpa.com.cn

我们相信，我们获取的审计证据是充分、适当的，为发表审计意见提供了基础。

三、审计意见

我们认为，贵公司财务报表在所有重大方面按照企业会计准则的规定编制，公允反映了贵公司2016年12月31日的财务状况以及2016年度的经营成果和现金流量。

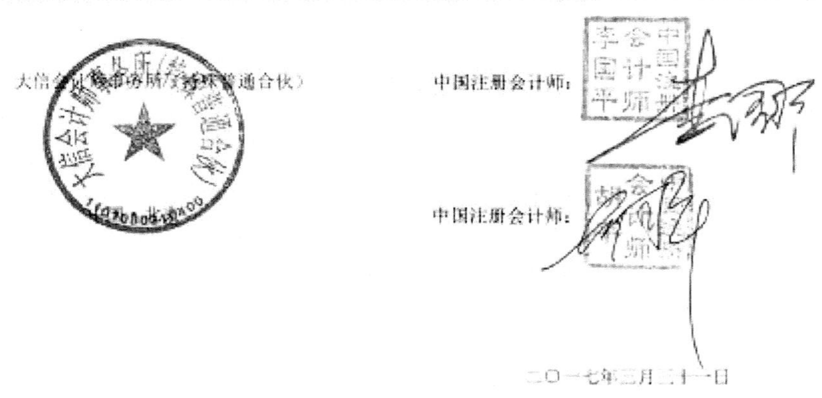

大信会计师事务所（特殊普通合伙）　　中国注册会计师：

中国注册会计师：

二〇一七年三月二十一日

5.1.2　资产负债表

资产负债表

2016年12月31日

单位：中江国际信托股份有限公司　　单位：人民币元

资产	行次	期初数	期末数	负债及所有者权益	行次	期初数	期末数
资产：				负债：			
货币资金	1	1,016,778,960.66	1,297,376,406.37	短期借款	1		
其中：客户资金存款	2			其中：质押借款	2		
结算备付金	3			拆入资金	3		
其中：客户备付金	4			交易性金融负债	4		
拆出资金	5			衍生金融负债	5		
交易性金融资产	6	488,193,473.08	737,480,205.98	卖出回购金融资产款	6		
衍生金融资产	7			代理买卖证券款	7		

续表

资产	行次	期初数	期末数	负债及所有者权益	行次	期初数	期末数
买入返售金融资产	8			代理承销证券款	8		
应收利息	9			应付职工薪酬	9	161,605,670.13	248,287,050.04
存出保证金	10			应交税费	10	160,995,093.41	468,643,137.84
其他流动资产	11	211,665,206.81	514,387,709.98	应付利息	11		
其中:1. 应收账款	12			预计负债	12		383,825,918.26
2. 其他应收款	13	212,312,406.32	514,887,709.98	长期借款	13		
3. 坏账准备	14	647,199.51	500,000.00	应付债券	14		
4. 待摊费用	15			递延所得税负债	15	20,729,114.58	992,067,378.66
流动资产合计	16	1,716,637,640.55	2,549,244,322.33	其他负债	16	14,378,699.59	14,746,184.10
可供出售金融资产	17	2,145,107,340.93	8,162,919,487.47	负债合计	17	357,708,577.71	2,107,569,668.90
持有至到期投资	18			所有者权益:	18		
长期股权投资	19	1,407,224,235.14		实收资本	19	1,155,789,134.00	3,005,051,748.00
投资性房地产	20			资本公积	20	1,263,756,158.60	624,288,591.42
固定资产	21	10,210,331.89	7,672,517.67	减:库存股	21		
无形资产	22	2,001,833.34	1,393,500.00	盈余公积	22	267,399,424.04	459,858,160.37
其中:交易席位费	23			一般风险准备	23	63,145,362.32	140,729,311.05
商誉	24			其他综合收益	24	62,187,343.73	1,889,904,753.71
递延所得税资产	25	20,705,071.44	136,828,403.15	信托赔偿准备金	25	77,415,490.55	173,644,858.72
其他资产	26			未分配利润	26	2,054,484,962.34	2,457,011,138.45
其中:长期待摊费用	27			归属于母公司所有者权益	27	4,944,177,875.58	8,750,488,561.72
				少数股东权益	28		
				所有者权益合计	29	4,944,177,875.58	8,750,488,561.72
资产总计	28	5,301,886,453.29	10,858,058,230.62	负债和股东权益总计	30	5,301,886,453.29	10,858,058,230.62

5.1.3 利润表

利润表

2016年12月31日

编制单位:中江国际信托股份有限公司

单位:人民币元

项目	行次	本年数	上年数
一、营业收入	1	3,615,713,871.75	1,299,584,912.67
手续费及佣金净收入	2	883,904,706.23	1,035,075,869.52
其中:信托手续费净收入	3	883,904,706.23	1,035,075,869.52
代理买卖证券业务净收入	4		
证券承销业务净收入	5		
受托客户资金管理业务净收入	6		
利息净收入	7	43,346,568.45	17,779,250.06
投资收益(损失以"-"号填列)	8	2,681,697,990.04	271,941,694.65

续表

项　目	行次	本年数	上年数
其中:对联营企业和合营企业的投资收益	9		
公允价值变动收益(损失以"－"号填列)	10	6,763,212.73	－25,212,921.56
汇兑收益(损失以"－"号填列)	11		
其他业务收入	12	1,394.30	1,020.00
二、营业支出	13	488,409,467.73	539,040,823.45
营业税金及附加	14	23,194,170.17	72,205,879.82
业务及管理费	15	428,253,856.78	456,308,474.52
资产减值损失	16	－147,199.51	70,874.77
其他业务成本	17	37,108,640.29	10,455,594.34
三、营业利润(亏损以"－"号填列)	18	3,127,304,404.02	760,544,089.22
加:营业外收入	19	2,137,147.04	2,744,298.61
减:营业外支出	20	389,480,029.63	12,113,121.97
四、利润总额(亏损总额以"－"号填列)	21	2,739,961,521.43	751,175,265.86
减:所得税费用	22	815,374,158.09	189,896,708.94
五、净利润(净亏损以"－"号填列)	23	1,924,587,363.34	561,278,556.92
归属于母公司所有者的净利润	24	1,924,587,363.34	561,278,556.92
少数股东损益	25		
六、其他综合收益的税后净额	26	1,827,717,409.98	－103,086,968.84
七、综合收益总额	27	3,752,304,773.32	458,191,588.08
归属于母公司所有者的综合收益总额	28		
归属于少数股东的综合收益总额	29		—

公司负责人:裘强　　主管会计工作负责人:曾海　　财务部负责人:彭缅良

5.1.4　现金流量表

母公司现金流量表

编制单位:中江国际信托股份有限公司　　2016 年度　　单位:人民币元

项　目	附注	本期金额	上期金额
一、经营活动产生的现金流量:			
客户存款和同业存放款项净增加额			
收取利息、手续费及佣金的现金		976,189,305.47	1,052,855,119.58
收到其他与经营活动有关的现金		429,660.10	115,121,098.49
经营活动现金流入小计		976,618,965.57	1,167,976,218.07
客户贷款及垫款净增加额			
支付手续费及佣金的现金			
支付给职工以及为职工支付的现金		252,395,686.61	353,829,459.57
支付的各项税费		313,676,123.58	257,582,039.34
支付其他与经营活动有关的现金		654,701,263.27	773,571,344.70

续表

项 目	附注	本期金额	上期金额
经营活动现金流出小计		1,220,773,073.46	1,384,982,843.61
经营活动产生的现金流量净额		-244,154,107.89	-217,006,625.54
二、投资活动产生的现金流量:			
收回投资收到的现金		2,029,902,811.42	485,433,223.48
取得投资收益收到的现金		48,299,648.29	159,645,047.86
处置固定资产无形资产及其他长期资产收回的现金		127,600.00	
收到其他与投资活动有关的现金			
投资活动现金流入小计		2,078,330,059.71	645,078,271.34
投资支付的现金			
购建固定资产、无形资产和其他长期资产支付的现金		16,631,627.23	1,526,584.79
可供出售金融资产净额		1,590,952,791.70	143,569,386.69
支付其他与投资活动有关的现金			
投资活动现金流出小计		1,607,584,418.93	145,095,971.48
投资活动产生的现金流量净额		470,745,640.78	499,982,299.86
三、筹资活动产生的现金流量:			
吸收投资收到的现金		54,005,912.82	
发行债券收到的现金			
收到其他与筹资活动有关的现金			
筹资活动现金流入小计		54,005,912.82	
偿还债务支付的现金			
分配股利、利润或偿付利息支付的现金			
支付其他与筹资活动有关的现金			
筹资活动现金流出小计			
筹资活动产生的现金流量净额		54,005,912.82	
四、汇率变动对现金及现金等价物的影响			
五、现金及现金等价物净增加额		280,597,445.71	282,975,674.32
加:年初现金及现金等价物余额		1,016,778,960.66	733,803,286.34
六、期末现金及现金等价物余额		1,297,376,406.37	1,016,778,960.66

公司负责人:裘强　　主管会计工作负责人:曾海　　会计机构负责人:彭缅良

5.1.5 所有者权益变动表

母公司股东权益变动表(1)

编制单位:中江国际信托股份有限公司　　单位:人民币元

项 目	本 期						
	股本	资本公积	其他综合收益	盈余公积	一般风险准备	未分配利润	股东权益合计
一、上年年末余额	1,155,789,134.00	1,263,756,158.60	62,187,343.73	267,399,424.04	140,560,852.87	2,054,484,962.34	4,944,177,875.58
加:会计政策变更							0.00

续表

项　目	本　期						
	股本	资本公积	其他综合收益	盈余公积	一般风险准备	未分配利润	股东权益合计
前期差错更正							0.00
其他							0.00
二、本年年初余额	1,155,789,134.00	1,263,756,158.60	62,187,343.73	267,399,424.04	140,560,852.87	2,054,484,962.34	4,944,177,875.58
三、本期增减变动金额（减少以“-”号填列）	1,849,262,614.00	-639,467,567.18	1,827,717,409.98	192,458,736.33	173,813,316.90	402,526,176.11	3,806,310,686.14
（一）综合收益总额			1,827,717,409.98			1,924,587,363.34	3,752,304,773.32
（二）股东投入和减少资本	0.00	0.00	54,005,912.82	0.00		0.00	54,005,912.82
1.股东投入的普通股							0.00
2.其他权益工具持有者投入资本							0.00
3.股份支付计入所有者权益的金							0.00
4.其他			54,005,912.82				54,005,912.82
（三）利润分配	0.00	0.00	0.00	192,458,736.33	173,813,316.90	-366,272,053.23	0.00
1.提取盈余公积				192,458,736.33		-192,458,736.33	0.00
2.提取一般风险准备					77,583,948.73	-77,583,948.73	0.00
3.对股东的分配						0.00	0.00
4.提取信托赔偿准备金					96,229,368.17	-96,229,368.17	0.00
四、本期期末余额	3,005,051,748.00	624,288,591.42	1,889,904,753.71	459,858,160.37	314,374,169.77	2,457,011,138.45	8,750,488,561.72

法定代表人：裘强　　主管会计工作负责人：曾海　　会计机构负责人：彭细良

母公司股东权益变动表(2)

编制单位：中江国际信托股份有限公司　　单位：人民币元

项　目	上　期						
	股本	资本公积	其他综合收益	盈余公积	一般风险准备	未分配利润	股东权益合计
一、上年年末余额	1,155,789,134.00	1,263,756,158.60	165,274,312.57	211,271,568.35	49,351,562.70	1,640,543,551.28	4,485,986,287.50
加：会计政策变更							0.00
前期差错更正							0.00
其他							0.00
二、本年年初余额	1,155,789,134.00	1,263,756,158.60	165,274,312.57	211,271,568.35	49,351,562.70	1,640,543,551.28	4,485,986,287.50
三、本期增减变动金额（减少以“-”号填列）	0.00	0.00	-103,086,968.84	56,127,855.69	91,209,290.17	413,941,411.06	458,191,588.08
（一）综合收益总额			-103,086,968.84			561,278,556.92	458,191,588.08
（二）股东投入和减少资本	0.00	0.00	0.00	0.00	0.00	0.00	0.00
1.股东投入的普通股							0.00

续表

项 目	上期						
	股本	资本公积	其他综合收益	盈余公积	一般风险准备	未分配利润	股东权益合计
2.其他权益工具持有者投入资本							0.00
3.股份支付计入所有者权益的金							0.00
4.其他							0.00
(三)利润分配	0.00	0.00	0.00	56,127,855.69	91,209,290.17	-147,337,145.86	0.00
1.提取盈余公积				56,127,855.69		-56,127,855.69	0.00
2.提取一般风险准备						0.00	0.00
3.对股东的分配							0.00
4.提取信托赔偿准备金					91,209,290.17	-91,209,290.17	0.00
(四)股东权益内部结转	0.00	0.00	0.00	0.00	0.00	0.00	0.00
1.资本公积转增资本(或股本)							0.00
2.盈余公积转增资本(或股本)							0.00
3.盈余公积弥补亏损							0.00
4.信托赔偿准备金使用							0.00
(五)专项储备	0.00	0.00	0.00	0.00		0.00	0.00
1.本期提取							0.00
2.本期使用							0.00
(六)其他							0.00
四、本期期末余	1,155,789,134.00	1,263,756,158.60	62,187,343.73	267,399,424.04	140,560,852.87	2,054,484,962.34	4,944,177,875.58

法定代表人:裘强　　　　主管会计工作负责人:曾海　　　　会计机构负责人:彭细良

5.1.6 合并资产负债表

合并资产负债表(1)

编制单位:中江国际信托股份有限公司　　　　单位:人民币元

项 目	期末余额	期初余额
资 产:		
现金及存放中央银行款项	1,297,376,406.37	10,487,626,170.17
结算备付金		1,237,319,339.39
融出资金		2,564,592,997.83
拆出资金		0.00
以公允价值计量且其变动计入当期损益的金融资产	737,480,205.98	947,303,979.44
衍生金融资产		0.00
买入返售金融资产		202,625,920.00
应收利息		62,414,861.18
应收款项	514,387,709.98	275,620,118.47

续表

项 目	期末余额	期初余额
发放贷款和垫款		0.00
存出保证金		349,662,734.82
可供出售金融资产	8,162,919,487.47	4,016,237,183.39
划分为持有待售的资产		0.00
持有至到期投资		0.00
长期股权投资		64,860,012.95
投资性房地产		0.00
固定资产	7,672,517.67	46,511,155.83
在建工程		53,092.00
固定资产清理		0.00
无形资产	1,393,500.00	22,124,814.94
商誉		177,461,853.05
抵债资产		0.00
递延所得税资产	136,828,403.15	28,639,288.43
其他资产		38,761,942.97
资产总计	10,858,058,230.62	20,521,815,464.86

法定代表人:裘强　　主管会计工作负责人:曾海　　会计机构负责人:彭缅良

合并资产负债表(2)

编制单位:中江国际信托股份有限公司　　单位:人民币元

项 目	期末余额	期初余额
负 债:		
短期借款		0.00
拆入资金		540,000,000.00
以公允价值计量且其变动记入当期损益的金融负债		0.00
衍生金融负债		0.00
卖出回购金融资产款		1,602,700,000.00
代理买卖证券款		8,030,173,480.44
信用交易代理买卖证券款		596,781,297.87
划分为持有待售的负债		0.00
应付职工薪酬	248,287,050.04	416,070,938.32
应交税费	468,643,137.84	264,688,018.89
应付利息		51,356,090.66
应付款项		155,719,901.09
预计负债	383,825,918.26	0.00
长期应付职工薪酬		
长期借款		

续表

项目	期末余额	期初余额
应付债券		1,369,510,000.00
递延所得税负债	992,067,378.66	34,645,529.52
其他负债	14,746,184.10	40,885,854.49
负债合计	2,107,569,668.90	13,102,531,111.28
所有者权益:		
股本	3,005,051,748.00	1,155,789,134.00
其他权益工具	0.00	0.00
其中:优先股	0.00	0.00
永续债	0.00	0.00
资本公积	624,288,591.42	1,152,329,370.37
减:库存股	0.00	0.00
其他综合收益	1,889,904,753.71	87,247,197.92
盈余公积	459,858,160.37	267,399,424.04
一般风险准备	314,374,169.77	140,560,885.56
未分配利润	2,457,011,138.45	3,044,018,038.05
外币报表折算差额	0.00	0.00
归属于母公司所有者权益合计	8,750,488,561.72	5,847,344,049.94
少数股东权益		1,571,940,303.64
所有者权益合计	8,750,488,561.72	7,419,284,353.58
负债和所有者权益总计	10,858,058,230.62	20,521,815,464.86

法定代表人:裘强　　主管会计工作负责人:曾海　　会计机构负责人:彭细良

5.1.7 合并利润表

合并利润表

编制单位:中江国际信托股份有限公司　　单位:人民币元

项目	本期发生额	上期发生额
一、营业收入	2,829,548,093.24	3,086,475,888.14
利息净收入	99,155,167.80	272,057,753.22
其中:存放金融同业利息收入	56,109,295.99	231,877,492.78
融资融券利息收入	100,139,376.21	221,633,144.59
手续费及佣金净收入	1,097,526,280.85	2,268,151,507.51
其中:经纪业务手续费净收入	176,692,455.99	1,139,567,245.43
投资银行业务手续费净收入	28,267,968.29	61,829,213.60
投资收益	1,645,082,421.90	571,867,293.38
其中:对联营企业和合营企业的投资收益	2,768,335.06	7,634,294.33
公允价值变动收益	-12,480,905.68	-28,177,696.68
汇兑收益	-90,799.40	849,965.04

续表

项　目	本期发生额	上期发生额
其他业务收入	355,927.77	1,727,065.67
二、营业支出	648,406,479.22	1,395,816,990.97
营业税金及附加	37,678,191.70	171,896,760.41
业务及管理费	578,594,530.85	1,195,655,047.56
资产减值损失	-4,974,883.62	21,241,588.66
其他业务成本	37,108,640.29	7,023,594.34
三、营业利润（亏损以“-”号填列）	2,182,141,614.02	1,690,658,897.17
加:营业外收入	7,525,075.92	5,499,444.71
减:营业外支出	389,804,976.11	25,259,512.24
四、利润总额(亏损总额以“-”号填列)	1,798,861,713.83	1,670,898,829.64
减:所得税费用	832,382,749.03	410,923,881.21
五、净利润（净亏损以“-”号填列）	966,478,964.80	1,259,974,948.43
其中:归属于母公司所有者的净利润	935,054,287.63	966,486,756.71
少数股东损益	31,424,677.17	293,488,191.72
六、其他综合收益的税后净额	1,826,110,248.81	-79,529,160.54
(一)以后不能重分类进损益的其他综合收益		
(二)以后将重分类进损益的其他综合收益	1,826,110,248.81	-79,529,160.54
1.权益法核算的在被投资单位以后将重分类进损益的其他综合收益中所享有的份额		
2.可供出售金融资产公允价值变动损益	1,826,110,248.81	-79,529,160.54
3.持有至到期投资重分类为可供出售金融资产损益		
4.现金流量套期损益的有效部分		
5.外币财务报表折算差额		
6.其他		
归属于少数股东的其他综合收益的税后净额		
七、综合收益总额	2,792,589,213.61	1,180,445,787.89
归属于母公司所有者的综合收益总额	2,761,164,536.44	886,957,596.17
归属于少数股东的综合收益总额	31,424,677.17	293,488,191.72
八、每股收益		
(一)基本每股收益		
(二)稀释每股收益		

法定代表人:裘强　　主管会计工作负责人:曾海　　会计机构负责人:彭缅良

5.1.8 合并现金流量表

合并现金流量表

编制单位:中江国际信托股份有限公司 单位:人民币元

项 目	本期发生额	上期发生额
一、经营活动产生的现金流量:		
处置交易性金融资产净增加额		946,516,550.19
收取利息、手续费及佣金的现金	1,383,610,890.86	3,019,821,355.20
拆入资金净增加额	-230,000,000.00	93,000,000.00
回购业务资金净增加额		485,090,000.00
融出资金净增加额	603,240,976.92	0.00
代理买卖证券收到的现金净额		4,357,112,797.80
收到其他与经营活动有关的现金	41,353,452.29	189,977,897.79
经营活动现金流入小计	1,798,205,320.07	9,091,518,600.98
处置交易性金融资产净减少额	133,048,887.05	513,406,394.64
融出资金净减少额	847,527,565.90	894,793,566.67
代理买卖证券支付的现金净额	1,125,834,999.04	0.00
支付利息、手续费及佣金的现金	52,893,830.10	409,510,803.48
支付给职工以及为职工支付的现金	531,489,659.75	763,177,556.49
支付的各项税费	421,496,689.74	541,587,700.76
支付其他与经营活动有关的现金	643,396,532.87	663,108,610.02
经营活动现金流出小计	3,755,688,164.45	3,785,584,632.06
经营活动产生的现金流量净额	-1,957,482,844.38	5,305,933,968.92
二、投资活动产生的现金流量:		
收回投资收到的现金	0.00	0.00
取得投资收益收到的现金	48,299,648.29	283,250,780.39
处置固定资产、无形资产和其他长期资产收回的现金净额	0.00	0.00
处置子公司及其他营业单位收到的现金净额	-7,102,818,998.80	
收到其他与投资活动有关的现金	127,600.00	134,604.93
投资活动现金流入小计	-7,054,391,750.51	283,385,385.32
购建固定资产、无形资产和其他长期资产支付的现金	27,987,629.42	37,352,409.35
投资支付的现金		971,654,086.76
取得子公司及其他营业单位支付的现金净额		
可供出售金融资产净额	1,590,952,791.70	0.00
支付其他与投资活动有关的现金	0.00	0.00
投资活动现金流出小计	1,618,940,421.12	1,009,006,496.11
投资活动产生的现金流量净额	-8,673,332,171.63	-725,621,110.79

续表

项　目	本期发生额	上期发生额
三、筹资活动产生的现金流量:		
吸收投资收到的现金	54,005,912.82	9,800,000.00
其中:子公司吸收少数股东投资收到的现金		247,619,400.00
取得借款收到的现金	0.00	0.00
发行债券收到的现金	1,084,190,000.00	897,830,000.00
收到其他与筹资活动有关的现金	0.00	0.00
筹资活动现金流入小计	1,138,195,912.82	907,630,000.00
偿还债务支付的现金	934,950,000.00	0.00
分配股利、利润或偿付利息支付的现金	0.00	33,059,873.49
其中:子公司支付给少数股东的股利、利润	0.00	0.00
支付其他与筹资活动有关的现金	0.00	0.00
筹资活动现金流出小计	934,950,000.00	33,059,873.49
筹资活动产生的现金流量净额	203,245,912.82	874,570,126.51
四、汇率变动对现金及现金等价物的影响		849,965.04
五、现金及现金等价物净增加额	-10,427,569,103.19	5,455,732,949.68
加:期初现金及现金等价物余额	11,724,945,509.56	6,269,212,559.88
六、期末现金及现金等价物余额	1,297,376,406.37	11,724,945,509.56

法定代表人:袁强　　主管会计工作负责人:曾海　　会计机构负责人:彭缅良

5.1.9 合并所有者权益变动表

合并股东权益变动表(1)

编制单位:中江国际信托股份有限公司　　2016年度　　单位:人民币元

项目	本期								
	归属于母公司股东权益							少数股东权益	股东权益合计
	股本	资本公积	其他综合收益	盈余公积	一般风险准备	未分配利润	小计		
一、上年年末余额	1,155,789,134.00	1,152,329,370.37	87,247,197.92	267,399,424.04	140,560,885.56	3,044,018,038.05	5,847,344,049.94	1,571,940,303.64	7,419,284,353.58
加:会计政策变更							0.00		0.00
前期差错更正									
其他							0.00		0.00
二、本年年初余额	1,155,789,134.00	1,152,329,370.37	87,247,197.92	267,399,424.04	140,560,885.56	3,044,018,038.05	5,847,344,049.94	1,571,940,303.64	7,419,284,353.58
三、本期增减变动金额(减少以"-"号填列)	1,849,262,614.00	-528,040,778.95	1,802,657,555.79	192,458,736.33	173,813,284.21	-587,006,899.60	2,903,144,511.78	-1,571,940,303.64	1,331,204,208.14
(一)综合收益总额			1,826,110,248.81			935,054,287.63	2,761,164,536.44	31,424,677.17	2,792,589,213.61
(二)股东投入和减少资本	0.00	54,005,912.82	0.00	0.00	0.00	0.00	54,005,912.82		54,005,912.82
1.股东投入的普通							0.00		
2.其他权益工具持有者投入资本							0.00		
3.股份支付计入所有者权益的金额							0.00		0.00
4.其他		54,005,912.82					54,005,912.82		54,005,912.82
(三)利润分配	0.00	0.00	0.00	192,458,736.33	173,813,316.90	-366,272,053.23	0.00	0.00	0.00
1.提取盈余公积				192,458,736.33		-192,458,736.33	0.00		0.00
2.提取一般风险准备					173,813,316.90	-173,813,316.90			
3.对股东的分配							0.00		0.00

续表

项目	本期								
	归属于母公司股东权益							少数股东权益	股东权益合计
	股本	资本公积	其他综合收益	盈余公积	一般风险准备	未分配利润	小计		
4.提取信托赔偿准备金							0.00		0.00
(四)股东权益内部结转	1,849,262,614.00	-693,473,480.00	0.00	0.00	0.00	-1,155,789,134.00	0.00	0.00	0.00
1.资本公积转增资本(或股本)	693,473,480.00	-693,473,480.00					0.00		0.00
2.盈余公积转增资本(或股本)							0.00		0.00
3.盈余公积弥补亏							0.00		0.00
4. 其他	1,155,789,134.00					-1,155,789,134.00	0.00		0.00
(五)专项储备	0.00	0.00	0.00	0.00	0.00	0.00	0.00	0.00	0.00
1.本期提取							0.00		0.00
2.本期使用							0.00		0.00
(六)其他		111,426,788.23	-23,452,693.02		-32.69		87,974,062.52	-1,603,364,980.81	-1,515,390,918.29
四、本期期末余额	3,005,051,748.00	624,288,591.42	1,889,904,753.71	459,858,160.37	314,374,169.77	2,457,011,138.45	8,750,488,561.72		8,750,488,561.72

法定代表人:裘强　　主管会计工作负责人:曾海　　会计机构负责人:彭緬良

合并股东权益变动表(2)

编制单位:中江国际信托股份有限公司　　　　单位:人民币元

项目	上期								
	归属于母公司股东权益							少数股东权益	股东权益合计
	股本	资本公积	其他综合收益	盈余公积	一般风险准备	未分配利润	归属于母公司所有者的权益		
一、上年年末余额	1,155,789,134.00	1,142,004,731.41	166,755,675.58	211,271,568.35	49,351,595.39	2,243,324,881.78	4,968,497,586.51	1,257,119,027.83	6,225,616,614.34
加:会计政策变更							0.00		0.00
前期差错更正		10,528,788.25	20,682.88			-18,456,454.58	-7,906,983.45	-5,723,396.56	-13,630,380.01
其他							0.00		0.00
二、本年年初余额	1,155,789,134.00	1,152,533,519.66	166,776,358.46	211,271,568.35	49,351,595.39	2,224,868,427.20	4,960,590,603.06	1,251,395,631.27	6,211,986,234.33
三、本期增减变动金额(减少以"-"号填列)	0.00	-204,149.29	-79,529,160.54	56,127,855.69	91,209,290.17	819,149,610.85	886,753,446.88	320,544,672.37	1,207,298,119.25
(一)综合收益总			-79,529,160.54			966,486,756.71	886,957,596.17	310,540,523.08	1,197,498,119.25
(二)股东投入和减少资本	0.00	-204,149.29	0.00	0.00	0.00	0.00	-204,149.29	10,004,149.29	9,800,000.00
1.股东投入的普通							0.00	9,800,000.00	9,800,000.00
2.其他权益工具持有者投入资本							0.00		
3.股份支付计入所有者权益的金额							0.00		0.00
4.其他		-204,149.29					-204,149.29	204,149.29	
(三)利润分配	0.00	0.00	0.00	56,127,855.69	91,209,290.17	-147,337,145.86			
1.提取盈余公积				56,127,855.69		-56,127,855.69	0.00		0.00
2.提取一般风险准备					91,209,290.17	-91,209,290.17			
3.对股东的分配							0.00		0.00

续表

项目	上期								
	归属于母公司股东权益							少数股东权益	股东权益合计
	股本	资本公积	其他综合收益	盈余公积	一般风险准备	未分配利润	归属于母公司所有者的权益		
4. 提取信托赔偿准备金									
(四)股东权益内部结转	0.00	0.00	0.00	0.00	0.00	0.00	0.00	0.00	0.00
1. 资本公积转增资本(或股本)							0.00		0.00
2. 盈余公积转增资本(或股本)							0.00		0.00
3. 盈余公积弥补亏							0.00		0.00
4. 信托赔偿准备金使用							0.00		0.00
(五)专项储备	0.00	0.00	0.00	0.00		0.00	0.00	0.00	0.00
1. 本期提取							0.00		0.00
2. 本期使用							0.00		0.00
(六)其他							0.00		
四、本期期末余额	1,155,789,134.00	1,152,329,370.37	87,247,197.92	267,399,424.04	140,560,885.56	3,044,018,038.05	5,847,344,049.94	1,571,940,303.64	7,419,284,353.58

法定代表人：裘强　　主管会计工作负责人：曾海　　会计机构负责人：彭缅良

5.2 信托资产

5.2.1 信托项目资产负债汇总表

编制单位:中江国际信托股份有限公司　　2016年12月31日　　单位:人民币万元

信托资产	行次	期初数	期末数	信托负债和信托权益	行次	期初数	期末数
信托资产:				**信托负债:**			
货币资金	1	278,603.25	144,102.28	应付受托人报酬	1		
拆出资金	2			应付托管费	2		
交易性金融资产	3	761,656.79	1,003,137.34	衍生金融负债	3		
应收款项	4	245,823.96	134,820.82	应付受益人收益	4	215.75	125.18
买入返售资产	5	40,000.00	23,500.00	其他应付款	5	77,731.39	136,495.84
短期投资	6			应交税金	6		
长期债权投资	7			卖出回购资产款	7		
长期股权投资	8	479,482.44	959,319.56	应付账款	8	36,857.00	222.05
客户贷款	9	10,801,565.62	8,857,459.29	其他负债	9		
可供出售金融资产	10	504,955.00	825,314.20	信托负债合计	10	114,804.14	136,843.07
应收融资租赁款	11			**信托权益:**	11		
固定资产	12			实收信托	12	18,601,174.75	16,342,222.90
无形资产	13			资本公积	13		
长期待摊费用	14			未分配利润	14	266556.36	204011.92
其他资产	15	5,870,448.19	4,735,424.40	信托权益合计	15	18,867,731.11	16,546,234.82
信托资产总计	16	18,982,535.25	16,683,077.89	**信托负债和信托权益总计**	16	18,982,535.25	16,683,077.89

公司负责人:裘强　　主管会计工作负责人:曾海　　综合托管部负责人:辛勇红

5.2.2 信托项目利润及利润分配汇总表

编制单位:中江国际信托股份有限公司　　2016年度　　单位:万元

项　目	行次	本年数	上年数
一、营业收入	1	1,581,769.62	1,704,972.33
利息收入	2	1,040,300.68	951,671.69
投资收益	3	525,693.26	773,280.96
公允价值变动损益	4	70.51	62.95
其他收入	5	15,705.17	-20,043.27
二、营业费用	6	149,500.69	211,674.87
三、营业税金及附加	7	0	0.00
四、扣除资产损失前的信托利润	8	1,432,268.93	1,493,297.46
减:资产减值损失	9	0	0.00
五、扣除资产损失后的信托利润	10	1,432,268.93	1,493,297.46
加:期初未分配信托利润	11	266,556.36	670,883.47

续表

项　目	行次	本年数	上年数
六、可供分配的信托利润	12	1,698,825.29	2,164,180.93
减:本期已分配信托利润	13	1,494,813.38	1,897,624.57
七、期末未分配信托利润	14	204,011.91	266,556.36

公司负责人:裘强　　主管会计工作负责人:曾海　　综合托管部负责人:辛勇红

6. 会计报表附注

6.1　会计报表编制基准、会计政策、会计估计和核算方法发生的变化情况

本公司以持续经营为基础,根据实际发生的交易和事项,按照《企业会计准则—基本准则》和其他各项会计准则的规定进行确认和计量,在此基础上编制财务报表。本公司2007年以前执行《企业会计制度》,2008年1月1日起执行新的《企业会计准则》。

6.2　或有事项的说明

报告期内,本公司无需披露的或有事项。

6.3　重要资产转让及其出售的说明

报告期内,本公司控股子公司国盛证券有限责任公司经中国证监会核准(证监许可〔2016〕657号)由广东华声电器股份有限公司收购重组,根据相关协议,本公司向广东华声电器股份有限公司(现更名为广东国盛金控集团有限公司)出售所持国盛证券有限责任公司全部股权,相应获得股权投资收益26.13亿元及广东国盛金控集团有限公司部分股权。

6.4　会计报表中重要项目的明细资料(以下为母公司口径)

6.4.1　自营资产情况

6.4.1.1　按信用风险五级分类结果披露信用风险资产的期初数、期末数

单位:人民币万元

风险分类	正常类	关注类	次级类	可疑类	损失类	资产合计	不良资产合计	不良资产率(%)
年初数	530,188.65				50.00	530,238.65	50.00	0.01%
年末数	1,085,755.82				50.00	1,085,805.82	50.00	0.00%

注:不良资产合计=次级类+可疑类+损失类

6.4.1.2　资产损失准备

单位:人民币万元

项 目	期初数	本年计提	本年转回	本期核销	期末数
专项准备	64.72		14.72		50.00
合 计	64.72	—	14.72	—	50.00

6.4.1.3　自营股票投资、基金投资、债券投资、股权投资等投资业务的期初数、期末数

单位:人民币万元

项　目	期末数	期初数
权益工具	890,039.97	258,973.14
其中:基金	146,284.09	13,203.03
债券及信托产品	50,819.00	25,000.00
长期金融股权投资	112,974.82	162,458.53
股票	579,962.06	58,311.58
合　计	890,039.97	258,973.14

6.4.1.4 自营长期股权投资情况

单位:人民币万元

被投资单位	投资余额	投资比例	经营范围	备注
国盛证券有限责任公司	零	零	证券经纪、自营、承销、财务顾问、资产管理等业务	已出售

6.4.1.5 本年的收入结构

单位:人民币元

收入结构	金额	占比
手续费及佣金收入	883,904,706.23	24.45%
其中:信托手续费	883,904,706.23	24.45%
投资银行业务收入		
利息收入	43,346,568.45	1.20%
其他业务收入	1,394.30	0.00%
其中:计入信托业务收入部分		
投资收益	2,681,697,990.04	74.17%
其中:股权投资收益	2,612,581,374.48	
证券投资收益	38,461,286.79	
其他投资收益	30,655,328.77	
公允价值变动收益	6,763,212.73	0.19%
合计	3,615,713,871.75	100%

6.4.1.6 表外业务

表外业务	期初数	期末数
担保业务	无	无
代理业务(委托业务)	无	无
其他	无	无
合计	无	无

6.4.2 信托资产管理情况

6.4.2.1 信托资产的期初数、期末数

表6.4.2.1

信托资产	期初数(万元)	期末数(万元)
集合	6,437,861.84	7,117,538.59
单一	12,441,531.44	9,469,698.79
财产权	103,141.97	95,840.51
合计	18,982,535.25	16,683,077.89

6.4.2.1.1 非事务管理型信托业务的信托资产期初数、期末数

表6.4.2.1.1

非事务管理型信托资产	期初数(万元)	期末数(万元)
证券投资类	954,282.07	793,220.15
股权及其他投资类	452,583.16	164,738.16
融资类	4,686,443.60	4,796,297.84
货币资金	45,244.42	103,762.26
合计	6,138,553.25	5,858,018.41

6.4.2.1.2 事务管理型信托业务的信托资产期初数、期末数

表6.4.2.1.2

事务管理型信托资产	期初数(万元)	期末数(万元)
证券投资类	0	0
股权及其他投资类	3,720,560.61	3,227,986.80
融资类	9,121,282.58	7,594,955.91
货币资金	2,138.81	2,116.77
合计	12,843,982.00	10,825,059.48

6.4.2.2 本年度已清算结束的信托项目个数、实收信托合计金额、加权平均年化收益率

6.4.2.2.1 本年度已清算结束的集合类、单一类资金信托项目和财产管理类信托项目个数、实收信托金额、加权平均年化收益率

表6.4.2.2.1

已清算结束信托项目	项目个数	实收信托合计金额(万元)	加权平均实际收益率
集合类	168	3,398,689.46	4.08%
单一类	216	6,300,536.08	7.04%
财产管理类	1	20,000.00	3.87%
合计	385	9,719,225.54	6.00%

2016年本公司已清算集合信托项目加权收益率为4.08%，原因为本年度已清算的结构化证券投资项目出现了亏损，此类项目劣后受益人承担亏损，优先受益人仍按合同约定实现了收益。若剔除此类项目劣后亏损因素，本公司2016年集合类信托项目加权平均实际收益率为7.69%。

6.4.2.2.2 本年度已清算结束的非事务管理型信托项目个数、实收信托合计金额、加权平均实际年化收益率。

表6.4.2.2.2

已清算结束信托项目	项目个数	实收信托合计金额(万元)	加权平均实际年化信托报酬率	加权平均实际年化收益率
证券投资类	7	707,003.46	0.21%	-16.81%
股权及其他投资类	11	117,384.00	0.71%	17.72%
融资类	153	2,666,352	1.51%	9.27%

6.4.2.2.3 本年度已清算结束的事务管理型信托项目个数、实收信托合计金额、加权平均实际年化收益率

表 6.4.2.2.3

已清算结束信托项目	项目个数	实收信托合计金额(万元)	加权平均实际年化信托报酬率	加权平均实际年化收益率
证券投资类				
股权及其他投资类	25	943,772.00	0.15%	6.31%
融资类	189	5,284,714.08	0.29%	7.08%

6.4.2.3 本年度新增项目

表 6.4.2.3

新增信托项目	项目个数	实收信托合计金额(万元)
集合类	142	4,479,945.00
单一类	134	4,775,594.50
财产管理类	1	53,300.00
新增合计	277	9,308,839.50
其中:事务管理型	137	5,924,088.50
非事务管理型	140	3,384,751.00

6.4.2.4 信托业务创新情况

在业务创新上,2016 年本公司一是邀请了外部律师研究了新监管政策下政信项目操作方案,并相应调整了本公司政信类项目操作的模式;二是为适应供给侧改革,新设计了供应链信托与产业基金信托。

6.4.2.5 按评级要求调整项目分类情况

为配合监管要求与评级要求中的事务管理类与非事务管理类项目分类,自 2016 年 9 月开始,本公司报送监管部门相关数据中的融资类、投资类、事务管理类三类项目分类标准有所调整。调整内容为将本公司非主动管理类项目放入事务管理类中统计,非事务管理类项目按照融资类与投资类分类填写,便于与新的评级制度匹配,调整后的新分类情况已体现在本次年报披露中。

6.4.2.6 本公司履行受托人义务情况及因本公司自身责任而导致的信托资产损失情况

本公司按照《中华人民共和国信托法》、《信托公司管理办法》和《信托公司集合资金信托计划管理办法》的规定,严格履行受托人的义务:严格遵守信托文件的规定,恪尽职守,履行诚实、信用、谨慎、有效管理的义务,为受益人的最大利益处理信托事务。

每个信托计划设立后,按照信托合同的规定,定期将信托资金运用及收益情况告知信托文件规定应当告知的人。

将信托财产与本公司固有财产分别管理、分别记账;并对不同的信托财产分别管理、分别记账;根据不同的信托资金分别开设独立的银行账户,以及在证券交易机构分别开设独立的证券账户与资金账户。

信托合同到期、集合信托计划终止时,根据信托合同的规定,以信托财产为限向受益人支付信托利益。同时,本公司严格根据银监会的要求,在信托终止后 10 个工作日内作出处理信托事务的清算报告,并进行公告。

根据《信托公司集合资金信托计划管理办法》要求,妥善保管处理信托事务的完整记录、原始凭证及资料,保存期自信托计划终止之日起十五年。同时对委托人、受益人以及处理信托事务的情况和资料依法保密。

根据信托合同及信托计划约定履行其他管理义务。

2016 年未发生因本公司自身责任导致的信托资产损失。

6.5 关联方关系及其交易

6.5.1 关联交易方的数量、关联交易的总金额及关联交易的定价政策等

表 6.5.1

	关联交易方数量	关联交易金额(万元)	定价政策
合计	1	180,000	公允价格

6.5.2 本公司与关联方的重大交易事项

6.5.2.1 固有财产与关联方:贷款、投资、租赁、应收账款、担保、其他方式等期初汇总数、本期发生额汇总数、期末汇总数

表 6.5.2.1 单位:万元

投资			担保			其他应收款			合计		
期初	发生额	期末	期初	发生额	期末	期初	发生额	期末	期初	发生额	期末
0	0	0	0	0	0	0	0	0	0	0	0

6.5.2.2 信托资产与关联方:贷款、投资、租赁、应收账款、担保、其他方式等期初汇总数、本期发生额汇总数、期末汇总数

表 6.5.2.2 单位:万元

贷款			投资及附加回购			其他			合计		
期初	发生额	期末	期初	发生额	期末	期初	发生额	期末	期初	发生额	期末
225,000	-45,000	180,000	20,000	-20,000	0	0	0	0	245,000	-65,000	180,000

6.5.2.3 固有财产与信托财产之间的交易金额期初汇总数、本期发生额汇总数、期末汇总数。

表 6.5.2.3 单位:万元

贷款			投资及附加回购			其他			合计		
期初	发生额	期末	期初	发生额	期末	期初	发生额	期末	期初	发生额	期末
0	0	0	0	23,319.00	23,319.00	0	0	0	0	23,319.00	23,319.00

6.5.2.4 信托财产与信托财产之间的交易金额期初汇总数、本期发生额汇总数、期末汇总数。

信托财产与信托财产之间未发生交易。

6.5.3 关联方逾期未偿还本公司资金的详细情况以及本公司为关联方担保发生或即将发生垫款的详细情况

报告期内,本公司无上述情况发生。

6.6 会计制度

本公司自营业务(固有业务)和信托业务均执行财政部2006年颁布的《企业会计准则》及相关解释。

7. 财务情况说明书

7.1 利润实现和分配情况

经大信会计师事务所(特殊普通合伙)审计,本公司2016年实现利润总额273,996.15万元,净利润192,458.74万元。按规定提取信托赔偿准备金9,622.94万元,提取一般风险准备7,758.39万元,提取盈余公积19,245.87万元,加上年初未分配205,448.50万元,年末未分配利润为245,701.11万元。

7.2 主要财务指标

表 7.2

指标名称	指标值(%)
净资产收益率	28.11%
信托报酬率	0.61%
净资本(万元)	575,892.80
风险资本(万元)	203,254.82
人均净利润(万元)	866.93

7.3 对本公司财务状况、经营成果有重大影响的其他事项。

报告期内,因实施10送10转增6的分红方案,相应影响未分配利润和资本公积的变动。

8. 特别事项简要揭示

8.1 前五名股东报告期内变动情况及原因

报告期内,本公司股权结构未发生变化,前五名股东的持股比例分别为:领锐资产管理股份有限公司32.7354%,大连昱辉科技发展有限公司25.1121%,江西省财政厅20.4444%,天津瀚晟同创贸易有限公司7.1749%,深圳市振辉利科技有限公司6.2780%。

8.2 董事、监事及高管人员变动情况及原因

报告期内,本公司董事、监事及高级管理人员无变动。

8.3 公司的重大诉讼事项

无。

8.4 会计师事务所审计意见及公司董事会关于审计意见的说明

报告期内,经公司临时董事会表决,一致同意聘请大信会计师事务所(特殊普通合伙)为公司2016年度审计机构。

大信会计师事务所(特殊普通合伙)注册会计师胡

平、李国平对本公司出具了无保留意见的审计报告。

8.5 公司及其董事、监事和高级管理人员受到处罚的情况

无。

8.6 银监会及其派出机构对公司的检查意见及公司整改情况

本报告期内,本公司存续的信托计划均运作正常,未发现影响信托财产安全性的因素,到期信托项目均按合同约定向受益人交付信托财产。2016年,本公司接受了江西银监局组织的“两个加强、两个遏制”专项检查“回头看”现场检查。检查组认为,本公司能够按照《信托法》、《信托公司管理办法》、《信托公司集合资金信托计划管理办法》及相关法律法规开展信托业务,业务操作符合有关规定和制度要求,在业务开展过程中,采取了有效的风险防范和控制措施,信托业务总体运行平稳,没有发现到期不能安全兑付的信托项目,也未发现存在明显风险隐患以致影响到期安全终止的信托计划。但检查中也发现,本公司也存在部分制度建设不够完善、业务尽职调查不够充分、项目后期管理不到位、关联交易风控措施不够严密、薪酬延期支付执行不到位等问题。公司对上述存在的问题进行了整改,其他薄弱环节也将在今后业务中加强。

8.7 本年度重大事项临时报告的简要内容、披露时间、所披露的媒体及版面

无。

8.8 银监会及其省级派出机构认定的其他有必要让客户及相关利益人了解的重要信息

无。

9.履行社会责任情况

9.1 守法合规稳健发展

本公司按照“突出信托主业、服务地方经济”的经营宗旨,坚持“风险第一、效益第一”的原则,依法合规经营,各项业务稳步开展,内部管理进一步规范,经营效益和抗风险能力明显提高,在中国信托业协会的精心指导和安排下,本公司积极履行协会行业自律公约。

2016年,本公司开展了“节约开支、降低成本”活动,加强了日常开支管理,提倡节约,反对浪费,最大限度地控制了一切不必要的开支。同时,本公司还组织了“反洗钱法颁布实施十周年”宣传活动,组织反腐败、反商业贿赂培训和反洗钱培训307人次,合规培训98人次。

另外,本公司全年通过开展了“精细化管理年”活动,对员工进行了一次系统的行为规范教育,健全和完善了相关制度,提高了内控和管理水平,从思想、制度和行为上筑牢“防火墙”,有效防范道德风险,遏制各类案件发生。

9.2 缓释化解环境与社会风险

本公司的经营理念是“风险第一、效益第一”,强调在风险可识别、可控制、可承受的情况下,健全全面风险管理体系,追求效益最大化。在风险管理中,本公司充分考虑环境和社会因素,尽可能有效的缓释、化解风险,避免引起社会负面影响和为当地金融环境带来的不利后果。具体做法有:在银信合作的通道类业务中,本公司在项目设计中要求银行指定项目、银行评审、银行后期管理、现状交付;在政信合作项目中,本公司坚持土地抵押、属地发行,防范债务违约风险;在股票质押项目中,本公司坚持警戒线、平仓线设计,防范融资人违约。

9.3 重视管理创新

本公司一直注重动态化的制度管理,强调在制度面前人人平等,坚持以制度管人管事管财,目前已形成了300多项制度,编印下发了第五版《制度汇编》,每个季度编辑下发补丁制度,涵盖了经营管理的各个环节。2016年,为适应市场情况和监管政策的变化,本公司组织制度修订小组对原有制度中不符合现实要求的制度进行了全面梳理和修改,对经营管理中的制度漏洞进行补充完善,形成新的制度汇编。

9.4 注入经济调整活力

2016年本公司立足于促进经济结构调整转型,注重支持实体经济发展。本公司积极支持中小企业发展,通过创新银信合作、证信合作等业务模式,以信托贷款或受让信贷资产等方式,大力支持中小企业发展。支持的中小企业覆盖了制造业、批发与零售业、文化体育娱乐业、住宿与餐饮业、采掘业以及农、林、牧、渔业等多个行业。支持中小企业数量超过2300家,提供信托资金总额超过260亿元。

本公司主动投身民生改善,通过信托贷款和受让应收账款方式,大力支持保障性住房建设。本报告期内新增为保障性住房提供信托资金超70亿元,项目覆盖江西、江苏、四川、安徽、福建、黑龙江、浙江等20多个省份。

本公司报告期内为农、林、牧、渔业等涉“三农”方面提供金融支持近20亿元。

9.5 致力推进财富管理

本公司充分发挥信托产品的多样性、灵活性,拓展投资渠道,为投资者提供多层次、各种收益水平、风险等级不同的产品。如本公司发行的集合资金信托产品,有较稳定收益的政信合作产品,收益较高的股票收益权转让信托产品,风险较高、享受劣后收益的证券投资信托产品;又如本公司发行的单一资金产品,为机构客户、银行理财和非理财资金、证券公司资产管理计划提供良好的投资服务。本公司已发行的信托产品收益水平比银行存款高,风控可控,受到客户的好评。

本公司始终倡导客户至上的经营原则,充分保护客户的合法权益。本公司制定了《信托产品营销管理规定》、《信托客户服务管理规定》、《信托业务客户服务应对方(预)案》等有关规定。在产品营销中,严格按照监管部门的法规操作,落实面签和录音录像,进行风险提示,如签订认购风险说明书;信托投资不承诺保底;集合资金信托计划营销执行合格投资者购买的监管规定。在项目的风险控制措施上,采取了多种保证措施,如属地发行、土地抵押、股票质押、第三方保证、预警线及平仓线的设计等等，极大地保护了投资者利益，提升客户服务水平。

9.6 热心参与社会事业

本公司热心公益慈善，报告期内对口扶贫800万元，组织员工开展志愿者活动4次，共260多人次参加。

9.7 积极推进金融消费者权益保护工作

本公司管理层高度重视金融消费者权益保护工作，通过不断完善制度建设、依法合规开展经营活动、认真倾听落实客户意见建议、积极开展金融知识宣传教育活动等措施，充分尊重并自觉保障金融消费者的财产安全权、知情权、自主选择权、公平交易权、受教育权、依法求偿权、受尊重权、信息安全权等各项合法权益，积极防范和化解金融风险，努力参与构建和谐稳定的金融消费关系、维护金融秩序的安全与稳定。

报告期内，本公司积极开展了各项金融消保宣传活动：在3.15消费者权益保护日开展了金融知识讲座；5—12月份每月开展了“金融消保 我们在身边”活动；9月份开展了“金融知识进万家”活动，积极走进社区走进校园，向广大居民及在校学生宣传金融消保和信托知识。

10.公司监事会意见

10.1 报告期内本公司董事会决策程序合法，业务经营符合《信托法》等有关法律和银监会有关监管规定的要求，内部控制制度完善，未发现本公司董事及高级管理人员在执行职务时发生违反法律法规、本公司章程、损害本公司利益和股东、受益人权益的行为。

10.2 本公司经大信会计师事务所（特殊普通合伙）审计后的2016年度财务报告真实地反映了本公司的财务状况和经营成果。

平安信托有限责任公司 2016年年度报告

第一节 重要提示及目录

一、重要提示

本公司董事会及董事保证本报告所载资料不存在任何虚假记载、误导性陈述或者重大遗漏,并对其内容的真实性、准确性和完整性承担个别及连带责任。

独立董事曲毅民、杨世成、陈勇认为,本报告真实、准确、完整地披露了公司2016年度的经营管理情况。

普华永道中天会计师事务所(特殊普通合伙)为本公司出具了标准无保留意见的年度审计报告。

公司董事长任汇川、财务部负责人李萍保证年度报告中财务报告的真实、完整。

二、目录

第二节 公司概况

一、公司简介

(一)公司历史沿革

平安信托有限责任公司(以下简称"本公司"或"公司")的前身为成立于一九八四年的中国工商银行珠江三角洲金融信托联合公司。一九九六年,经中国人民银行批复同意,中国平安保险(集团)股份有限公司(前称"中国平安保险股份有限公司")收购了该公司股权,收购完成后更名为平安信托投资公司,同时注册资本由原来的人民币0.5亿元增加至人民币1.5亿元。二〇〇一年,经中国人民银行批复,本公司重新登记和增资改制,公司更名为平安信托投资有限责任公司,同时注册资本由人民币1.5亿元增加至人民币5亿元。二〇〇三年,经中国人民银行批复,本公司的注册资本由人民币5亿元增加至人民币27亿元。二〇〇五年,经中国银行业监督管理部门批复,本公司的注册资本由人民币27亿元增加至人民币42亿元。二〇〇八年,经中国银行业监督管理部门批复,本公司的注册资本由人民币42亿元增加至人民币69.88亿元。二〇一〇年,经国家工商行政管理总局核准,本公司正式更名为平安信托有限责任公司。二〇一五年,经中国银行业监督管理部门批复,本公司的注册资本由人民币69.88亿元增加至人民币120亿元。

(二)公司法定中文名称:平安信托有限责任公司

公司法定英文名称:PingAnTrustCo., Ltd.(缩写为PATC)

(三)公司法定代表人:任汇川

(四)公司注册地址:深圳市福田区益田路5033号平安金融中心27层(东北、西北、西南)、29层(东南、西南、西北)、31层(3120室、3122室)、32层、33层

邮政编码:518033

公司国际互联网网址:http://www.pingan.com

电子邮箱:Pub_PATMB@pingan.com.cn

(五)经营范围:本外币业务;资金信托;动产信托;不动产信托;有价证券信托;其他财产或财产权信托;作为投资基金或者基金管理公司的发起人从事投资基金业务;经营企业资产的重组、购并及项目融资、公司理财、财务顾问等业务;受托经营国务院有关部门批准的证券承销业务;办理居间、咨询、资信调查等业务;代保管及保管箱业务;以存放同业、拆放同业、贷款、租赁、投资方式运用固有财产;以固有财产为他人提供担保;从事同业拆借;法律法规规定或中国银行业监督管理委员会批准的其他业务。

(六)信息披露事务负责人:顾攀

信息披露事务联系人:张翼飞

电话:4008866338

传真:(0755)82415828

电子邮箱:Pub_PATMB@pingan.com.cn

(七)公司选定的信息披露报纸:《证券时报》、《中国证券报》、《上海证券报》、《证券日报》、《金融时报》

公司年度报告备置地点:公司董事会秘书处

(八)公司聘请的会计师事务所名称:普华永道中天会计师事务所(特殊普通合伙)

会计师事务所办公地址:上海市湖滨路202号普华永道中心11楼

二、组织架构

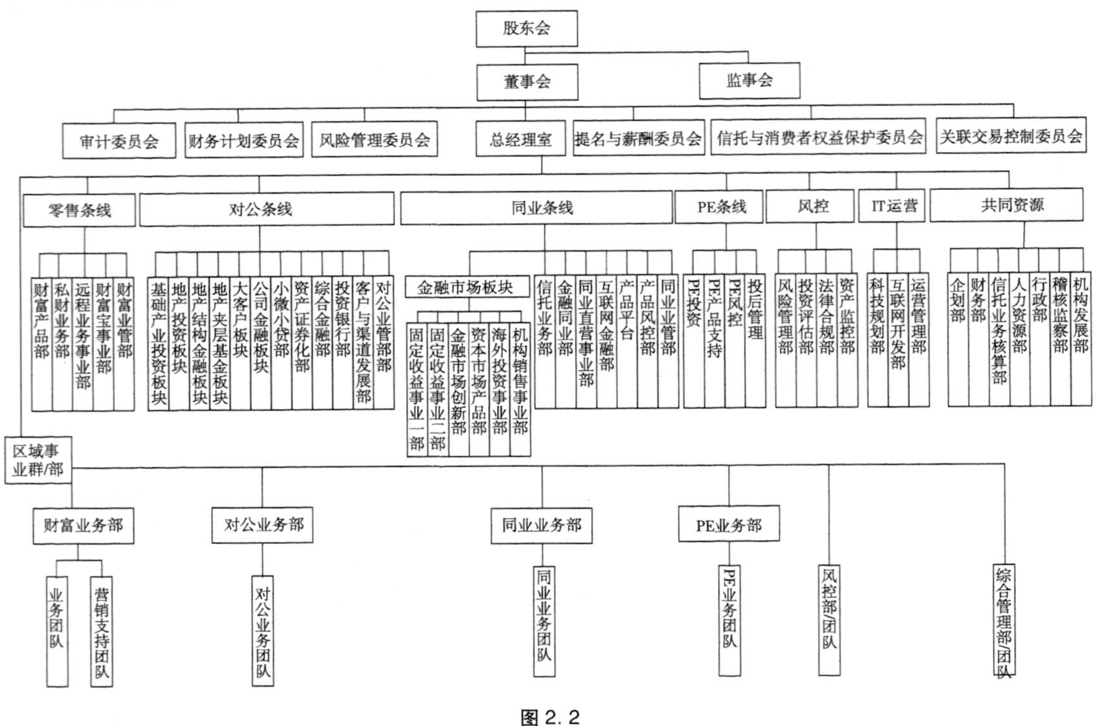

图 2.2

第三节　公司治理

一、公司治理结构

（一）股东

报告期末公司股东总数为 2 个，相关情况如下：

表 3.1.1

股东名称	持股比例	法定代表人	注册资本（亿元）	注册地址	主要经营业务及主要财务情况
★中国平安保险（集团）股份有限公司（以下简称“平安集团公司”）	99.88%	马明哲	182.80	深圳市	投资保险企业，监督管理控股投资企业的各种国内、国际业务，开展资金运用业务；2016 年末其资产总额 55,769.03 亿元
上海市糖业烟酒（集团）有限公司	0.12%	崔智钧	3.21	上海市	食品贸易，产业投资与管理，现代服务业等；2016 年末其资产总额 404.24 亿

★为公司最终实际控制人

（二）董事、董事会及其下属委员会

表 3.1.2－1（董事长、副董事长、董事）

姓名	职务	性别	年龄	选任日期	所推举的股东名称	该股东持股比例	简要履历
任汇川	董事长	男	47	2016 年 2 月	平安集团公司	99.88%	1992 年 10 月加入平安集团公司，现任平安集团公司总经理、本公司董事长。获北京大学工商管理硕士学位

续表

姓名	职务	性别	年龄	选任日期	所推举的股东名称	该股东持股比例	简要履历
宋成立	副董事长	男	56	2016年8月	平安集团公司	99.88%	现任本公司副董事长,曾任本公司总经理
姚波	董事	男	46	2007年10月	平安集团公司	99.88%	2001年5月加入平安集团公司,现任平安集团公司副总经理。曾任职德勤会计师事务所精算咨询高级经理。获美国纽约大学工商管理硕士学位
高鹏	董事	男	40	2015年2月	平安集团公司	99.88%	现任平安集团公司薪酬规划管理部总经理。获浙江大学金融学学士学位
葛俊杰	董事	男	58	2004年9月	上海市糖业烟酒(集团)有限公司	0.12%	现任上海鹏欣(集团)有限公司副董事长,曾任上海市糖业烟酒(集团)有限公司董事长兼总裁、光明食品集团副总裁。获上海财经大学商业经济专业学位

表3.1.2-2(独立董事)

姓名	所在单位及职务	性别	年龄	选任日期	所推举的股东名称	该股东持股比例	简要履历
曲毅民	退休	男	62	2014年12月	平安集团公司	99.88%	曾供职于中远集团、远洋地产,并曾担任平安集团、招商银行、华泰保险等多家公司董事。高级会计师,大专学历
杨世成〔注1〕	中远(英国)公司总经理	男	53	2014年12月	平安集团公司	99.88%	现任中远(英国)公司总经理,兼任英国中资企业协会会长。曾供职于青岛远洋运输公司、中远散货运输有限公司、中远集团总公司。获英国BRISTOL大学法学硕士学位
陈勇	上海海高咨询有限公司董事总经理	男	54	2015年3月	平安集团公司	99.88%	现任上海海高咨询有限公司董事总经理。曾供职于伯林翰律师事务所、美国Navios公司。获纽约州立大学海运学院理学硕士学位

表3.1.2-3(董事会下属委员会)

董事会下属委员会名称	职责	组成人员姓名	职务
财务计划委员会	审议公司发展战略、年度计划及中长期发展规划并监督实施;审议公司资产负债管理政策并监督实施;审核公司重大投资、并购项目的可行性分析报告及对外筹资方案等。	姚波	主任
		任汇川	委员
		曲毅民	委员
审计委员会〔注2〕	提议聘请或更换外部审计机构;审核公司内部审计基本制度;听取并审议外部审计机构报告;监督公司内部审计制度及其实施;监督公司遵守国家法律、法规等合规经营情况。	曲毅民	主任
		任汇川	委员
		姚波	委员

续表

董事会下属委员会名称	职责	组成人员姓名	职务
提名与薪酬委员会	审议公司提名与薪酬管理的策略和计划；审核公司人员编制、薪酬总额、薪酬制度、年度薪酬方案、考核方案；审议公司考核与奖惩制度等。	高鹏	主任
		姚波	委员
		陈勇	委员
信托与消费者权益保护委员会〔注3〕	审议公司的信托业务战略发展目标和相应的发展规划并监督实施；监督公司依法履行受托职责；监督公司消费者权益保护工作，保护消费者的合法权益，定期向董事会进行报告；监督公司信托业务与公司其他业务之间建立有效隔离机制；监督公司信托业务的风险管理制度等。	陈勇	主任
		任汇川	委员
		姚波	委员
关联交易控制委员会	设计和审议公司整体关联交易控制的组织架构，规划关联交易管理职能；指导和监督关联交易控制委员会职责范围内的关联交易；审查公司年度关联交易专项报告，并报告董事会及监事会审阅；进行关联交易的审核及授权；董事会授权的其他事项。	杨世成	主任
		曲毅民	委员
		陈勇	委员
风险管理委员会〔注4〕	审核公司风险治理架构和风险管理策略；审议公司整体风险偏好和风险限额；督促公司管理层采取必要措施有效识别、评估、监测和控制风险；评估公司管理层关于信用风险、流动性风险、操作风险和市场风险等风险的控制情况，提出完善建议；审议公司风险管理报告；董事会授予的其它职责。	任汇川	主任
		姚波	委员
		曲毅民	委员

注1:2017年3月28日，李祥军取得独立董事任职资格，杨世成不再担任公司独立董事及关联交易控制委员会主任委员职务，公司后续将完成相应变更。

注2:2016年5月13日，公司五届八次董事会成立风险管理委员会，审计委员会不再行使风险管理职责。

注3:2016年5月13日，经公司五届八次董事会审议，原信托委员会更名为“信托与消费者权益保护委员会”。

注4:2016年5月13日，公司五届八次董事会成立风险管理委员会。

（三）监事、监事会及其下属委员会

表3.1.3（监事会成员）

姓名	职务	性别	年龄	选任日期	所推举的股东名称	股东持股比例	简要履历
王芊	监事会主席	女	46	2014年3月	平安集团公司	99.88%	现任中国平安保险（集团）股份有限公司首席风险执行官办公室高级经理
张云平	监事	男	55	2014年3月	平安集团公司	99.88%	现任平安金服反洗钱监控中心高级稽核经理
方渭清	监事	男	39	2010年12月	职工代表	—	现任本公司稽核监察部副总经理

本公司监事会未设立下属委员会。

（四）高级管理人员

报告期末，公司在职高级管理人员情况如下：

表3.1.4

姓名	职务	性别	年龄	选任日期	金融从业年限（年）	学历	专业	简要履历
任汇川	董事长	男	48	2016年4月	27	硕士	工商管理	于2016年4月加入平安信托，1992年加入中国平安，现兼任中国平安保险（集团）股份有限公司，集团总经理
宋成立	副董事长（代履职总经理）	男	56	2016年11月	24	硕士	企业管理	于2003年7月加入平安信托，1992年加入中国平安，原平安产险，副总经理
曹宁莉	副总经理	女	41	2015年7月	19	硕士	金融学	于2015年4月加入平安信托，原任中国民生银行广州分行，副行长
刘东	副总经理	男	52	2015年7月	22	博士	公共政策与管理学	于2014年11月加入平安信托公司，原任新加坡政府投资公司，高级副总裁
郑建家	副总经理	男	48	2015年10月	21	学士	经济学	于2015年4月加入平安信托公司，2013年4月加入中国平安，原任平安银行财富管理事业部，总裁
顾攀	副总经理	男	52	2016年9月	19	博士	计算机	于2008年9月加入中国平安，原任平安信托风险管理部兼投资评估部，总经理
郑翔	副总经理	男	45	2016年5月	20	双学士	国际贸易	于2016年5月加入平安信托，原任中国民生银行金融同业部副总经理
庞洪梅	副总经理	女	46	2015年7月	17	博士	材料学	于2010年10月加入中国平安，原任平安信托业务部，总经理
李宇航	总经理助理	男	47	2015年7月	20	硕士	工商管理	于2009年2月加入平安信托，1996年9月加入中国平安，原任平安信托对公条线基建投资板块，投资部总经理
李数光	总经理助理	男	45	2015年7月	21	硕士	系统工程	于2014年12月加入平安信托公司，2013年3月加入中国平安，原任平安银行上海分行，副行长

（五）公司员工

报告期末，公司职工人数为972人：

表3.1.5

项目		报告期年度		上年度	
		人数	比例	人数	比例
年龄分布	25以下	13	1%	34	3%
	25－29	241	25%	375	33%
	30－39	620	64%	605	54%
	40以上	98	10%	106	9%

续表

项目		报告期年度		上年度	
		人数	比例	人数	比例
学历分布	博士	13	1%	18	2%
	硕士	474	49%	485	43%
	本科	429	44%	536	48%
	专科	53	5%	67	6%
	其他	3	0%	14	1%
岗位分布	董事、监事及高管人员	11	1%	11	1%
	自营业务人员	59	6%	71	6%
	信托业务人员	684	70%	796	71%
	其他人员	218	22%	242	22%

二、公司治理信息

报告期内，公司进一步完善公司治理结构，股东会、董事会、监事会及高级管理分清晰，相互之间独立运行、有效制衡，独立董事配备充足，公司基本制度建设完备，治理水平不断得到提升，有效保证了公司的合规经营，为股东赢取回报，为社会创造财富。

（一）股东会召开情况

本报告期内公司股东会共召开了四次会议，包括2015年度股东会会议及三次临时股东会会议：

1. 2016年1月，公司召开了2016年第一次临时股东会会议，审议并通过了《关于修订公司章程的议案》。

2. 2016年4月，公司召开了2015年度股东会会议，审议并通过了《公司2015年度董事会工作报告》等议案。

3. 2016年5月，公司召开了2016年第二次临时股东会会议，审议并通过了《关于审议公司2016年一季度利润分配的议案》。

4. 2016年11月，公司召开了2016年第三次临时股东会会议，审议并通过了《关于转让平安财富理财管理有限公司全部股权的议案》。

（二）董事会及其下属委员会履行职责情况

本报告期内公司董事会认真执行股东会的各项决议，协助公司经营管理层较好地完成了公司2016年度各项经营计划，续聘普华永道中天会计师事务所（特殊普通合伙）为本公司2016年度审计师。公司独立董事认真履行职责，维护公司整体利益，切实保证小股东、信托计划委托人和受益人及消费者的合法权益。

1. 本报告期内董事会共召开了七次会议，包括2015年度会议、2016年中期会议、两次季度会议及三次临时会议：

（1）2016年2月，董事会召开五届六次会议，审议并通过了《关于推荐任汇川先生出任公司董事长的议案》等议案。

（2）2016年3月，董事会召开了五届七次会议（2015年度会议），审议并通过了《公司2015年度董事会工作报告》等议案。

（3）2016年5月，董事会召开五届八次会议（2016年第一季度会议），审议并通过了《关于成立董事会风险管理委员会的议案》等议案。

（4）2016年8月，董事会召开五届九次会议（2016年中期会议），审议并通过了《公司2016年中期工作报告》等议案。

（5）2016年10月，董事会召开五届十次会议（2016年第三季度会议），审议并通过了《关于审议公司〈稽核监察章程（2016版）〉的议案》等议案。

（6）2016年11月，董事会召开五届十一次会议，审议并通过了《关于推荐宋成立先生代为履行公司总经理职责的议案》等议案。

（7）2016年12月，董事会召开五届十二次会议，审议并通过了《关于推荐公司董事的议案》等议案。

2. 本报告期内董事会专业委员会召开情况如下：财务计划委员会共召开三次会议，审计委员会共召开四次会议，提名与薪酬委员会共召开五次会议，信托与消费者权益保护委员会共召开一次会议，关联交易控制委员会共召开一次会议，风险管理委员会共召开两次会议：

（1）财务计划委员会

①2016年3月，财务计划委员会召开了2016年第一次会议，审议并通过了《关于审议董事会财务计划委员会2015年度工作报告的议案》等议案。

②2016年5月，财务计划委员会召开了2016年第二次会议，审议并通过了《关于审议公司2016年一季度利润分配的议案》。

③2016年10月，财务计划委员会召开了2016年第三次会议，审议并通过了《关于转让平安财富理财管理有限公司全部股权的议案》。

(2)审计委员会

①2016年3月,审计委员会召开了2016年第一次会议,审议并通过了《关于审议董事会审计委员会2015年度工作报告的议案》等议案。

②2016年5月,审计委员会召开了2016年第二次会议,审议并通过了《关于审议〈公司2016年第一季度内部审计工作报告〉的议案》等议案。

③2016年8月,审计委员会召开了2016年第三次会议,审议并通过了《关于审议〈公司2016年上半年内部审计工作报告〉的议案》等议案。

④2016年10月,审计委员会召开了2016年第四次会议,审议并通过了《关于审议公司〈稽核监察章程(2016版)〉的议案》。

(3)提名与薪酬委员会

①2016年2月,提名与薪酬委员会召开了2016年第一次会议,审议并通过了《关于提名任汇川先生出任公司董事长的议案》。

②2016年3月,提名与薪酬委员会召开了2016年第二次会议,审议并通过了《关于审议董事会提名与薪酬委员会2015年度工作报告的议案》。

③2016年8月,提名与薪酬委员会召开了2016年第三次会议,审议并通过了《关于提名宋成立先生为公司副董事长的议案》等议案。

④2016年11月,提名与薪酬委员会召开了2016年第四次会议,审议并通过了《关于提名黄勇先生为公司副总经理的议案》。

⑤2016年12月,提名与薪酬委员会召开了2016年第五次会议,审议并通过了《关于提名公司董事的议案》。

(4)信托与消费者权益保护委员会

2016年3月,信托与消费者权益保护委员会召开了2016年第一次会议,审议并通过了《关于审议董事会信托委员会2015年度工作报告的议案》。

(5)关联交易控制委员会

2016年3月,关联交易控制委员会召开了2016年第一次会议,审议并通过了《关于审议<董事会关联交易控制委员会2015年度工作报告>的议案》等议案。

(6)风险管理委员会

①2016年8月,风险管理委员会召开了2016年第一次会议,审议并通过了《关于审议〈公司2016年上半年风险管理工作报告〉的议案》。

②2016年12月,风险管理委员会召开了2016年第二次会议,审议并通过了《关于公司重要策略审批权限授权的议案》等议案。

(三)监事会召开会议情况

本报告期内监事会共召开了两次会议,包括2015年度会议、2016年中期会议:

1. 2016年3月,监事会召开了五届六次会议(2015年度会议),审议并通过了《公司2015年度监事会工作报告》等议案。

2. 2016年8月,监事会召开了五届七次会议(2016年中期会议),审议并通过了《公司2016年上半年监事会工作报告》。

监事会认为,报告期内公司能够按照合法决策程序对重大事项进行决策,所开展的业务经营活动基本符合《中华人民共和国公司法》、《中华人民共和国信托法》、《信托公司管理办法》及《信托公司治理指引》等有关法律法规的规定。监事会认为,普华永道中天会计师事务所(特殊普通合伙)出具的2016年度无保留意见的审计报告,真实、客观地反映了公司的财务状况和经营结果。

(四)独立董事履职情况

公司董事会共有独立董事3名,达到董事会成员总数的三分之一。董事会审计委员会、信托与消费者权益保护委员会、关联交易控制委员会主任委员由独立董事担任,财务计划委员会、提名与薪酬委员会与风险管理委员会各有1名独立董事担任委员。独立董事专业涵盖经济、金融等领域,具有丰富的经济、金融专业知识和从业经验。2016年,董事会召开7次会议,董事会专门委员会召开16次会议,独立董事出席会议率达到100%。各独立董事本着负责任的态度,认真履行诚信和勤勉义务,维护公司整体利益,为董事会科学决策发挥了积极作用。

(五)高级管理层履职情况

报告期内,公司高级管理人员严格贯彻执行股东会和董事会的各项决议,稳健经营,勇于创新,固有资产业务和信托业务经营情况良好。

第四节 经营管理

一、经营模式、目标、发展规划

(一)经营模式

平安信托以"财富+基金"作为发展新模式,围绕"财富管理、资产管理和私募投行"三个核心业务,不断精进专业理财与投资能力,落实"受人之托、代客理财"的义务,促进差异化、特色化发展;致力于成为中国最领先的信托公司。

(二)经营目标

1. 保持行业领先的业绩水准,成为市场领先的另类资产提供者。

2. 实现股东、客户、社会、员工四方共赢。平安信托善用资本,使公司价值持续增长、使股东获得长期稳定回报;同时秉承"客户至上"原则,实现个人和机构客户委托资产的保值增值;平安信托还要为员工提供个人成长与职业发展的平台,致力于成为员工自我实现和事业成功的舞台;同时深度投身慈善与社会公益事业、积极落实社会责任,切实降低社会融资成本促进实体经济发展。

3. 打造卓越的信托品牌。平安信托依托专业的财富管理、投资投行团队和超出市场水平的理财与投资能力，打造在财富管理、资产管理和私募投行领域的卓越品牌。

（二）发展规划

平安信托以监管政策为基础，持续加强业务风险管控，合法合规经营；充分发挥"投资理财专业化、全面风险管理、综合金融与互联网金融"等竞争优势，落实新模式，打造行业领先地位。具体来说：

1. 完善深化个人财富管理业务，打造国内领先的O2O财富管理平台；

2. 大力发展机构资产管理业务和同业信托，不断提升综合金融服务能力，满足机构投资者的差异化业务需求；

3. 积极发展私募投行与股权投资业务。具体来说，地产投资侧重调结构、做转型、控风险；基建投资业务环绕国家"一路一带"战略展开；PE则抓住新经济投资机会成为有使命的资本；探索做大金融市场标品信托；环绕区域经济发展的差异性，深耕并满足区域优势行业经济的全方位金融服务；

4. 加强业务创新，积极探索发展慈善公益信托、资产证券化信托、财产信托保险金信托等创新业务，以创新促发展、促转型；

5. 建立强大的管理平台，支持新模式落地并领先行业。

二、经营业务的主要内容

2016年以来，国内宏观环境稳中有好，国家战略、行业变革均带来新的投资机遇，泛资产管理市场蕴藏着超百万亿的巨大需求，高净值家庭数量保持较快增长。面临新形势下的发展新机遇，信托行业需契合国家战略、提升投融资效率、服务实体经济，深化转型以寻找新的业务增长发动机，实现行业的可持续发展。

为了适应经济和行业发展形势，平安信托积极面对市场多变的外部市场环境，保持业务稳步推进的同时，主动以"财富＋基金"作为发展新模式，围绕"财富管理、资产管理和私募投行"三个核心业务，不断精进专业理财和投资能力，落实"受人之托、代客理财"的义务，促进差异化、特色化发展，以"适应新常态，抓住新机遇，实现新发展"，服务实体经济，助力经济转型。同时，平安信托持续加强业务风险管控、合法合规经营，各项业务安全、稳健发展。

截至2016年12月31日，信托计划资产管理规模6772亿元，较年初增长21.3%。

个人财富管理业务方面，平安信托以客户为核心，从渠道、产品、服务、系统及风控等方面着力，提升业务的市场竞争力，推动覆盖客户全生命周期的财富管理服务。活跃财富客户数实现稳步增长，截至2016年12月31日，活跃财富客户数达5.25万，较年初增长39.4%。推动家族信托业务快速增长并得到客户与市场的高度认可，摘得由《中国经营报》评定的2016卓越竞争力金融机构评选"卓越竞争力家族信托管理公司"；同时进一步推出保险金信托业务，实现财富传承、财富管理与保险完美的嫁接。

机构资产管理业务方面，平安信托以投资能力为抓手，重点开拓保险公司、城商行、农商行客户。同时打造项目资金撮合及资产转换、卖断平台，为机构投资者提供专业、高效、差异化的服务。

私募投行与股权投资业务方面，平安信托积极把握行业的变化趋势，不断加强与优质客户合作，以股权、债权、夹层融资、基金等多种方式服务于国内众多优秀企业；以服务实体经济为目标，在地产、基建、新能源、PPP、一带一路、国企混改等国家重点支持的诸多领域都发挥着积极的作用。同时，平安信托在业务开展过程中依托严谨的风险管理体系，主动加强项目筛选，确保项目风险可控，为投资者提供优质可靠的投资产品。

此外，平安信托还积极推动基金化转型，深耕健康医疗、消费升级、节能环保、现代服务和先进制造等行业。

2016年，平安信托继续秉承"风险创造价值，风控引领市场"的风控理念，融合信托的专业型和商业银行的精细化风控管理，打造全员参与、全流程管控、业务全覆盖的风险管控体系。

风险管理方面，平安信托始终高度重视风险管理对业务发展的重要性，不断完善风险治理架构，制定了覆盖各业务领域的风险策略体系，持续提升量化风险管理水平，提高数据透明度和痕迹化管理水平，为公司业务发展创建良好的风控环境。

资产监控方面，平安信托始终坚持制度先行，持续规范投中投后工作，先后出台了多项规章制度，优化了放款审核、征信查询、合同面签等流程；投后实现分级管理，风险分类和控制初见成效；多次开展风险检视，通过跟踪监控，对信托项目的实际执行情况进行了全面排查。

合规经营方面，平安信托持续提升操作风险管理的有效性及水平，加强合规文化建设，推动关联交易管理机制建设并有序推进反洗钱体系建设。

本公司严格遵照监管要求，定期监控与净资本相关的各类指标，包括净资本、净资本与风险资本之比、净资本净资产之比。截至2016年12月31日，公司净资本规模167.2亿元，符合监管要求。净资本/各项业务风险资本之和比例251%，高于监管要求的100%。净资本/净资产比例74%，符合监管要求。

2016年平安信托凭藉优秀业绩、突出表现和良好口碑，先后摘得多个行业权威奖项；七度蝉联由《证券时报》评定的"中国优秀信托公司"，蝉联由《金融时报》评定的中国金融机构金牌榜"年度最佳信托公司"奖，荣获由《经济观察报》评定的中国卓越金融奖"年度卓越公益信托产品平台"奖。

本公司（本报告中所称的"本公司"或"公司"，均指母公司；本报告中所称的"本集团"或"集团"，则为本公司及其子公司）的主要经营业务：

自营资产运用与分布表

金额单位：万元

资产运用	金额	占比(%)	资产分布	金额	占比(%)
货币资产	505,296.50	19.35%	基础产业	—	—
贷款及应收款	9,000.00	0.34%	房地产业	71,101.65	2.72%
划分为持有待售的资产	48,369.03	1.85%	证券市场	—	—
可供出售金融资产	944,146.80	36.16%	实业	684,633.28	26.22%
应收款项类投资	—	—	金融机构	1,766,539.55	67.65%
长期股权投资	587,799.13	22.51%	其他	88,985.61	3.41%
应收股利	264,774.22	10.14%			
其他应收款	215,635.18	8.26%			
其他	36,239.23	1.39%			
资产总计	2,611,260.09	100.00%	资产总计	2,611,260.09	100.00%

注：除特别说明外，本报告中数据均以人民币计量

资产运用中“其他”项主要包括固定资产、无形资产、递延所得税资产等。

信托资产运用与分布表

金额单位：万元

资产运用	金额	占比	资产分布	金额	占比
货币资产	1,263,244.41	1.87%	基础产业	2,759,585.58	4.07%
贷款	29,530,691.12	43.61%	房地产	7,356,669.41	10.86%
交易性金融资产	4,682,111.51	6.91%	证券市场	3,217,954.17	4.75%
可供出售金融资产	24,211,655.82	35.75%	实业	30,614,114.13	45.21%
持有至到期投资	—	—	金融机构	22,432,119.16	33.12%
长期股权投资	1,947,360.09	2.88%	其他	1,341,651.23	1.98%
买入返售资产	291,905.13	0.43%			
其他	5,795,125.62	8.56%			
资产总计	67,722,093.68	100.00%	资产总计	67,722,093.68	100.00%

三、市场分析

（一）挑战

1. 行业收入增长放缓，报酬率下降，风险陆续暴露

近年来信托业收入和利润增长放缓，2016年信托业实现经营收入1116亿元，同比2015年1176亿元下降5.1%；信托报酬率也逐步下滑，就清算信托项目为受益人的年化综合实际收益率而言，2016年3月份8.2%、6月份6.4%、9月份7.6%、12月份7.6%，相对于2015年而言，整体呈现下降趋势。

同时，随着经济增速预期回落，传统行业的融资偿债风险加剧导致信托风险项目有所增加。截至2016年末信托行业风险项目个数545个，涉及规模1175亿；分别较2015年末增长17.5%和20.8%；风险项目单均规模有加大趋势。

2. 信贷扩张对GDP边际贡献下降，传统信托贷款业务发展空间收窄

过往信贷扩张驱动着房地产、基建为主的行业高速增长，信托业亦受益于此。传统信贷模式对于抵押品和政府隐性担保的偏爱使得信贷投放不断循环强化，形成金融顺周期。但当前逆周期或已来临，债券市场波动加大，银行业不良率已连续4年上升、不良贷款率达1.74%；平衡风险收益后有利可图的信托贷款增量业务空间快速收缩。

3. 监管政策进一步审慎，传统业务受限

监管将进一步加强金融风险的防范和化解，通过统一资产管理业务的标准规制，来减少存量风险、控制增量风险；预计监管政策将进一步审慎，对信托贷款等非标准化债权资产融资业务、通道业务为主业的信托公司形成较大挑战。

（二）机遇

1. 经济运行缓中向好、国家战略将带来新机遇

2016年中国国内生产总值达到74.4万亿元，增长

6.7%,名列世界前茅,对全球经济增长的贡献率超过30%。全国居民人均可支配收入实际增长6.3%。工业企业利润增长8.5%,单位国内生产总值能耗下降5%,经济发展的质量和效益明显提高,国民经济各项数据均呈现有利势头 。

在未来几年,供给侧改革、一带一路、京津冀协同发展、长江经济带等国家级战略,以及工业4.0、互联网+、新能源等巨大的工业变革以及区域间经济的差异化均为信托行业带来了新的投资机遇。

2. 泛资产管理市场蕴藏着近150万亿的巨大需求

伴随着宏观经济的稳定发展,高净值家庭快速增长,居民财富的迅速积累,资产管理机构的专业投资能力逐步被个人投资者所认可,监管制度日益完善,资产管理行业主动转型,泛资产管理市场正孕育着巨大的需求。预计到2020年,该数字有望达到149万亿元,年复合增长率高达17%。

3. 监管政策导向日益完善,推动行业转型

监管明确提出信托业的"五大坚持"、"八大责任"、"八项机制"和"八项业务"等业务战略方向,有利于各家信托公司根据各自的战略规划、资源禀赋和目标定位,探索差异化、专业化的发展路径。

四、内部控制

(一)内部控制环境和内部控制文化

公司一贯致力于构建符合国际标准和监管要求的内部控制体系,根据风险状况和控制环境的变化,持续优化内部控制机制。根据国家法律法规以及各监管机构的要求,公司以现代国际一流金融企业为标杆,秉承综合金融发展战略,结合经营管理需要,践行"法规+1"的合规理念,贯彻"目标明确、覆盖全面、运作规范、执行到位、监督有力"的方针,完善内部控制运行机制,着力提高抵御风险的能力,确保公司经营管理合法合规、符合监管要求,促进业务可持续健康发展。2016年,公司遵循"以制度为基础、以风险为导向、以流程为纽带"思路,强化内部控制日常化运作机制,持续提升内控工作的水平和效果,为公司持续稳健发展提供保障。

公司根据《中华人民共和国公司法》、《中华人民共和国信托法》、《信托公司管理办法》、《信托公司治理指引》及《企业内部控制基本规范》等国家相关法律法规和《公司章程》的要求,建立了由股东会、董事会、监事会和高级管理层组成的法人治理结构,形成了权力机构、决策机构、监督机构和管理层之间分工配合、相互协调、相互制衡的运行机制。公司股东会、董事会、监事会均按照相关法律、法规、规范性文件及《公司章程》的规定,规范有效地运作。公司完善的法人治理结构为公司内部控制目标的实现提供了合理保证。

公司积极开展合规文化建设,为合规管理工作的开展和内部控制建设营造优越的内部环境及合规文化氛围。公司通过《员工行为准则》,对违纪类型、违纪处理流程等做出明确规定,倡导员工诚信守法、廉洁自律,遵守公司内部规章制度,维护公司形象及社会公共秩序;通过《"红、黄、蓝"牌处罚制度》体系,对员工违规行为严格惩处,营造良好的内控环境;通过《合规手册》,明确公司合规管理职责,完善内部控制和风险管理体系;推动员工签署《合规履职承诺函》,从遵法守规、商业秘密、利益冲突、销售行为等方面规范员工行为,提升员工知法守规意识。此外,公司通过以全员大会、宣导专刊、面授培训、知鸟课程等多种形式高频次地开展内控文化宣导,在全公司范围内营造高层垂范、人人合规的良好氛围,增强全员合规内控意识。

(二)内部控制措施

按照相关法律法规、监管规定和内部制度的要求,公司建立了组织架构完善、权责清晰、分工明确、人员配备精良的内部控制组织体系。公司董事会负责内部控制的建立健全和有效实施,董事会下设审计委员会,负责监督、审查、评价公司内部控制的实施情况,协调内部控制审计及其他相关事宜;监事会负责对董事会建立与实施的内部控制进行监督,对公司管理层履职情况进行检查监督;2016年,公司进一步加强"业务及职能部门直接承担管理、法律合规部门统筹推动支持、稽核监察部门监督检查审计"三道防线的分工与协作,强化工作衔接与信息共享机制,有效地实施内部控制,实现内部控制"促管理、促发展、促效益"的目标。公司持续优化内控治理结构,完善操作风险与内控管理、防火墙管理、关联交易管理、反洗钱管理、授权管理、员工利益冲突等机制,持续优化公司内部控制政策、框架、流程、系统及工具标准,提升管理水平,并加强高风险事件管控,防范系统性风险及风险传递,落实合规内控考核,进一步促进内部控制有效实施。2016年,公司继续贯彻落实《企业内部控制基本规范》及配套指引的相关要求,积极开展内控评价工作,如期完成公司层面控制、信托管理、财务报告与信息披露等流程的内控自评工作;同时,公司持续关注主要业务和新增业务的合规发展和内部控制,通过有效识别、评估并防范和化解内控风险,为公司的稳健经营提供保障。

(三)信息交流与反馈

公司不断建立完善信息交流与反馈制度,包括内部信息交流及报告与披露。

公司建立了顺畅、双向的内部信息交流制度。公司开通各种信息交流渠道,通过公司公文、公告、制度库等传递和获取信息;充分利用信息技术,通过网络、移动互联、视频会议、电话会议、邮件等方式在公司内部传递信息,确保能够将决策层的战略、政策、制度及相关规定等信息及时传达给员工;加强对信息系统开发与维护、访问与变更、数据输入与输出、文件储存与保管、网络安全等方面的控制,保证信息系统安全稳定运行;通过重大事项报告制度,以及内部信息反馈机制让员工将业务经营、内部控制、风险管理中存在的问题及时向各级管理层报告,促进部门间、部门内部协调高效运作。同时,公司强调信息沟通在反舞弊工作中的作用,通过教育预防、制度保

障、检查监督的方法预防、发现、惩戒舞弊行为。

报告与披露侧重于公司与外部的信息交流与反馈，公司先后制定了《关联交易管理制度》、《危机管理办法》、《信息管理制度》、《新闻管理制度》、《互联网管理制度》等信息披露和报告管理制度。公司设置专门部门负责对内对外的信息整合与发布、媒体关系管理及危机管理，确保了及时、真实、完整地向监管部门和外界披露相关信息，确保公司与外部投资者、客户、中介机构等有关方面之间进行有效交流，也确保了信息交流过程中发现的问题及时得到解决。

（四）监督评价与纠正

公司已形成事前、事中与事后“三位一体”的风险管理和监督评价体系，对业务环节和经营管理进行持续性的全方位、全过程的监督、评价与纠正。2016年度全面完成了内部控制检查评价计划，符合《企业内部控制基本规范》等监管规定和公司完善治理结构、强化内部控制体系建设的总体要求。

事前监督主要从制度建设、制度与流程检视与完善、风险信息收集、识别与监测整合等方面展开，对公司的内部控制进行事前管理；事中监控包括投资评估部和法律合规部的业务评审、风险管理部的业务监控、业务部门及投后管理团队的持续监控；事后监督通过常规稽核、专项稽核、离任稽核、信访调查等模式发现、评估公司经营中存在的制度和流程执行缺陷，并建立规范的后续整改跟踪程序确保改进措施得到落实，有效提升公司的内控水平。

五、风险管理

（一）风险管理概况

2016年，公司风险管理工作始终坚持以“经营风险”为核心管理理念，深入推进“全员参与、全流程管控、业务全覆盖”的风险管控体系建设，持续提升全面风险管控能力，严守风险底线，助力业务发展。

报告期内，公司不断优化风险治理架构，进一步梳理公司全面风险管理范畴及管理框架，明确成立董事会风险管理委员会、管理层风险管理委员会的顶层设计，明晰了董事会风险管理委员会、风险管理委员会及各风险各管理部门的风险管理职责，实现了信用风险、流动性风险、市场风险及操作风险管理的统筹管理。2016年5月13日，董事会风险管理委员会正式成立；2016年12月7日审议通过成立管理层风险管理委员会正式成立。

同时，围绕公司“零售＋基金”的战略转型，建立零售“客户—产品—资产”的适配体系，精准定位高净值客户资产配置需求，将合适的产品介绍给合适的投资者，体现风险与收益匹配；初步搭建基金风控模式，建立基金设立、决策、投后管理机制。

（二）风险状况

1. 信用风险状况

信用风险是指交易对手未能履行合同所带来的经济损失。公司主要表现为：在信托贷款、资产回购、后续资金安排、担保、履约承诺等交易过程中，借款人、担保人、保管人（托管人）等交易对手不履行承诺，不能或不愿履行合约承诺而使信托资产或自有资产遭受潜在损失的可能性。

2. 市场风险状况

市场风险是指由于市场价格或利率波动而导致的对金融工具的资产价值产生负面波动的风险，可以区分为系统性风险和非系统性风险两大类。公司所面临的市场风险主要是指由于市场价格，如利率、股票价格、债券价格等波动而造成的信托资产、自有资产损失的风险。

3. 流动性风险状况

流动性风险是指公司短期内资金周转困难无力偿付到期负债而造成损失或破产的风险。本公司对流动性风险高度重视，从监控流程、制度、识别分析、压力测试等多角度进行管理，确保公司稳健经营。

4. 操作风险状况

操作风险是指由不完善或有问题的内部程序、员工和信息科技系统，以及外部事件所造成损失的风险。本定义所指操作风险包括法律风险，但不包括策略风险和声誉风险。

5. 其他风险状况

公司面临的其他风险有政策和道德等。

政策风险是指因与公司相关的宏观和监管变化给经营带来风险。

道德风险主要是指由于公司内部人员蓄意违规、违法或与公司的利益体串通而给信托受益人或公司自身带来损失的可能性。

（三）风险管理

1. 信用风险管理

公司持续完善信用风险的管理架构，规范投融资业务管理流程，及时出台配套的管理制度，完善制度体系；根据外部环境变化适时调整风险策略，明确风险策略重点支持领域，加强风险管理的前瞻性和引领性；加强量化管理工具应用，提高精细化管理水平，树立风险与收益匹配意识；加大存量业务风险排查力度，建立风险信息监测及预警机制；加强问题贷款清收处置，多渠道加快处置不良资产，提高清收处置工作成效，整体风险管理水平持续提升，具体而言：

在风险管控方面，平安信托对于项目的甄选，有着严格的准入标准，通过制定各类业务风险策略，明确了各项业务在投资规模、信用评级、区域选择、抵质押物、风控措施等各方面要求。项目投中实行双人核实，集中审查，即取印、核保、合同面签、抵质押登记与权证领取等流程均由业务一线人员和核准人员共同完成，并实行放款审查集中管理。项目投后建立了专业的投后资管团队，在信托计划投资的项目上委派董事、财务人员和工程人员，通过股东会、董事会等公司治理方式，对项目的工程进度、销售进度进行投后监控，以便预警项目开工和销售风险。在交易合同上，特别对停工、工程延期及开盘延期等有处罚措施和提前到付措施，给信托计划增加保障，尽可能将项目风险降到最低。

在风险与收益匹配方面，公司继续完善量化管理体系，有效运用量化管理工具。公司已开发完成房地产、银行、证券公司、信托、城投、综合企业集团、建筑施工等七大信用评级模型，并逐步推进信用评级在风险准入、投后管理、风险计量等方面的应用，采用科学定量方法，为保证业务决策工作的准确度和一致性提供有力的支持。

在风险处置方面，专业不良资产清收团队在项目风险初步显现时即及时介入，针对每个风险项目，设立由公司领导牵头、各职能部门参加的专项处置小组，安排专人负责，在综合考虑产品涉及投资人情况、社会影响程度、债权债务复杂程度等因素的基础上，在既维护投资人合法权益，又保证合法合规经营的前提下，通过创新清收手段"一户一策"科学应对，及时有效地化解项目风险。

2. 流动性风险管理

本年度公司继续完善流动性风险管理体系，在明确了流动性风险管理框架的顶层设计的基础上，明确了涉及流动性风险的业务范围，建立了分层分级管理、定期汇报、实时监控的流动性风险管理机制。

公司根据业务发展的需要，制定了流动性风险偏好，结合以往的流动性风险管理经验，明确流动性风险管理监控和限额指标。同时建立了较完善的流动性压力测试体系，定期进行压力测试，以检测公司整体和产品的承压能力，并依据市场环境变化对模型假设、参数进行调整和更新，确保压力测试的有效性。此外，规范了流动性风险日常管理内容，包括日常监测、压力测试、应急机制等。完善了流动性风险报告体系，确保及时完整准确地反映流动性风险。

通过对流动性风险管控机制和措施的改进和加强，公司不仅提高了流动性风险的管理和监控水平，同时还有效提升了自身的资金运营效率，保证了公司高效、稳定的运行。

3. 市场风险管理

公司组建多支投资团队，通过对各种有市场风险敞口的资产进行组合化管理，通过分散化操作，设置各种资产的头寸限额和指标，达到控制市场风险的目的。公司对具有公允价值的资产设定高于市场要求的修正久期、杠杆率、基点价值等敏感度指标限额，严格控制资产的风险敞口。另外，公司严格履行受托人的尽职管理职责，严格按照信托法律、法规及合同进行操作和处理信托事务。

公司从管理层和投资者能够承担的风险出发，根据对市场行情的跟踪和研究，对于可能出现的风险事件，亦建立了相应的内外部风险处置流程。设定合理的情景，对资产组合进行利率压力测试，准确把握不同市场行情下资产风险敞口大小，并据此向投资者充分披露。

4. 操作风险管理

公司持续落实监管规定及公司操作风险管理策略，以现行合规管理以及内部控制体系为基础，整合监管及行业关于操作风险管理的先进标准、方法和工具，优化操作风险管理架构，完善操作风险管理制度，加强各部门配合与协作，确立日常监测与报告机制，定期向管理层汇报操作风险整体情况；运用操作风险三大工具，从事前、事中、事后三个维度进行风险监控与数据分析；推动开展年度操作风险与控制自我评估，全面检视及优化重要业务流程；针对高风险事件开展专项检视，防范、化解业务风险；同时建立了常态化与专题化相结合的宣导机制，持续提升操作风险管理的有效性及水平。

公司主要通过以下机制和措施管理操作风险：

一是建立健全公司操作风险识别、评估、监测、控制、缓释、报告的全面管理体系；

二是持续优化公司操作风险管理政策、框架、流程、系统及工具标准，提升操作风险管理水平；

三是优化并推动各业务职能部门运用实施操作风险管理工具，如：风险与控制自我评估、关键风险指标、操作风险损失事件收集；

四是关键风险领域开展专项排查检视；

五是通过开展操作风险管理方面的培训倡导，推动操作风险管理文化建设。

5. 其他风险管理

坚持"遵纪守法"、"守法 +1"的经营方针和经营宗旨，保证公司的各项业务在完全合法合规的前提下开展。公司主要通过制度规范和加强员工职业道德培训、对违反职业道德行为的查处来严控道德风险，严格履行受托人的监管义务，妥善管理信托投资项目，把道德风险控制在最低限度。

六、净资本风险控制指标

本公司报告期末的净资本风险控制指标情况如下：

表4.6.1　　金额单位：万元

指标名称	期末数	监管标准
净资本	1,672,386	≥2 亿元
固有业务风险资本	235,169	
信托业务风险资本	430,588	
其他业务风险资本	—	
各项业务风险资本之和	665,757	
净资本/各项业务风险资本之和	251%	≥100%
净资本/净资产	74%	≥40%

第五节　会计报表

一、自营资产

（一）会计师事务所审计结论

审计报告

普华永道中天审字（2017）第 22193 号

我们审计了后附的平安信托有限责任公司的财务报表，包括 2016 年 12 月 31 日的合并及公司资产负债表，

2016 年度的合并及公司利润表、合并及公司所有者权益变动表和合并及公司现金流量表以及财务报表附注。

一、管理层对财务报表的责任

编制和公允列报财务报表是平安信托有限责任公司管理层的责任。这种责任包括:

(1)按照企业会计准则的规定编制财务报表,并使其实现公允反映;

(2)设计、执行和维护必要的内部控制,以使财务报表不存在由于舞弊或错误导致的重大错报。

二、注册会计师的责任

我们的责任是在执行审计工作的基础上对财务报表发表审计意见。我们按照中国注册会计师审计准则的规定执行了审计工作。中国注册会计师审计准则要求我们遵守中国注册会计师职业道德守则,计划和执行审计工作以对财务报表是否不存在重大错报获取合理保证。

审计工作涉及实施审计程序,以获取有关财务报表金额和披露的审计证据。选择的审计程序取决于注册会计师的判断,包括对由于舞弊或错误导致的财务报表重大错报风险的评估。在进行风险评估时,注册会计师考虑与财务报表编制和公允列报相关的内部控制,以设计恰当的审计程序,但目的并非对内部控制的有效性发表意见。审计工作还包括评价管理层选用会计政策的恰当性和作出会计估计的合理性,以及评价财务报表的总体列报。

我们相信,我们获取的审计证据是充分、适当的,为发表审计意见提供了基础。

三、审计意见

我们认为,上述平安信托有限责任公司的财务报表在所有重大方面按照企业会计准则的规定编制,公允反映了平安信托有限责任公司 2016 年 12 月 31 日的合并及公司财务状况以及 2016 年度的合并及公司经营成果和现金流量。

普华永道中天会计师事务所(特殊普通合伙)
注册会计师 陈岸强

中国　　上海市　　注册会计师 田 婕

2017 年 3 月 28 日

(二)资产负债表

金额单位:万元

资产	本集团		本公司	
	期末数	期初数	期末数	期初数
货币资金	3,377,185.65	5,048,745.93	505,296.50	848,594.34
结算备付金	973,841.17	678,856.26	—	—
融出资金	712,491.19	967,488.73	—	—
以公允价值计量且其变动计入当期损益的金融资产	408,984.93	450,206.83	—	—
衍生金融资产	1,385.67	8,974.24	—	—
买入返售金融资产	1,221,965.55	1,178,878.96	—	—
应收利息	76,296.84	76,267.94	631.79	833.36
应收账款	1,939.26	80,193.55	—	—
预付款项	8,855.07	16,656.59	—	—
发放贷款及垫款	137,000.00	1,037,463.03	9,000.00	33.03
存出保证金	90,483.69	122,464.59	—	—
存货	24,418.00	72,445.56	—	—
划分为持有待售的资产	48,369.03	48,369.03	48,369.03	48,369.03
可供出售金融资产	4,439,287.16	4,191,470.13	944,146.80	1,134,031.72
持有至到期投资	134,060.97	288,575.17	—	—
应收款项类投资	—	9,275.00	—	9,275.00
长期股权投资	150,497.13	233,412.70	587,799.13	608,361.88
商誉	28,965.42	279,245.90	—	—

续表

资产	本集团		本公司	
	期末数	期初数	期末数	期初数
投资性房地产	973.74	12,546.63	—	—
固定资产	32,216.34	160,314.17	1,505.03	2,134.43
无形资产	584,250.62	1,000,011.89	1,895.38	2,917.93
递延所得税资产	122,744.35	107,794.77	22,721.13	19,187.97
其他资产	456,899.60	489,692.97	489,895.30	251,536.76
资产总计	13,033,111.38	16,559,350.57	2,611,260.09	2,925,275.45

（二）资产负债表（续）

金额单位：万元

负债及所有者权益	本集团		本公司	
	期末数	期初数	期末数	期初数
短期借款	4,472.55	424,247.29	—	340,000.00
拆入资金	—	91,800.00	—	—
以公允价值计量且其变动计入当期损益的金融负债	377,391.06	—	—	—
衍生金融负债	2,569.65	21,431.70	—	
卖出回购金融资产款	1,965,489.71	2,003,820.18	—	—
代理买卖证券款	2,639,489.09	3,309,702.48	—	—
应付账款	747.60	65,609.71	—	—
预收款项	125,820.21	201,954.71	—	—
应付职工薪酬	323,185.34	343,549.34	81,418.58	90,429.70
应交税费	39,986.69	190,666.32	456.04	54,963.63
应付利息	33,020.38	61,068.67	1,122.57	1,535.77
长期借款	543,602.71	813,180.96	—	—
应付债券	549,957.77	359,776.32	—	—
递延收益	976.38	34,796.57	—	—
递延所得税负债	86,178.57	173,898.25	—	—
其他负债	1,472,078.03	2,862,065.05	277,191.50	160,879.60
负债合计	8,164,965.74	10,957,567.55	360,188.69	647,808.70
实收资本	1,200,000.00	1,200,000.00	1,200,000.00	1,200,000.00
资本公积	217,389.74	220,051.84	17,147.97	17,279.23
其他综合收益	115,546.10	150,484.38	37,884.15	39,358.34

续表

负债及所有者权益	本集团		本公司	
	期末数	期初数	期末数	期初数
盈余公积	173,253.33	135,282.32	173,253.33	135,282.32
一般风险准备	299,485.89	258,485.23	113,091.32	97,287.61
未分配利润	1,655,093.66	1,647,433.00	709,694.63	788,259.25
归属于母公司所有者权益合计	3,660,768.72	3,611,736.77	2,251,071.40	2,277,466.75
少数股东权益	1,207,376.92	1,990,046.25	—	—
所有者权益合计	4,868,145.64	5,601,783.02	2,251,071.40	2,277,466.75
负债和所有者权益总计	13,033,111.38	16,559,350.57	2,611,260.09	2,925,275.45

（三）利润表

金额单位：万元

项目	本集团		本公司	
	本期数	上期数	本期数	上期数
一、营业收入	2,175,274.74	2,627,143.46	603,050.72	628,743.77
手续费及佣金净收入	917,494.70	1,140,223.81	298,579.51	424,948.55
其中：手续费及佣金收入	1,020,950.53	1,260,896.21	360,034.79	533,140.27
手续费及佣金支出	-103,455.83	-120,672.40	-61,455.28	-108,191.72
利息净收入	27,048.32	2,571.66	3,390.23	-11,006.74
其中：利息收入	312,665.29	335,140.30	14,287.62	8,205.21
利息支出	-285,616.97	-332,568.64	-10,897.39	-19,211.95
商品销售收入	397,888.47	646,454.75	—	—
投资收益	440,900.19	596,419.23	291,086.13	209,249.19
公允价值变动收益	-4,276.37	4,501.50	—	—
汇兑收益	324.90	2,206.25	113.93	96.21
其他业务收入	395,894.53	234,766.26	9,880.92	5,456.56
二、营业成本	-1,365,531.48	-1,619,648.74	-187,097.83	-238,447.19
商品销售成本	-250,108.86	-300,032.67	—	—
营业税金及附加	-37,491.12	-101,044.91	-9,339.88	-30,133.89
业务及管理费	-978,062.33	-1,146,327.86	-153,353.51	-193,905.08
资产减值损失	-17,056.33	-11,055.42	633.98	493.99
其他业务成本	-82,812.84	-61,187.88	-25,038.42	-14,902.21

续表

项目	本集团		本公司	
	本期数	上期数	本期数	上期数
三、营业利润	809,743.26	1,007,494.72	415,952.89	390,296.58
加:营业外收入	35,373.55	8,241.83	3,462.83	190.51
减:营业外支出	-1,301.41	-9,176.43	-387.71	-2,794.67
四、利润总额	843,815.40	1,006,560.12	419,028.01	387,692.42
减:所得税费用	-197,971.73	-248,346.07	-39,317.91	-76,751.01
五、净利润	645,843.67	758,214.05	379,710.10	310,941.41
归属于母公司所有者的净利润	491,132.33	498,762.97	—	—
少数股东损益	154,711.34	259,451.08	—	—
六、其他综合收益/(亏损)	-49,486.81	76,855.76	-1,474.19	-280.94
归属于母公司所有者的其他综合收益	-34,938.28	54,762.96	—	—
归属于少数股东的其他综合收益	-14,548.53	22,092.80	—	—
七、综合收益总额	596,356.86	835,069.81	378,235.91	310,660.47
归属母公司所有者的综合收益总额	456,194.05	553,525.93	—	—
归属少数股东的综合收益总额	140,162.81	281,543.88	—	—

（四）所有者权益变动表

2016 年

金额单位：万元

项目	本集团								本公司						
	归属于母公司所有者权益						少数股东权益	所有者权益合计	股本	资本公积	其他综合收益	盈余公积	一般风险准备	未分配利润	所有者权益合计
	股本	资本公积	其他综合收益	盈余公积	一般风险准备	未分配利润									
一、2016 年 1 月 1 日年初余额	1,200,000.00	220,051.84	150,484.38	135,282.32	258,485.23	1,647,433.00	1,990,046.25	5,601,783.02	1,200,000.00	17,279.23	39,358.34	135,282.32	97,287.61	788,259.25	2,277,466.75
二、本年增减变动金额															
（一）净利润	—	—	—	—	—	491,132.33	154,711.34	645,843.67	—	—	—	—	—	379,710.10	379,710.10
（二）其他综合收益	—	—	-34,938.28	—	—	—	-14,548.53	-49,486.81	—	—	-1,474.19	—	—	—	-1,474.19
综合收益总额	—	—	-34,938.28	—	—	491,132.33	140,162.81	596,356.86	—	—	-1,474.19	—	—	379,710.10	378,235.91
（三）利润分配															
1. 提取盈余公积	—	—	—	37,971.01	—	-37,971.01	—	—	—	—	—	37,971.01	—	-37,971.01	—
2. 提取一般风险准备	—	—	—	—	41,000.66	-41,000.66	—	—	—	—	—	—	15,803.71	-15,803.71	—
3. 对股东的分配	—	—	—	—	—	-404,500.00	—	-404,500.00	—	—	—	—	—	-404,500.00	-404,500.00
（四）支付给少数股东的股利	—	—	—	—	—	—	-1,020.93	-1,020.93	—	—	—	—	—	—	—
（五）收购子公司	—	—	—	—	—	—	597,691.44	597,691.44	—	—	—	—	—	—	—
（六）处置及清算子公司	—	-3,774.95	—	—	—	—	-1,535,471.69	-1,539,246.64	—	—	—	—	—	—	—
（七）股份支付	—	1,032.56	—	—	—	—	1,552.55	2,585.11	—	-131.26	—	—	—	—	-131.26
（八）少数股东增资	—	—	—	—	—	—	14,500.00	14,500.00							
（九）其他	—	80.29	—	—	—	—	-83.51	-3.22							
三、2016 年 12 月 31 日年末余额	1,200,000.00	217,389.74	115,546.10	173,253.33	299,485.89	1,655,093.66	1,207,376.92	4,868,145.64	1,200,000.00	17,147.97	37,884.15	173,253.33	113,091.32	709,694.63	2,251,071.40

（四）所有者权益变动表（续）

2015年

金额单位：万元

项目	本集团								本公司						
	归属于母公司所有者权益						少数股东权益	所有者权益合计	股本	资本公积	其他综合收益	盈余公积	一般风险准备	未分配利润	所有者权益合计
	股本	资本公积	其他综合收益	盈余公积	一般风险准备	未分配利润									
一、2015年1月1日年初余额	698,800.00	225,696.60	95,721.42	104,188.18	213,655.19	1,515,794.21	899,034.88	3,752,890.48	698,800.00	227,444.06	39,639.28	104,188.18	79,474.68	817,424.91	1,966,971.11
二、本年增减变动金额															
（一）净利润	—	—	—	—	—	498,762.97	259,451.08	758,214.05	—	—	—	—	—	310,941.41	310,941.41
（二）其他综合收益	—	—	54,762.96	—	—	—	22,092.80	76,855.76	—	—	-280.94	—	—	—	-280.94
综合收益总额	—	—	54,762.96	—	—	498,762.97	281,543.88	835,069.81	—	—	-280.94	—	—	310,941.41	310,660.47
（三）利润分配															
1.提取盈余公积	—	—	—	31,094.14	—	-31,094.14	—	—	—	—	—	31,094.14	—	-31,094.14	—
2.提取一般风险准备	—	—	—	—	44,830.04	-44,830.04	—	—	—	—	—	—	17,812.93	-17,812.93	—
（四）资本公积及未分配利润转增资本	501,200.00	-210,000.00	—	—	—	-291,200.00	—	—	501,200.00	-210,000.00	—	—	—	-291,200.00	—
（五）向少数股东分红	—	—	—	—	—	—	-30,427.84	-30,427.84							
（六）处置及清算子公司	—	—	—	—	—	—	3,430.27	3,430.27							
（七）与少数股东的权益性交易	—	-367.67	—	—	—	—	135.53	-232.14							
（八）股份支付	—	1,464.77	—	—	—	—	10,495.67	11,960.44	—	-164.83	—	—	—	—	-164.83
（九）少数股东增资	—	207,360.64	—	—	—	—	829,796.35	1,037,156.99							
（十）其他	—	-4,102.50	—	—	—	—	-3,962.49	-8,064.99							
三、2015年12月31日年末余额	1,200,000.00	220,051.84	150,484.38	135,282.32	258,485.23	1,647,433.00	1,990,046.25	5,601,783.02	1,200,000.00	17,279.23	39,358.34	135,282.32	97,287.61	788,259.25	2,277,466.75

二、信托资产

(一)信托项目资产负债汇总表

金额单位:万元

信托资产	期末数	期初数	信托负债	期末数	期初数
货币资金	999,335.29	1,160,060.76	应付受托人报酬	119,641.50	69,044.45
拆出资金	—	—	应付托管费	7,047.93	7,493.10
存出保证金	263,909.12	605,642.99	应付受益人收益	25,165.13	21,479.03
交易性金融资产	4,682,111.51	4,354,208.42	应交税费	24,881.31	24,486.71
衍生金融资产	116,091.70	124,062.95	应付销售服务费	—	—
买入返售金融资产	291,905.13	842,605.35	其他应付款项	376,825.27	861,035.29
应收款项	5,676,886.95	5,322,430.33	其他负债	—	—
发放贷款	29,530,691.12	24,502,161.91	**信托负债合计**	553,561.14	983,538.59
可供出售金融资产	24,211,655.82	16,175,472.42	**信托权益**		
持有至到期投资	—	290,801.83	实收信托	64,980,482.29	51,532,789.81
长期股权投资	1,947,360.09	2,463,868.25	资本公积	592,994.59	1,637,798.77
投资性房地产	2,146.97	2,146.97	外币报表折算差额	-0.67	—
固定资产	—	—	未分配利润	1,595,056.33	1,689,335.00
其他资产	—	—	**权益合计**	67,168,532.55	54,859,923.58
信托资产总计	67,722,093.68	55,843,462.17	**负债和权益合计**	67,722,093.68	55,843,462.17

(二)信托项目利润及利润分配汇总表

金额单位:万元

项目	本期数	上期数
一、营业收入	4,685,176.71	6,969,569.30
利息收入	2,563,302.50	1,793,134.86
投资收入	2,141,746.07	5,235,301.54
租赁收入	-93.48	2,283.18
公允价值变动损益	-22,330.44	-120,922.31
汇兑损益	-0.67	—
其他收入	2,552.73	59,772.03
二、营业费用	-464,182.11	-577,228.19
三、营业税金及附加	-4,871.46	-13,544.35
加:营业外收入	103.25	3,151.13
减:营业外支出	—	-15,400.00
四、扣除资产减值损失前的信托利润	4,216,226.38	6,366,547.89
减:资产减值损失	—	—
五、净利润	4,216,226.38	6,366,547.89
加:期初未分配信托利润	1,689,335.00	1,273,724.24

续表

项目	本期数	上期数
六、可供分配的信托利润	5,905,561.38	7,640,272.13
减:本期已分配信托利润	4,310,505.05	5,950,937.13
七、期末未分配信托利润	1,595,056.33	1,689,335.00

第六节　会计报表附注

一、会计报表编制基准不符合会计核算基本前提的说明

（一）公司会计报表编制基准不存在不符合会计核算基本前提的情况。

（二）纳入公司合并会计报表的主要子公司情况

公司名称	业务性质	注册地	注册资本/资金规模（万元）	母公司所持有的权益性资本的比例	合并期间
平安商贸有限公司	商品贸易	广东	16,000	53.35%	全年
平安期货有限公司	期货经纪	广州	42,000	53.35%	全年
中国平安证券（香港）有限公司	证券经纪	香港	20,000 万港币	55.66%	全年
平安财智投资管理有限公司	股权投资	深圳	60,000	55.66%	全年
深圳市平安创新资本投资有限公司	投资控股	深圳	400,000	100.00%	全年
平安大华基金管理有限公司	基金投资	深圳	30,000	60.70%	全年
平安磐海资本有限责任公司	投资管理	深圳	100,000	55.66%	全年
平安证券股份有限公司	证券投资与经纪	深圳	1380,000	55.66%	全年

本年度丧失控制权而减少的子公司：

于2016年度，因本集团转让平安财富理财管理有限公司、上海平浦投资有限公司、云升资本有限公司的股权，丧失控制权。

二、重要会计政策和会计估计说明

公司财务报表按照财政部于2006年2月15日及以后期间颁布的《企业会计准则－基本准则》、各项具体会计准则及相关规定（以下合称"企业会计准则"）编制。

（一）计提资产减值准备的范围和方法

1. 金融资产减值

本集团于资产负债表日对以公允价值计量且其变动计入当期损益的金融资产以外的金融资产的账面价值进行检查，有客观证据表明该金融资产发生减值的，计提减值准备。表明金融资产发生减值的客观证据，是指金融资产初始确认后实际发生的、对该金融资产的预计未来现金流量有影响，且本集团能够对该影响进行可靠计量的事项。

金融资产发生减值的客观证据，包括下列可观察到的各项事件：

a）发行方或债务人发生严重财务困难；

b）债务人违反了合同条款，如偿付利息或本金发生违约或逾期等；

c）债权人出于经济或法律等方面因素的考虑，对发生财务困难的债务人做出让步；

d）债务人很可能倒闭或进行其他财务重组；

e）因发行方发生重大财务困难，该金融资产无法在活跃市场继续交易；

f）无法辨认一组金融资产中的某项资产的现金流量是否已经减少，但根据公开的数据对其进行总体评价后发现，该组金融资产自初始确认以来的预计未来现金流量确已减少且可计量，如该组金融资产的债务人支付能力逐步恶化，或债务人所在国家或地区失业率提高、担保物在其所在地区的价格明显下降、所处行业不景气等；

g）权益工具发行人经营所处的技术、市场、经济或法律环境等发生重大不利变化，使权益工具投资人可能无法收回投资成本；

h）权益工具投资的公允价值发生严重或非暂时性下跌；

i）其他表明金融资产发生减值的客观证据。

（1）可供出售金融资产的减值

本集团于资产负债表日对每一项可供出售类权益工具进行检查以确定该金融资产是否需要计提减值准备。如果有客观证据表明该金融资产发生减值，原计入其他综合收益的因公允价值下降形成的累计损失，予以转出，计入当期损益。该转出的累计损失，为可供出售金融资产的初始取得成本扣除已收回本金和已摊销金额、当前

公允价值和原已计入损益的减值损失后的余额。

计提减值损失后并不构成可供出售权益投资新的成本。任何后续损失，包括由于外汇变动因素所造成的部分，都需要在损益中确认，直到该资产被终止确认。

对于已确认减值损失的可供出售债务工具，在随后的会计期间公允价值已上升且客观上与确认原减值损失确认后发生的事项有关的，原确认的减值损失予以转回，计入当期损益。可供出售权益工具投资发生的减值损失，不通过损益转回，减值之后发生的公允价值增加直接在其他综合收益中确认。

对于权益投资而言，其公允价值严重或非暂时地低于成本是发生减值的客观证据。在进行减值分析时，本集团考虑定量和定性证据。具体而言，本集团综合考虑公允价值相对于成本的下跌幅度、波动率和下跌的持续时间，以确定公允价值下跌是否属于重大。本集团考虑下跌的期间和幅度的一贯性，以确定公允价值下跌是否属于非暂时。本集团通常认为公允价值低于成本的50%为严重下跌，公允价值低于成本的持续时间超过12个月为非暂时性下跌。本集团以加权平均法计算可供出售权益工具投资的初始投资成本。

（2）以摊余成本计量的金融资产的减值

如果有客观证据表明该金融资产发生减值，则将该金融资产的账面价值减记至预计未来现金流量（不包括尚未发生的未来信用损失）现值，减记金额计入当期损益。预计未来现金流量现值，按照该金融资产原实际利率（即初始确认时计算确定的实际利率，但对于浮动利率，为合同规定的现行实际利率）折现确定，并考虑相关担保物的价值。

本集团对单项金额重大的金融资产进行单独评估，以确定其是否存在减值的客观证据，并对其他单项金额不重大的金融资产，以单独或组合评估的方式进行检查，以确定是否存在减值的客观证据。已进行单独评估，但没有客观证据表明已发生减值的单项金融资产，无论重大与否，该资产仍会包括在具有类似信用风险特征的金融资产组合中再进行组合减值评估。已经进行单项评估并确认或继续确认减值损失的金融资产将不被列入组合评估的范围内。

对于以组合评估方式来检查减值情况的金融资产组合而言，未来现金流量之估算乃参考与该资产组合信用风险特征类似的金融资产的历史损失经验确定。本集团会根据当前情况对所参考的历史损失经验进行修订，包括增加那些仅影响当前期间而不对历史损失经验参考期产生影响的因素，以及去除那些仅影响历史损失经验参考期但在当前已不适用的因素。本集团会定期审阅用于估计预期未来现金流的方法及假设。

本集团对以摊余成本计量的金融资产确认减值损失后，如有客观证据表明该金融资产价值已恢复，且客观上与确认该损失后发生的事项有关，原确认的减值损失予以转回，计入当期损益。但是，该转回后的账面价值不超过假定不计提减值准备情况下该金融资产在转回日的摊余成本。

（3）以成本计量的金融资产的减值

如果有客观证据表明该金融资产发生减值，将该金融资产的账面价值，与按照类似金融资产当时市场收益率对未来现金流量折现确定的现值之间的差额，确认为减值损失，计入当期损益。发生的减值损失一经确认，不再转回。

2. 递延所得税资产的减值

于资产负债表日，本集团对递延所得税资产的账面价值进行复核，如果未来期间很可能无法获得足够的应纳税所得额用以抵扣递延所得税资产的利益，减记递延所得税资产的账面价值。于资产负债表日，本集团重新评估未确认的递延所得税资产，在很可能获得足够的应纳税所得额可供所有或部分递延所得税资产转回的限度内，确认递延所得税资产。

3. 存货的减值

本集团的存货主要包括原材料、在产品、库存商品、周转材料等。存货按成本进行初始计量，存货成本包括采购成本、加工成本和其他使存货达到目前场所和状态所发生的支出。

存货发出时，采用移动加权平均法确定发出存货的实际成本。

于资产负债表日，存货按照成本与可变现净值孰低计量。当其可变现净值低于成本时，提取存货跌价准备。

可变现净值是指在日常活动中，存货的估计售价减去至交付时估计将要发生的成本、估计的销售费用以及相关税费后的金额。在确定存货的可变现净值时，以取得的确凿证据为基础，同时考虑持有存货的目的以及资产负债表日后事项的影响。

存货按单个存货项目的成本高于其可变现净值的差额提取存货跌价准备。

计提存货跌价准备后，如果以前减记存货价值的影响因素已经消失，导致存货的可变现净值高于其账面价值的，在原已计提的存货跌价准备金额内予以转回，转回的金额计入当期损益。

存货盘存制度为永续盘存制。

4. 除存货、递延所得税资产、金融资产以外的资产减值

本集团对除存货、递延所得税资产、金融资产以外的资产减值，按以下方法确定：

本集团于资产负债表日判断资产是否存在可能发生减值的迹象，存在减值迹象的，本集团将估计其可收回金额，进行减值测试。对因企业合并所形成的商誉和使用寿命不确定的无形资产，无论是否存在减值迹象，至少于每年末进行减值测试。对于尚未达到可使用状态的无形资产，也每年进行减值测试。

可收回金额根据资产的公允价值减去处置费用后的净额与资产预计未来现金流量的现值两者之间较高者确定。本集团以单项资产为基础估计其可收回金额；难以

对单项资产的可收回金额进行估计的，以该资产所属的资产组为基础确定资产组的可收回金额。资产组的认定，以资产组产生的主要现金流入是否独立于其他资产或者资产组的现金流入为依据。

当资产或资产组的可收回金额低于其账面价值时，本集团将其账面价值减记至可收回金额，减记的金额计入当期损益，同时计提相应的资产减值准备。

就商誉的减值测试而言，对于因企业合并形成的商誉的账面价值，自购买日起按照合理的方法分摊至相关的资产组；难以分摊至相关的资产组的，将其分摊至相关的资产组组合。相关的资产组或资产组组合，是能够从企业合并的协同效应中受益的资产组或者资产组组合，且不大于本集团确定的报告分部。

对包含商誉的相关资产组或者资产组组合进行减值测试时，如与商誉相关的资产组或者资产组组合存在减值迹象的，首先对不包含商誉的资产组或者资产组组合进行减值测试，计算可收回金额，确认相应的减值损失。然后对包含商誉的资产组或者资产组组合进行减值测试，比较其账面价值与可收回金额，如可收回金额低于账面价值的，减值损失金额首先抵减分摊至资产组或资产组组合中商誉的账面价值，再根据资产组或资产组组合中除商誉之外的其他各项资产的账面价值所占比重，按比例抵减其他各项资产的账面价值。

上述资产减值损失一经确认，在以后会计期间不再转回。

（二）金融资产分类的范围和标准

本集团的金融资产于初始确认时分类为：以公允价值计量且其变动计入当期损益的金融资产、持有至到期投资、贷款和应收款项、可供出售金融资产。本集团在初始确认时确定金融资产的分类。金融资产在初始确认时以公允价值计量。对于以公允价值计量且其变动计入当期损益的金融资产，相关交易费用直接计入当期损益，其他类别的金融资产相关交易费用计入其初始确认金额。

（三）以公允价值计量且其变动计入当期损益的金融资产核算方法

以公允价值计量且其变动计入当期损益的金融资产，包括以公允价值计量且其变动计入当期损益的金融资产和初始确认时指定为以公允价值计量且其变动计入当期损益的金融资产。以公允价值计量且其变动计入当期损益的金融资产，是指满足下列条件之一的金融资产：取得该金融资产的目的是为了在短期内出售；属于进行集中管理的可辨认金融工具组合的一部分，且有客观证据表明企业近期采用短期获利方式对该组合进行管理；属于衍生工具，但是，被指定且为有效套期工具的衍生工具、属于财务担保合同的衍生工具、与在活跃市场中没有报价且其公允价值不能可靠计量的权益工具投资挂钩并须通过交付该权益工具结算的衍生工具除外。对于此类金融资产，采用公允价值进行后续计量，所有已实现（如股利和利息收入）和未实现的损益均计入当期损益。

（四）可供出售金融资产核算方法

可供出售金融资产，是指初始确认时即指定为可供出售的非衍生金融资产，以及除上述金融资产类别以外的金融资产。对于此类金融资产，采用公允价值进行后续计量，但对于在活跃市场中没有报价且其公允价值不能可靠计量的权益工具投资，按成本扣除减值准备计量。可供出售债务工具投资在持有期间按实际利率法计算的利息，以及被投资单位已宣告发放的与可供出售权益工具投资相关的现金股利，作为投资收益计入当期损益。除减值损失及外币货币性金融资产的汇兑差额确认为当期损益外，可供出售金融资产的公允价值变动作为其他综合收益确认，直到该金融资产终止确认或发生减值时的累计利得或损失转入当期损益。

（五）持有至到期投资核算方法

持有至到期投资，是指到期日固定、回收金额固定或可确定，且本集团有明确意图和能力持有至到期的非衍生金融资产。对于此类金融资产，采用实际利率法，按照摊余成本进行后续计量，其摊销或减值以及终止确认产生的利得或损失，均计入当期损益。

（六）长期股权投资核算方法

长期股权投资包括对子公司、合营企业及联营企业的权益性投资。

长期股权投资在取得时以初始投资成本进行初始计量。对于企业合并形成的长期股权投资，通过同一控制下的企业合并取得的，以取得被合并方所有者权益账面价值的份额作为初始投资成本；通过非同一控制下的企业合并取得的，以合并成本作为初始投资成本（通过多次交易分步实现非同一控制下的企业合并的，以购买日之前所持被购买方的股权投资的账面价值与购买日新增投资成本之和作为初始投资成本），合并成本包括购买方付出的资产、发生或承担的负债、发行的权益性证券的公允价值之和。除企业合并形成的长期股权投资以外方式取得的长期股权投资，按照下列方法确定初始投资成本：支付现金取得的，以实际支付的购买价款及与取得长期股权投资直接相关的费用、税金及其他必要支出作为初始投资成本；发行权益性证券取得的，以发行权益性证券的公允价值作为初始投资成本；投资者投入的，以投资合同或协议约定的价值作为初始投资成本，但合同或协议约定价值不公允的除外。通过非货币性资产交换取得的，按照《企业会计准则第7号－非货币性资产交换》确定初始投资成本；通过债务重组取得的，按照《企业会计准则第12号－债务重组》确定初始投资成本。

控制是指拥有对被投资单位的权力，通过参与被投资方的相关活动而享有可变回报，并且有能力运用对被投资方的权力影响其回报金额。共同控制是指按照相关约定对某项安排所共有的控制，并且该安排的相关活动必须经过本集团及分享控制权的其他参与方一致同意后才能决策。重大影响是指对被投资单位的财务和经营政策有参与决策的权力,但并不能够控制或者与其他方一起共同控制这些政策的制定。

本公司能够对被投资单位实施控制的长期股权投资,在本公司个别财务报表中采用成本法核算。

采用成本法时,长期股权投资按初始投资成本计价,除取得投资时实际支付的价款或对价中包含的已宣告但尚未发放的现金股利或利润外,按享有被投资单位宣告分派的现金股利或利润,确认为当期投资收益,并同时根据有关资产减值政策考虑长期投资是否减值。

本集团对被投资单位具有共同控制或重大影响的,长期股权投资采用权益法核算。

采用权益法时,长期股权投资的初始投资成本大于投资时应享有被投资单位可辨认净资产公允价值份额的,归入长期股权投资的初始投资成本;长期股权投资的初始投资成本小于投资时应享有被投资单位可辨认净资产公允价值份额的,其差额计入当期损益,同时调整长期股权投资的成本。

采用权益法时,取得长期股权投资后,按照应享有或应分担的被投资单位实现的净损益和其他综合收益的份额,分别确认投资损益和其他综合收益,同时调整长期股权投资的账面价值。在确认应享有被投资单位净损益的份额时,以取得投资时被投资单位各项可辨认资产等的公允价值为基础,按照本集团的会计政策及会计期间,并抵销与联营企业及合营企业之间发生的内部交易损益按照持股比例计算归属于投资企业的部分(但内部交易损失属于资产减值损失的,应全额确认),对被投资单位的净利润进行调整后确认。按照被投资单位宣告分派的利润 或现金股利计算应分得的部分,相应减少长期股权投资的账面价值。本集团确认被投资单位发生的净亏损,以长期股权投资的账面价值以及其他实质上构成对被投资单位净投资的长期权益减记至零为限,但本集团负有承担额外损失义务且符合或有事项准则所规定的预计负债确认条件的,继续确认投资损失并作为预计负债核算。被投资单位除净损益、其他综合收益和利润分配以外所有者权益的其他变动,调整长期股权投资的账面价值并计入资本公积。

(七)投资性房地产核算方法

投资性房地产,是指为赚取租金或资本增值,或两者兼有而持有的房地产,包括已出租的土地使用权、已出租的建筑物等。

投资性房地产按照成本进行初始计量。与投资性房地产有关的后续支出,如果与该资产有关的经济利益很可能流入且其成本能够可靠地计量,则计入投资性房地产成本。否则,于发生时计入当期损益。

本集团采用成本模式对投资性房地产进行后续计量。投资性房地产的折旧采用年限平均法计提,投资性房地产的预计使用寿命、预计净残值率及年折旧率如下:

项目	预计使用寿命	预计净残值率	年折旧率
房屋及建筑物	40 年	5%	2.38%

(八)固定资产计价和折旧方法

固定资产仅在与其有关的经济利益很可能流入本集团,且其成本能够可靠地计量时才予以确认。与固定资产有关的后续支出,符合该确认条件的,计入固定资产成本,并终止确认被替换部分的账面价值;否则,在发生时计入当期损益。

固定资产按照成本进行初始计量,并考虑预计弃置费用因素的影响。购置固定资产的成本包括购买价款,相关税费,以及为使固定资产达到预定可使用状态前所发生的可直接归属于该资产的其他支出。

固定资产的折旧采用年限平均法计提,各类固定资产的预计使用寿命、预计净残值率及年折旧率如下:

项目	预计使用寿命	预计净残值率	年折旧率
房屋及建筑物	20 - 40 年	1% - 10%	2.25% - 4.95%
办公及机器设备	3 - 15 年	0 - 10%	6.00% - 33.33%
运输设备	4 - 10 年	1% - 10%	9.00% - 24.75%

本集团至少于每年年度终了,对固定资产的使用寿命、预计净残值和折旧方法进行复核,必要时进行调整。

(九)无形资产计价及摊销政策

无形资产仅在与其有关的经济利益很可能流入本集团,且其成本能够可靠地计量时才予以确认,并以成本进行初始计量。但企业合并中取得的无形资产,其公允价值能够可靠地计量的,即单独确认为无形资产并按照公允价值计量。

无形资产按照其能为本集团带来经济利益的期限确定使用寿命,无法预见其为本集团带来经济利益期限的作为使用寿命不确定的无形资产。

各项无形资产的预计使用寿命如下:

项目	预计使用寿命
高速公路收费经营权	20 - 30 年
计算机软件系统	3 - 5 年
交易席位费	10 年
期货会员资格	无确定年限

本集团用以取得高速公路收费经营权的支出已资本化为无形资产,期后以直线法在合同期限内进行摊销。

本集团取得的土地使用权,通常作为无形资产核算。

使用寿命有限的无形资产,在其使用寿命内采用直线法摊销。本集团至少于每年年度终了,对使用寿命有限的无形资产的使用寿命及摊销方法进行复核,必要时进行调整。

（十）长期待摊费用的摊销政策

公司长期待摊费用按实际发生额核算，在项目的受益期限内分期平均摊销。

（十一）合并会计报表的编制方法

合并财务报表的合并范围以控制为基础确定，包括本公司及全部子公司截至2016年12月31日年度的财务报表。子公司（包括结构化主体）是指本集团控制的主体。结构化主体为被设计成其表决权或类似权利并非为判断对该主体控制与否的决定因素的主体，比如表决权仅与行政工作相关，而相关运营活动通过合同约定来安排。

本集团决定未由本集团控制的所有信托产品、债权投资计划、股权投资计划和项目资产支持计划均为未合并的结构化主体。信托产品、股权投资计划和项目资产支持计划由关联方的或无关联的信托公司或资产管理人管理，并将筹集的资金投资于其他公司的贷款或股权。债权投资计划由关联的或无关联的资产管理人管理，且其主要投资标的物为基础设施资金支持项目。信托产品、债权投资计划、股权投资计划和项目资产支持计划通过发行受益凭证授予持有人按约定分配相关信托产品、债权投资计划、股权投资计划和项目资产支持计划收益的权利来为其运营融资。本集团持有信托产品、债权投资计划、股权投资计划和项目资产支持计划的受益凭证。

编制合并财务报表时，子公司采用与本公司一致的会计年度和会计政策。本集团内部各主体之间的所有交易产生的余额、交易和未实现损益及股利于合并时对重大往来交易进行抵销。子公司的股东权益、当期净损益及综合收益中不属于本公司所拥有的部分分别作为少数股东权益、少数股东损益及归属于少数股东的综合收益总额在合并财务报表中股东权益、净利润及综合收益总额项下单独列示。本公司向子公司出售资产所发生的未实现内部交易损益，全额抵销归属于母公司股东的净利润；子公司向本公司出售资产所发生的未实现内部交易损益，按本公司对该子公司的分配比例在归属于母公司股东的净利润和少数股东损益之间分配抵销。子公司之间出售资产所发生的未实现内部交易损益，按照母公司对出售方子公司的分配比例在归属于母公司股东的净利润和少数股东损益之间分配抵销。

如果以本集团为会计主体与以本公司或子公司为会计主体对同一交易的认定不同时，从本集团的角度对该交易予以调整。

子公司少数股东分担的当期亏损超过了少数股东在该子公司期初所有者权益中所享有的份额的，其余额仍冲减少数股东权益。不丧失控制权情况下少数股东权益发生变化作为权益性交易。

对于通过非同一控制下的企业合并取得的子公司，被购买方的经营成果和现金流量自本集团取得控制权之日起纳入合并财务报表，直至本集团对其控制权终止。在编制合并财务报表时，以购买日确定的各项可辨认资产、负债及或有负债的公允价值为基础对子公司的财务报表进行调整。

对于通过同一控制下的企业合并取得的子公司，被合并方的经营成果和现金流量自合并当期期初纳入合并财务报表。编制比较合并财务报表时，对前期财务报表的相关项目进行调整，视同合并后形成的报告主体自最终控制方开始实施控制时一直存在。

因处置部分股权投资或其他原因丧失了对原有子公司控制权的，本公司区分个别财务报表和合并财务报表进行相关会计处理：

a）在个别财务报表中，对于处置的股权，按照《企业会计准则第2号－长期股权投资》的规定进行会计处理；同时，对于剩余股权，按其账面价值确认为长期股权投资或其他相关金融资产。处置后的剩余股权能够对原有子公司实施共同控制或重大影响的，按有关成本法转为权益法的相关规定进行会计处理。

b）在合并财务报表中，对于剩余股权，按照其在丧失控制权日的公允价值进行重新计量。处置股权取得的对价与剩余股权公允价值之和，减去按原持股比例计算应享有原有子公司自购买日开始持续计算的净资产的份额之间的差额，计入丧失控制权当期的投资收益。与原有子公司股权投资相关的其他综合收益，在丧失控制权时转为当期投资收益。

（十二）收入确认原则和方法

本集团各项业务的收入在经济利益很可能流入本集团、且金额能够可靠计量，并满足各项经营活动的特定收入确认标准时予以确认。

1. 手续费及佣金收入

信托产品管理费收入包括本集团从事信托业务而收取的信托报酬等。本集团作为信托业务受托人取得的信托报酬，在相关服务已经提供且根据信托合同约定，收取的金额可以可靠计量时确认为收入。

证券经纪业务手续费收入为证券、期货代理买卖佣金收入，交易单元席位收入及代销金融产品业务收入，于所提供的服务完成时予以确认。

证券承销业务收入主要在证券承销项目已完成，根据承销协议、实际证券承销数量和收费比例等收取承销手续费后确认。

证券保荐业务收入于相关服务完成时按权责发生制确认收入。

证券公司根据与客户签订的受托投资管理合同的规定计提管理费收入。

投资咨询业务收入在提供劳务交易的结果能够可靠估计时确认为收入。

基金公司投资管理费收入包括基金管理收入及基金销售收入。

基金管理费收入包括本集团管理旗下各证券投资基金而取得的固定费率管理费收入，以及从事特定客户资产管理而取得的固定费率管理费收入和业绩报酬。在满足收入确认原则和管理费计提条件的前提下，管理费收入按照合同约定的基数和年费率计算。

基金销售收入主要为本集团因销售和购回所管理的开放式证券投资基金（收取销售服务费的货币型基金和债券型基金除外）的基金份额以及特定客户资产的资产份额而实际收取的认购费、申购费、赎回费、转换费，以及作为收取销售服务费的基金和特定客户资产的销售机构而实际收取的销售服务费等。

认购费、申购费、赎回费和转换费分别按认购金额、申购金额、赎回金额和转换金额的一定比例收取，于交易确认日按收费全额扣除归属代销机构部分后的净额确认。

销售服务费按适用基金的基金合同及特定客户资产管理合同中约定的基数和年费率计算，由本集团按月从基金及特定客户资产收取，按收费全额扣除归属代销机构部分后的净额确认。

货币经纪业务手续费及佣金收入于所提供的服务完成时予以确认。

2. 高速公路通行费收入

高速公路通行费收入为从事高速公路通行所取得的收入，于所提供的服务完成时予以确认。

3. 酒店客房收入

本集团提供酒店服务的收入于提供服务后确认为收入。

4. 广告费收入和经销商订阅服务收入

广告费收入和经销商订阅服务收入包括提供线上广告和订阅服务的收入，在相关服务收取的金额是固定或可确定的，有明确证据表明服务会被执行，同时执行服务的费用能够可靠计量时确认收入。

5. 渠道居间服务费收入

渠道居间服务费收入包括为金融机构提供产品居间服务，为个人投资者提供综合理财服务，在相关服务完成时确认收入。

6. 物业管理费收入

物业管理在物业管理服务已提供，与物业管理服务相关的经济利益能够流入企业，与物业管理服务有关的成本能够可靠地计量时确认收入。

7. 利息收入和利息支出

利息收入和利息支出都按存出资金或让渡资金的使用权的时间及实际利率计算确定。实际利率是指将金融资产或金融负债在预期存续期间或适用的更短期间内的未来现金流量，折现为该金融资产或金融负债当前账面价值所使用的利率。在确定实际利率时，本集团在考虑金融资产或金融负债所有合同条款并且包括所有归属于实际利率组成部分的费用、交易成本及溢价或折价等，但不考虑未来信用损失。

8. 销售商品收入

本集团已将商品所有权上的主要风险和报酬转移给购货方，并不再对该商品保留通常与所有权相联系的继续管理权和实施有效控制，且相关的已发生或将发生的成本能够可靠地计量，确认为收入的实现。销售商品收入金额，按照从购货方已收或应收的合同或协议价款确定，但已收或应收的合同或协议价款不公允的除外；合同或协议价款的收取采用递延方式，实质上具有融资性质的，按照应收的合同或协议价款的公允价值确定。

9. 其他收入

本集团在提供劳务交易的结果能够可靠估计的情况下，按完工百分比法确认提供劳务收入；否则按已经发生并预计能够得到补偿的劳务成本金额确认收入。提供劳务交易的结果能够可靠估计，是指同时满足下列条件：收入的金额能够可靠地计量，相关的经济利益很可能流入本集团，交易的完工进度能够可靠地确定，交易中已发生和将发生的成本能够可靠地计量。本集团以已经提供的劳务占应提供劳务总量的比例确定提供劳务交易的完工进度。提供劳务收入总额，按照从接受劳务方已收或应收的合同或协议价款确定，但已收或应收的合同或协议价款不公允的除外。

（十三）所得税的会计处理方法

所得税包括当期所得税和递延所得税。除由于企业合并产生的调整商誉，或与直接计入所有者权益的交易或者事项相关的计入所有者权益外，均作为所得税费用或收益计入当期损益。

本集团对于当期和以前期间形成的当期所得税负债或资产，按照税法规定计算的预期应交纳或返还的所得税金额计量。

本集团根据资产与负债于资产负债表日的账面价值与计税基础之间的暂时性差异，以及未作为资产和负债确认但按照税法规定可以确定其计税基础的项目的账面价值与计税基础之间的差额产生的暂时性差异，采用资产负债表债务法计提递延所得税。

各种应纳税暂时性差异均据以确认递延所得税负债，除非：

1. 应纳税暂时性差异是在以下交易中产生的：商誉的初始确认，或者具有以下特征的交易中产生的资产负债的初始确认：该交易不是企业合并，并且交易发生时既不影响会计利润也不影响应纳税所得额或可抵扣亏损。

2. 对于与子公司、合营企业及联营企业投资相关的应纳税暂时性差异，该暂时性差异转回的时间能够控制并且该暂时性差异在可预见的未来很可能不会转回。

对于可抵扣暂时性差异、能够结转以后年度的可抵扣亏损和税款抵减，本集团以很可能取得用来抵扣可抵扣暂时性差异、可抵扣亏损和税款抵减的未来应纳税所得额为限，确认由此产生的递延所得税资产，除非：

1. 可抵扣暂时性差异是在以下交易中产生的：该交易不是企业合并，并且交易发生时既不影响会计利润也不影响应纳税所得额或可抵扣亏损。

2. 对于与子公司、合营企业及联营企业投资相关的可抵扣暂时性差异，同时满足下列条件的，确认相应的递延所得税资产：暂时性差异在可预见的未来很可能转回，且未来很可能获得用来抵扣可抵扣暂时性差异的应纳税所得额。

本集团于资产负债表日，对于递延所得税资产和递延所得税负债，依据税法规定，按照预期收回该资产或清偿该负债期间的适用税率计量，并反映资产负债表日预期收回资产或清偿负债方式的所得税影响。

于资产负债表日，本集团对递延所得税资产的账面价值进行复核，如果未来期间很可能无法获得足够的应纳税所得额用以抵扣递延所得税资产的利益，减记递延所得税资产的账面价值。于资产负债表日，本集团重新评估未确认的递延所得税资产，在很可能获得足够的应纳税所得额可供所有或部分递延所得税资产转回的限度内，确认递延所得税资产。

如果拥有以净额结算当期所得税资产及当期所得税负债的法定权利，且递延所得税与同一应纳税主体和同一税收征管部门相关，则将递延所得税资产和递延所得税负债以抵销后的净额列示。

（十四）信托报酬确认原则和方法

根据信托合同规定的计提方法、计提标准确认应由信托项目承担的受托人报酬。

三、或有事项说明

报告期末，公司无对外担保及其他或有事项。

四、重要资产转让及其出售的说明

报告期内，公司无需披露的重要资产转让及其出售。

五、会计报表中重要项目的明细资料

（一）自营资产经营情况

1. 信用资产风险分类情况

本公司报告期的信用风险资产分类情况如下：

表 6.5.1.1

金额单位：万元

信用风险资产五级分类	正常类	关注类	次级类	可疑类	损失类	信用风险资产合计	不良合计	不良率(%)
期初数	1,976,524.86	1.48	44.39	44.32	493.84	1,977,108.89	582.55	0.03%
期末数	1,756,581.11	—	—	—	—	1,756,581.11	—	0.00%

注：以上资产数据未包括货币资金等非风险资产。

2. 资产损失准备情况

本公司报告期的资产减值损失准备情况如下：

表 6.5.1.2

金额单位：万元

项目	期初数	本期转回	本期核销	本期转回已核销贷款	期末数
贷款损失准备	551.54	-633.98	-48.00	130.44	—
其中：一般准备	—	—	—	—	—
专项准备	551.54	-633.98	-48.00	130.44	—
其它资产减值准备	—	—	—	—	—
可供出售金融资产减值准备	—	—	—	—	—
应收款项类投资减值准备	—	—	—	—	—
持有至到期投资减值准备	—	—	—	—	—
长期股权投资减值准备	—	—	—	—	—
坏账准备	—	—	—	—	—

3. 投资情况

本公司报告期自营股票投资、基金投资、债券投资、长期股权投资等投资的期初数、期末数如下：

表 6.5.1.3

金额单位：万元

项目	自营股票	基金	债券	长期股权投资	其它投资	合计
期初数	—	11,514.58	—	608,361.88	1,122,517.14	1,742,393.60
期末数	—	129,601.05	—	587,799.13	814,545.75	1,531,945.93

4. 前五名自营长期股权投资的企业情况

本公司报告期的前四名长期股权投资的企业情况如下（总共四名）：

表6.5.1.4

金额单位：万元

名称	占被投资企业权益的比例	主要经营活动	2016年投资损益
深圳市平安创新资本投资有限公司	100.00%	投资控股	190,000
平安证券有限责任公司	55.66%	证券投资与经纪	—
平安大华基金管理有限公司	60.70%	基金投资	—
平安利顺国际货币经纪有限责任公司	67.00%	货币经纪	2,010

5. 前五名自营贷款情况

本公司报告期的自营贷款情况如下：

表6.5.1.5

企业名称	占贷款总额比例	还款情况
北京融贯电子商务有限公司	100.00%	正常

6. 表外业务情况

本公司报告期的表外业务情况如下：

表6.5.1.6

表外业务	期初数	期末数
担保业务	—	—
代理业务(委托业务)	—	—
其它	—	—
合计	—	—

7. 公司当年的收入结构

表6.5.1.7

金额单位：万元

收入结构	本集团		本公司	
	金额	占比	金额	占比
手续费及佣金收入	1,020,950.53	39.27%	360,034.79	53.03%
其中：信托手续费收入	318,827.38	12.26%	338,244.85	49.82%
投资银行业务收入	142,885.29	5.50%	—	—
利息收入	312,665.29	12.03%	14,287.62	2.10%
商品销售收入	397,888.47	15.31%	—	—
渠道居间服务费收入	185,695.86	7.14%	—	—
广告费收入	75,187.14	2.89%	—	—
高速公路通行费收入	68,062.15	2.62%	—	—
其他业务收入	66,949.38	2.58%	9,880.92	1.46%
其中：计入信托业务收入部分	—	—	—	—
投资收益	440,900.19	16.96%	291,086.14	42.88%
其中：股权投资收益	158,229.74	6.09%	252,833.81	37.25%
证券投资收益	47,415.88	1.82%	36,872.33	5.43%

续表

收入结构	本集团		本公司	
	金额	占比	金额	占比
其它投资收益	235,254.57	9.05%	1,380.00	0.20%
公允价值变动收益	-4,276.37	-0.16%	—	—
汇兑损益	324.90	0.01%	113.93	0.02%
营业外收入	35,373.55	1.36%	3,462.83	0.51%
收入合计	2,599,721.09	100.00%	678,866.23	100.00%

（二）信托财产管理情况

1. 信托资产的期初数、期末数

表6.5.2.1 金额单位：万元

信托资产	期初数	期末数
集合	25,073,493.35	32,160,415.31
单一	21,510,968.95	27,711,574.64
财产权	9,258,999.87	7,850,103.73
合计	55,843,462.17	67,722,093.68

（1）主动管理型信托业务的信托资产期初数、期末数

表6.5.2.1.1 金额单位：万元

主动管理型信托资产	期初数	期末数
证券投资类	6,452,675.27	5,440,532.07
股权投资类	6,880,149.39	1,563,595.84
其他投资类	3,846,931.23	6,560,732.87
融资类	16,020,680.73	14,926,628.66
事务管理类	4,800.01	4,800.01
合计	33,205,236.63	28,496,289.45

（2）被动管理型信托业务的信托资产期初数、期末数

表6.5.2.1.2 金额单位：万元

被动管理型信托资产	期初数	期末数
证券投资类	—	—
股权投资类	—	—
其他投资类	—	—
融资类	186,894.49	121,064.45
事务管理类1	22,451,331.05	39,104,739.78
合计	22,638,225.54	39,225,804.23

注1：事务管理类信托是指信托公司作为受托人主要承担事务管理功能，为委托人（受益人）的特定目的提供管理性和执行性服务的信托计划。本次年报根据监管口径对期初数进行重分类调整。

2. 本年度信托项目清算情况

(1)本年度已清算结束的信托项目

表6.5.2.2.1 金额单位:万元

已清算结束信托项目	项目个数	实收信托合计金额(万元)	加权平均实际年化收益率
集合	216	7,884,436.29	12.70%
单一	201	9,159,379.14	9.61%
财产管理类	80	3,034,275.93	6.24%

(2)本年度已清算结束的主动管理型信托项目

表6.5.2.2.2 金额单位:万元

已清算结束信托项目	项目个数	实收信托合计金额	加权平均实际年化信托报酬报酬率	加权平均实际年化收益率
证券投资类	49	774,632.98	0.50%	20.93%
股权投资类	36	1,849,968.23	0.82%	7.49%
其他投资类	47	1,065,134.21	2.21%	13.50%
融资类	177	7,680,658.56	1.65%	11.22%
事务管理类	0	—	—	—

(3)本年度已清算结束的被动管理型信托项目

表6.5.2.2.3 金额单位:万元

已清算结束信托项目	项目个数	实收信托合计金额	加权平均实际年化信托报酬报酬率	加权平均实际年化收益率
证券投资类	—	—	—	—
股权投资类	—	—	—	—
其他投资类	—	—	—	—
融资类	—	—	—	—
事务管理类	188	8,707,697.38	0.24%	8.78%

3. 本年度新增信托项目情况

表6.5.2.3 金额单位:万元

新增信托项目	项目个数	实收信托合计金额
集合类	169	16,128,750.66
单一类	313	14,210,539.61
财产管理类	62	3,794,491.84
新增合计	544	34,133,782.11
其中:主动管理型	156	9,144,453.21
被动管理型	388	24,989,328.90

4. 信托业务创新成果和特色业务情况

公司在传统业务稳健发展的基础上,积极开展创新与特色业务,具体包括:

(一)推出“中国平安公益信托产品平台”,建立起完整的“公益+金融”信托产品体系,服务社会公益,树立了慈善信托领先品牌;

（二）运用保险资金服务"一带一路"区域，将"一带一路"沿线城市列为重点业务区域，为国家重点项目提供融资支持，服务实体经济；

（三）创设"并购赢＋"业务平台，支持行业龙头进行产业整合，实现去产能、去库存，并通过股权融资支持手段降杠杆，支持供给侧改革；

（四）积极在企业资产证券化信托业务领域（以信托收益权为基础资产的非标转标业务、以商业物业租金收益权或学费收益权为基础资产的交易所公募 ABS 业务）展开探索，并且尝试开展类 REITS（以酒店经营收益为基础资产）业务；

（五）打造中国领先的家族信托品牌，为高净值客户的定制化服务和全方位资产配置方案；

（六）推出保险金信托业务，充分利用平安集团综合金融的优势，与集团内兄弟公司合作，运用信托资产隔离制度的优势，实现财富传承、财富管理与保险完美的嫁接；

（七）打造领先市场的销售服务平台——平安智能化移动服务销售平台，为高净值客户带来高效、便利、安全、私密的全新理财体验。

5. 履行受托人义务情况

本公司作为信托项目的受托人，严格按照《中华人民共和国信托法》、《信托公司管理办法》、《信托公司集合资金信托计划管理办法》等法律法规的规定及信托合同等文件的约定，恪尽职守，诚实、信用、谨慎、有效地管理信托财产，严格履行受托人的义务，为受益人的最大利益处理信托事务，公平、公正地处置信托财产。

6. 信托赔偿准备金提取、使用和管理情况

根据《信托公司管理办法》的规定，信托赔偿准备金按照税后利润的 5% 提取，累计总额达到公司注册资本的 20% 时，可不再提取。截至 2016 年末，本公司提取的信托赔偿准备金余额为 86,616 万元。

六、关联方关系及其交易

（一）关联方交易

本公司报告期关联交易方的数量、关联交易的总金额及关联交易的定价政策等如下：

表 6.6.1

	关联交易方的数量	关联交易总金额（万元）	定价政策
合计	25	5,025,322.34	本公司 2016 年度发生的关联方交易均根据一般正常的交易条件进行，并以市场价格作为定价依据

（二）关联交易方

报告期涉及关联交易的关联方情况如下：

表 6.6.2

金额单位：万元

关系性质	关联方名称	法定代表人	注册地址	注册资本	主营业务
母公司	中国平安保险（集团）股份有限公司	马明哲	深圳	1,828,024	投资保险企业、监督管理控股投资企业的各种国际国内业务
母公司控制的公司	平安付科技服务有限公司	钟毅	深圳	68,000	网络开发与维护
母公司控制的公司	平安科技（深圳）有限公司	陈心颖	深圳	49,858	IT 服务
母公司控制的公司	中国平安财产保险股份有限	孙建平	深圳	2,100,000	财产保险
母公司控制的公司	中国平安人寿保险股份有限公司	丁新民	深圳	3,380,000	人身保险
母公司控制的公司	平安养老保险股份有限公司	杜永茂	深圳	486,000	养老保险
母公司控制的公司	深圳平安综合金融服务有限公司（原名平安数据科技（深圳）有限公司）	陈心颖	深圳	49,858	信息技术和业务流程外包服务
母公司控制的公司	上海沪平投资管理有限公司	邬克敏	上海	100	物业管理
母公司控制的公司	北京汇安投资管理有限公司	许良飞	北京	300	投资咨询
合并子公司	平安证券股份有限公司	詹露阳	深圳	1,380,000	证券投资与经纪
合并子公司	深圳平安大华汇通财富管理有限公司	罗春风	深圳	20,000	资产管理

续表

关系性质	关联方名称	法定代表人	注册地址	注册资本	主营业务
合并子公司	深圳市平安创新资本投资有限公司	谈清	深圳	400,000	投资控股
母公司控制的公司	深圳市平安德成投资有限公司	沈佳华	深圳	30,000	投资咨询
母公司控制的公司	深圳市平安置业投资有限公司	孟甡	深圳	131,000	房地产投资
母公司控制的公司	玉溪平安置业有限公司	王玉涛	玉溪	3,850	物业出租
母公司控制的公司	深圳平安商用置业投资有限公司	梁联昌	深圳	109,500	物业租赁、物业管理
母公司控制的公司	三亚家化旅业有限公司	周晓峰	三亚	24,000	旅馆业、住宿
母公司控制的公司	平安财富理财管理有限公司	张要辉	上海	5,000	投资管理、咨询
母公司控制的公司	北京双融汇投资有限公司	梁少凡	北京	25,632	投资管理;资产管理;出租商业用房
母公司控制的公司	北京京信丽泽投资有限公司	李文强	北京	116,000	投资管理、资产管理;设计、制作、代理、发布广告
母公司控制的公司	广州市信平置业有限公司	车大龙	广州	5,000	房地产业
母公司控制的公司	北京京平尚地投资有限公司	李文强	北京	4,500	投资管理、资产管理;出租商业用房;设计、制作、代理、发布广告
母公司控制的公司	北京京平尚北投资有限公司	李文强	北京	4,200	投资;资产管理;出租商业用房;设计、制作、代理、发布广告;物业管理
母公司控制的公司	沈阳盛平投资管理有限公司	梁少凡	沈阳	41,900	企业投资与资产管理;投资信息咨询;物业管理;自有房屋租赁
母公司控制的公司	上海泽安投资管理有限公司	梁少凡	上海	481,000	实业投资,资产管理,投资管理咨询,物业管理,停车收费

(三)本公司与关联方的重大交易事项

1. 固有与关联方交易情况

表6.6.3.1　　金额单位:万元

固有与关联方关联交易				
	期初	借方发生额	贷方发生额	期末数
贷款	—	—	—	—
投资	555,489.00	—	—	555,489.00
租赁	—	—	—	—
担保	—	—	—	—
应收账款	—	—	—	—
其它	19,761.43	34,969.05	-30,294.56	24,435.92
合计	575,250.43	34,969.05	-30,294.56	579,924.92

2. 信托与关联方交易情况

表6.6.3.2 金额单位:万元

信托与关联方关联交易				
	期初数	借方发生额	贷方发生额	期末数
贷款	532,147.20	—	260,300.00	271,847.20
投资	771,618.91	213,350.67	714,969.58	270,000.00
租赁	—	—	—	—
担保	—	—	—	—
应收账款	—	—	—	—
其他	2,187,615.98	—	897,205.37	1,290,410.61
合计	3,491,382.09	213,350.67	1,872,474.95	1,832,257.81

3. 固有与信托财产之间交易情况

表6.6.3.3.1 金额单位:万元

固有财产与信托财产相互交易			
	期初数	本期发生额	期末数
合计	644,151.12	-434,357.28	209,793.83

4. 信托项目之间交易情况

表6.6.3.3.2 金额单位:万元

信托财产与信托财产相互交易			
	期初数	本期发生额	期末数
合计	5,494,903.02	-3,091,557.25	2,403,345.77

(四)报告期,无关联方逾期未偿还本公司资金的事项以及无本公司为关联方担保发生或即将发生垫款的事项。

七、会计制度的披露

公司固有业务自2007年起执行财政部于2006年2月15日及以后期间颁布的《企业会计准则-基本准则》、各项具体会计准则及相关规定。公司信托业务自2009年起执行新《企业会计准则》(财政部2006年颁布)。

第七节 财务情况说明书

一、利润实现和分配情况

报告期本公司实现净利润379,710.10万元,期初未分配利润为788,259.25万元,提取盈余公积37,971.01万元,提取一般风险准备15,803.71万元,对股东分配利润404,500.00万元,期末累计未分配利润为709,694.63万元。为了更好地支持业务发展,公司决定2016年度不对股东派发股利。

报告期本集团实现归属于母公司所有者的净利润491,132.33万元,期末累计未分配利润为1,655,093.66万元。

二、主要财务指标

本公司报告期的主要财务指标如下:

表7.2 金额单位:万元

指标名称	指标值		计算公式
	本公司	本集团	
资本利润率(%)	16.77%	12.34%	净利润/所有者权益平均余额*100%
加权年化信托报酬率	0.95%	0.95%	(信托项目1的年化信托报酬率*信托项目1的实收信托+信托项目2的年化信托报酬率*信托项目2的实收信托+…信托项目n的年化信托报酬率*信托项目n的实收信托)/(信托项目1的实收信托+信托项目2的实收信托+…信托项目n的实收信托)
人均净利润	363.01	617.44	净利润/年平均人数

三、对本公司财务状况、经营成果有重大影响的其他事项

报告期内，没有对本公司财务状况、经营成果有重大影响的其他事项。

第八节 特别事项揭示

一、前五名股东报告期内变动情况及原因

报告期内，本公司股东没有发生变动：

股东名称	期初持股比例	期末持股比例
中国平安保险(集团)股份有限公司	99.88%	99.88%
上海市糖业烟酒(集团)有限公司	0.12%	0.12%
合计	100.00%	100.00%

二、董事、监事及高级管理人员变动情况及原因

报告期内，任汇川先生出任公司董事长；宋成立先生出任公司副董事长。

报告期内，监事会成员无变化。

报告期内，公司副董事长宋成立代履职公司总经理，冷培栋先生因工作调动不再担任公司总经理；公司新聘任了郑翔先生为公司副总经理，赵洪先生不再担任公司副总经理。

三、变更注册资本、变更注册地或公司名称、公司分立合并事项

报告期内，公司未发生注册资本、注册地、名称变更或分立合并事项。

四、公司的重大诉讼事项

报告期内，公司没有重大诉讼事项发生。

五、公司及其董事、监事和高级管理人员受到处罚的情况

报告期内，未发生公司及其董事、监事和高级管理人员受到处罚的情况。

六、银监会及其派出机构对公司检查的情况

2016年8月31日至9月30日，中国银行业监督管理委员会深圳监管局对本公司开展了“两个加强、两个遏制”回头看现场检查，并出具《现场检查意见书》，对公司业务发展、资产规模和盈利水平、综合实力等方面给予了肯定，同时也对日常经营中存在的问题提出检查意见。本公司高度重视，深入分析检查意见并采取有效措施，进一步完善了公司治理、内控管理等相关制度和流程。2016年，本公司严格落实监管检查意见，以合规风险防范为中心，持续提升合规管理水平，为公司稳健经营提供基础保障。

七、本年度重大事项临时报告的简要内容、披露时间、所披露的媒体及其版面

1. 2016年4月，公司对原营业执照、组织机构代码证、税务登记证进行“三证合一”，合并后公司统一社会信用代码为914403001000200095，并已在《证券日报》2016年4月15日第B3版进行了相关信息的披露。

2. 2016年4月，公司章程变更获得监管核准，公司已在《证券日报》2016年4月25日第A4版进行了相关信息的披露。

3. 2016年4月，任汇川先生董事长任职资格获得监管核准，公司已在《证券日报》2016年4月29日第D3版进行了相关信息的披露。

4. 2016年6月，公司完成法定代表人变更，并已在《证券日报》2016年6月8日第D33版进行了相关信息的披露。

5. 2016年11月，冷培栋先生因工作原因不再担任公司总经理，副董事长宋成立先生代为履行总经理职责，公司已在《证券日报》2016年11月26日第B2版进行了相关信息的披露。

八、银监会及其省级派出机构认定的其他有必要让客户及相关利益人了解的重要信息

报告期内，没有发生银监会及其省级派出机构认定的其他有必要让客户及相关利益人了解的重要事项。

九、社会责任履行情况

报告期内，公司颁布了《社会责任制度》，全面树立社会责任理念，积极践行企业社会责任。2016年9月1日，公司推出了国内首单永续型集合慈善信托——“中国平安教育发展慈善信托计划”，首期募集资金1007.6万元，其中公司出资200万元并担任受托人；2016年，该信托计划管理理事会批准教育类慈善项目6个，慈善资金支出376万元。另外，公司在经营管理、业务发展、客户服务及消费者权益保护等方面积极履行法律责任、经济责任、公益责任和环境责任，并根据相关法规、监管部门及行业协会要求通过各种渠道进行了信息披露。

第九节 公司监事会意见

公司监事会认为，报告期内，公司依法运作，决策程序合法有效，没有发现公司董事、高级管理层履行职务时有违法违规、违反公司章程或损害公司及股东利益的行为。公司2016年度财务报告中披露的财务信息，真实反映公司的财务状况和经营成果。

安信信托股份有限公司　2016 年年度报告

重要提示

一、本公司董事会、监事会及董事、监事、高级管理人员保证年度报告内容的真实、准确、完整，不存在虚假记载、误导性陈述或重大遗漏，并承担个别和连带的法律责任。

二、公司全体董事出席董事会会议。

三、立信会计师事务所（特殊普通合伙）为本公司出具了标准无保留意见的审计报告。

四、公司负责人王少钦、主管会计工作负责人赵宝英及会计机构负责人（会计主管人员）赵宝英声明：保证年度报告中财务报告的真实、准确、完整。

五、经董事会审议的报告期利润分配预案或公积金转增股本预案

经立信会计师事务所（特殊普通合伙）审计确认，公司 2016 年度归属于母公司净利润 303,394.74 万元，母公司可供分配利润为 403,480.00 万元。本年度拟以 2016 年末总股本 2,071,643,151 股为基数，向全体股东每 10 股派发现金红利 6.00 元（含税），共派发 1,242,985,890.60元。

本年度拟以 2016 年末总股本2,071,643,151股为基数，资本公积金每 10 股转增 12 股，共计 2,485,971,781 股。上述预案实施完成后，公司总股本将增加至 4,557,614,932股。

上述预案尚需提交股东大会审议通过。

六、前瞻性陈述的风险声明

√适用　□不适用

本报告中所涉及的未来计划、发展战略等前瞻性描述不构成公司对投资者的实质承诺，敬请投资者注意投资风险。

七、是否存在被控股股东及其关联方非经营性占用资金情况

否

八、是否存在违反规定决策程序对外提供担保的情况？

否

九、重大风险提示

√适用　□不适用

公司已在本报告中详细描述存在的行业风险、市场风险等，敬请查阅管理层经营与分析中关于公司未来发展的讨论与分析中可能面对的风险因素及对策部分的内容。

十、其他

□适用　√不适用

目录

第一节　释义

一、释义

在本报告书中，除非文义另有所指，下列词语具有如下含义：

常用词语释义		
安信信托/公司/本公司/上市公司	指	安信信托股份有限公司，股票代码：600816
国之杰/控股股东	指	上海国之杰投资发展有限公司
一法三规	指	《中华人民共和国信托法》、《信托公司管理办法》、《信托公司集合资金信托计划管理办法》和《信托公司净资本管理办法》
集合信托/集合信托计划/集合资金信托计划	指	受托人把所受托的众多委托人的信托财产集中成一个整体加以管理或者处分的信托。

续表

常用词语释义		
单一信托/单一信托计划/单一资金信托计划	指	受托人所受托的不同委托人的信托财产分别、独立地予以管理或者处分的信托,它是委托人与受托人一对一协商的结果。
固有业务	指	信托公司运用自有资本开展的业务。
信托业务	指	信托公司以收取报酬为目的,以受托人身份接受信托和处理信托事务的经营行为。
信托报酬	指	作为受托人在办理信托事务后所取得的报酬。
信托财产	指	通过信托行为从委托人手中转移到受托者手里的财产,包括有形与无形财产。
净资本	指	根据信托公司的业务范围和公司资产结构的特点,在净资产的基础上对各固有资产项目、表外项目和其他有关业务进行风险调整后得出的综合性风险控制指标。
中国证监会	指	中国证券监督管理委员会
中国银监会	指	中国银行业监督管理委员会
元、万元、亿元	指	人民币元、人民币万元、人民币亿元

第二节 公司简介和主要财务指标

一、公司信息

公司的中文名称	安信信托股份有限公司
公司的中文简称	安信信托
公司的外文名称	ANXIN TRUST CO. ,LTD
公司的外文名称缩写	AXXT
公司的法定代表人	王少钦

二、联系人和联系方式

	董事会秘书
姓名	武国建
联系地址	上海市黄浦区广东路689号海通证券大厦29楼
电话	021-63410710
传真	021-63410712
电子信箱	600816@anxintrust.com

三、基本情况简介

公司注册地址	上海市控江路1553号—1555号A座301室
公司注册地址的邮政编码	200092
公司办公地址	上海市黄浦区广东路689号海通证券大厦1/2/29楼
公司办公地址的邮政编码	200001
公司网址	www.anxintrust.com
电子信箱	600816@anxintrust.com

四、信息披露及备置地点

公司选定的信息披媒体名称	《中国证券报》、《上海证券报》、《证券时报》
登载年度报告的中国证监会指定网站的网址	www. sse. com. cn
公司年度报告备置地点	上海市黄浦区广东路689号海通证券大厦1/2/29楼

五、公司股票简况

公司股票简况				
股票种类	股票上市交易所	股票简称	股票代码	变更前股票简称
A股	上海证券交易所	安信信托	600816	鞍山信托

六、其他相关资料

公司聘请的会计师事务所(境内)	名称	立信会计师事务所(特殊普通合伙)
	办公地址	上海市黄浦区南京东路61号新黄浦金融大厦4楼
	签字会计师姓名	肖菲、徐萍
报告期内履行持续督导职责的保荐机构	名称	海通证券股份有限公司
	办公地址	上海市黄浦区广东路689号14楼
	签字的保荐代表人姓名	何科嘉、杨唤
	持续督导的期间	2015年7月4日—2016年12月31日;2016年12月29日—2017年12月31日

七、近三年主要会计数据和财务指标

(一)主要会计数据

单位:元 币种:人民币

主要会计数据	2016年	2015年	本期比上年同期增减(%)	2014年
营业收入	5,245,959,043.75	2,954,767,340.15	77.54	1,809,379,782.37
归属于上市公司股东的净利润	3,033,947,447.70	1,722,148,466.81	76.17	1,023,527,923.64
归属于上市公司股东的扣除非经常性损益的净利润	2,935,978,113.31	1,631,997,993.16	79.90	1,028,401,788.98
经营活动产生的现金流量净额	2,993,793,908.96	1,806,478,188.85	65.73	174,732,211.97
	2016年末	2015年末	本期末比上年同期末增减(%)	2014年末
归属于上市公司股东的净资产	13,718,166,573.28	6,308,919,296.89	117.44	1,804,637,335.43
总资产	19,125,695,062.24	9,158,951,229.91	108.82	2,953,944,097.71

（二）主要财务指标

主要财务指标	2016年	2015年	本期比上年同期增减(%)	2014年
基本每股收益(元/股)	1.7142	1.0482	63.54	0.9016
稀释每股收益(元/股)	1.7142	1.0482	63.54	0.9016
扣除非经常性损益后的基本每股收益(元/股)	1.6588	0.9933	67.00	0.9059
加权平均净资产收益率(%)	41.15	42.73	减少1.58个百分点	76.89
扣除非经常性损益后的加权平均净资产收益率(%)	39.83	40.49	减少0.66个百分点	77.26

报告期末公司前三年主要会计数据和财务指标的说明

□适用 √不适用

八、境内外会计准则下会计数据差异

（一）同时按照国际会计准则与按中国会计准则披露的财务报告中净利润和归属于上市公司股东的净资产差异情况

□适用 √不适用

（二）同时按照境外会计准则与按中国会计准则披露的财务报告中净利润和归属于上市公司股东的净资产差异情况

□适用 √不适用

（三）境内外会计准则差异的说明：

□适用 √不适用

九、2016年分季度主要财务数据

单位：元 币种：人民币

	第一季度（1—3月份）	第二季度（4—6月份）	第三季度（7—9月份）	第四季度（10—12月份）
营业收入	1,018,391,141.09	1,036,972,791.53	1,459,189,730.62	1,731,405,380.51
归属于上市公司股东的净利润	608,183,308.54	784,707,041.71	917,791,651.67	723,265,445.78
归属于上市公司股东的扣除非经常性损益后的净利润	608,438,308.54	686,964,791.71	917,791,651.67	722,783,361.39
经营活动产生的现金流量净额	549,103,710.29	1,369,309,681.57	111,994,335.96	963,386,181.14

季度数据与已披露定期报告数据差异说明

□适用 √不适用

十、非经常性损益项目和金额

√适用 □不适用

单位：元 币种：人民币

非经常性损益项目	2016年金额	附注（如适用）	2015年金额	2014年金额
非流动资产处置损益	-22,835.59		-99,251.48	4,624,715.03
越权审批，或无正式批准文件，或偶发性的税收返还、减免				
计入当期损益的政府补助，但与公司正常经营业务密切相关，符合国家政策规定、按照一定标准定额或定量持续享受的政府补助除外	130,803,000.00		55,835,695.01	27,669,070.06
计入当期损益的对非金融企业收取的资金占用费				

续表

非经常性损益项目	2016年金额	附注（如适用）	2015年金额	2014年金额
企业取得子公司、联营企业及合营企业的投资成本小于取得投资时应享有被投资单位可辨认净资产公允价值产生的收益				
非货币性资产交换损益				
委托他人投资或管理资产的损益				
因不可抗力因素，如遭受自然灾害而计提的各项资产减值准备				
债务重组损益				
企业重组费用，如安置职工的支出、整合费用等				
交易价格显失公允的交易产生的超过公允价值部分的损益				
同一控制下企业合并产生的子公司期初至合并日的当期净损益				
与公司正常经营业务无关的或有事项产生的损益				
除同公司正常经营业务相关的有效套期保值业务外，持有交易性金融资产、交易性金融负债产生的公允价值变动损益，以及处置交易性金融资产、交易性金融负债和可供出售金融资产取得的投资收益				
单独进行减值测试的应收款项减值准备转回				
对外委托贷款取得的损益				
采用公允价值模式进行后续计量的投资性房地产公允价值变动产生的损益				
根据税收、会计等法律、法规的要求对当期损益进行一次性调整对当期损益的影响				
受托经营取得的托管费收入				
除上述各项之外的其他营业外收入和支出	-154,385.22		64,188.01	-34,692,678.80
其他符合非经常性损益定义的损益项目			48,300,000.00	3,175,304.94
少数股东权益影响额				
所得税影响额	-32,656,444.80		-13,950,157.89	-5,650,276.57
合计	97,969,334.39		90,150,473.65	-4,873,865.34

十一、采用公允价值计量的项目

√适用 □不适用

单位:元 币种:人民币

项目名称	期初余额	期末余额	当期变动	对当期利润的影响金额
交易性金融资产—权益工具	512,483,056.01	1,009,668,299.73	497,185,243.72	184,810,084.43
以公允价值计量且其变动计入当期损益的金融工具——信托产品	262,500,000.00	1,869,959,584.97	1,607,480,566.12	-47,167,727.09
以公允价值计量且其变动计入当期损益的金融工具——资管计划	2,348,235,313.68	2,803,842,517.80	455,586,222.97	384,055,554.62
以公允价值计量且其变动计入当期损益的金融工具——其他			—	10,724,012.19
认定为可供出售的金融工具—资管计划	406,601,947.27	462,193,524.04	55,591,576.77	—
认定为可供出售的金融工具—基金		304,721,856.44	304,721,856.44	—
认定为可供出售的金融工具—信托产品	1,200,000,000.00	2,830,000,000.00	1,630,000,000.00	10,666,998.19
以公允价值计量且其变动计入当期损益的金融负债		1,124,526,394.10	1,124,526,394.10	-16,526,394.10

十二、其他

□适用 √不适用

第三节 公司业务概要

一、报告期内公司所从事的主要业务、经营模式及行业情况说明

(一)主要业务

公司目前经营的主要业务包括固有业务和信托业务。

1. 固有业务

固有业务指信托公司运用自有资本开展的业务,主要包括但不限于贷款、租赁、投资、同业存放、同业拆放等。公司的固有业务包括固有资金存贷款及投资业务。该类业务由公司内设的固有业务部负责。

报告期内,公司的利息收入及投资收益情况如下:

单位:万元

项目	2016年	2015年	2014年
利息净收入	17,767.65	26,599.85	15,864.70
其中:利息收入	32,650.95	26,599.92	15,864.70
利息支出	14,883.30	0.07	
投资收益	27,977.43	19,047.31	1,511.14

2. 信托业务

信托业务是指公司作为受托人,按照委托人意愿以公司名义对受托的货币资金或其他财产进行管理或处分,并从中收取手续费的业务。公司的信托业务主要由其下设的各信托业务部门负责开展经营。

报告期内,公司与信托业务相关的收入体现在手续费及佣金收入中,具体情况如下:

单位:万元

项目	2016年	2015年	2014年
手续费及佣金收入	452,410.89	233,134.37	166,823.84
其中:信托报酬	439,342.31	220,773.72	162,277.89
手续费及佣金支出	796.69	1,359.20	3,199.18
手续费及佣金净收入	451,614.20	231,775.17	163,624.66

(二)经营模式

信托业务实施实业投行定位,产融结合模式,顺应金融混业趋势,以多种工具为客户提供一揽子解决方案。固有业务方面战略性布局兼顾投资收益,推进金融集成实践。

(三)行业情况

信托业作为中国金融子行业之一,自1979年恢复经营以来,沧桑砥砺,历经30年改革与发展的跌宕起伏,积累与沉淀了宝贵的经验。信托业发展基础逐步夯实,风控能力不断提升,服务水平持续提高,信托资产管理规模再创新高。

信托业发挥其制度优势,主动回归业务本源,行业规模逐步扩大,服务质效不断提高,风控能力逐步增强。信托业充分利用其业务的综合性、灵活性和敏锐性,通过对社会闲置资金的多方式运用、跨市场配置,以债权融资、股权投资、投贷联动、产业基金、资产证券化等投入实体经济,有效弥补了传统信贷业务的不足。信托业发挥资产管理的专业优势,设计开发多样化信托产品,满足投资者多样化、特色化和个性化的投资需求,为国民财富的保值增值提供了更多的途径。信托业在稳步发展的同时积极构建与业务发展水平相匹配的科学风险管理体系,重视信托公司治理体系和内部控制体系的建设。

以新"一法两规"为核心的一整套信托业发展的监管体系框架日趋完善,为更好地适应信托业发展需要,引领信托业科学转型,2015年银监会成立信托监管部,进一步强化信托监管的专业化、科学化、精细化水平。信托业保障基金的有效运行标志着行业保障机制的初步建立,市场化风险处置工作稳步推进。2016年12月末,中国信托登记有限责任公司的正式揭牌,标志着支持信托业发展的"一体三翼"架构全面建成,形成了多层次、多维度的信托业风险防控体系,为信托业转型升级提供了强有力的保障。

信托业将坚持回归本源业务的基本定位,充分发挥信托自身价值和制度优势,立足于信托主业,坚持以固有和其他中间业务为辅的总体思路,以金融创新为导向,聚焦资产管理、财富管理和受托服务三大领域,服务实体经济,通过开展投贷联动、债转股、并购基金、资产证券化等业务,支持优质企业通过兼并重组去产能、去杠杆。积极探索和扩大公益信托规模,推动精准扶贫、精准脱贫,积极履行信托公司的社会责任。继续完善信托业"八大机制"建设,强化"八大责任"意识,清晰界定信托公司在不同类型业务中的受托责任,加强对金融消费者的教育引导,培育有信托业特色的风控文化,为信托业的健康发展提供良好的环境。

二、报告期内公司主要资产发生重大变化情况的说明

√适用 □不适用

2016年12月23日,公司完成了非公开发行A股股票,补充资本金3.02亿元,净资产增加49.73亿元(详情请查阅2016年12月29日刊登于上海证券交易所、中国证券报、上海证券报和证券时报,编号:临2016-048号,《非公开发行股票发行结果暨股本变动公告》)。

三、报告期内核心竞争力分析

√适用 □不适用

公司坚持"诚信、务实、分享、责任"的经营理念和"理财、生财、护财、传财"的资产管理宗旨,倡导"风险高于一切,诚信重于泰山"的司训。公司不断提升法人治理水平,充实人才储备,积极探索推进业务创新转型,优化业务结构,潜心培育核心竞争力,主要体现在以下几方面:

(1)业务创新转型能力持续增强

公司持续加深经营差异化,坚持业务创新,继续调整并丰富业务结构,实现转型升级,业务拓展能力及业务协同发展能力不断增强。新一轮定增顺利完成,公司资本实力得到进一步增强,人力资源建设再上台阶,支持业务创新拓展,丰富固有业务结构,实现特色经营和多元化经营。

(2)坚持产融结合盈利模式,主动管理能力不断增强

探索为实体经济服务,坚持提升主动管理能力的战略方向,发力投资类业务,完善风险控制体系建设的同时,持续优化业务结构,坚持以产融结合盈利模式为导向提升效益。

(3)专业资产配置能力与财富管理服务能力继续提升

拓展销售渠道,提升品牌价值,实现"受人之托、代人理财"职能。境外理财业务资格获批,进一步完善全球资产配置能力,满足高净值人群海外配置资产相关需求。从单纯的信托产品销售向综合性财富管理业务转变,金融集成实践进一步推进,有效提升综合金融服务能力,为客户提供全方位的产品供给和理财服务。

(4)上市公司的资源优势与国际金融中心区域优势

品牌优势和资本市场优势为公司在业务规模和资产质量上不断提升提供了条件。

第四节 经营情况讨论与分析

一、经营情况讨论与分析

2016年伊始,在全球经济周期、国内债务周期和新兴产业周期等多重周期叠加的背景下,国内经济呈现增长乏力的态势,部分非金融企业的资产负债率居高不下,利润空间被压缩。三季度以来,国内经济增速趋稳,并出现稳中向好的势头,零售消费平稳增长,投资增速企稳,工业企业利润逐步改善。年内信托资产管理规模再创新高,监管政策继续释放红利,然而,受到宏观经济波动的影响,较之以往,信托业景气度下降,业务风险显现,信托公司也面临自身业务的结构和短板问题。

报告期内,公司董事会和经营管理层面对错综复杂的经济环境,坚持产融结合的经营模式,加速业务结构的优化,提升主动管理能力和直销能力,加快公司的转型升级,增强核心竞争力,为实现差异化细分化发展奠定基础。

2016年12月末,公司顺利完成了非公开发行股票募集资金相关事项(详情请查阅2016年12月29日刊登于上海证券交易所,《中国证券报》、《上海证券报》和

《证券时报》,编号:临2016－048号,《非公开发行股票发行结果暨股本变动公告》),通过此次再融资,公司总股本又实现了飞跃,由年初的1,769,889,828增加至2,071,643,151股,共计募集资金49.73亿元,进一步充实公司资本金,有效提高公司抗风险能力,改善资本结构。

2016年,公司荣获《中国证券报》第18届中国上市公司金牛奖百强企业、金牛奖最高效率公司奖、金牛奖企业领袖奖;《证券时报》第九届中国优秀信托公司、优秀信托经理等奖项;《经济观察报》"2016年度中国上市公司卓越价值创造50强企业"称号;中国上市公司市值管理研究中心"2016年度中国上市公司市值管理绩效百佳榜";《每日经济新闻》第七届金鼎奖评选中荣获"优秀信托公司"和"卓越信托资管能力"。

二、报告期内主要经营情况

报告期内,公司共实现营业收入524,595.90万元,归属于母公司的净利润303,394.74万元,归属于母公司的所有者权益1,371,816.66万元。

1. 固有业务方面

截至报告期末,公司总资产1,912,569.51万元,比上年末增加996,674.39万元,增幅为108.82%,负债总额540,752.85万元。资产负债率28.27%,比上年度减少2.85个百分点。

固有业务稳步推进,固有业务收入来源增加。2016年12月公司顺利完成非公开发行股票募集资金,在补充资本金、增加公司净资本实力的同时,固有业务资产的流动性也有了较大幅度增长。公司固有业务资金的用途不再局限于传统的贷款业务,本年度实现了固有业务资金在贷款、证券市场、定向增发项目、非上市金融企业股权投资等金融产品的多元化投资运作,在有效控制了金融风险的同时,实现了业务收入的多元化。2016年度公司固有业务利息收入、投资收益、公允价值变动收益较上年度都有了较大的提升。

2. 信托业务方面

截至报告期末,存续信托项目325个,受托管理信托资产规模2349.52亿元;已完成清算的信托项目173个,清算信托规模902.98亿元;新增信托项目184个,新增信托规模1235.87亿元。其中,新增集合类信托项目50个,实收信托规模565.95亿元;新增单一类信托项目134个,实收信托规模为669.92亿元。

信托资金投向:公司2016年信托资金主要投向基础产业、房地产、实业等领域,并继续调整业务结构,向新能源、大健康和物流地产等领域进行业务拓展和布局。

主动管理类信托业务:主动管理类信托业务规模占信托资产总规模比例为60%,较2015年末有较大提升,公司继续加强自主发行能力和主动管理能力。

信托业务风险方面:公司执行各项信托业务管理制度,信托业务的开展及后续管理均严格以受益人利益最大化等为宗旨依法操作。

3. 加大业务转型升级力度,实现差异化细分化发展

公司对传统业务继续深耕细作,充分发挥业务团队管理经验的同时,为实现公司的可持续发展,满足不同投资客户的风险偏好,丰富产品类型,公司从组织架构、制度保障、绩效考核等方面保障业务转型升级的推进,实现大健康、互联网基础设施、新能源、现代农业、现代物流、智慧城市等多个行业和领域的战略布局。

4. 规范上市公司运作,提升公司治理水平

报告期内,公司根据《公司法》、《证券法》和《信托法》及中国银监会、中国证监会有关法律法规的要求,提升法人治理水平,完善组织结构,规范上市公司运作。严格按照《公司章程》规定的程序召集、召开股东大会、董事会、监事会。严格履行信息披露义务,保证信息披露的真实、及时、准确、完整,增强信息披露的透明度,维护全体股东的利益。积极推进公司资本市场的再融资工作,完成公司2015年度利润分配等工作,维护了全体股东利益。

5. 多元金融格局雏形初露

2016年初公司通过设立固有业务部,加强自有资金流动性管理,在保障流动性的前提下,一改往昔资金运用的单一模式,通过股票自营、流动性管理、金融同业股权投资等实现多元金融格局展业,大幅增加公司交易性金融资产,填补公司长期股权投资的空白。

6. 完善风险治理结构,坚持合规先行

公司的风险治理结构以风险理念为指引,风险岗位暨机构设置为运营基础,风险职责及奖惩为运行保障,风险培训为推动。报告期内,公司立足制度建设、存续项目风险排查及新项目评审等基础风险管理工作,通过内外部培训等手段,使制度建设成为风险管理的常态业务;通过组织实施全面风险排查,由风险管理部门协同业务部门制定风险化解预案对项目进行跟踪;通过增补评审委员、风控工作前移等手段,简化评审环节,提高评审效率。

公司法律合规部通过内部发文、会议培训、信息共享等方式,向公司全员传达各项法律法规、规范性文件、窗口指导等。另一方面,对项目各类材料、法律文本进行层层审核,多重把关,力求从源头上严格管控风险。

7. 财富管理能力进一步提升

截至2016年末,公司财富管理中心实现了发行总规模、客户数量和平均购买金额等各项指标不同程度的增长。经过多年打磨,公司的品牌和资产管理能力等均获得市场的认可,有助于提升公司潜在客户的质量,提高公司财富管理能力,助推信托主业实现可持续发展。

（一）主营业务分析

利润表及现金流量表相关科目变动分析表

单位：元　币种：人民币

科目	本期数	上年同期数	变动比例(%)
营业收入	5,245,959,043.75	2,954,767,340.15	77.54
营业成本	1,223,363,532.48	649,132,301.27	88.46
销售费用			
管理费用			
财务费用			
经营活动产生的现金流量净额	2,993,793,908.96	1,806,478,188.85	65.73
投资活动产生的现金流量净额	-6,493,731,086.51	-3,676,912,439.64	-76.61
筹资活动产生的现金流量净额	5,597,332,955.75	2,789,430,837.30	100.66
研发支出			

1. 收入和成本分析

√适用　□不适用

公司在2016年信托业务收入有较大增幅，信托业务的主动管理规模上升，业务转型与创新积极推进。2016年度公司实现手续费收入净额451,614万元，占营业收入的86%，比2015年度增加219,839万元。至2016年末公司信托资产总额2,349.52亿元，基本与上年度持平，但其中主动管理的信托规模达到了1,414亿元，占比60%，比上年度增长了33%。同时加权年化信托报酬率在2016年达到了1.55%，比2015年上升了0.55个百分点，公司主动管理能力得到了大幅的提升。

公司固有业务收入增加，收入结构调整。2016年度，公司固有业务收入实现72,982万元（利息收入、投资收益及公允价值变动损益），比2015年度增加了15%。从收入构成来看，传统贷款类利息收入有所下降，而投资收益及公允价值变动损益有较大幅度增长。公司2016年度在证券市场、定向增发项目等金融产品的多元化投资运作，实现了业务收入的多元化。另一方面，2016年度投资收益中，长期股权投资收益实现了2,558万元。

（1）主营业务分行业、分产品、分地区情况

单位：元　币种：人民币

主营业务分行业情况						
分行业	营业收入	营业成本	毛利率(%)	营业收入比上年增减(%)	营业成本比上年增减(%)	毛利率比上年增减(%)
金融信托业	5,245,959,043.75		76.68	77.54		减少1.35个百分点
主营业务分产品情况						
分产品	营业收入	营业成本	毛利率(%)	营业收入比上年增减(%)	营业成本比上年增减(%)	毛利率比上年增减(%)
金融信托业	5,245,959,043.75		76.68	77.54		减少1.35个百分点
主营业务分地区情况						
分地区	营业收入	营业成本	毛利率(%)	营业收入比上年增减(%)	营业成本比上年增减(%)	毛利率比上年增减(%)
上海地区	5,245,959,043.75		76.68	77.54		减少1.35个百分点

主营业务分行业、分产品、分地区情况的说明

√适用　□不适用

由于公司为金融信托业，没有直接成本，营业支出中主要为业务及管理费用。故毛利率计算公式调整为：毛利率 =（营业收入 - 业务及管理费用 - 税金及附加 - 资产减值损失）/营业收入。

(2)产销量情况分析表

□适用　√不适用

(3)主要销售客户及主要供应商情况

□适用　√不适用

2. 费用

√适用　□不适用

2016 年度公司业务及管理费用 112,605 万元，比上年增加 63,639 万元。其中 5.43 亿元为公司对部分历史风险项目进行清理、核销；同时，根据公司《信托业务准备金计提制度》，依据信托资产五级分类后的结果，计提信托业务准备金。为进一步夯实了公司的资产，防范信托业务风险，构建稳健的财务机制打下基础。

另一方面，2016 年公司加大了以下方面的投入与支出：

(1)加强优秀人才引进及储备，员工数量增加导致了人力成本费用及房租费用的增加。

(2)加大了品牌及企业文化建设，通过多形式的内外部培训、团队建设等活动增加员工凝聚力，提升企业文化；同时，逐步建立和完善品牌运营管理机制，相关费用也有所增加。

(3)进一步加强了信息系统及信息安全建设投入，为公司业务发展、运营管理及信息安全提供了更有效的支持。

2016 年在公司业绩上升的同时，通过内部管理，挖掘成本控制的潜力，达到了年度经营预算的控制目标。

3. 研发投入

研发投入情况表

□适用　√不适用

情况说明

□适用　√不适用

4. 现金流

□适用　√不适用

(二)非主营业务导致利润重大变化的说明

□适用　√不适用

(三)资产、负债情况分析

√适用　□不适用

1. 资产及负债状况　　单位：元

项目名称	本期期末数	本期期末数占总资产的比例(%)	上期期末数	上期期末数占总资产的比例(%)	本期期末金额较上期期末变动比例(%)	情况说明
存放同业款项	3,445,451,410.65	18.01	1,348,065,467.89	14.72	155.58	公司于本期完成非公开发行方式募集资金 49.76 亿元，货币资金相应增加
以公允价值计量且其变动计入当期损益的金融资产	5,683,470,402.50	29.72	3,123,218,369.69	34.10	81.97	公司本期投资的金融资产增加，详见“第二节、十一”
发放贷款和垫款	3,894,031,016.20	20.36	2,543,120,000.00	27.77	53.12	因合并结构化主体贷款规模增加
可供出售金融资产	4,650,870,809.68	24.32	1,606,601,947.27	17.54	189.48	公司本期投资的金融资产增加
长期股权投资	870,779,159.85	4.55				公司对金融企业股权投资
以公允价值计量且其变动计入当期损益的金融负债	1,124,526,394.10	5.88				因合并结构化主体产生的金融负债

续表

项目名称	本期期末数	本期期末数占总资产的比例(%)	上期期末数	上期期末数占总资产的比例(%)	本期期末金额较上期期末变动比例(%)	情况说明
应付职工薪酬	547,021,733.12	2.86	382,418,583.13	4.18	43.04	公司业绩增长，计提的绩效奖金及风险准备金相应增加
应交税费	968,328,474.55	5.06	748,903,232.29	8.18	29.30	收入增长，计提但尚未支付的各项税费

2. 截至报告期末主要资产受限情况

√适用 □不适用

至期末，诉讼冻结银行存款5,163万元。

3. 其他说明

□适用 √不适用

(四)行业经营性信息分析

√适用 □不适用

信托业在经历2015年的景气度低迷之后，2016年整体有所好转，三季度以来宏观经济增速趋稳，信托业资产规模继续保持增长态势，再创新高跨入“18万亿时代”。根据信托业协会最新披露的数据，截至2016年三季度末，信托业管理资产规模为18.17万亿，同比增长16.33%，环比增长5.09%。业内68家信托公司的业务拓展能力和协同发展能力也不断增强，为继续回归本源业务奠定坚实基础。

信托公司为谋求进一步发展，充实资本金，增强抵御风险的能力，自2014年以来兴起的增资热潮依然不减，同时，报告期内信托公司股权结构调整带来新老股东的更替，为公司发展注入新的生命力。

(五)投资状况分析

1. 对外股权投资总体分析

√适用 □不适用

报告期内，中国银监会四川监管局已核准公司作为泸州市商业银行股份有限公司(以下简称“泸商行”)股东资格(川银监复〔2016〕293号)，同意公司增持泸州市商业银行股份有限公司股份36,472,457股，增持后占泸商行总股本的8.55%(详情请查阅2016年9月29日上海证券交易所、《中国证券报》、《上海证券报》和《证券时报》，编号为：临2016－033号，《关于增持泸州市商业银行股份有限公司股权的进展公告》)。

2016年11月4日，公司召开七届董事会第四十三次会议审议通过了《关于公司拟以自有资金参与大童保险销售服务有限公司增资》的议案，公司拟以自有资金5.075亿元，对大童保险销售服务有限公司进行增资，增资完成后，公司将持有大童保险35%的股份(详情请查阅2016年11月5日上海证券交易所、《中国证券报》、《上海证券报》和《证券时报》，编号为：临2016－041号，《第七届董事会第四十三次会议决议公告》)。

(1)重大的股权投资

□适用 √不适用

(2)重大的非股权投资

□适用 √不适用

(3)以公允价值计量的金融资产

√适用 □不适用

见“第二节、十一”

(六)重大资产和股权出售

□适用 √不适用

(七)主要控股参股公司分析

√适用 □不适用

参与营口银行股份有限公司的增资，持股比例为4.27%，营口银行发展迅速，是一家优质的中小银行；入股渤海人寿股份有限公司(以下简称“渤海人寿”)，持股比例为3.85%，渤海人寿2016年发展稳定，是一家集聚创新能力、盈利能力和服务品质的人寿保险公司；参与发起设立中国信托登记有限责任公司，占股2%，2016年12月末中国信托登记有限责任公司在上海揭牌成立，对信托业的发展具有里程碑意义。

(八)公司控制的结构化主体情况

√适用 □不适用

本公司对结构化主体是否应纳入合并范围进行判断，包括本公司作为受托人的结构化主体和本公司投资的由其他机构发行的结构化主体。

本期公司认购或受让的资产管理计划、基金、信托计划，综合考虑本公司对该等结构化主体拥有的权利及参与该等结构化主体的相关活动而享有可变回报等控制因素，认定将本公司控制的8个结构化主体纳入合并范围。

三、公司关于公司未来发展的讨论与分析

(一)行业格局和趋势

√适用 □不适用

中国信托业协会发布的《2016年3季度末信托公司

主要业务数据》表明:2016年3季度末,全国68家信托公司管理的信托资产规模为18.17万亿元,同比增长16.33%,环比增长5.09%。与2016年2季度同比增长8.95%相比,3季度信托资产规模增速再次实现两位数增长。在国内经济稳中向好的积极带动下,信托业资产管理规模再创新高,信托公司立足本源业务,紧抓市场机遇,呈现差异化细分化发展,这也是行业结构调整,市场优胜劣汰的必然。

2016年末中国信托业年会召开,中国信托登记有限责任公司在上海成立揭牌,银监会主席尚福林对信托业转型发展所取得的成绩给予了充分肯定,并提出"五大坚持"的长效发展理念。2017年将是"十三五"规划实施的重要一年,也是供给侧结构性改革的深化之年。信托公司应顺应多变的宏观经济金融形势,立足于信托主业,推动业务转型升级的同时,进一步发挥信托自身优势,助力经济平稳健康发展。

(二)公司发展战略

√适用 □不适用

以实现公司价值最大化为战略目标,不断完善法人治理结构,优化资产配置,加强团队建设,尊重员工的价值创新,拓展营销渠道,提升项目流程控制和风控能力,建立以客户为中心的便捷、综合、增值的金融服务体系,以产品和服务为客户创造价值、为投资者创造财富,实现可持续发展,成为具有强劲市场竞争力的信托公司。

充分利用老牌上市公司得天独厚的优势,有效利用资本市场的融资功能,通过资本运作增强公司资本实力,不断提升公司营业收入及净利润的增长。结合公司发展情况科学规划员工队伍建设,建立与公司资产规模及业务拓展相匹配的工作团队。在业务发展过程中,逐渐形成立体化、分工明确的协同展业体系,实现专业分工,提高风险管理水平,确保可以高效地赢得优质客户、取得优质项目。

1. 业务发展

公司将通过不断提升资本实力与质量,带动信托业务相关资质的拓展,稳步提升信托的主业地位,逐步开展监管许可下的创新业务,包括私人股权投资信托、公益信托、资产证券化、受托境外理财和发行产业基金等。同时,配合公司的战略发展方向,本着将短、中、长期行业相结合、战略性行业和现金流行业相匹配、优势行业和潜力行业相兼顾的原则有序进行展业。将重点关注包括与城镇化相关的基础产业、与国计民生相关的产业、证券投资及相关行业以及体现金融特点的行业。

2. 风险管理与内部控制

公司将继续完善全方位、全流程的风险管理与内部控制体系,持续深化对信用风险、流动性风险、市场风险和操作风险等各类风险的管理,构建合理高效的管控流程,在风险可控的前提下,实现业务优质发展。

3. 人力资源

公司人力资源的发展目标为优化人力资源结构,构建科学全面的薪酬考核体系,培育一支规模适度、结构合理、精干高效的人才队伍,构筑和强化与公司发展战略相适应的企业文化,提升员工凝聚力和归属感,为实现战略目标提供坚实的人力资源支撑。

(三)经营计划

√适用 □不适用

2017年是供给侧结构性改革的深化之年,也是"十三五"规划实施的重要一年,在去过剩产能的同时提升产品质量,作为实体经济服务商的信托公司,应把握机遇,进一步发挥自身制度优势,助推经济稳中向好的发展。公司将继续坚持产融结合的经营模式,深化业务结构转型升级,完善全面风控治理体系建设,精炼财富管理能力,拓展直销渠道,提升企业文化和品牌价值等,力争实现目标净利润36亿元。

1. 坚持产融结合,深化业务结构转型升级。在深耕细作传统业务的同时,公司致力于优化信托业务结构,以产融结合为导向,提升主动管理能力,实现生物制药、大健康、互联网基础设施、现代物流、现代农业和新能源等领域的布局。另一方面,继续推进QDII业务外汇额度申请工作和资产证券化业务准入资格的申请工作。

2. 完善全面风控治理体系建设。通过机构完善和调整,进一步明晰风险责任,严格风险考核和奖惩等手段,实现风险治理结构的完善。继续从制度落实、风险排查和项目评审等环节切实做好日常风险管理工作,确保项目的顺利运行和清算。

3. 精炼财富管理能力,拓展直销渠道。通过完善客户维护和拓展计划,继续深挖潜在客户,开拓直销渠道。同时,配合公司多元金融平台布局,继续提升财富管理能力,丰富产品种类和组合。

4. 提升企业文化和品牌价值。坚持"诚信、务实、分享、责任"的公司价值观,不断开拓新模式,配合绩效文化的理念,通过多形式的内外部培训、团队建设等活动增加员工凝聚力,提升企业文化。与此同时,建立和完善现有品牌运营管理机制,协同财富管理中心,助推公司拓展直销渠道,发掘潜在客户。

(四)可能面对的风险

√适用 □不适用

公司发展蕴含三类主要风险:政策风险,业务风险,管理风险。

1. 政策风险

国家宏观经济政策以及国家有关行业监管政策的调整可能对公司业务经营或成果造成一定影响。

2. 业务风险

(1)信托业务风险

公司办理信托业务主要面临操作风险和合规风险。

操作风险和合规风险表现为:由于公司治理机制、内部控制失效或者有关责任人出现失误、欺诈等问题,没有充分及时地做好尽职调查、持续监控、信息披露等工作,没有及时做出应有的反应,或做出的反应明显有失专业和常理，甚至违规违约。

（2）固有业务风险

公司办理固有业务主要面临信用风险和市场风险。

信用风险主要指借款人、担保人等交易对手不履行义务的可能性，比如贷款中因交易对手不能或不愿履行合约承诺而使公司遭受的潜在损失。

市场风险主要是指，证券市场和银行间债券交易市场价格会受到经济因素、政治因素、投资心理和交易制度等各种因素的影响，导致资金收益水平变化，产生风险。公司将自有资金投资于有公开市场价值的金融产品或者其他产品时，金融产品或者其他产品的价格发生波动可能导致遭受损失。

3. 管理风险

随着公司的不断发展壮大，公司资产规模、人员规模等随之扩大，需要公司有效地调整组织结构，进一步完善管理流程和内部控制制度，否则将对公司战略规划的实施和实现造成不利影响。

4. 对策与措施

完善公司法人治理，优化内部控制体系，进一步加强风险管理。继续完善法人治理，在科学的公司治理框架下，建立和完善风险管控相关制度；加强各类项目的评审和贷后管理，关注细节，从源头上对风险进行严格把控；建立从上到下的风险严控文化。同时，进一步充实公司风险管理方面的专业人员。

（五）其他

□适用 √不适用

四、公司因不适用准则规定或国家秘密、商业秘密等特殊原因，未按准则披露的情况和原因说明

□适用 √不适用

第五节 重要事项

一、普通股利润分配或资本公积金转增预案

（一）现金分红政策的制定、执行或调整情况

√适用 □不适用

公司根据中国证券监督管理委员会《关于进一步落实上市公司现金分红有关事项的通知》（证监发〔2012〕37号），《上市公司监管指引第3号—上市公司现金分红》（中国证券监督管理委员会公告〔2013〕43号），《上海证券交易所上市公司现金分红指引》和《上市公司定期报告工作备忘录第七号—关于年报工作中与现金分红相关的注意事项（2014年1月修订）》（上证函〔2014〕17号）之规定对《公司章程》利润分配部分进行了修订。

为充分维护公司股东依法享有的资产收益等权利，不断完善董事会、股东大会对公司利润分配事项的决策程序与机制，进一步细化《安信信托股份有限公司章程》中关于股利分配政策的条款，增加股利分配决策的透明度和可操作性，便于股东对公司经营和分配进行监督，2014年10月9日，公司召开2014年第一次临时股东大会审议通过了《安信信托股份有限公司未来三年（2014－2016年）股东分红回报规划》。

报告期内，公司严格执行《公司章程》相关利润分配政策，充分保护中小投资者的合法权益，具体执行情况如下：经立信会计师事务所（特殊普通合伙）审计确认，公司2015年度归属于母公司净利润172,214.85万元，母公司累计可供分配利润为215,268.92万元。以2015年末总股本1,769,889,828股为基数，向全体股东每10股派发现金红利3.5元（含税），共派发现金红利619,461,439.80元，剩余未分配利润结转下一年度。

该议案经2016年3月29日召开的2015年度股东大会审议通过（详情请查阅2016年3月30日刊登在上海证券交易所、《中国证券报》、《上海证券报》和《证券时报》，公告编号：临2016－014号，《2015年年度股东大会决议公告》），利润分配实施公告于2016年4月8日披露在上海证券交易所、《中国证券报》、《上海证券报》和《证券时报》，2016年4月12日为现金分红股权登记日，4月13日为红利派发日（详情请查阅2016年4月8日刊登于上海证券交易所、《中国证券报》、《上海证券报》和《证券时报》，公告编号：临2016－015号，《2015年度利润分配实施公告》）。

（二）公司近三年（含报告期）的普通股股利分配方案或预案、资本公积金转增股本方案或预案

单位：元 币种：人民币

分红年度	每10股送红股数（股）	每10股派息数（元）（含税）	每10股转增数（股）	现金分红的数额（含税）	分红年度合并报表中归属于上市公司普通股股东的净利润	占合并报表中归属于上市公司股股东普通股股东的净利润的比率（%）
2016年		6.00	12	1,242,985,890.60	3,033,947,447.70	40.97
2015年		3.50	15	619,461,439.80	1,722,148,466.81	35.97
2014年		7.00		317,876,844.60	1,023,527,923.64	31.06

（三）以现金方式要约回购股份计入现金分红的情况

□适用 √不适用

（四）报告期内盈利且母公司可供普通股股东分配利润为正，但未提出普通股现金利润分配方案预案的，公司应当详细披露原因以及未分配利润的用途和使用计划

□适用 √不适用

二、承诺事项履行情况

（一）公司实际控制人、股东、关联方、收购人以及公司等承诺相关方在报告期内或持续到报告期内的承诺事项

√适用 □不适用

承诺背景	承诺类型	承诺方	承诺内容	承诺时间及期限	是否有履行期限	是否及时严格履行
与重大资产重组相关的承诺	解决同业竞争	上海国之杰投资发展有限公司	不利用自身对安信信托的股东地位及重大影响，谋求安信信托在业务合作等方面给予国之杰优于市场第三方的权利；不利用自身对安信信托的股东地位及重大影响，谋求与安信信托达成交易的优先权利；杜绝本公司及所控制的企业非法占用安信信托资金、资产的行为，在任何情况下，不要求安信信托违规向本公司及所控制的企业提供任何形式的担保；国之杰及所控制的企业不与安信信托及其控制企业发生不必要的关联交易，如确需与安信信托及其控制的企业发生不可避免的关联交易，保证：（1）督促安信信托按照《中华人民共和国公司法》、《上市规则》等有关法律、法规、规范性文件和安信信托章程的规定，履行关联交易的决策程序，国之杰并将严格按照该等规定履行关联股东的回避表决义务；（2）遵循平等互利、诚实信用、等价有偿、公平合理的交易原则，以市场公允价格与安信信托进行交易，不利用该类交易从事任何损害安信信托利益的行为；（3）根据《中华人民共和国公司法》、《上市规则》等有关法律、法规、规范性文件和安信信托章程的规定，督促安信信托依法履行信息披露义务和办理有关报批程序。	截至本公告日，本公司与承诺人之间发生的关联交易符合上述承诺的要求。	否	是
与重大资产重组相关的承诺	解决关联交易	上海国之杰投资发展有限公司	国之杰不会以任何方式（包括但不限于其独资经营、通过合资经营或拥有另一公司或企业的股份及其它权益）直接或间接从事与安信信托主营业务构成竞争的业务；国之杰将采取合法及有效的措施，促使本公司现有或将来成立的全资子公司、控股子公司和其它受本公司控制的企业不从事与安信信托主营业务构成竞争的业务；对于安信信托的正常生产、经营活动，国之杰保证不利用控股股东地位损害安信信托及安信信托中小股东的利益。	截至本公告日，本公司与上述承诺人未发生过同业竞争。	否	是
与再融资相关的承诺	解决同业竞争	上海国之杰投资发展有限公司	国之杰及国之杰所控制的除安信信托股份有限公司（以下简称“安信信托”）之外的其他企业（以下简称“其他子公司”）未以任何方式直接或间接从事与安信信托相竞争的业务，未拥有与安信信托存在同业竞争企业的股份、股权或任何其他权益；公司承诺在直接或间接持有安信信托股份期间，公司及公司所控制的其他子公司不会以任何形式直接或间接从事对安信信托的生产经营构成或可能构成同业竞争的业务和经营活动，也不会以任何方式为安信信托的竞争企业提供任何资金、业务及技术等方面的帮助。	截至本公告日，本公司与上述承诺人未发生过同业竞争。	否	是
与再融资相关业的承诺	解决同业竞争	高天国	高天国先生及其本人所控制的除安信信托股份有限公司（以下简称“安信信托”）之外的其他企业（以下简称“其他子公司”）未以任何方式直接或间接从事与安信信托股份有限公司（以下简称“安信信托”）相竞争的业务，未拥有与安信信托存在同业竞争企的股份、股权或任何其他权益；本人承诺在直接或间接持有安信信托股份期间，本人及本人所控制的其他子公司不会以任何形式直接或间接从事对安信信托的生产经营构成或可能构成同业竞争的业务和经营活动，也不会以任何方式为安信信托的竞争企业提供任何资金、业务及技术等方面的帮助。	截至本公告日，本公司与上述承诺人未发生过同业竞争。	否	是

续表

承诺背景	承诺类型	承诺方	承诺内容	承诺时间及期限	是否有履行期限	是否及时严格履行
与再融资相关的承诺	股份限售	上海国之杰投资发展有限公司	持有非公开发行的股份自发行结束之日起36个月内不得转让。	截至报告期末，承诺人股份处于限售期。	是	是
与再融资相关的承诺	股份限售	上海国之杰投资发展有限公司	持有非公开发行的股份自发行结束之日起60个月内不得转让。	截至报告期末，承诺人股份处于限售期。	是	是
与再融资相关的承诺	股份限售	上海公信实业有限公司	持有本次非公开发行的股份自发行结束之日起36个月内不得转让。	截至报告期末，承诺人股份处于限售期。	是	是
与再融资相关的承诺	股份限售	日照岚桥港务有限公司	持有本次非公开发行的股份自发行结束之日起36个月内不得转让。	截至报告期末，承诺人股份处于限售期。	是	是
与再融资相关的承诺	股份限售	瀚博汇鑫（天津）投资有限公司	持有本次非公开发行的股份自发行结束之日起36个月内不得转让。	截至报告期末，承诺人股份处于限售期。	是	是
与再融资相关的承诺	股份限售	湘财证券股份有限公司	持有本次非公开发行的股份自发行结束之日起36个月内不得转让。	截至报告期末，承诺人股份处于限售期。	是	是
其他对公司中小股东所作承诺	其他	上海国之杰投资发展有限公司	从《关于解决安信信托历史遗留问题的协议》签署后的第四年起（2008年），由本公司对鞍山市财政局进行补贴，为期20年，补贴标准为：前10年每年1,000万元；后10年每年1,200万元。国之杰和本公司连带承担此项承诺。2006年4月28日，国之杰承诺：同意承担上述安信信托对鞍山市财政局进行的补贴事项。	截至本公告日，承诺人对鞍山市财政局的补贴承诺尚在履行过程中。	是	是

（二）公司资产或项目存在盈利预测，且报告期仍处在盈利预测期间，公司就资产或项目是否达到原盈利预测及其原因作出说明

□已达到　□未达到　√不适用

三、报告期内资金被占用情况及清欠进展情况

□适用　√不适用

四、公司对会计师事务所“非标准意见审计报告”的说明

□适用　√不适用

五、公司对会计政策、会计估计变更或重大会计差错更正原因和影响的分析说明

（一）公司对会计政策、会计估计变更原因及影响的分析说明

√适用 □不适用

会计政策变更的内容和原因	审批程序	备注（受重要影响的报表项目名称和金额）
执行《增值税会计处理规定》	财政部于 2016 年 12 月 3 日发布了《增值税会计处理规定》（财会〔2016〕22 号）	适用于 2016 年 5 月 1 日起发生的相关交易。本公司执行该规定的主要影响：将利润表中的“营业税金及附加”项目调整为“税金及附加”项目。

其他说明：

执行《增值税会计处理规定》财政部于 2016 年 12 月 3 日发布了《增值税会计处理规定》（财会〔2016〕22 号），适用于 2016 年 5 月 1 日起发生的相关交易。本公司执行该规定的主要影响：将利润表中的“营业税金及附加”项目调整为“税金及附加”项目。

（二）公司对重大会计差错更正原因及影响的分析说明

□适用 √不适用

（三）与前任会计师事务所进行的沟通情况

□适用 √不适用

（四）其他说明

□适用 √不适用

六、聘任、解聘会计师事务所情况

单位：万元 币种：人民币

	现聘任	
境内会计师事务所名称	立信会计师事务所（特殊普通合伙）	
境内会计师事务所报酬	90	
境内会计师事务所审计年限	12 年	
	名称	报酬
内部控制审计会计师事务所	立信会计师事务所（特殊普通合伙）	45
保荐人	海通证券股份有限公司	1,500

聘任、解聘会计师事务所的情况说明

√适用 □不适用

报告期内，公司未改聘会计师事务所，公司现聘任立信会计师事务所（特殊普通合伙）为公司的境内审计机构，支付其年度审计工作的酬金约 135 万元（其中年报审计费 90 万元，内控审计费 45 万元）。截至本报告期末，该会计师事务所已为本公司提供了 12 年审计服务。

审计期间改聘会计师事务所的情况说明

□适用 √不适用

七、面临暂停上市风险的情况

（一）导致暂停上市的原因

□适用 √不适用

（二）公司拟采取的应对措施

□适用 √不适用

八、面临终止上市的情况和原因

□适用 √不适用

九、破产重整相关事项

□适用 √不适用

十、重大诉讼、仲裁事项

□本年度公司有重大诉讼、仲裁事项 √本年度公司无重大诉讼、仲裁事项

十一、上市公司及其董事、监事、高级管理人员、控股股东、实际控制人、收购人处罚及整改情况

□适用 √不适用

十二、报告期内公司及其控股股东、实际控制人诚信状况的说明

√适用 □不适用

报告期内，公司控股股东、实际控制人不存在未履行法院生效判决，不存在数额较大债务到期未清偿等不良诚信状况。

十三、公司股权激励计划、员工持股计划或其他员工激励措施的情况及其影响

（一）相关激励事项已在临时公告披露且后续实施无进展或变化的

□适用 √不适用

（二）临时公告未披露或有后续进展的激励情况

股权激励情况

□适用 √不适用

其他说明

□适用 √不适用

员工持股计划情况

□适用 √不适用

其他激励措施

□适用 √不适用

十四、重大关联交易

（一）与日常经营相关的关联交易

1. 已在临时公告披露且后续实施无进展或变化的

事项

□适用 √不适用

2. 已在临时公告披露，但有后续实施的进展或变化的事项

□适用 √不适用

3. 临时公告未披露的事项

□适用 √不适用

（二）资产或股权收购、出售发生的关联交易

1. 已在临时公告披露且后续实施无进展或变化的事项

□适用 √不适用

2. 已在临时公告披露，但有后续实施的进展或变化的事项

√适用 □不适用

中国银监会四川监管局已核准公司作为泸州市商业银行股份有限公司（以下简称"泸商行"）股东资格（川银监复〔2016〕293号），同意公司增持泸州市商业银行股份有限公司股份36,472,457股，增持后占泸商行总股本的8.55%（详情请查阅2016年9月29日上海证券交易所、《中国证券报》、《上海证券报》和《证券时报》，编号为：临2016－033号，《关于增持泸州市商业银行股份有限公司股权的进展公告》）。

3. 临时公告未披露的事项

□适用 √不适用

4. 涉及业绩约定的，应当披露报告期内的业绩实现情况

□适用 √不适用

（三）共同对外投资的重大关联交易

1. 已在临时公告披露且后续实施无进展或变化的事项

□适用 √不适用

2. 已在临时公告披露，但有后续实施的进展或变化的事项

√适用 □不适用

2016年11月4日，公司召开七届董事会第四十三次会议，审议通过了《关于公司终止与控股股东共同投资成立基金管理公司关联交易的议案》，并根据《发起人协议》相关规定，向国之杰发出《终止发起人协议通知》。关联董事邵明安、高超回避了对该项议案的表决（详情请查阅2016年11月5日上海证券交易所、《中国证券报》、《上海证券报》和《证券时报》，公告编号：临2016－041号，《关于终止关联交易的公告》）。

3. 临时公告未披露的事项

□适用 √不适用

（四）关联债权债务往来

1. 已在临时公告披露且后续实施无进展或变化的事项

□适用 √不适用

2. 已在临时公告披露，但有后续实施的进展或变化的事项

□适用 √不适用

3. 临时公告未披露的事项

□适用 √不适用

（五）其他

□适用 √不适用

十五、重大合同及其履行情况

（一）托管、承包、租赁事项

1. 托管情况

□适用 √不适用

2. 承包情况

□适用 √不适用

3. 租赁情况

√适用 □不适用

单位：万元 币种：人民币

出租方名称	租赁方名称	租赁资产情况	租赁资产涉及金额	租赁起始日	租赁终止日	是否关联交易	关联关系
上海谷元房地产开发有限公司	安信信托股份有限公司	黄浦区广东路689号29层整层（1700.16平方米）	603.59	2013年10月1日	2021年9月30日	是	其他关联人
上海谷元房地产开发有限公司	安信信托股份有限公司	黄浦区广东路689号第1层（286.66平方米）	161.04	2013年10月1日	2021年9月30日	是	其他关联人
上海谷元房地产开发有限公司	安信信托股份有限公司	黄浦区广东路689号第2层03、05、06室（1533平方米）	481.21	2010年8月1日	2021年9月30日	是	其他关联人

续表

出租方名称	租赁方名称	租赁资产情况	租赁资产涉及金额	租赁起始日	租赁终止日	是否关联交易	关联关系
上海谷元房地产开发有限公司	安信信托股份有限公司	黄浦区广东路689号第2层01、02、07、08室（2024平方米）	611.33	2014年1月1日	2021年9月30日	是	其他关联人
上海谷元房地产开发有限公司	安信信托股份有限公司	黄浦区广东路689号第1层01室（585.21平方米）	316.04	2015年2月1日	2021年9月30日	是	其他关联人
上海三至酒店投资管理有限公司	安信信托股份有限公司	虹口区四平路59号三至喜来登酒店38—39楼（2566.2平方米）	904.83	2014年8月25日	2024年8月24日	是	其他关联人

租赁情况说明

备注：租赁资产涉及金额均为合同金额。

据《中华人民共和国合同法》、《上海市房屋租赁条例》的相关规定，在自愿、平等、公平、诚实信用的基础上，充分考虑到海通证券大厦的品质、位置以及上海目前的商业租赁市场后，为保证公司经营的正常，经协商一致，公司与上海谷元房地产开发有限公司继续签订《上海市房屋租赁合同》，续租黄浦区广东路689号第29层（建筑面积为1700.16平方米）；续租第1层（建筑面积286.66平方米），皆为办公用房。

根据《中华人民共和国合同法》、《上海市房屋租赁条例》的相关规定，在自愿、平等、公平、诚实信用的基础上，充分考虑到海通证券大厦的品质、位置以及上海目前的商业租赁市场后，经协商一致，公司与上海谷元房地产开发有限公司签订《上海市房屋租赁合同》，租用黄浦区广东路689号第2层03、05、06室（1533平方米）为办公用房。

根据《中华人民共和国合同法》、《上海市房屋租赁条例》的相关规定，在自愿、平等、公平、诚实信用的基础上，充分考虑到海通证券大厦的品质、位置以及上海目前的商业租赁市场后，经协商一致，公司与上海谷元房地产开发有限公司签订《上海市房屋租赁合同》，租用黄浦区广东路689号第2层01、02、07、08室（建筑面积为2024平方米）为办公用房。

根据《中华人民共和国合同法》、《上海市房屋租赁条例》的相关规定，在自愿、平等、公平、诚实信用的基础上，充分考虑到海通证券大厦的品质、位置以及上海目前的商业租赁市场后，经协商一致，公司与上海谷元房地产开发有限公司签订《上海市房屋租赁合同》，租用黄浦区广东路689号第1层01室（建筑面积585.21平方米）为办公用房。

因物业拥有方上海谷元房地产开发有限公司为本公司第一大股东上海国之杰投资发展有限公司的母公司。

根据《中华人民共和国合同法》、《上海市房屋租赁条例》的相关规定，在自愿、平等、公平、诚实信用的基础上，充分考虑到三至喜来登酒店的品质、位置以及上海目前的商业租赁市场后，经协商一致，公司与上海三至酒店投资管理有限公司签订《上海市房屋租赁合同》，租用虹口区四平路59号三至喜来登酒店38－39楼（建筑面积2566.2平方米）为系统提升产品销售及财富管理能力服务。

因物业拥有方三至酒店投资方为上海凯盟投资发展有限公司（以下简称“凯盟投资”），凯盟投资的法定代表人为本公司实际控制人高天国。

（二）担保情况

□适用 √不适用

（三）其他重大合同

□适用 √不适用

十六、其他重大事项的说明

□适用 √不适用

十七、积极履行社会责任的工作情况

（一）上市公司扶贫工作情况

□适用 √不适用

（二）社会责任工作情况

√适用 □不适用

详情请见《安信信托股份2016年度社会责任报告》。

（三）属于环境保护部门公布的重点排污单位的公司及其子公司的环保情况说明

□适用 √不适用

（四）其他说明

□适用 √不适用

十八、可转换公司债券情况

（一）转债发行情况

□适用 √不适用

（二）报告期转债持有人及担保人情况

□适用 √不适用

(三)报告期转债变动情况

□适用 √不适用

报告期转债累计转股情况

□适用 √不适用

(四)转股价格历次调整情况

□适用 √不适用

(五)公司的负债情况、资信变化情况及在未来年度还债的现金安排

□适用 √不适用

(六)转债其他情况说明

□适用 √不适用

第六节 普通股股份变动及股东情况

一、普通股股本变动情况

(一)普通股股份变动情况表

1. 普通股股份变动情况表

单位:股

	本次变动前		本次变动增减(+,-)					本次变动后	
	数量	比例(%)	发行新股	送股	公积金转股	其他	小计	数量	比例(%)
一、有限售条件股份	634,615,383	35.86	301,753,323				301,753,323	936,368,706	45.20
1. 国家持股									
2. 国有法人持股									
3. 其他内资持股	634,615,383	35.86	301,753,323				301,753,323	936,368,706	45.20
其中:境内非国有法人持股	634,615,383	35.86	301,753,323				301,753,323	936,368,706	45.20
境内自然人持股	—								
4. 外资持股	—								
其中:境外法人持股	—								
境外自然人持股	—								
二、无限售条件流通股份	1,135,274,445	64.14						1,135,274,445	54.80
1. 人民币普通股	1,135,274,445	64.14						1,135,274,445	54.80
2. 境内上市的外资股									
3. 境外上市的外资股									
4. 其他									
三、普通股股份总数	1,769,889,828	100.00	301,753,323				301,753,323	2,071,643,151	100.00

2. 普通股股份变动情况说明

√适用 □不适用

2016年12月27日,公司在中国证券登记结算有限责任公司上海分公司办理了本次非公开发行相关股份的股权登记及股份限售手续(详情请查阅2016年12月29日上海证券交易所、《中国证券报》、《上海证券报》和《证券时报》,公告编号:临2016-048,《非公开发行股票发行结果暨股本变动的公告》)。

3. 普通股股份变动对最近一年和最近一期每股收益、每股净资产等财务指标的影响(如有)

□适用 √不适用

4. 公司认为必要或证券监管机构要求披露的其他内容

□适用 √不适用

(二)限售股份变动情况

√适用 □不适用

单位：股

股东名称	年初限售股数	本年解除限售股数	本年增加限售股数	年末限售股数	限售原因	解除限售日期
上海国之杰投资发展有限公司	634,615,383	0	77,593,712	712,209,095	定增禁售期	其中634615383股的解禁日为2018年7月2日；77593712股的解禁日为2021年12月27日
上海公信实业有限公司	0	0	68,972,188	68,972,188	定增禁售期	2019年12月27日
瀚博汇鑫（天津）投资有限公司	0	0	60,350,665	60,350,665	定增禁售期	2019年12月27日
日照岚桥港务有限公司	0	0	51,729,141	51,729,141	定增禁售期	2019年12月27日
湘财证券股份有限公司	0	0	43,107,617	43,107,617	定增禁售期	2019年12月27日
合计	634,615,383	0	301,753,323	936,368,706	/	/

二、证券发行与上市情况

（一）截至报告期内证券发行情况

√适用 □不适用

单位：股 币种：人民币

股票及其衍生证券的种类	发行日期	发行价格（或利率）	发行数量	上市日期	获准上市交易数量	交易终止日期
普通股股票类						
A股	2016年12月27日	16.54	301,753,323	2019年12月27日/2021年12月27日		

截至报告期内证券发行情况的说明（存续期内利率不同的债券，请分别说明）：

□适用 √不适用

（二）公司普通股股份总数及股东结构变动及公司资产和负债结构的变动情况

√适用 □不适用

报告期内，公司完成非公开发行相关股份的股权登记及股份限售手续。公司本次非公开发行A股股票301,753,323股，发行对象为公司控股股东上海国之杰投资发展有限公司、上海公信实业有限公司、瀚博汇鑫（天津）投资有限公司、日照岚桥港务有限公司和湘财证券股份有限公司，本次发行新增股份的性质为有限售条件流通股，限售期分别为60个月和36个月，预计上市可交易时间为2019年12月27日和2021年12月27日。如遇法定节假日或休息日，则顺延至其后的第一个交易日。本次非公开发行完成后，公司总股本增加至2,071,643,151股。

（三）现存的内部职工股情况

□适用 √不适用

三、股东和实际控制人情况

（一）股东总数

截至报告期末普通股股东总数（户）	44,422
年度报告披露日前上一月末的普通股股东总数（户）	44,422

（二）截至报告期末前十名股东、前十名流通股东（或无限售条件股东）持股情况表 单位：股

前十名股东持股情况							
股东名称（全称）	报告期内增减	期末持股数量	比例（%）	持有有限售条件股份数量	质押或冻结情况		股东性质
					股份状态	数量	
上海国之杰投资发展有限公司		1,086,336,872	52.44	712,209,095	无		境内非国有法人
上海公信实业有限公司		68,972,188	3.33	68,972,188	无		境内非国有法人
瀚博汇鑫（天津）投资有限公司		60,350,665	2.91	60,350,665	无		境内非国有法人
日照岚桥港务有限公司		51,729,141	2.50	51,729,141	无		境内非国有法人
湘财证券股份有限公司		43,107,617	2.08	43,107,617	无		境内非国有法人
香港中央结算有限公司		38,466,754	1.86	0	无		境外法人
中国证券金融股份有限公司		32,501,849	1.57	0	无		国有法人
白溶溶		26,711,455	1.29	0	无		境内自然人
顾斌		21,112,436	1.02	0	无		境内自然人
中央汇金资产管理有限责任公司		18,766,000	0.91	0	无		国有法人

前十名无限售条件股东持股情况			
股东名称	持有无限售条件流通股的数量	股份种类及数量	
		种类	数量
上海国之杰投资发展有限公司	374,127,777	人民币普通股	374,127,777
香港中央结算有限公司	38,466,754	人民币普通股	38,466,754
中国证券金融股份有限公司	32,501,849	人民币普通股	32,501,849
白溶溶	26,711,455	人民币普通股	26,711,455
顾斌	21,112,436	人民币普通股	21,112,436
中央汇金资产管理有限责任公司	18,766,000	人民币普通股	18,766,000
国联安基金－工商银行－国联安－至臻1号资产管理计划	17,962,122	人民币普通股	17,962,122
周万沅	14,791,253	人民币普通股	14,791,253
广东西域投资管理有限公司－西域诚长稳赢壹号私募基金	14,332,266	人民币普通股	14,332,266
重庆振玺投资发展有限公司	10,298,965	人民币普通股	10,298,965
上述股东关联关系或一致行动的说明	公司股东中上海国之杰投资发展有限公司为本公司实际控制人高天国先生控制的企业，其余股东本公司未知是否存在关联关系及一致行动的情况。		

前十名有限售条件股东持股数量及限售条件

√适用 □不适用

单位：股

序号	有限售条件股东名称	持有的有限售条件股份数量	有限售条件股份可上市交易情况		限售条件
			可上市交易时间	新增可上市交易股份数量	
1	上海国之杰投资发展有限公司	712,209,095	2018年7月2日；2021年12月27日	0	定增禁售期
2	上海公信实业有限公司	68,972,188	2019年12月27日	0	定增禁售期
3	瀚博汇鑫(天津)投资有限公司	60,350,665	2019年12月27日	0	定增禁售期
4	日照岚桥港务有限公司	51,729,141	2019年12月27日	0	定增禁售期
5	湘财证券股份有限公司	43,107,617	2019年12月27日	0	定增禁售期
上述股东关联关系或一致行动的说明		公司股东中上海国之杰投资发展有限公司为本公司实际控制人高天国先生控制的企业，其余股东本公司未知是否存在关联关系及一致行动的情况。			

(三)战略投资者或一般法人因配售新股成为前10名股东

√适用 □不适用

战略投资者或一般法人的名称	约定持股起始日期	约定持股终止日期
上海公信实业有限公司	2016年12月27日	2019年12月27日
瀚博汇鑫(天津)投资有限公司	2016年12月27日	2019年12月27日
日照岚桥港务有限公司	2016年12月27日	2019年12月27日
湘财证券股份有限公司	2016年12月27日	2019年12月27日
战略投资者或一般法人参与配售新股约定持股期限的说明	公司分别与上述四家一般法人签订《附条件生效的股份认购合同》中约定："本次非公开发行结束之日起的36个月内不得转让其于本次非公开发行中认购的股票"。	

四、控股股东及实际控制人情况

(一)控股股东情况

1. 法人

√适用 □不适用

名称	上海国之杰投资发展有限公司
单位负责人或法定代表人	高天国
成立日期	1999年5月12日
主要经营业务	房地产开发，物业管理，投资管理；服装生产、设计；百货、五金交电、化工产品(除危险品)、针纺织品、工艺美术品、金属材料、普通机械、电器设备，建筑装潢材料、计算机及配件，通讯器材及设备、冶金炉料、机电产品、汽车零部件、建筑材料销售；室内装潢，经济信息咨询服务。[依法须经批准的项目，经相关部门批准后方可开展经营活动]
报告期内控股和参股的其他境内外上市公司的股权情况	无

续表

其他情况说明	国之杰成立于1999年5月，目前注册资本765,279万元人民币。国之杰的主营业务范围为房地产开发、物业管理，投资管理，并在金融、高科技和新能源等领域逐渐拓展业务。目前国之杰的房地产项目开发建筑面积已超过百万平方米，项目分布在北京、上海、杭州、成都、昆明等大中型城市，涉及写字楼、酒店、商铺、住宅、物业管理等。此外，国之杰于2001年开始介入高科技板块，其下属公司银晨科技开发的人像识别系统具备较为先进的技术水平。

2. 自然人

√适用 □不适用

姓名	高天国
国籍	中国
是否取得其他国家或地区居留权	是
主要职业及职务	上海国之杰投资发展有限公司董事长

3. 公司不存在控股股东情况的特别说明

□适用 √不适用

4. 报告期内控股股东变更情况索引及日期

□适用 √不适用

5. 公司与控股股东之间的产权及控制关系的方框图

√适用 □不适用

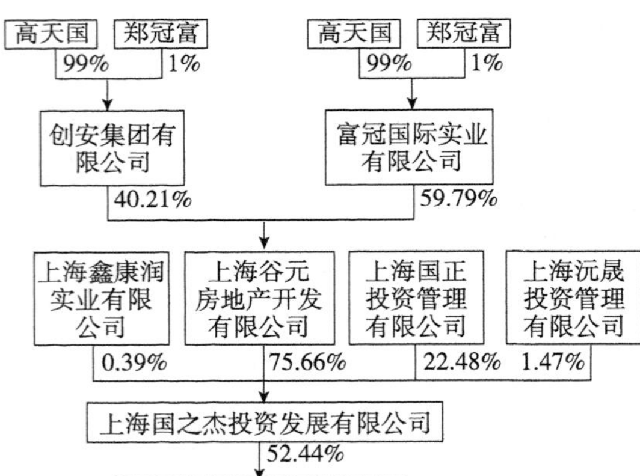

（二）实际控制人情况

1. 法人

□适用 √不适用

2. 自然人

□适用 √不适用

3. 公司不存在实际控制人情况的特别说明

□适用 √不适用

4. 报告期内实际控制人变更情况索引及日期

□适用 √不适用

5. 公司与实际控制人之间的产权及控制关系的方框图

□适用 √不适用

6. 实际控制人通过信托或其他资产管理方式控制公司

□适用 √不适用

（三）控股股东及实际控制人其他情况介绍

□适用 √不适用

五、其他持股在百分之十以上的法人股东

□适用 √不适用

六、股份限制减持情况说明

□适用 √不适用

第七节 优先股相关情况

□适用 √不适用

第八节 董事、监事、高级管理人员和员工情况

一、持股变动情况及报酬情况

（一）现任及报告期内离任董事、监事和高级管理人员持股变动及报酬情况

√适用 □不适用

单位：股

姓名	职务(注)	性别	年龄	任期起始日期	任期终止日期	报告期内从公司获得的税前报酬总额(万元)	是否在公司关联方获取报酬
王少钦	董事长	男	58	2012年11月26日	2015年11月26日	372.50	否
杨晓波	董事、总裁	男	40	2012年11月26日	2015年11月26日	518.57	否
赵宝英	董事、副总裁	女	48	2012年11月26日	2015年11月26日	359.36	否

续表

姓名	职务(注)	性别	年龄	任期起始日期	任期终止日期	报告期内从公司获得的税前报酬总额(万元)	是否在公司关联方获取报酬
邵明安	董事	男	56	2012年11月26日	2015年11月26日	24.00	是
高超	董事	女	36	2012年11月26日	2015年11月26日	246.00	否
朱荣恩	独立董事	男	62	2012年11月26日	2015年11月26日	30.00	否
邵平	独立董事	男	59	2012年11月26日	2015年11月26日	30.00	否
余云辉	独立董事	男	53	2012年11月26日	2015年11月26日	30.00	否
马惠莉	监事长	女	49	2010年1月8日	2015年11月26日	7.20	是
黄晓敏	监事	女	34	2013年5月31日	2015年11月26日	7.20	是
陈兵	职工监事	男	42	2009年7月29日	2015年11月26日	98.99	否
梁清德	副总裁	男	53	2012年11月26日	2015年11月26日	581.20	否
董玉舸	副总裁	男	39	2015年2月9日	2015年11月26日	114.00	否
武国建	董事会秘书	男	46	2007年7月11日	2015年11月26日	220.32	否
朱文	合规总监	女	49	2013年10月25日	2015年11月26日	315.14	否
冯之鑫	风控总监	男	40	2016年7月15日	2015年11月26日	186.03	否
合计	/	/	/	/	/	3,140.51	/

姓名	主要工作经历
王少钦	曾任厦门联合信托投资公司副总经理、总经理,中泰信托投资公司副总裁,安徽国元信托投资公司总裁,中国华闻投资控股公司总经济师兼中泰信托投资公司监事长。现任公司董事长。
杨晓波	曾任本公司财务总监、董事会秘书、风控执行官、信托业务评审委员会召集人。现任公司董事、总裁。
赵宝英	曾任本公司财务管理中心总经理兼资产管理部总经理。现任公司董事、副总裁、固有业务评审委员会主任委员。
邵明安	曾任本公司副总经理、总裁、副董事长。现担任上海国之杰投资发展有限公司董事、副总裁,上海银晨智能识别科技有限公司法定代表人、董事长,银晨网讯科技有限公司法定代表人、董事长。本公司董事。
高超	曾任上海国之杰投资发展有限公司总裁秘书,上海国之杰投资发展有限公司董事。任本公司执行董事。
朱荣恩	现任上海财经大学会计学教授、上海新世纪资信评估投资服务有限公司法定代表人、董事长,华域汽车系统股份有限公司独立董事和上海海立(集团)股份有限公司独立董事。本公司独立董事。
邵平	曾任民生银行总行信贷部副主任、总行信贷业务部副总经理、总经理,上海分行党委书记、行长,总行党委委员、行长助理,总行党委委员、副行长,总行风险管理委员会主席,平安银行股份有限公司董事、行长。本公司独立董事。
余云辉	曾任海通证券有限责任公司投资银行部项目经理、副总经理、基金部副总经理、交易部总经理、战略合作与并购部总经理、德邦证券有限责任公司常务副总裁、总裁。现任厦门大学金融系客座教授,厦门缘谱网络科技有限公司董事、华安财产保险股份有限公司独立董事。本公司独立董事。

续表

马惠莉	曾任上海谷元房地产开发有限公司副总经理。现任上海国之杰投资发展有限公司副总裁，上海谷元房地产开发有限公司董事，上海凯盟投资发展有限公司监事，上海三至酒店投资管理有限公司法定代表人、董事长，上海国业贸易有限公司法定代表人、执行董事。本公司监事长。
黄晓敏	曾任上海东洲久信会计师事务所项目经理、上海国之杰投资发展有限公司集团内审。现任上海国之杰投资发展有限公司资金财务部副总经理。本公司监事。
陈兵	曾任上海爱建信托投资有限责任公司财务主管。现任本公司计划财务部副总经理、职工监事。
梁清德	历任本公司信贷部工作人员、信贷部副经理、鞍山玉佛苑（鞍山信托全资子公司）总经理、党委办公室主任、董事会秘书、资产管理总部总经理、信托业务中心总监。现任公司副总裁。
董玉舸	曾就职于海通证券深圳分公司，武汉证券有限责任公司投行中心并购业务总部总经理助理，联华信托房地产部副总经理、公司市场总监助理，北京信托机构业务总部高级经理。现任公司副总裁。
武国建	曾任职于本公司证券管理总部、天津证券营业部、研发中心、投资银行部、董事会办公室，曾担任本公司证券事务代表，本公司第五届、第六届董事、董事会秘书。现任本公司董事会秘书
朱文	历任上海轮胎橡胶集团股份有限公司财务处会计师，大华会计师事务所审计部项目负责人，中国注册会计师，安永大华会计师事务所审计部经理，中国注册会计师，本公司风险管理部总经理。现任本公司合规总监。
冯之鑫	曾就职于哈尔滨海斯集团财务总监、哈尔滨建兴会计师事务所部门总经理、BDO利安达信隆会计师事务所项目经理、上海浩普投资管理有限公司项目经理和安信信托股份有限公司风险管理部总经理。现任本公司风控总监。

其它情况说明

√适用 □不适用

1. 公司七届董事会和监事会成员的任期已于2015年11月26日届满，鉴于公司第八届董事会和监事会候选人的提名工作尚未全部完成，为保证公司董事会、监事会工作的连续性，公司董事会和监事会换届选举工作将延期举行，公司董事会各专门委员会和高级管理人员的任期也相应顺延。

（二）董事、高级管理人员报告期内被授予的股权激励情况

□适用 √不适用

二、现任及报告期内离任董事、监事和高级管理人员的任职情况

（一）在股东单位任职情况

√适用 □不适用

任职人员姓名	股东单位名称	在股东单位担任的职务	任期起始日期	任期终止日期
邵明安	上海国之杰投资发展有限公司	董事、副总裁	1999年1月	至今
邵明安	上海银晨智能识别科技有限公司	法定代表人、董事长	2010年5月	至今
邵明安	银晨网讯科技有限公司	法定代表人、董事长		至今
高超	上海国之杰投资发展有限公司	董事		至今
马惠莉	上海国之杰投资发展有限公司	副总裁	2001年3月3日	至今
马惠莉	上海谷元房地产开发有限公司	董事		至今
马惠莉	上海凯盟投资发展有限公司	监事		至今
马惠莉	上海三至酒店投资管理有限公司	法定代表人、董事长		至今
马惠莉	上海国业贸易有限公司	法定代表人、执行董事		至今
黄晓敏	上海国之杰投资发展有限公司	资金财务部副总经理	2008年8月	至今
在股东单位任职情况的说明	无			

（二）在其他单位任职情况

√适用 □不适用

任职人员姓名	其他单位名称	在其他单位担任的职务	任期起始日期	任期终止日期
朱荣恩	上海财经大学会计学	教授	1996年7月	至今
朱荣恩	上海新世纪资信评估投资服务有限公司	法定代表人、董事长	1992年7月	至今
朱荣恩	华域汽车系统股份有限公司	独立董事	2012年5月25日	2015年5月24日
朱荣恩	上海海立（集团）股份有限公司	独立董事	2014年6月19日	至今
邵平	平安银行股份有限公司	董事	2014年1月	2016年10月21日
邵平	平安银行股份有限公司	行长	2012年11月	2016年10月21日
余云辉	厦门大学金融系	客座教授		至今
余云辉	厦门缘谱网络科技有限公司	董事		至今
余云辉	华安财产保险股份有限公司	独立董事		至今
在其他单位任职情况的说明	无			

三、董事、监事、高级管理人员报酬情况

√适用 □不适用

董事、监事、高级管理人员报酬的决策程序	报告期内现任董事、监事、高级管理人员按照公司第七届董事会一次会议和2012年度股东大会审议通过的薪酬标准执行：执行董事、监事享受每月6000元标准的津贴；除股东大会另有规定外，本公司在册的公司董事、监事统一执行本公司岗位工资及相应绩效薪酬标准。按照公司经董事会审议通过的薪酬及绩效考核等相关制度执行，同岗同酬，结合公司效益同增同减。不在本公司任职的非执行董事与独立董事薪酬标准相同。
董事、监事、高级管理人员报酬确定依据	董事、监事、高级管理人员报酬确定的主要依据是在公司担任职务情况、公司行业性质、本人贡献大小、所在地平均收入及消费水平等因素。
报告期末全体董事、监事和高级管理人员实际获得	公司根据绩效考核管理办法综合考虑全年因素对高级管理人员的履职情况进行考评，并根据董事会的报酬合计薪酬与考核委员会关于年度考评决议执行，2016年度实际报酬合计3140.51万元。

四、公司董事、监事、高级管理人员变动情况

√适用 □不适用

姓名	担任的职务	变动情形	变动原因
冯之鑫	风控总监	聘任	公司七届董事会第三十九次会议聘任冯之鑫先生为公司风控总监。

五、近三年受证券监管机构处罚的情况说明

□适用 √不适用

六、母公司和主要子公司的员工情况

（一）员工情况

母公司在职员工的数量	210
主要子公司在职员工的数量	0
在职员工的数量合计	210

续表

母公司及主要子公司需承担费用的离退休职工人数	18
专业构成	
专业构成类别	专业构成人数
财务人员	14
行政人员	32
高级管理人员	8
前台人员（业务部门、财富管理中心、投行等）	119
中台人员（风控、合规、信息科技、资产保全、投资监管、资金运营等）	35
顾问团	2
合计	210
教育程度	
教育程度类别	数量（人）
本科以下	22
本科	105
硕士研究生	82
博士研究生	1
合计	210

（二）薪酬政策

√适用 □不适用

2016年度继续强化、梳理和落实以岗位价值、能力素质、绩效贡献为核心，以外部市场为参照的薪酬管理理念和各项管理措施。为了配合公司业务转型及其发展的需要，配合公司管理层、结合市场信息对绩效激励措施进行了进一步细化和优化，并对过往绩效考评流程及其政策再一次进行梳理和规范，提出更加合理的建议，同时也不断增强与业务部门的相关沟通，使绩效管理向合理化、专业化、科学化的水平又迈进了重要一步。

（三）培训计划

√适用 □不适用

2016年度，根据公司的战略和团队现状，进一步搭建培训架构，在去年初步尝试的基础上已逐步形成了内、外训配合的多维度培训体系。报告期内及时完成各项培训计划，开展培训共计87场次，时长287.5小时，覆盖771人次。本年度的外训有所增加，并从三个维度进行：团队管理、绩效管理、自我提升，覆盖面包含部门总、高级经理及经理级、财富中心和非财人员，共计13场，199小时，覆盖人数194人。内训从5个维度进行：风控及合规培训、政策解读、制度培训、经验分享、入职起航培训等，并举办周五学习日活动，内训对象为全员，共计74场，88.5个小时，覆盖人数577人。同时，积极配合行业协会的在线培训建设工作，逐步试点在线行业培训，以提升行业培训效率和缩减企业培训成本。

（四）劳务外包情况

√适用 □不适用

劳务外包的工时总数	130000小时
劳务外包支付的报酬总额	638万元

七、其他

□适用 √不适用

第九节 公司治理

一、公司治理相关情况说明

√适用 □不适用

2016年中国经济增速依然放缓，呈现缓中趋稳，结构持续优化，但全球经济金融形势依然严峻，主要发达国家经济复苏缓慢，年中英国脱欧事件引发市场的恐慌，减缓了全球经济复苏的步伐，信托业依然面临着较为复杂的国内外经济金融环境。公司董事会、监事会及各专门委员会认真贯彻落实各项监管政策，勤勉尽职，科学决策，规范有效运作，圆满完成了对经营管理中重要事项的研讨和审议，保障公司合规经营和持续稳健的发展。

公司按照《公司法》、《证券法》和《上市公司治理准则》等规定设立了股东大会、董事会、监事会，建立了以《公司章程》、《股东大会规则》、《董事会议事规则》、《监事会议事规则》为基础，以董事长、总经理、独立董事、董事会秘书、专业委员会工作细则等为具体规范的一套较为完善的治理制度，明确了股东大会、董事会、监事会和经理层在决策、执行、监督等方面的职责权限、程序以及应履行的义务，形成了权力机构、决策机构、经营机构和监督机构科学分工，各司其职，有效制衡的治理结构。公司的经营管理实行董事会授权下的总裁负责制。

年内，公司共召开股东大会3次，董事会13次和监事会5次，其中股东大会共审议通过18项议案；董事会共审议通过46项议案；监事会共审议通过17项议案。

董事会对股东大会负责，其成员由股东大会选举产生，按照《公司章程》、《董事会议事规则》等的规定履行职责，在规定范围内行使经营决策权，并负责内部控制的建立健全和有效实施。公司董事会目前共有8名成员，其中董事长1名，独立董事3名。董事会发挥科学决策和战略管理作用，提升公司治理水平的同时不断强化风险和资本管理，在围绕业绩和利润分配、战略目标的制定及落实、高管选任、风险与资本管理、薪酬与绩效考核、财务独立和内控稽核、组织架构有效调整、重大对外投资及捐赠、关联交易等各类重要事项进行了深入研究和讨论，保障了公司依法合规经营和健康发展。董事会下设战略委员会、风险控制与审计委员会、提名委员会、薪酬与考核委员会、关联交易委员会、信托委员会共六个专业委员会，除战略委员会、提名委员会外，各专业委员会召集人全部由独立董事担任。公司的各项治理制度和安排为独立董事、各专业委员会发挥作用提供了充分的保障。董事会各专门委员会勤勉尽职，充分发挥专业所长，提高了公司董事会运作效率和决策水平，促进公司各项业务稳中有序的发展。

监事会由3名监事组成，设监事长1人，职工监事1人。监事会按照《公司章程》、《监事会议事规则》等规定监督公司董事、经理和其他高级管理人员按规定履行职责。监事长除负责监事会的日常工作外，还全程参与了公司的董事会，及时全面地掌握公司的经营状况，实时对董事会和经营管理层进行监督。

报告期内，公司严格按照《上海证券交易所股票上市规则（2014年修订）》和公司《内幕信息及知情人管理制度》执行定期报告和重大事项的内幕知情人申报工作。

公司治理与中国证监会相关规定的要求是否存在重大差异；如有重大差异，应当说明原因

□适用 √不适用

二、股东大会情况简介

会议届次	召开日期	决议刊登的指定网站的查询索引	决议刊登的披露日期
2015年度股东大会	2016年3月29日	上海证券交易所网站：www.sse.com.cn，编号：临2016－014	2016年3月30日
2016年第一次临时股东大会	2016年5月16日	上海证券交易所网站：www.sse.com.cn，编号：临2016－024	2016年5月17日
2016年第二次临时股东大会	2016年11月16日	上海证券交易所网站：www.sse.com.cn，编号：临2016－043	2016年11月17日

股东大会情况说明

√适用 □不适用

2016年，公司召开的年度股东大会和临时股东大会审议的所有议案均获高票通过。

三、董事履行职责情况

（一）董事参加董事会和股东大会的情况

董事姓名	是否独立董事	参加董事会情况						参加股东大会情况
		本年应参加董事会次数	亲自出席次数	以通讯方式参加次数	委托出席次数	缺席次数	是否连续两次未亲自参加会议	出席股东大会的次数
王少钦	否	13	13	0	0	0	否	3
杨晓波	否	13	13	0	0	0	否	0
赵宝英	否	13	13	0	0	0	否	1
邵明安	否	13	13	0	0	0	否	0
高超	否	13	6	0	7	0	否	0
朱荣恩	是	13	13	0	0	0	否	0
邵平	是	13	13	0	0	0	否	0
余云辉	是	13	13	0	0	0	否	0

连续两次未亲自出席董事会会议的说明

□适用 √不适用

年内召开董事会会议次数	13
其中：现场会议次数	10
通讯方式召开会议次数	0
现场结合通讯方式召开会议次数	3

（二）独立董事对公司有关事项提出异议的情况

□适用 √不适用

报告期内，公司独立董事对公司有关事项并无异议。

（三）其他

□适用 √不适用

四、董事会下设专门委员会在报告期内履行职责时所提出的重要意见和建议，存在异议事项的，应当披露具体情况

√适用 □不适用

报告期内，公司董事会风险控制与审计委员会在年审注册会计师进场前审阅了公司编制的财务会计报表，认为财务会计报表能够反映公司的财务状况和经营成果。年审注册会计师进场后，审计委员会与会计师事务所协商确定了公司本年度财务报告审计工作的时间安排，并保持与年审注册会计师的沟通，督促其在约定时限内提交审计报告。在年审注册会计师出具初步审计意见后，风险控制与审计委员会再一次审阅了公司财务会计报表，认为：公司财务报表真实、准确、完整地反映了公司的整体情况。公司聘请的立信会计师事务所（特殊普通合伙）在为公司提供2016年度审计服务工作中，能够遵守职业道德规范、恪尽职守，按照中国注册会计师审计准则执行审计工作的相关要求，相关审计意见客观和公正，公司财务报表真实、准确、完整地反映了公司的整体情况，较好地完成了公司委托的审计工作。公司能够按照国家有关会计制度、准则和公司相关会计政策编制2016年财务报告；公司编制的财务会计报告基本反映了公司2016年12月31日的财务状况以及2016年度的经营成果；同意将公司编制的2016年财务报告提交负责公司年报审计的会计师事务所审计。

2016年，公司董事会关联交易委员会召开1次会议，审议通过终止与控股股东共同投资成立基金管理公司关联交易在内的议案。关联交易委员会认为公司2016年内终止关联交易符合有关法律法规和本公司章程的规定，公司与控股股东双方协商一致，未损害公司及其他股东，特别是中小股东和非关联股东的利益。公司关联董事邵明安先生和高超女士在审议上述议案时进行了回避表决，符合有关法规的规定。

五、监事会发现公司存在风险的说明

□适用 √不适用

六、公司就其与控股股东在业务、人员、资产、机构、财务等方面存在的不能保证独立性、不能保持自主经营能力的情况说明

□适用 √不适用

存在同业竞争的，公司相应的解决措施、工作进度及后续工作计划

□适用 √不适用

七、报告期内对高级管理人员的考评机制，以及激励机制的建立、实施情况

√适用 □不适用

2016年度公司管理层勤勉尽职，取得了优异的成绩，净利润与上年相比增幅达76.17%，公司治理水平稳步提升，实现了固有业务与信托业务的安全、有效运行，完善了公司治理。未发现上述人员在履行职责时有违反法律、法规、公司章程、恢复与处置计划及损害公司及股东利益的行为，综合考虑各项因素，同意执行《安信信托股份有限公司绩效考核管理办法》和《安信信托股份有限公司恢复与处置计划》相关规定。

八、是否披露内部控制自我评价报告

√适用 □不适用

详见2017年1月25日披露的《安信信托股份有限公司内部控制自我评价报告》。

报告期内部控制存在重大缺陷情况的说明

□适用 √不适用

九、内部控制审计报告的相关情况说明

√适用 □不适用

详见2017年1月25日披露的《安信信托股份有限公司内部控制审计报告》。

是否披露内部控制审计报告：是

十、其他

□适用 √不适用

第十节 公司债券相关情况

□适用 √不适用

第十一节 财务报告

审计报告

√适用 □不适用

审计报告

信会师报字[2017]第ZA10052号

安信信托股份有限公司全体股东：

我们审计了后附的安信信托股份有限公司（以下简称贵公司）财务报表，包括2016年12月31日的合并及公司资产负债表、2016年度的合并及公司利润表、合并及公司现金流量表、合并及公司所有者权益变动表以及财务报表附注。

一、管理层对财务报表的责任

编制和公允列报财务报表是贵公司管理层的责任。这种责任包括：(1)按照企业会计准则的规定编制财务报表，并使其实现公允反映；(2)设计、执行和维护必要的内部控制，以使财务报表不存在由于舞弊或错误导致的重大错报。

二、注册会计师的责任

我们的责任是在执行审计工作的基础上对财务报表发表审计意见。我们按照中国注册会计师审计准则的规定执行了审计工作。中国注册会计师审计准则要求我们遵守中国注册会计师职业道德守则，计划和执行审计工作以对财务报表是否不存在重大错报获取合理保证。

审计工作涉及实施审计程序，以获取有关财务报表金额和披露的审计证据。选择的审计程序取决于注册会计师的判断，包括对由于舞弊或错误导致的财务报表重大错报风险的评估。在进行风险评估时，注册会计师考虑与财务报表编制和公允列报相关的内部控制，以设计恰当的审计程序。审计工作还包括评价管理层选用会计政策的恰当性和作出会计估计的合理性，以及评价财务报表的总体列报。

我们相信,我们获取的审计证据是充分、适当的,为发表审计意见提供了基础。

三、审计意见

我们认为,贵公司财务报表在所有重大方面按照企业会计准则的规定编制,公允反映了贵公司2016年12月31日的合并及公司财务状况以及2016年度的合并及公司经营成果和现金流量。

立信会计师事务所(特殊普通合伙)

中国注册会计师:肖菲

中国注册会计师:徐萍

中国·上海　　二〇一七年一月二十四日

财务报表

合并资产负债表

2016年12月31日

编制单位:安信信托股份有限公司　　单位:元　币种:人民币

项目	附注五	期末余额	期初余额
资产:			
现金及存放中央银行款项	(一)	21,552.35	11,716.91
存放同业款项	(二)	3,445,451,410.65	1,348,065,467.89
贵金属			
拆出资金			
以公允价值计量且其变动计入当期损益的金融资产	(四)	5,683,470,402.50	3,123,218,369.69
衍生金融资产			
买入返售金融资产	(六)	75,000,750.00	
应收利息	(七)	15,467,696.36	4,975,811.11
发放贷款和垫款	(八)	3,894,031,016.20	2,543,120,000.00
可供出售金融资产	(十)	4,650,870,809.68	1,606,601,947.27
持有至到期投资			
应收款项类投资			
划分为持有待售的资产			
长期股权投资	(十三)	870,779,159.85	
投资性房地产			
固定资产	(十五)	7,291,358.51	8,637,787.77
在建工程	(十六)	822,304.47	100,000.00
无形资产	(十七)	4,648,979.81	6,052,742.66
长期待摊费用	(十九)	12,295,946.84	13,818,112.51
商誉			
递延所得税资产			
其他资产	(二十)	465,543,675.02	504,349,274.10
资产总计		19,125,695,062.24	9,158,951,229.91
负债:			
向中央银行借款			
同业及其他金融机构存放款项			
拆入资金			

续表

项目	附注五	期末余额	期初余额
以公允价值计量且其变动计入当期损益的金融负债	(二十五)	1,124,526,394.10	
衍生金融负债			
卖出回购金融资产款			
吸收存款			
应付职工薪酬	(二十八)	547,021,733.12	382,418,583.13
应交税费	(三十)	968,328,474.55	748,903,232.29
应付利息			
划分为持有待售的负债			
应付债券			
其中:优先股			
永续债			
长期应付职工薪酬			
预计负债	(三十二)	440,640,524.78	128,006,400.39
递延所得税负债	(三十三)	118,391,547.13	46,173,243.50
其他负债	(三十五)	2,208,619,815.28	1,544,530,473.71
负债合计		5,407,528,488.96	2,850,031,933.02
所有者权益(或股东权益):			
实收资本(或股本)	(三十六)	2,071,643,151.00	1,769,889,828.00
其他权益工具			
其中:优先股			
永续债			
资本公积	(三十九)	6,498,352,958.83	1,827,099,329.00
减:库存股			
其他综合收益	(四十)	24,650,776.11	2,896,460.45
盈余公积	(四十一)	618,055,292.24	314,660,547.47
一般风险准备	(四十二)	470,664,389.78	241,683,939.44
未分配利润	(四十三)	4,034,800,005.32	2,152,689,192.53
外币报表折算差额			
归属于母公司所有者权益合计		13,718,166,573.28	6,308,919,296.89
少数股东权益			
股东权益合计		13,718,166,573.28	6,308,919,296.89
负债和股东权益总计		19,125,695,062.24	9,158,951,229.91

法定代表人:王少钦　　主管会计工作负责人:赵宝英　　会计机构负责人:赵宝英

母公司资产负债表

2016 年 12 月 31 日

编制单位:安信信托股份有限公司 单位:元 币种:人民币

项目	附注十六	期末余额	期初余额
资产:			
现金及存放中央银行款项		21,552.35	11,716.91
存放同业款项		3,440,804,995.32	1,348,065,467.89
贵金属			
拆出资金			
以公允价值计量且其变动计入当期损益的金融资产		4,557,756,451.42	3,123,218,369.69
衍生金融资产			
买入返售金融资产		75,000,750.00	
应收利息		15,466,666.66	4,975,811.11
发放贷款和垫款		2,152,031,016.20	2,543,120,000.00
可供出售金融资产		6,250,870,809.68	1,606,601,947.27
持有至到期投资			
应收款项类投资			
划分为持有待售的资产			
长期股权投资	(一)	870,779,159.85	
投资性房地产			
固定资产		7,291,358.51	8,637,787.77
在建工程		822,304.47	100,000.00
无形资产		4,648,979.81	6,052,742.66
长期待摊费用		12,295,946.84	13,818,112.51
商誉			
递延所得税资产			
其他资产		465,543,675.02	504,349,274.10
资产总计		17,853,333,666.13	9,158,951,229.91
负债:			
向中央银行借款			
同业及其他金融机构存放款项			
拆入资金			
以公允价值计量且其变动计入当期损益的金融负债			
衍生金融负债			
卖出回购金融资产款			
吸收存款			
应付职工薪酬		547,021,733.12	382,418,583.13

续表

项目	附注十六	期末余额	期初余额
应交税费		968,328,474.55	748,903,232.29
应付利息			
划分为持有待售的负债			
应付债券			
其中:优先股			
永续债			
长期应付职工薪酬			
预计负债		440,640,524.78	128,006,400.39
递延所得税负债		118,391,547.13	46,173,243.50
其他负债		2,060,784,813.27	1,544,530,473.71
负债合计		4,135,167,092.85	2,850,031,933.02
所有者权益(或股东权益):			
实收资本(或股本)		2,071,643,151.00	1,769,889,828.00
其他权益工具			
其中:优先股			
永续债			
资本公积		6,498,352,958.83	1,827,099,329.00
减:库存股			
其他综合收益		24,650,776.11	2,896,460.45
盈余公积		618,055,292.24	314,660,547.47
一般风险准备		470,664,389.78	241,683,939.44
未分配利润		4,034,800,005.32	2,152,689,192.53
所有者权益(或股东权益)合计		13,718,166,573.28	6,308,919,296.89
负债和所有者权益(或股东权益)总计		17,853,333,666.13	9,158,951,229.91

法定代表人:王少钦　　主管会计工作负责人:赵宝英　　会计机构负责人:赵宝英

合并利润表

2016年1—12月

单位:元　币种:人民币

项目	附注五	本期发生额	上期发生额
一、营业收入		5,245,959,043.75	2,954,767,340.15
利息净收入	(四十四)	177,676,532.03	265,998,456.32
利息收入	(四十四)	326,509,529.46	265,999,234.10
利息支出	(四十四)	148,832,997.43	777.78
手续费及佣金净收入	(四十五)	4,516,142,027.80	2,317,751,653.01
手续费及佣金收入	(四十五)	4,524,108,944.15	2,331,343,662.15
手续费及佣金支出	(四十五)	7,966,916.35	13,592,009.14

续表

项目	附注五	本期发生额	上期发生额
投资收益(损失以"-"号填列)	(四十六)	279,774,308.92	190,473,068.77
其中:对联营企业和合营企业的投资收益		25,577,955.68	
公允价值变动收益(损失以"-"号填列)	(四十七)	272,366,175.00	180,544,162.05
汇兑收益(损失以"-"号填列)			
其他业务收入			
二、营业支出		1,223,363,532.48	649,132,301.27
税金及附加	(四十八)	97,410,072.19	156,995,765.51
业务及管理费	(四十九)	1,126,051,947.26	489,664,525.05
资产减值损失	(五十)	-98,486.97	2,472,010.71
其他业务成本			
三、营业利润(亏损以"-"号填列)		4,022,595,511.27	2,305,635,038.88
加:营业外收入	(五十一)	142,528,614.78	56,296,063.49
其中:非流动资产处置利得			
减:营业外支出	(五十二)	11,902,835.59	495,431.95
其中:非流动资产处置损失		22,835.59	99,251.48
四、利润总额(亏损总额以"-"号填列)		4,153,221,290.46	2,361,435,670.42
减:所得税费用	(五十三)	1,119,273,842.76	639,287,203.61
五、净利润(净亏损以"-"号填列)		3,033,947,447.70	1,722,148,466.81
归属于母公司所有者的净利润		3,033,947,447.70	1,722,148,466.81
少数股东损益			
六、每股收益:			
(一)基本每股收益		1.7142	1.0482
(二)稀释每股收益		1.7142	1.0482
七、其他综合收益税后净额		21,754,315.66	-4,270,579.49
归属母公司所有者的其他综合收益的税后净额		21,754,315.66	-4,270,579.49
(一)以后不能重分类进损益的其他综合收益			
1.重新计量设定受益计划净负债净资产的变动			
2.权益法下在被投资单位不能重分类进损益的其他综合收益中享有的份额			
(二)以后将重分类进损益的其他综合收益		21,754,315.66	-4,270,579.49
1.权益法下在被投资单位以后将重分类进损益的其他综合收益中享有的份额			
2.可供出售金融资产公允价值变动损益		21,754,315.66	-4,270,579.49
3.持有至到期投资重分类为可供出售金融资产损益			
4.现金流量套期损益的有效部分			

续表

项目	附注五	本期发生额	上期发生额
5.外币财务报表折算差额			
6.其他			
八、综合收益总额		3,055,701,763.36	1,717,877,887.32
归属于母公司所有者的综合收益总额		3,055,701,763.36	1,717,877,887.32
归属于少数股东的综合收益总额			

法定代表人:王少钦　主管会计工作负责人:赵宝英　会计机构负责人:赵宝英

母公司利润表

2016年1—12月

单位:元　币种:人民币

项目	附注十六	本期发生额	上期发生额
一、营业收入		5,242,665,895.94	2,954,767,340.15
利息净收入	(二)	186,882,098.90	265,998,456.32
利息收入	(二)	326,509,529.46	265,999,234.10
利息支出	(二)	139,627,430.56	777.78
手续费及佣金净收入	(三)	4,516,142,027.80	2,317,751,653.01
手续费及佣金收入	(三)	4,524,108,944.15	2,331,343,662.15
手续费及佣金支出	(三)	7,966,916.35	13,592,009.14
投资收益(损失以"-"号填列)	(四)	279,774,308.92	190,473,068.77
其中:对联营企业和合营企业的投资收益		25,577,955.68	
公允价值变动收益(损失以"-"号填列)		259,867,460.32	180,544,162.05
汇兑收益(损失以"-"号填列)			
其他业务收入			
二、营业支出		1,220,070,384.67	649,132,301.27
税金及附加		97,410,072.19	156,995,765.51
业务及管理费		1,122,758,799.45	489,664,525.05
资产减值损失		-98,486.97	2,472,010.71
其他业务成本			
三、营业利润(亏损以"-"号填列)		4,022,595,511.27	2,305,635,038.88
加:营业外收入		142,528,614.78	56,296,063.49
其中:非流动资产处置利得			
减:营业外支出		11,902,835.59	495,431.95
其中:非流动资产处置损失		22,835.59	99,251.48
四、利润总额(亏损总额以"-"号填列)		4,153,221,290.46	2,361,435,670.42
减:所得税费用		1,119,273,842.76	639,287,203.61
五、净利润(净亏损以"-"号填列)		3,033,947,447.70	1,722,148,466.81
六、每股收益:			

续表

项目	附注十六	本期发生额	上期发生额
（一）基本每股收益			
（二）稀释每股收益			
七、其他综合收益的税后净额		21,754,315.66	-4,270,579.49
（一）以后不能重分类进损益的其他综合收益			
1. 重新计量设定受益计划净负债净资产的变动			
2. 权益法下在被投资单位不能重分类进损益的其他综合收益中享有的份额			
（二）以后将重分类进损益的其他综合收益		21,754,315.66	-4,270,579.49
1. 权益法下在被投资单位以后将重分类进损益的其他综合收益中享有的份额			
2. 可供出售金融资产公允价值变动损益		21,754,315.66	-4,270,579.49
3. 持有至到期投资重分类为可供出售金融资产损益			
4. 现金流量套期损益的有效部分			
5. 外币财务报表折算差额			
6. 其他			
八、综合收益总额		3,055,701,763.36	1,717,877,887.32

法定代表人：王少钦　　　　主管会计工作负责人：赵宝英　　　　会计机构负责人：赵宝英

合并现金流量表

2016年1—12月

编制单位：安信信托股份有限公司　　　　单位：元　币种：人民币

项目	附注五	本期发生额	上期发生额
一、经营活动产生的现金流量：			
销售商品、提供劳务收到的现金			
客户存款和同业存放款项净增加额			
向中央银行借款净增加额			
向其他金融机构拆入资金净增加额			
收到原保险合同保费取得的现金			
收到再保险业务现金净额			
保户储金及投资款净增加额			
以公允价值计量且其变动计入当期损益的金融负债净增加额			
以公允价值计量且其变动计入当期损益的金融资产净减少额			
收取利息、手续费及佣金的现金		5,221,788,863.31	2,283,326,879.29
拆入资金净增加额			
回购业务资金净增加额			

续表

项目	附注五	本期发生额	上期发生额
收到的税费返还			
收到其他与经营活动有关的现金	(五十五)	675,321,557.29	1,267,524,538.37
经营活动现金流入小计		5,897,110,420.60	3,550,851,417.66
购买商品、接受劳务支付的现金			
客户贷款及垫款净增加额		800,943,425.00	788,120,000.00
存放中央银行和同业款项净增加额			
支付原保险合同赔付款项的现金			
支付利息、手续费及佣金的现金		152,502,537.61	9,017,444.45
支付保单红利的现金			
支付给职工以及为职工支付的现金		291,673,735.92	180,339,366.10
支付的各项税费		1,163,114,682.04	443,458,398.52
支付其他与经营活动有关的现金	(五十五)	495,082,131.07	323,438,019.74
经营活动现金流出小计		2,903,316,511.64	1,744,373,228.81
经营活动产生的现金流量净额		2,993,793,908.96	1,806,478,188.85
二、投资活动产生的现金流量:			
收回投资收到的现金		14,593,359,102.05	11,297,096,850.37
取得投资收益收到的现金		321,832,139.25	138,136,403.31
处置固定资产、无形资产和其他长期资产收回的现金净额			
处置子公司及其他营业单位收到的现金净额			
收到其他与投资活动有关的现金			
投资活动现金流入小计		14,915,191,241.30	11,435,233,253.68
购建固定资产、无形资产和其他长期资产支付的现金		6,434,443.02	11,264,327.24
投资支付的现金		21,402,487,884.79	15,100,881,366.08
质押贷款净增加额			
取得子公司及其他营业单位支付的现金净额			
支付其他与投资活动有关的现金			
投资活动现金流出小计		21,408,922,327.81	15,112,145,693.32
投资活动产生的现金流量净额		-6,493,731,086.51	-3,676,912,439.64
三、筹资活动产生的现金流量:			
吸收投资收到的现金		5,025,999,962.42	3,107,307,681.90
其中:子公司吸收少数股东投资收到的现金			
取得借款收到的现金		1,200,000,000.00	
发行债券收到的现金			

续表

项目	附注五	本期发生额	上期发生额
收到其他与筹资活动有关的现金			
筹资活动现金流入小计		6,225,999,962.42	3,107,307,681.90
偿还债务支付的现金			
分配股利、利润或偿付利息支付的现金		628,667,006.67	317,876,844.60
其中:子公司支付给少数股东的股利、利润			
支付其他与筹资活动有关的现金			
筹资活动现金流出小计		628,667,006.67	317,876,844.60
筹资活动产生的现金流量净额		5,597,332,955.75	2,789,430,837.30
四、汇率变动对现金及现金等价物的影响			
五、现金及现金等价物净增加额		2,097,395,778.20	918,996,586.51
加:期初现金及现金等价物余额		1,296,446,337.69	377,449,751.18
六、期末现金及现金等价物余额		3,393,842,115.89	1,296,446,337.69

法定代表人:王少钦　　主管会计工作负责人:赵宝英　　会计机构负责人:赵宝英

母公司现金流量表

2016年1—12月

编制单位:安信信托股份有限公司　　单位:元　币种:人民币

项目	附注十六	本期发生额	上期发生额
一、经营活动产生的现金流量:			
客户存款和同业存放款项净增加额			
向中央银行借款净增加额			
向其他金融机构拆入资金净增加额			
收取利息、手续费及佣金的现金			
收取利息的现金		326,623,002.09	261,023,422.99
收取手续费及佣金的现金		4,893,087,503.66	2,022,303,456.30
收到其他与经营活动有关的现金		675,321,557.29	1,267,524,538.37
经营活动现金流入小计		5,895,032,063.04	3,550,851,417.66
客户贷款及垫款净增加额		-941,056,575.00	788,120,000.00
存放中央银行和同业款项净增加额			
支付利息的现金		139,627,430.56	777.78
支付手续费及佣金的现金		14,132,192.78	9,016,666.67
支付给职工以及为职工支付的现金		291,673,735.92	180,339,366.10
支付的各项税费		1,163,114,682.04	443,458,398.52
支付其他与经营活动有关的现金		494,287,512.28	323,438,019.74
经营活动现金流出小计		1,161,778,978.58	1,744,373,228.81
经营活动产生的现金流量净额		4,733,253,084.46	1,806,478,188.85

续表

项目	附注十六	本期发生额	上期发生额
二、投资活动产生的现金流量:			
收回投资收到的现金		14,593,359,102.05	11,297,096,850.37
取得投资收益收到的现金		321,832,088.24	138,136,403.31
收到其他与投资活动有关的现金			
投资活动现金流入小计		14,915,191,190.29	11,435,233,253.68
投资支付的现金		21,905,798,988.42	15,100,881,366.08
购建固定资产、无形资产和其他长期资产支付的现金		6,434,446.08	11,264,327.24
支付其他与投资活动有关的现金			
投资活动现金流出小计		21,912,233,434.50	15,112,145,693.32
投资活动产生的现金流量净额		-6,997,042,244.21	-3,676,912,439.64
三、筹资活动产生的现金流量:			
吸收投资收到的现金		4,975,999,962.42	3,107,307,681.90
发行债券收到的现金			
收到其他与筹资活动有关的现金			
筹资活动现金流入小计		4,975,999,962.42	3,107,307,681.90
偿还债务支付的现金			
分配股利、利润或偿付利息支付的现金		619,461,439.80	317,876,844.60
支付其他与筹资活动有关的现金			
筹资活动现金流出小计		619,461,439.80	317,876,844.60
筹资活动产生的现金流量净额		4,356,538,522.62	2,789,430,837.30
四、汇率变动对现金及现金等价物的影响			
五、现金及现金等价物净增加额		2,092,749,362.87	918,996,586.51
加:期初现金及现金等价物余额		1,296,446,337.69	377,449,751.18
六、期末现金及现金等价物余额		3,389,195,700.56	1,296,446,337.69

法定代表人:王少钦　　主管会计工作负责人:赵宝英　　会计机构负责人:赵宝英

合并所有者权益变动表

2016 年 1—12 月

单位：元　币种：人民币

项目	本期												
	归属于母公司所有者权益											少数股东权益	所有者权益合计
	股本	其他权益工具			资本公积	减：库存股	其他综合收益	专项储备	盈余公积	一般风险准备	未分配利润		
		优先股	永续债	其他									
一、上年期末余额	1,769,889,828.00				1,827,099,329.00		2,896,460.45		314,660,547.47	241,683,939.44	2,152,689,192.53		6,308,919,296.89
加：会计政策变更													
前期差错更正													
同一控制下企业合并													
其他													
二、本年期初余额	1,769,889,828.00				1,827,099,329.00		2,896,460.45		314,660,547.47	241,683,939.44	2,152,689,192.53		6,308,919,296.89
三、本期增减变动金额（减少以“-”号填列）	301,753,323.00				4,671,253,629.83		21,754,315.66		303,394,744.77	228,980,450.34	1,882,110,812.79		7,409,247,276.39
（一）综合收益总额							21,754,315.66				3,033,947,447.70		3,055,701,763.36
（二）所有者投入和减少资本	301,753,323.00				4,671,253,629.83								4,973,006,952.83
1. 股东投入的普通股	301,753,323.00				4,671,253,629.83								4,973,006,952.83
2. 其他权益工具持有者投入资本													
3. 股份支付计入所有者权益的金额													
4. 其他													
（三）利润分配									303,394,744.77	228,980,450.34	-1,151,836,634.91		-619,461,439.80
1. 提取盈余公积									303,394,744.77		-303,394,744.77		
2. 提取一般风险准备										228,980,450.34	-228,980,450.34		

续表

项目	本期												
	归属于母公司所有者权益											少数股东权益	所有者权益合计
	股本	其他权益工具			资本公积	减:库存股	其他综合收益	专项储备	盈余公积	一般风险准备	未分配利润		
		优先股	永续债	其他									
3. 对所有者(或股东)的分配											-619,461,439.80		-619,461,439.80
4. 其他													
(四)所有者权益内部结转													
1. 资本公积转增资本(或股本)													
2. 盈余公积转增资本(或股本)													
3. 盈余公积弥补亏损													
4. 其他													
(五)专项储备													
1. 本期提取													
2. 本期使用													
(六)其他													
四、本期期末余额	2,071,643,151.00				6,498,352,958.83		24,650,776.11		618,055,292.24	470,664,389.78	4,034,800,005.32		13,718,166,573.28

项目	上期												
	归属于母公司所有者权益											少数股东权益	所有者权益合计
	股本	其他权益工具			资本公积	减:库存股	其他综合收益	专项储备	盈余公积	一般风险准备	未分配利润		
		优先股	永续债	其他									
一、上年期末余额	454,109,778.00				38,598,460.17		7,167,039.94		142,445,700.79	118,192,048.88	1,044,124,307.56		1,804,637,335.34
加:会计政策变更													
前期差错更正													
同一控制下企业合并													
其他													
二、本年期初余额	454,109,778.00				38,598,460.17		7,167,039.94		142,445,700.79	118,192,048.88	1,044,124,307.56		1,804,637,335.34
三、本期增减变动金额(减少以"-"号填列)	1,315,780,050.00				1,788,500,868.83		-4,270,579.49		172,214,846.68	123,491,890.56	1,108,564,884.97		4,504,281,961.55
(一)综合收益总额							-4,270,579.49				1,722,148,466.81		1,717,877,887.32
(二)所有者投入和减少资本	253,846,153.00				2,850,434,765.83								3,104,280,918.83
1. 股东投入的普通股	253,846,153.00				2,850,434,765.83								3,104,280,918.83
2. 其他权益工具持有者投入资本													
3. 股份支付计入所有者权益的金额													
4. 其他													
(三)利润分配									172,214,846.68	123,491,890.56	-613,583,581.84		-317,876,844.60
1. 提取盈余公积									172,214,846.68		-172,214,846.68		
2. 提取一般风险准备										123,491,890.56	-123,491,890.56		
3. 对所有者(或股东)的分配											-317,876,844.60		-317,876,844.60
4. 其他													

续表

项目	上期												
	归属于母公司所有者权益											少数股东权益	所有者权益合计
	股本	其他权益工具			资本公积	减:库存股	其他综合收益	专项储备	盈余公积	一般风险准备	未分配利润		
		优先股	永续债	其他									
(四)所有者权益内部结转	1,061,933,897.00				-1,061,933,897.00								
1.资本公积转增资本(或股本)	1,061,933,897.00				-1,061,933,897.00								
2.盈余公积转增资本(或股本)													
3.盈余公积弥补亏损													
4.其他													
(五)专项储备													
1.本期提取													
2.本期使用													
(六)其他													
四、本期期末余额	1,769,889,828.00				1,827,099,329.00		2,896,460.45		314,660,547.47	241,683,939.44	2,152,689,192.53		6,308,919,296.89

法定代表人:王少钦　　主管会计工作负责人:赵宝英　　会计机构负责人:赵宝英

母公司所有者权益变动表

2016 年 1—12 月

单位:元 币种:人民币

项目	本期										
	股本	其他权益工具			资本公积	减:库存股	其他综合收益	专项储备	盈余公积	一般风险准备	未分配利润	所有者权益合计
		优先股	永续债	其他								
一、上年期末余额	1,769,889,828.00				1,827,099,329.00		2,896,460.45		314,660,547.47	241,683,939.44	2,152,689,192.53	6,308,919,296.89
加:会计政策变更												
前期差错更正												
其他												
二、本年期初余额	1,769,889,828.00				1,827,099,329.00		2,896,460.45		314,660,547.47	241,683,939.44	2,152,689,192.53	6,308,919,296.89
三、本期增减变动金额(减少以"-"号填列)	301,753,323.00				4,671,253,629.83		21,754,315.66		303,394,744.77	228,980,450.34	1,882,110,812.79	7,409,247,276.39
(一)综合收益总额							21,754,315.66				3,033,947,447.70	3,055,701,763.36
(二)所有者投入和减少资本	301,753,323.00				4,671,253,629.83							4,973,006,952.83
1. 股东投入的普通股	301,753,323.00				4,671,253,629.83							4,973,006,952.83
2. 其他权益工具持有者投入资本												
3. 股份支付计入所有者权益的金额												
4. 其他												
(三)利润分配									303,394,744.77	228,980,450.34	-1,151,836,634.91	-619,461,439.80
1. 提取盈余公积									303,394,744.77		-303,394,744.77	
2. 对所有者(或股东)的分配											-619,461,439.80	-619,461,439.80
3. 其他												
4. 提取一般风险准备										228,980,450.34	-228,980,450.34	
(四)所有者权益内部结转												

续表

项目	本期										
	股本	其他权益工具			资本公积	减:库存股	其他综合收益	专项储备	盈余公积	一般风险准备	未分配利润	所有者权益合计
		优先股	永续债	其他								
1. 资本公积转增资本(或股本)												
2. 盈余公积转增资本(或股本)												
3. 盈余公积弥补亏损												
4. 其他												
(五)专项储备												
1. 本期提取												
2. 本期使用												
(六)其他												
四、本期期末余额	2,071,643,151.00				06,498,352,958.83		24,650,776.11		618,055,292.24	470,664,389.78	4,034,800,005.32	13,718,166,573.28

项目	上期											
	股本	其他权益工具			资本公积	减:库存股	其他综合收益	专项储备	盈余公积	一般风险准备	未分配利润	所有者权益合计
		优先股	永续债	其他								
一、上年期末余额	454,109,778.00				38,598,460.17		7,167,039.94		142,445,700.79	118,192,048.88	1,044,124,307.56	1,804,637,335.34
加:会计政策变更												
前期差错更正												
其他												
二、本年期初余额	454,109,778.00				38,598,460.17		7,167,039.94		142,445,700.79	118,192,048.88	1,044,124,307.56	1,804,637,335.34

续表

项目	上期											
	股本	其他权益工具			资本公积	减：库存股	其他综合收益	专项储备	盈余公积	一般风险准备	未分配利润	所有者权益合计
		优先股	永续债	其他								
三、本期增减变动金额（减少以“-”号填列）	1,315,780,050.00				1,788,500,868.83		-4,270,579.49		172,214,846.68	123,491,890.56	1,108,564,884.97	4,504,281,961.55
（一）综合收益总额							-4,270,579.49				1,722,148,466.81	1,717,877,887.32
（二）所有者投入和减少资本	253,846,153.00				2,850,434,765.83							3,104,280,918.83
1. 股东投入的普通股	253,846,153.00				2,850,434,765.83							3,104,280,918.83
2. 其他权益工具持有者投入资本												
3. 股份支付计入所有者权益的金额												
4. 其他												
（三）利润分配									172,214,846.68	123,491,890.56	-613,583,581.84	-317,876,844.60
1. 提取盈余公积									172,214,846.68		-172,214,846.68	
2. 对所有者（或股东）的分配											-317,876,844.60	-317,876,844.60
3. 其他												
4. 提取一般风险准备										123,491,890.56	-123,491,890.56	
（四）所有者权益内部结转	1,061,933,897.00				-1,061,933,897.00							
1. 资本公积转增资本（或股本）	1,061,933,897.00				-1,061,933,897.00							
2. 盈余公积转增资本（或股本）												
3. 盈余公积弥补亏损												
4. 其他												

续表

项目	上期											
	股本	其他权益工具			资本公积	减:库存股	其他综合收益	专项储备	盈余公积	一般风险准备	未分配利润	所有者权益合计
		优先股	永续债	其他								
(五)专项储备												
1.本期提取												
2.本期使用												
(六)其他												
四、本期期末余额	1,769,889,828.00				1,827,099,329.00		2,896,460.45		314,660,547.47	241,683,939.44	2,152,689,192.53	6,308,919,296.89

法定代表人:王少钦　　主管会计工作负责人:赵宝英　　会计机构负责人:赵宝英

一、公司基本情况

(一)公司概况

√适用 □不适用

安信信托股份有限公司(原名:鞍山市信托投资股份有限公司、安信信托投资股份有限公司)系非银行金融机构,根据中国银行业监督管理委员会《关于安信信托投资股份有限公司变更公司名称和业务范围的批复》(银监复〔2014〕14号)于2014年4月8日更名为安信信托股份有限公司(以下简称公司或本公司),其前身为鞍山市信托投资公司,成立于1987年2月。1992年经辽宁省经济体制改革委员会和中国人民银行辽宁省分行批准改组为股份有限公司,总股本为102,750,000股。1994年1月公司社会公众股在上海证券交易所挂牌交易,经过转增、送配股及定向增发,截至2016年12月31日,股本总数为2,071,643,151股,其中:有限售条件股份为936,368,706股,占股份总数的45.20%,无限售条件股份为1,135,274,445股,占股份总数的54.80%。

本公司统一社会信用代码为91310000765596096G,金融许可证号为K0025H231000001。

注册地址:上海市杨浦区控江路1553-1555号A座3楼301室,法定代表人:王少钦。

经营范围:资金信托,动产信托,不动产信托,有价证券信托,其他财产或财产权信托,作为投资基金或者基金管理公司的发起人从事投资基金业务,经营企业资产的重组、购并及项目融资、公司理财、财务顾问等业务,受托经营国务院有关部门批准的证券承销业务,办理居间、咨询、资信调查等业务,代保管及保管箱业务,存放同业、拆放同业、贷款、租赁,投资方式运用固有财产,以固有财产为他人提供担保,从事同业拆借,法律法规规定或中国银行业监督管理委员会批准的其他业务,上述业务包括外汇业务。(依法须经批准的项目,经相关部门批准后方可开展经营活动)。本公司的母公司为上海国之杰投资发展有限公司,本公司的实际控制人为高天国先生。

本财务报表业经公司董事会于2017年1月24日批准报出。

(二)合并财务报表范围

√适用 □不适用

公司合并财务报表范围包括本公司控制的结构化主体。

本期合并财务报表范围及其变化情况详见本附注"七、合并范围的变更"和"八、在其他主体中的权益"。

二、财务报表的编制基础

(一)编制基础

公司以持续经营为基础,根据实际发生的交易和事项,按照财政部颁布的《企业会计准则——基本准则》和各项具体会计准则、企业会计准则应用指南、企业会计准则解释及其他相关规定(以下合称"企业会计准则"),以及中国证券监督管理委员会《公开发行证券的公司信息披露编报规则第15号——财务报告的一般规定》的披露规定编制财务报表。

(二)持续经营

√适用 □不适用

公司财务状况良好,自报告期末起12个月具备持续经营能力。

三、重要会计政策及会计估计

具体会计政策和会计估计提示:

□适用 √不适用

(一)遵循企业会计准则的声明

公司所编制的财务报表符合企业会计准则的要求,真实、完整地反映了报告期公司的财务状况、经营成果、现金流量等有关信息。

(二)会计期间

自公历1月1日至12月31日止为一个会计年度。

(三)营业周期

√适用 □不适用

本公司营业周期为12个月。

(四)记账本位币

采用人民币为记账本位币。

(五)同一控制下和非同一控制下企业合并的会计处理方法

□适用 √不适用

(六)合并财务报表的编制方法:

编制方法

√适用 □不适用

1. 合并范围

本公司合并财务报表的合并范围以控制为基础确定,包括本公司、本公司控制的子公司及受本公司控制的结构化主体。

2. 合并程序

本公司编制合并财务报表,将整个企业集团视为一个会计主体,依据相关企业会计准则的确认、计量和列报要求,按照统一的会计政策,反映本企业集团整体财务状况、经营成果和现金流量。

所有纳入合并财务报表合并范围的子公司、结构化主体所采用的会计政策、会计期间与本公司一致,如子公司、结构化主体采用的会计政策、会计期间与本公司不一致的,在编制合并财务报表时,按本公司的会计政策、会计期间进行必要的调整。对于非同一控制下企业合并取得的子公司,以购买日可辨认净资产公允价值为基础对其财务报表进行调整。对于同一控制下企业合并取得的子公司,以其资产、负债(包括最终控制方收购该子公司而形成的商誉)在最终控制方财务报表中的账面价值为基础对其财务报表进行调整。

子公司、结构化主体所有者权益、当期净损益和当期综合收益中属于少数股东的份额分别在合并资产负债表中所有者权益项目下、合并利润表中净利润项目下和综合收益总额项目下单独列示。子公司、结构化主体少数股东分担的当期亏损超过了少数股东在该子公司、结构化主体期初所有者权益中所享有份额而形成的余额，冲减少数股东权益。

(1)增加子公司或业务

在报告期内，若因同一控制下企业合并增加子公司或业务的，则调整合并资产负债表的期初数；将子公司或业务合并当期期初至报告期末的收入、费用、利润纳入合并利润表；将子公司或业务合并当期期初至报告期末的现金流量纳入合并现金流量表，同时对比较报表的相关项目进行调整，视同合并后的报告主体自最终控制方开始控制时点起一直存在。

在报告期内，若因非同一控制下企业合并增加子公司或业务的，则不调整合并资产负债表期初数；将该子公司或业务自购买日至报告期末的收入、费用、利润纳入合并利润表；该子公司或业务自购买日至报告期末的现金流量纳入合并现金流量表。

(2)处置子公司或业务

①一般处理方法

在报告期内，本公司处置子公司或业务，则该子公司或业务期初至处置日的收入、费用、利润纳入合并利润表；该子公司或业务期初至处置日的现金流量纳入合并现金流量表。

因处置部分股权投资或其他原因丧失了对被投资方控制权时，对于处置后的剩余股权投资，本公司按照其在丧失控制权日的公允价值进行重新计量。处置股权取得的对价与剩余股权公允价值之和，减去按原持股比例计算应享有原有子公司自购买日或合并日开始持续计算的净资产的份额与商誉之和的差额，计入丧失控制权当期的投资收益。与原有子公司股权投资相关的其他综合收益或除净损益、其他综合收益及利润分配之外的其他所有者权益变动，在丧失控制权时转为当期投资收益，由于被投资方重新计量设定受益计划净负债或净资产变动而产生的其他综合收益除外。

因其他投资方对子公司增资而导致本公司持股比例下降从而丧失控制权的，按照上述原则进行会计处理。

②分步处置子公司

通过多次交易分步处置对子公司股权投资直至丧失控制权的，处置对子公司股权投资的各项交易的条款、条件以及经济影响符合以下一种或多种情况，通常表明应将多次交易事项作为一揽子交易进行会计处理：

ⅰ.这些交易是同时或者在考虑了彼此影响的情况下订立的；

ⅱ.这些交易整体才能达成一项完整的商业结果；

ⅲ.一项交易的发生取决于其他至少一项交易的发生；

ⅳ.一项交易单独看是不经济的，但是和其他交易一并考虑时是经济的。

处置对子公司股权投资直至丧失控制权的各项交易属于一揽子交易的，本公司将各项交易作为一项处置子公司并丧失控制权的交易进行会计处理；但是，在丧失控制权之前每一次处置价款与处置投资对应的享有该子公司净资产份额的差额，在合并财务报表中确认为其他综合收益，在丧失控制权时一并转入丧失控制权当期的损益。

处置对子公司股权投资直至丧失控制权的各项交易不属于一揽子交易的，在丧失控制权之前，按不丧失控制权的情况下部分处置对子公司的股权投资的相关政策进行会计处理；在丧失控制权时，按处置子公司一般处理方法进行会计处理。

(3)购买子公司少数股权

本公司因购买少数股权新取得的长期股权投资与按照新增持股比例计算应享有子公司自购买日(或合并日)开始持续计算的净资产份额之间的差额，调整合并资产负债表中的资本公积中的股本溢价，资本公积中的股本溢价不足冲减的，调整留存收益。

(4)不丧失控制权的情况下部分处置对子公司的股权投资

在不丧失控制权的情况下因部分处置对子公司的长期股权投资而取得的处置价款与处置长期股权投资相对应享有子公司自购买日或合并日开始持续计算的净资产份额之间的差额，调整合并资产负债表中的资本公积中的股本溢价，资本公积中的股本溢价不足冲减的，调整留存收益。

对同一子公司的股权在连续两个会计年度买入再卖出，或卖出再买入的应披露相关的会计处理方法

□适用 √不适用

(七)合营安排分类及共同经营会计处理方法

□适用 √不适用

(八)现金及现金等价物的确定标准

现金，是指库存现金以及可以随时用于支付的存款，包括库存现金、可用于支付的存放中央银行非限定性存款、活期存放同业款项。现金等价物，是指企业持有的期限短、流动性强、易于转换为已知金额现金、价值变动风险很小的投资，包括原合同在三个月内到期的存放同业款项、债券投资和买入返售证券等。

(九)外币业务和外币报表折算

□适用 √不适用

(十)金融工具

√适用 □不适用

金融工具包括金融资产、金融负债和权益工具。

1.金融工具的分类

管理层按照取得持有金融资产和承担金融负债的目的，将其划分为：以公允价值计量且其变动计入当期损益的金融资产或金融负债，包括交易性金融资产或金融负债和直接指定为以公允价值计量且其变动计入当期损益的金融资产或金融负债；持有至到期投资；贷款和应收款项；可供出售金融资产；其他金融负债等。

2.金融工具的确认依据和计量方法

(1)以公允价值计量且其变动计入当期损益的金融

资产(金融负债)

取得时以公允价值(扣除已宣告但尚未发放的现金股利或已到付息期但尚未领取的债券利息)作为初始确认金额,相关的交易费用计入当期损益。

持有期间将取得的利息或现金股利确认为投资收益,期末将公允价值变动计入当期损益。

处置时,其公允价值与初始入账金额之间的差额确认为投资收益,同时调整公允价值变动损益。

(2)持有至到期投资

取得时按公允价值(扣除已到付息期但尚未领取的债券利息)和相关交易费用之和作为初始确认金额。

持有期间按照摊余成本和实际利率计算确认利息收入,计入投资收益。实际利率在取得时确定,在该预期存续期间或适用的更短期间内保持不变。

处置时,将所取得价款与该投资账面价值之间的差额计入投资收益。

(3)贷款和应收款项

贷款和应收款项,是指在活跃市场中没有报价、回收金额固定或可确定的非衍生金融资产。对于此类金融资产,采用实际利率法,按照摊余成本进行后续计量,其摊销或减值以及终止确认产生的利得或损失,均计入当期损益。贷款及应收款项主要包括发放贷款和垫款。

(4)可供出售金融资产

取得时按公允价值(扣除已宣告但尚未发放的现金股利或已到付息期但尚未领取的债券利息)和相关交易费用之和作为初始确认金额。

持有期间将取得的利息或现金股利确认为投资收益。期末以公允价值计量且将公允价值变动计入其他综合收益。但是,在活跃市场中没有报价且其公允价值不能可靠计量的权益工具投资,以及与该权益工具挂钩并须通过交付该权益工具结算的衍生金融资产,按照成本计量。

处置时,将取得的价款与该金融资产账面价值之间的差额,计入投资损益;同时,将原直接计入其他综合收益的公允价值变动累计额对应处置部分的金额转出,计入当期损益。

(5)其他金融负债

按其公允价值和相关交易费用之和作为初始确认金额。采用摊余成本进行后续计量。

3.金融资产转移的确认依据和计量方法

公司发生金融资产转移时,如已将金融资产所有权上几乎所有的风险和报酬转移给转入方,则终止确认该金融资产;如保留了金融资产所有权上几乎所有的风险和报酬的,则不终止确认该金融资产。

在判断金融资产转移是否满足上述金融资产终止确认条件时,采用实质重于形式的原则。公司将金融资产转移区分为金融资产整体转移和部分转移。金融资产整体转移满足终止确认条件的,将下列两项金额的差额计入当期损益:

(1)所转移金融资产的账面价值;

(2)因转移而收到的对价,与原直接计入其他综合收益的公允价值变动累计额(涉及转移的金融资产为可供出售金融资产的情形)之和。

金融资产部分转移满足终止确认条件的,将所转移金融资产整体的账面价值,在终止确认部分和未终止确认部分之间,按照各自的相对公允价值进行分摊,并将下列两项金额的差额计入当期损益:

(1)终止确认部分的账面价值;

(2)终止确认部分的对价,与原直接计入其他综合收益的公允价值变动累计额中对应终止确认部分的金额(涉及转移的金融资产为可供出售金融资产的情形)之和。

金融资产转移不满足终止确认条件的,继续确认该金融资产,所收到的对价确认为一项金融负债。

4.金融负债终止确认条件

金融负债的现时义务全部或部分已经解除的,则终止确认该金融负债或其一部分;本公司若与债权人签定协议,以承担新金融负债方式替换现存金融负债,且新金融负债与现存金融负债的合同条款实质上不同的,则终止确认现存金融负债,并同时确认新金融负债。

对现存金融负债全部或部分合同条款作出实质性修改的,则终止确认现存金融负债或其一部分,同时将修改条款后的金融负债确认为一项新金融负债。

金融负债全部或部分终止确认时,终止确认的金融负债账面价值与支付对价(包括转出的非现金资产或承担的新金融负债)之间的差额,计入当期损益。

本公司若回购部分金融负债的,在回购日按照继续确认部分与终止确认部分的相对公允价值,将该金融负债整体的账面价值进行分配。分配给终止确认部分的账面价值与支付的对价(包括转出的非现金资产或承担的新金融负债)之间的差额,计入当期损益。

5.金融资产和金融负债公允价值的确定方法

存在活跃市场的金融工具,以活跃市场中的报价确定其公允价值。不存在活跃市场的金融工具,采用估值技术确定其公允价值。在估值时,本公司采用在当前情况下适用并且有足够可利用数据和其他信息支持的估值技术,选择与市场参与者在相关资产或负债的交易中所考虑的资产或负债特征相一致的输入值,并优先使用相关可观察输入值。只有在相关可观察输入值无法取得或取得不切实可行的情况下,才使用不可观察输入值。

6.金融资产减值准备计提

除以公允价值计量且其变动计入当期损益的金融资产外,本公司于资产负债表日对金融资产的账面价值进行检查,当有客观证据表明金融资产因在其初始确认后发生的一项或多项损失事件而发生减值,且这些损失事件对该项或该组金融资产的预计未来现金流量产生的影响能可靠估计时,本公司认定该项或该组金融资产已发生减值并确认减值损失。表明金融资产发生减值的客观证据，是指金融资产初始确认后实际发生的、对该金融资产的预计未来现金流量有影响，且本公司能够对该影响进行可靠计量的事项。

（1）以摊余成本计量的金融资产

如果有客观证据表明该金融资产发生减值，则将该金融资产的账面价值减记至预计未来现金流量（不包括尚未发生的未来信用损失）现值，减记金额计入当期损益。预计未来现金流量现值，按照该金融资产原实际利率（即初始确认时计算确定的实际利率）折现确定，并考虑相关担保物的价值。对于浮动利率，在计算未来现金流量现值时采用合同规定的现行实际利率作为折现率。

对单项金额重大的金融资产单独进行减值测试，如有客观证据表明其已发生减值，确认减值损失，计入当期损益。对单项金额不重大的金融资产，包括在具有类似信用风险特征的金融资产组合中进行减值测试。单独测试未发生减值的金融资产，包括在具有类似信用风险特征的金融资产组合中再进行减值测试。已单项确认减值损失的金融资产，不包括在具有类似信用风险特征的金融资产组合中进行减值测试。

当金融资产无法收回时，在完成所有必要程序及确定损失金额后，本集团对该金融资产进行核销，冲减相应的资产减值准备。

本公司对以摊余成本计量的金融资产确认减值损失后，如有客观证据表明该金融资产价值已恢复，且客观上与确认该损失后发生的事项有关，原确认的减值损失予以转回，计入当期损益。

（2）可供出售金融资产的减值准备

表明可供出售权益工具投资发生减值的客观证据包括权益工具投资的公允价值发生严重或非暂时性下跌。本公司于资产负债表日对各项可供出售权益工具投资单独进行检查，若该权益工具投资于资产负债表日的公允价值低于其初始投资成本超过50%（含50%）或低于其初始投资成本持续时间超过一年（含一年）的，则表明其发生减值；若该权益工具投资于资产负债表日的公允价值低于其初始投资成本超过20%（含20%）但尚未达到50%的，本公司会综合考虑其他相关因素诸如价格波动率等，判断该权益工具投资是否发生减值。本公司以加权平均法计算可供出售权益工具投资的初始投资成本。

如果可供出售金融资产发生减值，原计入其他综合收益的因公允价值下降形成的累计损失，予以转出，计入当期损益。该转出的累计损失金额等于可供出售金融资产的初始取得成本扣除已收回本金和已摊销金额后与当前公允价值之前的差额，减去原已计入损益的减值损失后的余额。

对于已确认减值损失的可供出售债务工具，在随后的会计期间公允价值已上升且客观上与确认原减值损失后发生的事项有关的，原确认的减值损失予以转回，计入当期损益。可供出售权益工具投资发生的减值损失，不通过损益转回，减值之后发生的公允价值增加直接在其他综合收益中确认。

将尚未到期的持有至到期投资重分类为可供出售金融资产的，说明持有意图或能力发生改变的依据

□适用 √不适用

（十一）应收款项

1. 单项金额重大并单独计提坏账准备的应收款项

√适用 □不适用

单项金额重大的判断依据或金额标准	应收款项余额前五名或占应收账款10%以上的款项之和。
单项金额重大并单项计提坏账准备的计提方法	单独进行减值测试，如有客观证据表明其已发生减值，按预计未来现金流量现值低于其账面价值的差额计提坏账准备，计入当期损益。单独测试未发生减值的应收款项，将其归入相应组合计提坏账准备。

2. 按组合计提坏账准备的应收款项：

□适用 √不适用

组合中，采用账龄分析法计提坏账准备的

□适用 √不适用

组合中，采用余额百分比法计提坏账准备的

√适用 □不适用

组合名称	应收账款计提比例（%）	其他应收款计提比例（%）	应收账款计提比例的说明	其他应收款计提比例的说明
按余额百分比法计提坏账准备组合	0.6	0.6		

组合中，采用其他方法计提坏账准备的

□适用 √不适用

3. 单项金额不重大但单独计提坏账准备的应收款项：

√适用 □不适用

单项计提坏账准备的理由	估计可收回性存在较大疑问的应收款项。
坏账准备的计提方法	单独进行减值测试，并根据测试结果确定具体的坏账准备比例。

（十二）存货

□适用 √不适用

（十三）划分为持有待售资产

□适用 √不适用

（十四）买入返售与卖出回购款项

购买时根据协议约定于未来某确定日返售的资产将不在资产负债表内予以确认。为买入该等资产所支付的成本，在资产负债表中列示为买入返售款项。购入与返售价格之差额在协议期间内按实际利率法确认，计入利息收入。

根据协议约定于未来某确定日期回购的已售出资产不在资产负债表内予以终止确认。出售该等资产所得款项，在资产负债表中列示为卖出回购款项，以反映其作为向本公司贷款的经济实质。售价与回购价之差额在协议期间内按实际利率法确认，计入利息支出。

（十五）长期股权投资

√适用 □不适用

1. 共同控制、重大影响的判断标准

共同控制，是指按照相关约定对某项安排所共有的控制，并且该安排的相关活动必须经过分享控制权的参与方一致同意后才能决策。本公司与其他合营方一同对被投资单位实施共同控制且对被投资单位净资产享有权利的，被投资单位为本公司的合营企业。

重大影响，是指对一个企业的财务和经营决策有参与决策的权力，但并不能够控制或者与其他方一起共同控制这些政策的制定。本公司能够对被投资单位施加重大影响的，被投资单位为本公司联营企业。

2. 初始投资成本的确定

（1）企业合并形成的长期股权投资

同一控制下的企业合并：公司以支付现金、转让非现金资产或承担债务方式以及以发行权益性证券作为合并对价的，在合并日按照取得被合并方所有者权益在最终控制方合并财务报表中的账面价值的份额作为长期股权投资的初始投资成本。

非同一控制下的企业合并：公司按照购买日确定的合并成本作为长期股权投资的初始投资成本。

（2）其他方式取得的长期股权投资

以支付现金方式取得的长期股权投资，按照实际支付的购买价款作为初始投资成本。

以发行权益性证券取得的长期股权投资，按照发行权益性证券的公允价值作为初始投资成本。

3. 后续计量及损益确认方法

（1）成本法核算的长期股权投资

公司对子公司的长期股权投资，采用成本法核算。除取得投资时实际支付的价款或对价中包含的已宣告但尚未发放的现金股利或利润外，公司按照享有被投资单位宣告发放的现金股利或利润确认当期投资收益。

（2）权益法核算的长期股权投资

对联营企业和合营企业的长期股权投资，采用权益法核算。初始投资成本大于投资时应享有被投资单位可辨认净资产公允价值份额的差额，不调整长期股权投资的初始投资成本；初始投资成本小于投资时应享有被投资单位可辨认净资产公允价值份额的差额，计入当期损益。

公司按照应享有或应分担的被投资单位实现的净损益和其他综合收益的份额，分别确认投资收益和其他综合收益，同时调整长期股权投资的账面价值；按照被投资单位宣告分派的利润或现金股利计算应享有的部分，相应减少长期股权投资的账面价值；对于被投资单位除净损益、其他综合收益和利润分配以外所有者权益的其他变动，调整长期股权投资的账面价值并计入所有者权益。

在确认应享有被投资单位净损益的份额时，以取得投资时被投资单位可辨认净资产的公允价值为基础，并按照公司的会计政策及会计期间，对被投资单位的净利润进行调整后确认。在持有投资期间，被投资单位编制合并财务报表的，以合并财务报表中的净利润、其他综合收益和其他所有者权益变动中归属于被投资单位的金额为基础进行核算。

在公司确认应分担被投资单位发生的亏损时，按照以下顺序进行处理：首先，冲减长期股权投资的账面价值。其次，长期股权投资的账面价值不足以冲减的，以其他实质上构成对被投资单位净投资的长期权益账面价值为限继续确认投资损失，冲减长期应收项目等的账面价值。最后，经过上述处理，按照投资合同或协议约定企业仍承担额外义务的，按预计承担的义务确认预计负债，计入当期投资损失。

（3）长期股权投资的处置

处置长期股权投资，其账面价值与实际取得价款的差额，计入当期损益。

采用权益法核算的长期股权投资，在处置该项投资时，采用与被投资单位直接处置相关资产或负债相同的基础，按相应比例对原计入其他综合收益的部分进行会计处理。因被投资单位除净损益、其他综合收益和利润分配以外的其他所有者权益变动而确认的所有者权益，按比例结转入当期损益，由于被投资方重新计量设定受益计划净负债或净资产变动而产生的其他综合收益除外。

因处置部分股权投资等原因丧失了对被投资单位的共同控制或重大影响的，处置后的剩余股权改按金融工具确认和计量准则核算，其在丧失共同控制或重大影响之日的公允价值与账面价值之间的差额计入当期损益。原股权投资因采用权益法核算而确认的其他综合收益，在终止采用权益法核算时采用与被投资单位直接处置相关资产或负债相同的基础进行会计处理。因被投资方除净损益、其他综合收益和利润分配以外的其他所有者权益变动而确认的所有者权益，在终止采用权益法核算时全部转入当期损益。

因处置部分股权投资、因其他投资方对子公司增资而导致本公司持股比例下降等原因丧失了对被投资单位控制权的，在编制个别财务报表时，剩余股权能够对被投资单位实施共同控制或重大影响的，改按权益法核算，并对该剩余股权视同自取得时即采用权益法核算进行调整；剩余股权不能对被投资单位实施共同控制或施加重大影响的，改按金融工具确认和计量准则的有关规定进行会计处理，其在丧失控制之日的公允价值与账面价值间的差额计入当期损益。

处置的股权是因追加投资等原因通过企业合并取得的，在编制个别财务报表时，处置后的剩余股权采用成本法或权益法核算的，购买日之前持有的股权投资因采用权益法核算而确认的其他综合收益和其他所有者权益按比例结转；处置后的剩余股权改按金融工具确认和计量准则进行会计处理的，其他综合收益和其他所有者权益全部结转。

（十六）固定资产

1. 确认条件

√适用 □不适用

固定资产指为生产商品、提供劳务、出租或经营管理而持有，并且使用寿命超过一个会计年度的有形资产。固定资产在同时满足下列条件时予以确认：

（1）与该固定资产有关的经济利益很可能流入企业；

（2）该固定资产的成本能够可靠地计量。

2. 折旧方法

固定资产折旧采用年限平均法分类计提，根据固定资产类别、预计使用寿命和预计净残值率确定折旧率。如固定资产各组成部分的使用寿命不同或者以不同方式为企业提供经济利益，则选择不同折旧率或折旧方法，分别计提折旧。

融资租赁方式租入的固定资产，能合理确定租赁期届满时将会取得租赁资产所有权的，在租赁资产尚可使用年限内计提折旧；无法合理确定租赁期届满时能够取得租赁资产所有权的，在租赁期与租赁资产尚可使用年限两者中较短的期间内计提折旧。

各类固定资产折旧年限和年折旧率如下：

√适用 □不适用

类别	折旧方法	折旧年限（年）	残值率（%）	年折旧率（%）
房屋及建筑物	年限平均法	35	5	2.71
专用设备	年限平均法	3－5	5	19.00－31.67
运输设备	年限平均法	4	5	23.75
其他设备	年限平均法	6	5	15.83

3. 融资租入固定资产的认定依据、计价和折旧方法

□适用 √不适用

（十七）在建工程

√适用 □不适用

1. 在建工程的类别

在建工程以立项项目分类核算。

2. 在建工程结转为固定资产的标准和时点

在建工程项目按建造该项资产达到预定可使用状态前所发生的全部支出，作为固定资产的入账价值。所建造的固定资产在建工程已达到预定可使用状态，但尚未办理竣工决算的，自达到预定可使用状态之日起，根据工程预算、造价或者工程实际成本等，按估计的价值转入固定资产，并按本公司固定资产折旧政策计提固定资产的折旧，待办理竣工决算后，再按实际成本调整原来的暂估价值，但不调整原已计提的折旧额。

（十八）借款费用

□适用 √不适用

（十九）生物资产

□适用 √不适用

（二十）油气资产

□适用 √不适用

（二十一）无形资产

√适用 □不适用

1. 无形资产的计价方法

（1）公司取得无形资产时按成本进行初始计量

外购无形资产的成本，包括购买价款、相关税费以及直接归属于使该项资产达到预定用途所发生的其他支出。购买无形资产的价款超过正常信用条件延期支付，实质上具有融资性质的，无形资产的成本以购买价款的现值为基础确定。

债务重组取得债务人用以抵债的无形资产，以该无形资产的公允价值为基础确定其入账价值，并将重组债务的账面价值与该用以抵债的无形资产公允价值之间的差额，计入当期损益；

在非货币性资产交换具备商业实质且换入资产或换出资产的公允价值能够可靠计量的前提下，非货币性资产交换换入的无形资产以换出资产的公允价值为基础确定其入账价值，除非有确凿证据表明换入资产的公允价值更加可靠；不满足上述前提的非货币性资产交换，以换出资产的账面价值和应支付的相关税费作为换入无形资产的成本，不确认损益。

以同一控制下的企业吸收合并方式取得的无形资产按被合并方的账面价值确定其入账价值；以非同一控制下的企业吸收合并方式取得的无形资产按公允价值确定其入账价值。

内部自行开发的无形资产，其成本包括：开发该无形资产时耗用的材料、劳务成本、注册费、在开发过程中使用的其他专利权和特许权的摊销以及满足资本化条件的利息费用，以及为使该无形资产达到预定用途前所发生的其他直接费用。

（2）后续计量

在取得无形资产时分析判断其使用寿命。

对于使用寿命有限的无形资产，在为企业带来经济利益的期限内按直线法摊销；无法预见无形资产为企业带来经济利益期限的，视为使用寿命不确定的无形资产，不予摊销。

2. 使用寿命有限的无形资产的使用寿命估计情况：

软件从购入月份在受益期内平均摊销。

每期末，对使用寿命有限的无形资产的使用寿命及摊销方法进行复核。

经复核，本年期末无形资产的使用寿命及摊销方法与以前估计未有不同。

（二十二）长期资产减值

√适用 □不适用

长期股权投资、采用成本模式计量的投资性房地产、固定资产、在建工程、使用寿命有限的无形资产等长期资产，于资产负债表日存在减值迹象的，进行减值测试。减值测试结果表明资产的可收回金额低于其账面价值的，按其差额计提减值准备并计入减值损失。可收回金额为资产的公允价值减去处置费用后的净额与资产预计未来现金流量的现值两者之间的较高者。资产减值准备按单项资产为基础计算并确认，如果难以对单项资产的可收回金额进行估计的，以该资产所属的资产组确定资产组的可收回金额。资产组是能够独立产生现金流入的最小资产组合。

商誉和使用寿命不确定的无形资产至少在每年年度终了进行减值测试。

本公司进行商誉减值测试，对于因企业合并形成的商誉的账面价值，自购买日起按照合理的方法分摊至相关的资产组；难以分摊至相关的资产组的，将其分摊至相关的资产组组合。在将商誉的账面价值分摊至相关的资产组或者资产组组合时，按照各资产组或者资产组组合的公允价值占相关资产组或者资产组组合公允价值总额的比例进行分摊。公允价值难以可靠计量的，按照各资产组或者资产组组合的账面价值占相关资产组或者资产组组合账面价值总额的比例进行分摊。

在对包含商誉的相关资产组或者资产组组合进行减值测试时，如与商誉相关的资产组或者资产组组合存在减值迹象的，先对不包含商誉的资产组或者资产组组合进行减值测试，计算可收回金额，并与相关账面价值相比较，确认相应的减值损失。再对包含商誉的资产组或者资产组组合进行减值测试，比较这些相关资产组或者资产组组合的账面价值（包括所分摊的商誉的账面价值部分）与其可收回金额，如相关资产组或者资产组组合的可收回金额低于其账面价值的，确认商誉的减值损失。

上述资产减值损失一经确认，在以后会计期间不予转回。

（二十三）长期待摊费用

√适用 □不适用

长期待摊费用为已经发生但应由本期和以后各期负担的分摊期限在一年以上的各项费用。

1. 摊销方法

长期待摊费用在受益期内平均摊销。

2. 摊销年限

经营租赁方式租入的固定资产改良支出，按剩余租赁期与租赁资产尚可使用年限两者中较短的期限平均摊销。

（二十四）职工薪酬

1. 短期薪酬的会计处理方法

√适用 □不适用

本公司在职工为本公司提供服务的会计期间，将实际发生的短期薪酬确认为负债，并计入当期损益或相关资产成本。

本公司为职工缴纳的社会保险费和住房公积金，以及按规定提取的工会经费和职工教育经费，在职工为本公司提供服务的会计期间，根据规定的计提基础和计提比例计算确定相应的职工薪酬金额。

职工福利费为非货币性福利的，按照公允价值计量。

2. 离职后福利的会计处理方法

√适用 □不适用

本公司按当地政府的相关规定为职工缴纳基本养老保险和失业保险，在职工为本公司提供服务的会计期间，按以当地规定的缴纳基数和比例计算应缴纳金额，确认为负债，并计入当期损益或相关资产成本。

3. 辞退福利的会计处理方法

√适用 □不适用

本公司在不能单方面撤回因解除劳动关系计划或裁减建议所提供的辞退福利时，或确认与涉及支付辞退福利的重组相关的成本或费用时（两者孰早），确认辞退福利产生的职工薪酬负债，并计入当期损益。

4. 其他长期职工福利的会计处理方法

□适用 √不适用

（二十五）预计负债

√适用 □不适用

1. 预计负债的确认标准

与诉讼、债务担保、亏损合同、重组事项等或有事项相关的义务同时满足下列条件时，确认为预计负债：

（1）该义务是本公司承担的现时义务；

（2）履行该义务很可能导致经济利益流出本公司；

（3）该义务的金额能够可靠地计量。

2. 预计负债的计量方法

本公司预计负债按履行相关现时义务所需的支出的最佳估计数进行初始计量。

本公司在确定最佳估计数时，综合考虑与或有事项有关的风险、不确定性和货币时间价值等因素。对于货币时间价值影响重大的，通过对相关未来现金流出进行折现后确定最佳估计数。

最佳估计数分别以下情况处理：

所需支出存在一个连续范围（或区间），且该范围内各种结果发生的可能性相同的，则最佳估计数按照该范围的中间值即上下限金额的平均数确定。

所需支出不存在一个连续范围（或区间），或虽然存在一个连续范围但该范围内各种结果发生的可能性不相同的，如或有事项涉及单个项目的，则最佳估计数按照最可能发生金额确定；如或有事项涉及多个项目的，则最佳估计数按各种可能结果及相关概率计算确定。

本公司清偿预计负债所需支出全部或部分预期由第三方补偿的，补偿金额在基本确定能够收到时，作为资产单独确认，确认的补偿金额不超过预计负债的账面价值。

3. 信托业务准备金

根据本公司制定的《信托业务准备金计提制度》规定：每年末，以公司存续信托项目资产余额为基数按照《信托资产质量评级管理办法》进行五级分类，分别为正常、关注、次级、可疑、损失类。

对正常、关注类的信托资产，按照中国银监会《信托公司净资本管理办法》的要求，折算风险资本，并按以下标准计提信托业务准备金：

风险资本类别	信托业务准备金计提比例（%）
正常类单一指定用途信托资产	5
正常类非指定用途信托资产	10
关注类信托资产	20

对次级、可疑、损失类的信托资产，逐项分析，个别认定；若无法单项认定则按风险资本100%计提信托业务准备金。

（二十六）附回购条件的资产转让

□适用 √不适用

（二十七）股份支付

□适用 √不适用

（二十八）优先股、永续债等其他金融工具

□适用 √不适用

（二十九）回购本公司股份

□适用 √不适用

（三十）收入

√适用 □不适用

1. 利息收入确认和计量原则

利息收入金额，按照他人使用本企业货币资金的时间和实际利率计算确定。

实际利率是指按金融工具的预计存续期间或更短期间将其预计未来现金流入折现至其金融资产账面净值的利率。利息收入的计算需要考虑金融工具的合同条款并且包括所有归属于实际利率组成部分的费用和所有交易成本，但不包括未来贷款损失。当单项金融资产或一组类似的金融资产发生减值，利息收入将按原实际利率和减值后的账面价值计算。

2. 手续费及佣金收入确认和计量原则

手续费及佣金收入在同时满足以下两个条件时确认：

（1）相关的服务已经提供；

（2）根据合同约定，收取的金额可以可靠计量。

（三十一）政府补助

1. 类型

政府补助，是本公司从政府无偿取得的货币性资产与非货币性资产。分为与资产相关的政府补助和与收益相关的政府补助。

与资产相关的政府补助，是指企业取得的、用于购建或以其他方式形成长期资产的政府补助，包括购买固定资产或无形资产的财政拨款、固定资产专门借款的财政贴息等。与收益相关的政府补助，是指除与资产相关的政府补助之外的政府补助。

2. 会计处理

与资产相关的政府补助，确认为递延收益，按照所建造或购买的资产使用年限分期计入营业外收入；

与收益相关的政府补助，用于补偿企业以后期间的相关费用或损失的，取得时确认为递延收益，在确认相关费用的期间计入当期营业外收入；用于补偿企业已发生的相关费用或损失的，取得时直接计入当期营业外收入。

（三十二）递延所得税资产/递延所得税负债

√适用 □不适用

对于可抵扣暂时性差异确认递延所得税资产，以未来期间很可能取得的用来抵扣可抵扣暂时性差异的应纳税所得额为限。对于能够结转以后年度的可抵扣亏损和税款抵减，以很可能获得用来抵扣可抵扣亏损和税款抵减的未来应纳税所得额为限，确认相应的递延所得税资产。

对于应纳税暂时性差异，除特殊情况外，确认递延所得税负债。

不确认递延所得税资产或递延所得税负债的特殊情况包括：商誉的初始确认；除企业合并以外的发生时既不影响会计利润也不影响应纳税所得额（或可抵扣亏损）的其他交易或事项。

当拥有以净额结算的法定权利，且意图以净额结算或取得资产、清偿负债同时进行时，当期所得税资产及当期所得税负债以抵销后的净额列报。

当拥有以净额结算当期所得税资产及当期所得税负债的法定权利，且递延所得税资产及递延所得税负债是与同一税收征管部门对同一纳税主体征收的所得税相关或者是对不同的纳税主体相关，但在未来每一具有重要性的递延所得税资产及负债转回的期间内，涉及的纳税主体意图以净额结算当期所得税资产和负债或是同时取得资产、清偿负债时，递延所得税资产及递延所得税负债以抵销后的净额列报。

（三十三）租赁

经营租赁的会计处理方法

√适用 □不适用

1. 公司租入资产所支付的租赁费，在不扣除免租期的整个租赁期内，按直线法进行分摊，计入当期费用。公司支付的与租赁交易相关的初始直接费用，计入当期费用。

资产出租方承担了应由公司承担的与租赁相关的费

用时,公司将该部分费用从租金总额中扣除,按扣除后的租金费用在租赁期内分摊,计入当期费用。

2. 公司出租资产所收取的租赁费,在不扣除免租期的整个租赁期内,按直线法进行分摊,确认为租赁收入。公司支付的与租赁交易相关的初始直接费用,计入当期费用;如金额较大的,则予以资本化,在整个租赁期间内按照与租赁收入确认相同的基础分期计入当期收益。

公司承担了应由承租方承担的与租赁相关的费用时,公司将该部分费用从租金收入总额中扣除,按扣除后的租金费用在租赁期内分配。

融资租赁的会计处理方法

□适用 √不适用

(三十四)信托业务核算方法

根据《中华人民共和国信托法》、《信托公司管理办法》等规定,"信托财产与属于受托人所有的财产(以下简称'固有财产')相区别,不得归入受托人的固有财产或者成为固有财产的一部分。"公司将固有财产与信托财产分开管理、分别核算。公司管理的信托项目是指受托人根据信托文件的约定,单独或者集合管理、运用、处分信托财产的基本单位,以每个信托项目作为独立的会计核算主体,独立核算信托财产的管理、运用和处分情况。各信托项目单独记账,单独核算,并编制财务报表。其资产、负债及损益不列入本财务报表。

(三十五)信托赔偿准备金

根据中国银行业监督管理委员会颁布的《信托公司管理办法》有关规定,公司按当年税后净利润的5%计提信托赔偿准备金,累计达到注册资本20%时,可不再提取。

(三十六)一般准备

财政部《金融企业准备金计提管理办法》(财金〔2012〕20号),为了防范经营风险,增强金融企业抵御风险能力,金融企业应提取一般准备作为利润分配处理,并作为股东权益的组成部分。一般准备的计提比例由金融企业综合考虑所面临的风险状况等因素确定,原则上一般准备余额不低于风险资产期末余额的1.5%。

(三十七)信托业保障基金

根据中国银行业监督管理委员会、财政部于2014年12月10月颁布的"银监发〔2014〕50号"《信托业保障基金管理办法》的相关规定,信托业保障基金认购执行下列统一标准:(一)信托公司按净资产余额的1%认购,每年4月底前以上年度末的净资产余额为基数动态调整;(二)资金信托按新发行金额的1%认购,其中:属于购买标准化产品的投资性资金信托的,由信托公司认购;属于融资性资金信托的,由融资者认购。在每个资金信托产品发行结束时,缴入信托公司基金专户,由信托公司按季向保障基金公司集中划缴;(三)新设立的财产信托按信托公司收取报酬的5%计算,由信托公司认购。

(三十八)持有待售资产

□适用 √不适用

(三十九)资产证券化业务

□适用 √不适用

(四十)套期会计

□适用 √不适用

(四十一)其他重要的会计政策和会计估计

□适用 √不适用

(四十二)重要会计政策和会计估计的变更

1. 重要会计政策变更

√适用 □不适用

会计政策变更的内容和原因	审批程序	备注(受重要影响的报表项目名称和金额)
执行《增值税会计处理规定》	财政部于2016年12月3日发布了《增值税会计处理规定》(财会〔2016〕22号)	适用于2016年5月1日起发生的相关交易。本公司执行该规定的主要影响:将利润表中的"营业税金及附加"项目调整为"税金及附加"项目。

其他说明

执行《增值税会计处理规定》财政部于2016年12月3日发布了《增值税会计处理规定》(财会〔2016〕22号),适用于2016年5月1日起发生的相关交易。本公司执行该规定的主要影响:将利润表中的"营业税金及附加"项目调整为"税金及附加"项目。

2. 重要会计估计变更

□适用 √不适用

本报告期公司重要会计估计未发生变更。

(四十三)其他

□适用 √不适用

四、税项

(一)主要税种及税率

主要税种及税率情况

√适用 □不适用

税种	计税依据	税率
增值税	按税法规定计算的销售货物和应税劳务收入为基础计算销项税额,在扣除当期允许抵扣的进项税额后,差额部分为应交增值税	6%
消费税		
营业税	按应税营业收入计缴(自2016年5月1日起,营改增交纳增值税)	5%
城市维护建设税	按实际缴纳的营业税、增值税计征	7%
企业所得税	按应纳税所得额计征	25%

财政部于2016年3月12日发布了《关于全面推开营业税改征增值税试点的通知》(财税〔2016〕36号),本公司自2016年5月1日起发生的相关交易由原营业税改征增值税。

存在不同企业所得税税率纳税主体的,披露情况说明

□适用 √不适用

(二)税收优惠

□适用 √不适用

(三)其他

□适用 √不适用

五、合并财务报表项目注释

(一)现金及存放中央银行款项

√适用 □不适用

单位:元 币种:人民币

项目	期末账面余额	期初账面余额
库存现金	21,552.35	11,716.91
存放中央银行法定准备金		
存放中央银行超额存款准备金		
存放中央银行的其他款项		
合计	21,552.35	11,716.91

(二)存放同业款项

√适用 □不适用

单位:元 币种:人民币

项目	期末账面余额	期初账面余额
境内存放同业款项	3,445,451,410.65	1,348,065,467.89
境外存放同业款项		
减:坏账准备		
合计	3,445,451,410.65	1,348,065,467.89

存放同业款项的说明

其中对使用受到限制的存放同业款项明细如下:

项目	期末余额	年初余额
诉讼冻结资金	51,630,847.11	51,630,847.11

(三)拆出资金

□适用 √不适用

(四)以公允价值计量且其变动计入当期损益的金融资产

√适用 □不适用

单位:元 币种:人民币

项目	期末公允价值	期初公允价值
交易性金融资产	1,009,668,299.73	512,483,056.01
-债券投资		
-投资基金		
-权益工具投资	1,009,668,299.73	512,483,056.01
-其他债务工具投资		
-其他投资		
指定以公允价值计量且其变动计入当期损益的金融资产	4,673,802,102.77	2,610,735,313.68
-债券投资		
-投资基金		
-权益工具投资		
-其他债务工具投资		
-其他投资		
-资管计划	2,803,842,517.80	2,348,235,313.68
-信托计划	1,869,959,584.97	262,500,000.00
合计	5,683,470,402.50	3,123,218,369.69

(五)衍生金融工具

□适用 √不适用

(六)买入返售金融资产

√适用 □不适用

1.按标的物类别列示

单位:元 币种:人民币

项目	期末账面余额	期初账面余额
证券		
票据		
贷款		
债券	75,000,750.00	
其中:国债	75,000,750.00	
减:坏账准备		
买入返售金融资产账面价值	75,000,750.00	

买入返售金融资产的说明

2. 按业务类别列示

单位:元 币种:人民币

项目	期末余额	年初余额
质押式回购	75,000,750.00	
减:减值准备		
合计	75,000,750.00	

3. 按剩余期限类别列示

单位:元 币种:人民币

项目	期末余额	年初余额
1 个月以内	75,000,750.00	

(七)应收利息

√适用 □不适用

单位:元 币种:人民币

项目	期末余额	期初余额
发放贷款和垫款	15,466,666.66	4,975,811.11
其他	1,029.70	
合计	15,467,696.36	4,975,811.11

应收利息的说明

期末无逾期利息。

(八)发放贷款和垫款

1. 贷款和垫款按个人和企业分布情况

√适用 □不适用

单位:元 币种:人民币

项目	期末账面余额	期初账面余额
个人贷款和垫款		
-信用卡		
-住房抵押		
-其他		
企业贷款和垫款	3,894,031,016.20	2,543,120,000.00
-贷款		
-贴现		
-其他		
贷款和垫款总额	3,894,031,016.20	2,543,120,000.00
减:贷款损失准备		
其中:单项计提数		
组合计提数		
贷款和垫款账面价值	3,894,031,016.20	2,543,120,000.00

期末无逾期贷款,均为正常类贷款。

2. 发放贷款按行业分布情况

√适用 □不适用

单位:元 币种:人民币

行业分布	期末账面余额	比例(%)	期初账面余额	比例(%)
房地产业	1,742,000,000.00		150,000,000.00	
批发和零售业	937,063,425.00		250,000,000.00	
文化、体育和娱乐业	549,967,591.20			
租赁和商务服务业	480,000,000.00		510,000,000.00	
信息传输、计算机服务和软件业	145,000,000.00		420,000,000.00	
科学研究、技术服务和地质勘查业	40,000,000.00		40,000,000.00	
电力、燃气及水的生产和供应业			623,120,000.00	
农牧业、渔业			150,000,000.00	
制造业			400,000,000.00	
采掘业				
建筑业				
金融保险业				
其他行业				
贷款和垫款总额	3,894,031,016.20		2,543,120,000.00	

续表

行业分布	期末账面余额	比例(%)	期初账面余额	比例(%)
减:贷款损失准备				
其中:单项计提数				
组合计提数				
贷款和垫款账面价值	3,894,031,016.20		2,543,120,000.00	

3. 贷款和垫款按地区分布情况

√适用 □不适用

单位:元 币种:人民币

地区分布	期末账面余额	比例(%)	期初账面余额	比例(%)
华南地区				
华北地区				
上海	2,612,000,000.00		1,508,120,000.00	
北京	1,044,967,591.20		395,000,000.00	
四川	137,063,425.00			
海南	60,000,000.00			
湖南	40,000,000.00		40,000,000.00	
重庆			300,000,000.00	
江苏			200,000,000.00	
江西			100,000,000.00	
其他地区				
贷款和垫款总额	3,894,031,016.20		2,543,120,000.00	
减:贷款损失准备				
其中:单项计提数				
组合计提数				
贷款和垫款账面价值	3,894,031,016.20		2,543,120,000.00	

4. 贷款和垫款按担保方式分布情况

√适用 □不适用

单位:元 币种:人民币

项目	期末账面余额	期初账面余额
信用贷款	1,862,000,000.00	1,278,120,000.00
保证贷款	1,182,063,425.00	895,000,000.00
附担保物贷款	849,967,591.20	370,000,000.00
其中:抵押贷款	260,000,000.00	150,000,000.00
质押贷款	589,967,591.20	220,000,000.00
贷款和垫款总额	3,894,031,016.20	2,543,120,000.00
减:贷款损失准备		

续表

项目	期末账面余额	期初账面余额
其中：单项计提数		
组合计提数		
贷款和垫款账面价值	3,894,031,016.20	2,543,120,000.00

5. 逾期贷款

□适用 √不适用

6. 贷款损失准备

□适用 √不适用

（九）划分为持有待售的资产

□适用 √不适用

（十）可供出售金融资产

1. 可供出售金融资产情况

√适用 □不适用

单位：元 币种：人民币

项目	期末余额			期初余额		
	账面余额	减值准备	账面价值	账面余额	减值准备	账面价值
可供出售债务工具：						
可供出售权益工具：	4,650,870,809.68		4,650,870,809.68	1,606,601,947.27		1,606,601,947.27
按公允价值计量的	3,596,915,380.48		3,596,915,380.48	1,606,601,947.27		1,606,601,947.27
按成本计量的	1,053,955,429.20		1,053,955,429.20			—
合计	4,650,870,809.68		4,650,870,809.68	1,606,601,947.27		1,606,601,947.27

2. 期末按公允价值计量的可供出售金融资产

√适用 □不适用

单位：元 币种：人民币

可供出售金融资产分类	可供出售权益工具	可供出售债务工具	可供出售－资管计划	可供出售－基金	可供出售－信托计划	合计
权益工具的成本/债务工具的摊余成本			434,047,679.00	300,000,000.00	2,830,000,000.00	3,564,047,679.00
公允价值			462,193,524.04	304,721,856.44	2,830,000,000.00	3,596,915,380.48
累计计入其他综合收益的公允价值变动金额			28,145,845.04	4,721,856.44		32,867,701.48
已计提减值金额						

3. 期末按成本计量的可供出售金融资产

√适用 □不适用

单位：元 币种：人民币

被投资单位	账面余额				减值准备				在被投资单位持股比例（%）	本期现金红利
	期初	本期增加	本期减少	期末	期初	本期增加	本期减少	期末		
渤海人寿保险股份有限公司		500,000,000.00		500,000,000.00					3.85	
营口银行股份有限公司		438,707,315.20		438,707,315.20					4.27	
中国信托登记有限责任公司		60,000,000.00		60,000,000.00					2.00	

续表

被投资单位	账面余额				减值准备				在被投资单位持股比例（%）	本期现金红利
	期初	本期增加	本期减少	期末	期初	本期增加	本期减少	期末		
杭州鼎晖新趋势股权投资合伙企业（有限合伙）		60,000,000.00	4,751,886.00	55,248,114.00						1,150,757.44
合计		1,058,707,315.20	4,751,886.00	1,053,955,429.20					/	1,150,757.44

4. 报告期内可供出售金融资产减值的变动情况

□适用√不适用

5. 可供出售权益工具期末公允价值严重下跌或非暂时性下跌但未计提减值准备的相关说明：

□适用√不适用

其他说明

□适用√不适用

（十一）持有至到期投资

1. 持有至到期投资情况：

□适用 √不适用

2. 期末重要的持有至到期投资：

□适用 √不适用

3. 本期重分类的持有至到期投资：

□适用 √不适用

其他说明：

□适用 √不适用

（十二）应收款项类投资

□适用 √不适用

（十三）长期股权投资

√适用 □不适用

单位：元 币种：人民币

被投资单位	期初余额	本期增减变动							期末余额	减值准备期末余额
		追加投资	减少投资	权益法下确认的投资损益	其他综合收益调整	其他权益变动	宣告发放现金股利或利润	计提减值准备	其他		
一、合营企业											
小计											
二、联营企业											
泸州市商业银行股份有限公司		337,701,204.17		23,949,490.40						361,650,694.57	
大童保险销售服务有限公司		507,500,000.00		1,628,465.28						509,128,465.28	
小计		845,201,204.17		25,577,955.68						870,779,159.85	
合计		845,201,204.17		25,577,955.68						870,779,159.85	

（十四）投资性房地产

投资性房地产计量模式

1. 未办妥产权证书的投资性房地产情况：

□适用 √不适用

其他说明

□适用 √不适用

（十五）固定资产

1. 固定资产情况

√适用 □不适用

单位：元 币种：人民币

项目	房屋及建筑物	机器设备	专用设备	运输工具	其他设备	合计
一、账面原值：						
1. 期初余额			5,293,859.30	9,388,624.60	3,303,473.20	17,985,957.10

续表

项目	房屋及建筑物	机器设备	专用设备	运输工具	其他设备	合计
2. 本期增加金额			1,477,471.90		579,125.25	2,056,597.15
(1)购置			856,596.33		119,969.45	976,565.78
(2)在建工程转入			620,875.57		459,155.80	1,080,031.37
(3)企业合并增加						
3. 本期减少金额			301,476.00		155,236.00	456,712.00
(1)处置或报废			301,476.00		155,236.00	456,712.00
4. 期末余额			6,469,855.20	9,388,624.60	3,727,362.45	19,585,842.25
二、累计折旧						
1. 期初余额			3,016,305.28	5,563,493.38	768,370.67	9,348,169.33
2. 本期增加金额			1,130,522.02	1,697,488.97	552,179.83	3,380,190.82
(1)计提			1,130,522.02	1,697,488.97	552,179.83	3,380,190.82
3. 本期减少金额			286,402.21		147,474.20	433,876.41
(1)处置或报废			286,402.21		147,474.20	433,876.41
4. 期末余额			3,860,425.09	7,260,982.35	1,173,076.30	12,294,483.74
三、减值准备						
1. 期初余额						
2. 本期增加金额						
(1)计提						
3. 本期减少金额						
(1)处置或报废						
4. 期末余额						
四、账面价值						
1. 期末账面价值			2,609,430.11	2,127,642.25	2,554,286.15	7,291,358.51
2. 期初账面价值			2,277,554.02	3,825,131.22	2,535,102.53	8,637,787.77

2. 暂时闲置的固定资产情况

□适用 √不适用

3. 通过融资租赁租入的固定资产情况

□适用 √不适用

4. 通过经营租赁租出的固定资产

□适用 √不适用

5. 未办妥产权证书的固定资产情况

□适用 √不适用

其他说明:

√适用 □不适用

期末无用于担保或抵押的固定资产。

(十六)在建工程

1. 在建工程情况

√适用 □不适用

单位:元 币种:人民币

项目	期末余额			期初余额		
	账面余额	减值准备	账面价值	账面余额	减值准备	账面价值
办公系统	822,304.47		822,304.47	100,000.00		100,000.00
合计	822,304.47		822,304.47	100,000.00		100,000.00

2. 重要在建工程项目本期变动情况

□适用 √不适用

3. 本期计提在建工程减值准备情况：

□适用 √不适用

其他说明

□适用 √不适用

(十七)无形资产

1. 无形资产情况

√适用 □不适用

单位：元　币种：人民币

项目	土地使用权	专利权	非专利技术	软件	合计
一、账面原值					
1. 期初余额				10,041,383.00	10,041,383.00
2. 本期增加金额				549,772.61	549,772.61
(1)购置				549,772.61	549,772.61
(2)内部研发					
(3)企业合并增加					
3. 本期减少金额					
(1)处置					
4. 期末余额				10,591,155.61	10,591,155.61
二、累计摊销					
1. 期初余额				3,988,640.34	3,988,640.34
2. 本期增加金额				1,953,535.46	1,953,535.46
(1)计提				1,953,535.46	1,953,535.46
3. 本期减少金额					
(1)处置					
4. 期末余额				5,942,175.80	5,942,175.80
三、减值准备					
1. 期初余额					
2. 本期增加金额					
(1)计提					
3. 本期减少金额					
(1)处置					
4. 期末余额					
四、账面价值					
1. 期末账面价值				4,648,979.81	4,648,979.81
2. 期初账面价值				6,052,742.66	6,052,742.66

2. 未办妥产权证书的土地使用权情况：

□适用 √不适用

其他说明：

√适用 □不适用

期末无用于担保或抵押的无形资产。

(十八)商誉

1. 商誉账面原值

□适用 √不适用

2. 商誉减值准备

□适用 √不适用

其他说明

□适用 √不适用

(十九)长期待摊费用

单位：元　币种：人民币

项　目	年初余额	本期增加	本期摊销	期末余额
办公场所装修费	13,818,112.51	2,024,204.51	3,546,370.18	12,295,946.84

（二十）其他资产

√适用　□不适用

单位：元　币种：人民币

项目	期末账面价值	期初账面价值
存出保证金		
应收股利		
抵债资产		
应收手续费及佣金	237,186,499.91	237,617,878.66
其他应收款	227,557,283.60	266,731,395.44
预付账款	799,891.51	
合计	465,543,675.02	504,349,274.10

1. 应收手续费及佣金

（1）应收手续费及佣金分类披露

单位：元　币种：人民币

类　别	期末余额					年初余额				
	账面余额		坏账准备		账面价值	账面余额		坏账准备		账面价值
	金额	比例（%）	金额	计提比例（%）		金额	比例（%）	金额	计提比例（%）	
单项金额重大并单独计提坏账准备的应收手续费及佣金	186,746,510.99	78.26	1,120,479.07	0.60	185,626,031.92	174,452,400.00	72.98	1,046,714.40	0.60	173,405,685.60
按信用风险特征组合计提坏账准备的应收手续费及佣金	51,871,698.18	21.74	311,230.19	0.60	51,560,467.99	64,599,791.81	27.02	387,598.75	0.60	64,212,193.06
单项金额不重大但单独计提坏账准备的应收手续费及佣金										
合　计	238,618,209.17	100.00	1,431,709.26	/	237,186,499.91	239,052,191.81	100.00	1,434,313.15		237,617,878.66

应收手续费及佣金种类的说明：

期末单项金额重大并单项计提坏账准备的应收手续费及佣金

单位：元　币种：人民币

应收手续费及佣金（按单位）	期末余额			
	应收手续费及佣金	坏账准备	计提比例（%）	计提理由
信托项目A	103,665,955.43	621,995.74	0.60	项目正常且账龄1年以内
信托项目B	35,000,000.00	210,000.00	0.60	项目正常且账龄1年以内
信托项目C	16,700,000.00	100,200.00	0.60	项目正常且账龄1年以内
信托项目D	16,380,555.56	98,283.33	0.60	项目正常且账龄1年以内
信托项目E	15,000,000.00	90,000.00	0.60	项目正常且账龄1年以内
合计	186,746,510.99	1,120,479.07		

组合中，采用余额百分比法计提坏账准备的应收手续费及佣金

单位：元　币种：人民币

余额百分比	期末余额		
	应收手续费及佣金	坏账准备	计提比例（%）
0.6%	51,871,698.18	311,230.19	0.60

（2）本期计提、转回或收回的坏账准备情况

本期计提坏账准备金额-2,603.89元。

（3）按欠款方归集的期末余额前五名的应收手续费及佣金情况

单位：元　币种：人民币

单位名称	期末余额		
	应收手续费及佣金	占应收手续费及佣金合计数的比例（%）	坏账准备
信托项目A	103,665,955.43	43.44	621,995.74
信托项目B	35,000,000.00	14.67	210,000.00
信托项目C	16,700,000.00	7.00	100,200.00
信托项目D	16,380,555.56	6.86	98,283.33
信托项目E	15,000,000.00	6.29	90,000.00
合　计	186,746,510.99	78.26	1,120,479.07

2.其他应收款补充披露

（1）其他应收款按性质披露

单位：元　币种：人民币

项　目	期末余额						
	账面余额					坏账准备	净值
	1年以内	1-2年	2-3年	3年以上	合计		
租赁押金	588,476.78	2,337,342.80	3,798,708.00	1,455,520.00	8,180,047.58	49,080.29	8,130,967.29
预付房租	5,933,333.76				5,933,333.76	35,600.00	5,897,733.76
代垫款	141,544,588.28	8,888,837.50	529,618.00	375,005.00	151,338,048.78	908,028.29	150,430,020.49

续表

项目	期末余额						
	账面余额					坏账准备	净值
	1年以内	1-2年	2-3年	3年以上	合计		
认缴信托业保障基金	45,213,932.99	18,046,373.35			63,260,306.34	379,561.84	62,880,744.50
其他	219,132.35				219,132.35	1,314.79	217,817.56
合计	193,499,464.16	29,272,553.65	4,328,326.00	1,830,525.00	228,930,868.81	1,373,585.21	227,557,283.60

项目	年初余额						
	账面余额					坏账准备	净值
	1年以内	1-2年	2-3年	3年以上	合计		
租赁押金	2,337,342.80	3,862,708.00	1,455,240.00	280.00	7,655,570.80	45,933.42	7,609,637.38
预付房租	5,933,333.32				5,933,333.32	35,600.00	5,897,733.32
代垫款	165,069,920.32	822,329.04	1,039,587.42	121,049,424.00	287,981,260.78	61,924,357.74	226,056,903.04
认缴信托业保障基金	18,046,373.35				18,046,373.35	108,278.24	17,938,095.11
保证金	9,000,000.00				9,000,000.00	54,000.00	8,946,000.00
其他	284,735.00				284,735.00	1,708.41	283,026.59
合计	200,671,704.79	4,685,037.04	2,494,827.42	121,049,704.00	328,901,273.25	62,169,877.81	266,731,395.44

（2）其他应收款按种类披露

单位：元币种：人民币

类别	期末余额					年初余额				
	账面余额		坏账准备		账面价值	账面余额		坏账准备		账面价值
	金额	比例（%）	金额	计提比例（%）		金额	比例（%）	金额	计提比例（%）	
单项金额重大并单独计提坏账准备的其他应收款	167,552,472.79	73.19	1,005,314.83	0.60	166,547,157.96	250,644,398.89	76.20	61,476,831.92	24.53	189,167,566.97
按信用风险特征组合计提坏账准备的其他应收款	61,378,396.02	26.81	368,270.38	0.60	61,010,125.64	78,032,020.59	23.73	468,192.12	0.60	77,563,828.47
单项金额不重大但单独计提坏账准备的其他应收款						224,853.77	0.07	224,853.77	100.00	
合计	228,930,868.81	100.00	1,373,585.21		227,557,283.60	328,901,273.25	100.00	62,169,877.81		266,731,395.44

其他应收款种类的说明：

期末单项金额重大并单项计提坏账准备的其他应收款

单位：元　币种：人民币

其他应收款（按单位）	期末余额			
	其他应收款	坏账准备	计提比例（%）	计提理由
中国信托业保障基金有限责任公司	63,260,306.34	379,561.84	0.60	信托保障基金
信托项目F	60,778,277.13	364,669.66	0.60	期后收回
信托项目G	21,000,000.00	126,000.00	0.60	代垫款
公司H	14,355,555.56	86,133.33	0.60	代垫款
上海三至酒店投资管理有限公司	8,158,333.76	48,950.00	0.60	预付房租及押金
合　计	167,552,472.79	1,005,314.83		

组合中，采用余额百分比法计提坏账准备的其他应收款：

单位：元　币种：人民币

余额百分比	期末余额		
	其他应收款	坏账准备	计提比例（%）
0.60%	61,378,396.02	368,270.38	0.60

（3）本期计提、转回或收回的坏账准备情况

本期计提坏账准备金额 -95,883.08 元。

（4）本期实际核销的其他应收款情况

单位：元　币种：人民币

项　目	核销金额
实际核销的其他应收款	60,700,409.52

其中重要的其他应收款核销情况：

单位：元　币种：人民币

单位名称	其他应收款性质	核销金额	核销原因	履行的核销程序	款项是否因关联交易产生
信托项目F	代垫款	60,700,409.52	资产处置	董事会决议	否

（5）按欠款方归集的期末余额前五名的其他应收款情况

单位：元　币种：人民币

单位名称	款项性质	期末余额	账龄	占其他应收期末余额合计数的比例（%）	坏账准备期末余额
中国信托业保障基金有限责任公司	信托业保障基金	63,260,306.34	2年以内	27.63	379,561.84
信托项目F	代垫款	60,778,277.13	1年以内	26.56	364,669.66
信托项目G	代垫款	21,000,000.00	1年以内	9.17	126,000.00

续表

单位名称	款项性质	期末余额	账龄	占其他应收期末余额合计数的比例(%)	坏账准备期末余额
公司H	代垫款	14,355,555.56	1年以内	6.27	86,133.33
上海三至酒店投资管理有限公司	预付房租及押金	8,158,333.76	3年以内	3.56	48,950.00
合　计		167,552,472.79	/	73.19	1,005,314.83

(二十一)资产减值准备明细

√适用 □不适用

单位:元 币种:人民币

项目	期初账面余额	本期计提额	本期减少额			期末账面余额
			转回	转销	合计	
一、坏账准备—存放同业款项						
二、坏账准备—买入返售金融资产						
三、贷款损失准备—拆出资金						
四、贷款损失准备—发放贷款及垫款						
五、可供出售金融资产减值准备						
六、持有至到期投资减值准备						
七、应收利息减值准备						
八、长期股权投资减值准备						
九、固定资产减值准备						
十、在建工程减值准备						
十一、抵债资产跌价准备						
十二、坏账准备－应收手续费及佣金	1,434,313.15	-2,603.89				1,431,709.26
十三、坏账准备－其他应收款	62,169,877.81	-95,883.08		60,700,409.52	60,700,409.52	1,373,585.21
合　计	63,604,190.96	-98,486.97		60,700,409.52	60,700,409.52	2,805,294.47

(二十二)中央银行款项及国家外汇存款

□适用 √不适用

(二十三)同业及其他金融机构存放款项

□适用 √不适用

(二十四)拆入资金

□适用 √不适用

（二十五）以公允价值计量且其变动计入当期损益的金融负债

√适用 □不适用

单位：元 币种：人民币

项目	期末公允价值	期初公允价值
交易性金融负债		
指定为以公允价值计量且其变动计入当期损益的金融负债	1,124,526,394.10	
合　计	1,124,526,394.10	

其他说明：

其中，指定为以公允价值计量且其变动计入当期损益的金融负债

项目	期末余额	年初余额
结构化主体	1,124,526,394.10	

（二十六）卖出回购金融资产款

□适用 √不适用

（二十七）吸收存款

□适用 √不适用

（二十八）应付职工薪酬

1. 应付职工薪酬列示：

√适用 □不适用

单位：元 币种：人民币

项目	期初余额	本期增加	本期减少	期末余额
一、短期薪酬	382,418,583.13	448,476,822.31	283,873,672.32	547,021,733.12
二、离职后福利－设定提存计划		7,323,630.76	7,323,630.76	
三、辞退福利		476,432.84	476,432.84	
四、一年内到期的其他福利				
合　计	382,418,583.13	456,276,885.91	291,673,735.92	547,021,733.12

2. 短期薪酬列示：

√适用 □不适

单位：元 币种：人民币

项目	期初余额	本期增加	本期减少	期末余额
一、工资、奖金、津贴和补贴	374,176,303.45	433,334,880.19	272,131,528.09	535,379,655.55
二、职工福利费		762,358.38	762,358.38	
三、社会保险费		4,341,539.06	4,341,539.06	
其中：医疗保险费				
工伤保险费				
生育保险费				
四、住房公积金		2,608,313.00	2,608,313.00	
五、工会经费和职工教育经费	8,242,279.68	7,429,731.68	4,029,933.79	11,642,077.57
六、短期带薪缺勤				
七、短期利润分享计划				
合　计	382,418,583.13	448,476,822.31	283,873,672.32	547,021,733.12

3. 设定提存计划列示

√适用　□不适用

单位：元　币种：人民币

项目	期初余额	本期增加	本期减少	期末余额
1. 基本养老保险		6,930,093.22	6,930,093.22	
2. 失业保险费		393,213.54	393,213.54	
3. 企业年金缴费				
4. 其他		324.00	324.00	
合　计		7,323,630.76	7,323,630.76	

其他说明：

√适用　□不适用

职工教育经费计提标准：依据《关于企业职工教育经费提取与使用管理的意见》（财建〔2016〕317 号）按照工资奖金总额的 1.5% 计提职工教育经费。

（二十九）长期应付职工薪酬

1. 长期应付职工薪酬表

□适用　√不适用

2. 设定受益计划变动情况

设定受益计划义务现值：

□适用　√不适用

计划资产：

□适用　√不适用

设定受益计划净负债（净资产）

□适用　√不适用

设定受益计划的内容及与之相关风险、对公司未来现金流量、时间和不确定性的影响说明：

□适用　√不适用

设定受益计划重大精算假设及敏感性分析结果说明

□适用　√不适用

其他说明：

□适用　√不适用

（三十）应交税费

√适用　□不适用

单位：元　币种：人民币

项目	期末余额	期初余额
增值税	166,791,468.64	
消费税		
营业税		136,071,120.39
企业所得税	779,651,351.33	593,956,786.07
个人所得税	174,050.02	1,186,077.49
城市维护建设税	11,690,862.58	9,524,978.43
教育费附加	8,350,616.15	6,803,556.05
河道管理费	1,670,123.23	1,360,711.21
其他	2.60	2.65
合　计	968,328,474.55	748,903,232.29

（三十一）划分为持有待售的负债

□适用　√不适用

（三十二）预计负债

√适用　□不适用

单位：元　币种：人民币

项目	期初余额	期末余额	形成原因
对外提供担保			
未决诉讼			
产品质量保证			
重组义务			
待执行的亏损合同			
其他			
信托业务准备金	128,006,400.39	440,640,524.78	
合计	128,006,400.39	440,640,524.78	/

其他说明，包括重要预计负债的相关重要假设、估计说明：

预计负债的内容：受宏观经济面影响，信托行业出现非常态方式管理的业务占比上升。公司作为受托人，为了履行法定尽职管理职责，增强抗风险能力，期末以存续信托项目资产余额为基数，根据《信托公司净资本管理办法》的要求，折算成风险资本，再按照一定的比例计提信托业务准备金。

（三十三）递延所得税资产/递延所得税负债

1. 未经抵销的递延所得税资产

□适用 √不适用

2. 未经抵销的递延所得税负债

√适用 □不适用

单位：元 币种：人民币

项目	期末余额		期初余额	
	应纳税暂时性差异	递延所得税负债	应纳税暂时性差异	递延所得税负债
非同一控制企业合并资产评估增值				
以公允价值计量且变动计入当期损益的金融资产公允价值变动	440,698,487.04	110,174,621.76	180,831,026.72	45,207,756.68
可供出售金融资产公允价值变动	32,867,701.48	8,216,925.37	3,861,947.27	965,486.82
合　计	473,566,188.52	118,391,547.13	184,692,973.99	46,173,243.50

3. 以抵销后净额列示的递延所得税资产或负债：

□适用 √不适用

4. 未确认递延所得税资产明细

□适用 √不适用

5. 未确认递延所得税资产的可抵扣亏损将于以下年度到期

□适用 √不适用

其他说明：

□适用 √不适用

（三十四）应付债券

1. 应付债券

□适用 √不适用

2. 应付债券的增减变动：（不包括划分为金融负债的优先股、永续债等其他金融工具）

□适用 √不适用

3. 可转换公司债券的转股条件、转股时间说明：

□适用 √不适用

4. 划分为金融负债的其他金融工具说明：

□适用 √不适用

其他说明：

□适用 √不适用

（三十五）其他负债

√适用 □不适用

单位：元 币种：人民币

项　目	期末账面余额	期初账面余额
预收账款	399,691,667.77	238,307,275.17
其他应付款	1,664,765,810.33	1,305,317,947.09
应付股利	905,251.45	905,251.45
应付款项	1,257,085.73	
其他流动负债	142,000,000.00	
合计	2,208,619,815.28	1,544,530,473.71

1. 预收账款情况

单位：元 币种：人民币

项目	期末余额	年初余额
预收手续费及佣金	399,691,667.77	238,307,275.17

2. 其他应付款情况

单位：元 币种：人民币

项目	期末余额	年初余额
历史存款久悬户	9,012,342.64	9,012,342.64
借入信托业保障基金	1,600,000,000.00	1,200,000,000.00
应付手续费支出	6,460,761.26	11,348,131.02
保证金	16,000,000.00	
暂收项目款及其他	33,292,706.43	84,957,473.43
合计	1,664,765,810.33	1,305,317,947.09

3. 应付股利

单位：元 币种：人民币

单位名称	期末余额	年初余额	超过一年未支付原因
少数股东	905,251.45	905,251.45	股东尚未领取

4. 应付款项

单位：元 币种：人民币

项目	期末余额	年初余额
结构化主体应付管理人报酬等	1,257,085.73	

5. 其他流动负债

单位：元 币种：人民币

项目	期末余额	年初余额
结构化主体应付其他委托人负债	142,000,000.00	

（三十六）股本

√适用 □不适用

单位：元 币种：人民币

	期初余额	本次变动增减（+、-）					期末余额
		发行新股	送股	公积金转股	其他	小计	
1. 有限售条件股份							
（1）国家持股							
（2）国有法人持股							
（3）其他内资持股	634,615,383.00	301,753,323.00				301,753,323.00	936,368,706.00
其中：							
境内法人持股	634,615,383.00	301,753,323.00				301,753,323.00	936,368,706.00
境内自然人持股							
（4）外资持股							
其中：							
境外法人持股							
境外自然人持股							
有限售条件股份合计	634,615,383.00	301,753,323.00				301,753,323.00	936,368,706.00
2. 无限售条件流通股份							
（1）人民币普通股	1,135,274,445.00						1,135,274,445.00
（2）境内上市的外资股							
（3）境外上市的外资股							
（4）其他							
无限售条件流通股份合计	1,135,274,445.00						1,135,274,445.00
股份总数	1,769,889,828.00	301,753,323.00				301,753,323.00	2,071,643,151.00

其他说明:

本期股本变动说明:

向上海国之杰投资发展有限公司等5家特定对象非公开发行人民币普通股(A股)

根据公司第七届董事会第三十次会议及2015年第三次临时股东大会决议,并经中国银行业监督管理委员会上海监管局"沪银监复〔2016〕6号"文、中国证券监督管理委员会"证监许可〔2016〕2956号"文核准,公司以非公开发行方式向上海国之杰投资发展有限公司等5家特定对象发行人民币普通股(A股)301,753,323股,发行价为16.54元/股,均为现金认购。

2016年12月23日,立信会计师事务所(特殊普通合伙)出具了"信会师报字〔2016〕第116651号"验资报告。经审验,截至2016年12月23日止,公司已收到主承销商之海通证券股份有限公司划转的股票募集款人民币4,975,999,962.42元(发行收入人民币4,990,999,962.42元,扣除承销费人民币14,000,000.00元、保荐费人民币1,000,000.00元)。均以货币出资。公司发行收入人民币4,990,999,962.42元,扣除承销费、保荐费以及各项其他发行费用后实际募集资金净额为人民币4,973,006,952.83元。其中增加实收资本(股本)人民币301,753,323.00元,增加资本公积-股本溢价人民币4,671,253,629.83元。

(三十七)库存股

□适用 √不适用

(三十八)其他权益工具

1.期末发行在外的优先股、永续债等其他金融工具基本情况

□适用 √不适用

2.期末发行在外的优先股、永续债等金融工具变动情况表

□适用 √不适用

其他说明:

□适用 √不适用

(三十九)资本公积

√适用 □不适用

单位:元 币种:人民币

项目	期初余额	本期增加	本期减少	期末余额
资本溢价(股本溢价)	1,793,118,955.12	4,671,253,629.83		6,464,372,584.95
其他资本公积	33,980,373.88			33,980,373.88
合计	1,827,099,329.00	4,671,253,629.83		6,498,352,958.83

其他说明,包括本期增减变动情况、变动原因说明:

资本公积-股本溢价增加4,671,253,629.83元原因见附注五(三十六)。

(四十)其他综合收益

√适用 □不适用

单位:元 币种:人民币

项目	期初余额	本期发生金额					期末余额
		本期所得税前发生额	减:前期计入其他综合收益当期转入损益	减:所得税费用	税后归属于母公司	税后归属于少数股东	
一、以后不能重分类进损益的其他综合收益							
其中:重新计算设定受益计划净负债和净资产的变动							
权益法下在被投资单位不能重分类进损益的其他综合收益中享有的份额							
二、以后将重分类进损益的其他综合收益	2,896,460.45	29,005,754.21		7,251,438.55	21,754,315.66		24,650,776.11
其中:权益法下在被投资单位以后将重分类进损益的其他综合收益中享有的份额							

续表

项目	期初余额	本期发生金额					期末余额
		本期所得税前发生额	减:前期计入其他综合收益当期转入损益	减:所得税费用	税后归属于母公司	税后归属于少数股东	
可供出售金融资产公允价值变动损益	2,896,460.45	29,005,754.21		7,251,438.55	21,754,315.66		24,650,776.11
持有至到期投资重分类为可供出售金融资产损益							
现金流量套期损益的有效部分							
外币财务报表折算差额							
其他综合收益合计	2,896,460.45	29,005,754.21		7,251,438.55	21,754,315.66		24,650,776.11

（四十一）盈余公积

√适用 □不适用

单位:元 币种:人民币

项目	期初余额	本期增加	本期减少	期末余额
法定盈余公积	314,660,547.47	303,394,744.77		618,055,292.24
任意盈余公积				
储备基金				
企业发展基金				
其他				
合计	314,660,547.47	303,394,744.77		618,055,292.24

（四十二）一般风险准备

√适用 □不适用

单位:元 币种:人民币

项目	期初余额	本期计提	计提比例%	本期减少	期末余额
信托赔偿准备金	174,647,398.18	151,697,372.39			326,344,770.57
一般准备	67,036,541.26	77,283,077.95			144,319,619.21
合计	241,683,939.44	228,980,450.34			470,664,389.78

一般风险准备说明:

（1）根据公司章程规定,公司按照税后净利润的5%提取信托赔偿准备金;

（2）根据财政部颁布的《金融企业准备金计提管理办法》（财金〔2012〕20号）及公司章程,为了防范经营风险,增强金融企业抵御风险能力,计提一般准备。公司根据标准法对风险资产进行潜在风险估值,按潜在风险估计值与资产减值准备的差额,对风险资产计提一般准备。原则上一般准备余额不低于风险资产期末余额的1.5%。

（四十三）未分配利润

√适用 □不适用

单位:元 币种:人民币

项目	本期	提取或分配比例
调整前上期末未分配利润	2,152,689,192.53	
调整期初未分配利润合计数（调增+,调减-）		
调整后期初未分配利润	2,152,689,192.53	

续表

项目	本期	提取或分配比例
加:本期归属于母公司所有者的净利润	3,033,947,447.70	
减:提取法定盈余公积	303,394,744.77	10.00%
提取任意盈余公积		
提取一般风险准备	228,980,450.34	见附注五(四十二)
应付普通股股利	619,461,439.80	注
转作股本的普通股股利		
期末未分配利润	4,034,800,005.32	

注:公司根据2016年3月29日通过的2015年度股东大会决议,以2015年末总股本为基数,向全体股东每10股派发3.5元(含税)现金红利,共计派发现金股利619,461,439.80元,于2016年4月派发完毕。

(四十四)利息净收入

√适用 □不适用

单位:元 币种:人民币

项目	本期发生额	上期发生额
利息收入	326,509,529.46	265,999,234.10
存放同业	8,825,189.03	9,329,849.93
存放中央银行		
拆出资金		
发放贷款及垫款	316,559,918.00	256,669,384.17
其中:个人贷款和垫款		
公司贷款和垫款	316,559,918.00	256,669,384.17
票据贴现		
买入返售金融资产		
债券投资		
其他		
信托业保障基金	1,124,422.43	
其中:已减值金融资产利息收入		
利息支出	148,832,997.43	777.78
同业存放		
向中央银行借款		
拆入资金		
吸收存款		
发行债券		
卖出回购金融资产		
其他		
信托业保障基金	138,316,666.67	
同业拆借	1,310,763.89	777.78

续表

项目	本期发生额	上期发生额
结构化主体	9,205,566.87	
利息净收入	177,676,532.03	265,998,456.32

利息净收入的说明：

无

（四十五）手续费及佣金净收入

√适用 □不适用

单位：元 币种：人民币

项目	本期发生额	上期发生额
手续费及佣金收入：	4,524,108,944.15	2,331,343,662.15
结算与清算手续费		
代理业务手续费		
信用承诺手续费及佣金		
银行卡手续费		
顾问和咨询费		
托管及其他受托业务佣金		
其他		
信托报酬	4,393,423,148.21	2,207,737,206.28
中间业务收入	130,685,795.94	123,606,455.87
手续费及佣金支出	7,966,916.35	13,592,009.14
手续费支出		
佣金支出		
手续费及佣金净收入	4,516,142,027.80	2,317,751,653.01

手续费及佣金净收入的说明：

无

（四十六）投资收益

√适用 □不适用

单位：元 币种：人民币

项目	本期发生额	上期发生额
权益法核算的长期股权投资收益	25,577,955.68	
处置长期股权投资产生的投资收益		
以公允价值计量且其变动计入当期损益的金融资产在持有期间的投资收益		
处置以公允价值计量且其变动计入当期损益的金融资产取得的投资收益	243,529,355.05	72,622,711.99
持有至到期投资在持有期间的投资收益		
可供出售金融资产等取得的投资收益		
处置可供出售金融资产取得的投资收益	10,666,998.19	117,850,356.78
丧失控制权后，剩余股权按公允价值重新计量产生的利得		
买入返售金融资产收益		
合计	279,774,308.92	190,473,068.77

其他说明：
无

（四十七）公允价值变动收益/（损失）
√适用 □不适用

单位：元 币种：人民币

项目	本期发生额	上期发生额
交易性金融工具		
指定为以公允价值计量且其变动计入当期损益的金融工具	272,366,175.00	180,544,162.05
衍生工具		
其他		
合计	272,366,175.00	180,544,162.05

公允价值变动收益的说明：
无

（四十八）税金及附加
√适用 □不适用

单位：元 币种：人民币

项目	本期发生额	上期发生额
消费税		
营业税	59,681,833.86	138,934,305.77
城市维护建设税	20,315,205.25	9,725,401.40
教育费附加	14,510,860.90	6,946,715.29
资源税		
房产税		
土地使用税		
车船使用税		
印花税		
其他	2,902,172.18	1,389,343.05
合计	97,410,072.19	156,995,765.51

其他说明：
无

（四十九）业务及管理费
√适用 □不适用

单位：元 币种：人民币

项目	本期发生额	上期发生额
电子设备运转费		
安全防范费		
物业管理费		
其他		
职工薪酬	456,276,885.91	329,254,037.17
租赁费	43,086,066.74	36,619,506.10
中介机构费用	15,416,417.81	7,783,276.07
资产折旧及摊销	8,880,096.46	7,324,069.40

续表

项目	本期发生额	上期发生额
信托业务准备金	542,634,124.39	66,263,994.28
业务经费及其他	59,758,355.95	42,419,642.03
合计	1,126,051,947.26	489,664,525.05

业务及管理费的说明：

无

（五十）资产减值损失

√适用 □不适用

单位：元 币种：人民币

项目	本期发生额	上期发生额
一、坏账准备—存放同业款项		
二、坏账准备—买入返售金融资产		
三、贷款损失准备—拆出资金		
四、贷款损失准备—发放贷款及垫款		
五、可供出售金融资产减值准备		
六、持有至到期投资减值准备		
七、应收利息减值准备		
八、长期股权投资减值准备		
九、固定资产减值准备		
十、在建工程减值准备		
十一、抵债资产跌价准备		
坏账损失	-98,486.97	2,472,010.71
合计	-98,486.97	2,472,010.71

（五十一）营业外收入

√适用 □不适用

1. 营业外收入情况

单位：元 币种：人民币

项目	本期发生额	上期发生额	计入当期非经常性损益的金额
非流动资产处置利得合计			
其中：固定资产处置利得			
无形资产处置利得			
债务重组利得			
非货币性资产交换利得			
接受捐赠			
政府补助	130,803,000.00	55,835,695.01	130,803,000.00
其他	11,725,614.78	460,368.48	11,725,614.78
合计	142,528,614.78	56,296,063.49	142,528,614.78

2. 计入当期损益的政府补助　　√适用　□不适用

单位：元　币种：人民币

补助项目	本期发生金额	上期发生金额	与资产相关/与收益相关
扶持资金	130,803,000.00	52,011,000.00	与收益相关
创新业务研发补助		3,824,695.01	与收益相关
合计	130,803,000.00	55,835,695.01	/

其他说明：

□适用　√不适用

（五十二）营业外支出

√适用　□不适用

单位：元　币种：人民币

项目	本期发生额	上期发生额	计入当期非经常性损益的金额
非流动资产处置损失合计	22,835.59	99,251.48	22,835.59
其中：固定资产处置损失	22,835.59	99,251.48	22,835.59
无形资产处置损失			
债务重组损失			
非货币性资产交换损失			
对外捐赠	11,880,000.00	366,000.00	11,880,000.00
诉讼赔偿金		30,180.47	
合计	11,902,835.59	495,431.95	11,902,835.59

其他说明：

无

（五十三）所得税费用

1. 所得税费用表

√适用　□不适用

单位：元　币种：人民币

项目	本期发生额	上期发生额
当期所得税费用	1,054,306,977.68	594,079,446.93
递延所得税费用	64,966,865.08	45,207,756.68
合计	1,119,273,842.76	639,287,203.61

2. 会计利润与所得税费用调整过程：　　√适用　□不适用

单位：元　币种：人民币

项目	本期发生额	上期发生额
利润总额	4,153,221,290.46	2,361,435,670.42
按法定/适用税率计算的所得税费用	1,038,305,322.62	590,358,917.61
子公司适用不同税率的影响		
调整以前期间所得税的影响		
非应税收入的影响	-6,394,488.92	
不可抵扣的成本、费用和损失的影响	1,266,534.54	1,102,404.33
使用前期未确认递延所得税资产的可抵扣亏损的影响		

续表

项目	本期发生额	上期发生额
本期未确认递延所得税资产的可抵扣暂时性差异或可抵扣亏损的影响	113,034,696.85	55,628,220.81
以前年度汇算清缴差异	-11,763,119.95	122,660.86
诉讼赔偿和坏账核销的影响	-15,175,102.38	-7,925,000.00
所得税费用	1,119,273,842.76	639,287,203.61

其他说明:

□适用 √不适用

(五十四)基本每股收益和稀释每股收益的计算过程:

□适用 √不适用

(五十五)现金流量表项目

1.收到的其他与经营活动有关的现金:

√适用 □不适用

单位:元 币种:人民币

项目	本期发生额	上期发生额
借入信托业保障基金	400,000,000.00	1,200,000,000.00
代收代付款	107,527,340.30	12,558,333.33
收到各种形式的政府补贴	130,803,000.00	52,011,000.00
保证金	25,000,000.00	
其他	11,991,216.99	2,955,205.04
合计	675,321,557.29	1,267,524,538.37

2.支付的其他与经营活动有关的现金:

√适用 □不适用

单位:元 币种:人民币

项目	本期发生额	上期发生额
支付信托业务准备金	230,000,000.00	47,000,000.00
垫付信托项目款及支付尾款	86,693,977.18	89,223,328.02
认缴信托业保障基金	45,213,932.99	18,046,373.35
支付房租及物业费	43,086,066.74	36,619,506.10
支付办公费用	21,590,678.15	14,648,275.34
支付中介机构费用	16,082,927.24	8,017,076.07
支付招待费	12,215,345.36	11,024,043.33
捐赠支出	11,880,000.00	366,000.00
支付咨询及诉讼费	11,382,508.57	2,817,340.00
支付会务费及董事会会费	3,265,837.83	7,526,856.05
诉讼冻结资金		51,630,847.11
辽轮案诉讼赔偿		25,030,180.47
支付购买资管计划保证金		9,000,000.00
支付零星往来款及费用	13,670,857.01	2,488,193.90
合计	495,082,131.07	323,438,019.74

支付的其他与经营活动有关的现金说明:

无

3. 收到的其他与投资活动有关的现金

□适用 √不适用

4. 支付的其他与投资活动有关的现金

□适用 √不适用

5. 收到的其他与筹资活动有关的现金

□适用 √不适用

6. 支付的其他与筹资活动有关的现金

□适用 √不适用

(五十六)现金流量表补充资料

1. 现金流量表补充资料

√适用 □不适用

单位:元 币种:人民币

补充资料	本期金额	上期金额
1. 将净利润调节为经营活动现金流量:		
净利润	3,033,947,447.70	1,722,148,466.81
加:资产减值准备	-98,486.97	2,472,010.71
固定资产折旧、油气资产折耗、生产性生物资产折旧	3,380,190.82	3,486,412.80
无形资产摊销	1,953,535.46	1,657,853.93
长期待摊费用摊销	3,546,370.18	2,179,802.67
处置固定资产、无形资产和其他长期资产的损失(收益以“-”号填列)		
固定资产报废损失(收益以“-”号填列)	22,835.59	99,251.48
公允价值变动损失(收益以“-”号填列)	-272,366,175.00	-180,544,162.05
财务费用(收益以“-”号填列)		
投资损失(收益以“-”号填列)	-279,774,308.92	-190,473,068.77
递延所得税资产减少(增加以“-”号填列)		
递延所得税负债增加(减少以“-”号填列)	64,966,865.08	45,207,756.68
存货的减少(增加以“-”号填列)		
经营性应收项目的减少(增加以“-”号填列)	-772,531,224.20	-1,205,097,597.95
经营性应付项目的增加(减少以“-”号填列)	1,201,541,292.35	1,656,972,309.65
其他	9,205,566.87	-51,630,847.11
经营活动产生的现金流量净额	2,993,793,908.96	1,806,478,188.85
2. 不涉及现金收支的重大投资和筹资活动:		
债务转为资本		
一年内到期的可转换公司债券		
融资租入固定资产		
3. 现金及现金等价物净变动情况:		
现金的期末余额	3,393,842,115.89	1,296,446,337.69
减:现金的期初余额	1,296,446,337.69	377,449,751.18
加:现金等价物的期末余额		
减:现金等价物的期初余额		
现金及现金等价物净增加额	2,097,395,778.20	918,996,586.51

2. 本期支付的取得子公司的现金净额

□适用　√不适用

3. 本期收到的处置子公司的现金净额

□适用　√不适用

4. 现金和现金等价物的构成

√适用　□不适用

单位：元　币种：人民币

项目	期末余额	期初余额
一、现金	3,393,842,115.89	1,296,446,337.69
其中：库存现金	21,552.35	11,716.91
可随时用于支付的银行存款		
可随时用于支付的其他货币资金		
可用于支付的存放中央银行款项		
存放同业款项	3,393,820,563.54	1,296,434,620.78
拆放同业款项		
二、现金等价物		
其中：三个月内到期的债券投资		
三、期末现金及现金等价物余额	3,393,842,115.89	1,296,446,337.69
其中：母公司或集团内子公司使用受限制的现金和现金等价物		

其他说明：

□适用　√不适用

（五十七）所有权或使用权受到限制的资产

√适用　□不适用

单位：元　币种：人民币

项目	期末账面价值	受限原因
货币资金		
应收票据		
存货		
固定资产		
无形资产		
存放同业款项	51,630,847.11	诉讼冻结
合计	51,630,847.11	/

其他说明：

无

（五十八）外币货币性项目

1. 外币货币性项目：

□适用　√不适用

2. 境外经营实体说明，包括对于重要的境外经营实体，应披露其境外主要经营地、记账本位币及选择依据，记账本位币发生变化的还应披露原因。

□适用　√不适用

（五十九）套期

□适用　√不适用

（六十）其他

□适用　√不适用

六、资产证券化业务的会计处理

□适用　√不适用

七、合并范围的变更

纳入合并范围的结构化主体

本公司对结构化主体是否应纳入合并范围进行判断，包括本公司作为受托人的结构化主体和本公司投资的由其他机构发行的结构化主体。

本期公司认购或受让的资产管理计划、基金、信托计划，综合考虑本公司对该等结构化主体拥有的权利及参与该等结构化主体的相关活动而享有可变回报等控制因素，认定将本公司控制的8个结构化主体纳入合并范围。

(一)非同一控制下企业合并

□适用 √不适用

(二)同一控制下企业合并

□适用 √不适用

八、在其他主体中的权益

(一)在子公司中的权益

1. 企业集团的构成

□适用 √不适用

2. 重要的非全资子公司

□适用 √不适用

3. 重要非全资子公司的主要财务信息

□适用 √不适用

4. 使用企业集团资产和清偿企业集团债务的重大限制：

□适用 √不适用

5. 向纳入合并财务报表范围的结构化主体提供的财务支持或其他支持：

□适用 √不适用

其他说明：

□适用 √不适用

(二)在子公司的所有者权益份额发生变化且仍控制子公司的交易

□适用 √不适用

(三)在合营企业或联营企业中的权益

√适用 □不适用

1. 合营企业或联营企业

√适用 □不适用

单位：元 币种：人民币

合营企业或联营企业名称	主要经营地	注册地	业务性质	持股比例(%)		对合营企业或联营企业投资的会计处理方法
				直接	间接	
泸州市商业银行股份有限公司	四川省	四川省泸州市	金融银行业	8.55		权益法
大童保险销售服务有限公司	北京市	北京市朝阳区	保险代理	35.00		权益法

在合营企业或联营企业的持股比例不同于表决权比例的说明：

无

持有20%以下表决权但具有重大影响的依据：本公司持有泸州市商业银行股份有限公司8.55%股权，派驻一名董事，通过行使表决权参与经营决策。

2. 重要合营企业的主要财务信息

□适用 √不适用

3. 重要联营企业的主要财务信息

□适用 √不适用

4. 不重要的合营企业和联营企业的汇总财务信息

√适用 □不适用

单位：元 币种：人民币

	期末余额/本期发生额	期初余额/上期发生额
合营企业：		
投资账面价值合计		
下列各项按持股比例计算的合计数		
——净利润		
——其他综合收益		
——综合收益总额		
联营企业：		
投资账面价值合计	870,779,159.85	
下列各项按持股比例计算的合计数		
——净利润	25,577,955.68	
——其他综合收益		
——综合收益总额	25,577,955.68	

其他说明

无

5. 合营企业或联营企业向本公司转移资金的能力存在重大限制的说明：

□适用 √不适用

6. 合营企业或联营企业发生的超额亏损

□适用 √不适用

7. 与合营企业投资相关的未确认承诺

□适用 √不适用

8. 与合营企业或联营企业投资相关的或有负债

□适用 √不适用

（四）重要的共同经营

□适用 √不适用

（五）在未纳入合并财务报表范围的结构化主体中的权益

未纳入合并财务报表范围的结构化主体的相关说明：

√适用 □不适用

本公司持有的未纳入合并财务报表范围的结构化主体在本公司资产负债表中的相关资产负债项目账面价值及最大损失风险敞口列示如下：

单位：元 币种：人民币

项目	期末账面价值	最大损失风险敞口
以公允价值计量且其变动计入当期损益的金融资产	1,631,953,418.07	1,631,953,418.07
可供出售金融资产	3,596,915,380.48	3,146,915,380.48
合计	5,228,868,798.55	4,778,868,798.55

（六）其他

□适用 √不适用

九、公允价值的披露

公允价值计量所使用的输入值划分为三个层次：

-第一层次输入值是在计量日能够取得的相同资产或负债在活跃市场上未经调整的报价。

-第二层次输入值是除第一层次输入值外相关资产或负债直接或间接可观察的输入值。

-第三层次输入值是相关资产或负债的不可观察输入值。

公允价值计量结果所属的层次，由对公允价值计量整体而言具有重要意义的输入值所属的最低层次决定。

（一）以公允价值计量的资产和负债的期末公允价值

√适用 □不适用

单位：元 币种：人民币

项目	期末公允价值			
	第一层次公允价值计量	第二层次公允价值计量	第三层次公允价值计量	合计
一、持续的公允价值计量				
（一）以公允价值计量且变动计入当期损益的金融资产	1,009,668,299.73	4,411,302,102.77	262,500,000.00	5,683,470,402.50
1. 交易性金融资产	1,009,668,299.73			1,009,668,299.73
（1）债务工具投资				
（2）权益工具投资	1,009,668,299.73			1,009,668,299.73
（3）衍生金融资产				
（4）股票				
2. 指定以公允价值计量且其变动计入当期损益的金融资产		4,411,302,102.77	262,500,000.00	4,673,802,102.77
（1）债务工具投资				
（2）权益工具投资				
（3）限制性股票				
（4）资管计划		2,803,842,517.80		2,803,842,517.80
（5）信托计划		1,607,459,584.97	262,500,000.00	1,869,959,584.97

续表

项目	期末公允价值			
	第一层次公允价值计量	第二层次公允价值计量	第三层次公允价值计量	合计
(二)可供出售金融资产			3,596,915,380.48	3,596,915,380.48
(1)债务工具投资				
(2)权益工具投资				
(3)其他				
(4)资管计划			462,193,524.04	462,193,524.04
(5)信托计划			2,830,000,000.00	2,830,000,000.00
(6)基金			304,721,856.44	304,721,856.44
(三)投资性房地产				
1. 出租用的土地使用权				
2. 出租的建筑物				
3. 持有并准备增值后转让的土地使用权				
(四)生物资产				
1. 消耗性生物资产				
2. 生产性生物资产				
1. 债券				
持续以公允价值计量的资产总额	1,009,668,299.73	4,411,302,102.77	3,859,415,380.48	9,280,385,782.98
(五)交易性金融负债				
其中:发行的交易性债券				
衍生金融负债				
其他				
(六)指定为以公允价值计量且变动计入当期损益的金融负债			1,124,526,394.10	1,124,526,394.10
持续以公允价值计量的负债总额			1,124,526,394.10	1,124,526,394.10
二、非持续的公允价值计量				
(一)持有待售资产				
非持续以公允价值计量的资产总额				
非持续以公允价值计量的负债总额				

(二)持续和非持续第一层次公允价值计量项目市价的确定依据

□适用 √不适用

(三)持续和非持续第二层次公允价值计量项目,采用的估值技术和重要参数的定性及定量信息

□适用 √不适用

(四)持续和非持续第三层次公允价值计量项目,采用的估值技术和重要参数的定性及定量信息

□适用 √不适用

(五)持续的第三层次公允价值计量项目,期初与期末账面价值间的调节信息及不可观察参数敏感性分析

□适用 √不适用

(六)持续的公允价值计量项目,本期内发生各层级之间转换的,转换的原因及确定转换时点的政策

□适用 √不适用

(七)本期内发生的估值技术变更及变更原因

□适用 √不适用

(八)不以公允价值计量的金融资产和金融负债的公允价值情况

□适用 √不适用

(九)其他

√适用 □不适用

(十)持续公允价值计量项目采用的公允价值估计方法及假设如下

以公允价值计量且变动计入当期损益的金融资产和可供出售金融资产参考可获得的市价计算其公允价值。

倘无可获得之市价，则按定价模型或现金流折现法估算公允价值。此等资产之账面值即其公允价值。

对于上市权益工具投资，本公司以证券交易所的、在本年最接近资产负债表日的交易日的收盘时的市场价格作为确定公允价值的依据；

对于具有限售条件的金融资产，本公司选择中国证券监督管理委员会于2007年6月8日下发的《关于证券投资基金执行〈企业会计准则〉估值业务及份额净值计价有关事项的通知》（证监会计字〔2007〕21号）中《非公开发行有明确锁定期股票的公允价值的确定方法》进行估值；

对于其他指定为以公允价值计量且变动计入当期损益的金融资产的资管计划投资，本公司根据资产管理人提供的估值计算公允价值；

对于其他指定为以公允价值计量且变动计入当期损益的金融资产的信托计划投资，本公司根据信托计划受托人提供的估值计算公允价值；

对于可供出售金融资产—资管计划、基金投资，本公司根据资产管理人提供的估值计算公允价值；

对于可供出售金融资产—信托计划投资，本公司根据信托合同约定的预期收益率计算公允价值。

十、关联方及关联交易

（一）本企业的母公司情况

√适用 □不适用

单位：万元 币种：人民币

母公司名称	注册地	业务性质	注册资本	母公司对本企业的持股比例（%）	母公司对本企业的表决权比例（%）
上海国之杰投资发展有限公司（以下简称“国之杰”）	上海杨浦区	综合	765,279.00	52.44	52.44

本企业的母公司情况的说明

无

本企业最终控制方是高天国

其他说明：

无

（二）本企业的子公司情况

本企业子公司的情况详见附注

□适用 √不适用

（三）本企业合营和联营企业情况

本企业重要的合营或联营企业详见附注

□适用 √不适用

本期与本公司发生关联方交易，或前期与本公司发生关联方交易形成余额的其他合营或联营企业情况如下

□适用 √不适用

（四）其他关联方情况

√适用 □不适用

其他关联方名称	其他关联方与本企业关系
上海谷元房地产开发有限公司	控股股东的股东
上海三至酒店投资管理有限公司	关联人担任其母公司董事长
上海国正投资管理有限公司	控股股东的股东
上海假日百货有限公司	关联人担任其母公司董事长

其他说明

无

（五）关联交易情况

1. 购销商品、提供和接受劳务的关联交易

采购商品/接受劳务情况表

□适用 √不适用

出售商品/提供劳务情况表

□适用 √不适用

购销商品、提供和接受劳务的关联交易说明

□适用 √不适用

2. 关联受托管理/承包及委托管理/出包情况

本公司受托管理/承包情况表：

□适用 √不适用

关联托管/承包情况说明

□适用 √不适用

本公司委托管理/出包情况表：

□适用 √不适用

关联管理/出包情况说明

□适用 √不适用

3. 关联租赁情况

本公司作为出租方：

□适用 √不适用

本公司作为承租方：

□适用 √不适用

4. 关联租赁情况说明

√适用 □不适用

（1）本公司上海总部办公所在地为海通证券大厦，该物业属关联方上海谷元房地产开发有限公司所有，根据双方签订的房屋租赁合同，2015年度支付租金及相关费用24,046,783.97元，2016年度支付租金及相关费用23,976,385.97元。

（2）本公司向上海三至酒店投资管理有限公司租赁其位于虹口区四平路59号三至喜来登酒店38至39楼，面积共计2,566.2平方米，租赁期限10年。根据双方签订的房屋租赁合同，2015年度支付租金及相关费用8,900,000.00元，2016年度支付租金及相关费用8,900,000.00元。

5. 关联担保情况

本公司作为担保方

□适用 √不适用

本公司作为被担保方

□适用 √不适用

关联担保情况说明

□适用 √不适用

6. 关联方资金拆借

□适用 √不适用

7. 关联方资产转让、债务重组情况

□适用 √不适用

8. 其他关联交易

√适用 □不适用

(1)非公开发行股票

根据公司第七届董事会第三十次会议及2015年第三次临时股东大会决议,并经中国银行业监督管理委员会上海监管局"沪银监复〔2016〕6号"文、中国证券监督管理委员会"证监许可〔2016〕2956号"文核准,公司以非公开发行方式向上海国之杰投资发展有限公司等5家特定对象发行人民币普通股(A股)301,753,323股,发行价为16.54元/股,均为现金认购。其中,国之杰认购77,593,712股。

2016年12月23日,立信会计师事务所(特殊普通合伙)出具了"信会师报字〔2016〕第116651号"验资报告。经审验,截至2016年12月23日止,公司已收到主承销商之海通证券股份有限公司划转的股票募集款人民币4,975,999,962.42元(发行收入人民币4,990,999,962.42元,扣除承销费人民币14,000,000.00元、保荐费人民币1,000,000.00元)。均以货币出资。公司发行收入人民币4,990,999,962.42元,扣除承销费、保荐费以及各项其他发行费用后实际募集资金净额为人民币4,973,006,952.83元。其中增加实收资本(股本)人民币301,753,323.00元,增加资本公积-股本溢价人民币4,671,253,629.83元。

2016年12月27日,公司在中国证券登记结算有限责任公司上海分公司办理了本次非公开发行相关股份的股权登记及股份限售手续。

2017年1月5日,公司办理完成注册资本变更登记,并取得了上海市工商行政管理局换发的《营业执照》。

(2)2015年9月10日,公司七届董事会第二十八次会议审议通过了《公司受让泸州市商业银行股份有限公司股份关联交易》的议案。本期,公司以自有资金受让了上海国正投资管理有限公司和上海假日百货有限公司合计持有的泸州市商业银行股份有限公司股份4372万股,每股受让价格2.57元,合计11,236.04万元。该笔交易已经中国银行业监督管理委员会四川监管局(川银监复〔2016〕166号)审批。

(3)关键管理人员报酬

√适用 □不适用

单位:万元 币种:人民币

项目	本期发生额	上期发生额
关键管理人员报酬	3,140.51	2,242.86

(六)关联方应收应付款项

1. 应收项目

√适用 □不适用

单位:元 币种:人民币

项目名称	关联方	期末余额		期初余额	
		账面余额	坏账准备	账面余额	坏账准备
其他资产—其他应收款	上海谷元房地产开发有限公司	4,889,271.00	29,335.63	4,889,271.00	29,335.63
其他资产—其他应收款	上海三至酒店投资管理有限公司	8,158,333.76	48,950.00	8,158,333.32	48,950.00

2. 应付项目

□适用 √不适用

(七)关联方承诺

□适用 √不适用

(八)其他

□适用 √不适用

十一、股份支付

(一)股份支付总体情况

□适用 √不适用

(二)以权益结算的股份支付情况

□适用 √不适用

(三)以现金结算的股份支付情况

□适用 √不适用

(四)股份支付的修改、终止情况

□适用 √不适用

(五)其他

□适用 √不适用

十二、承诺及或有事项

(一)重要承诺事项

√适用 □不适用

1. 对鞍山财政局的补贴

根据鞍山市财政局与国之杰于2005年9月30日签订的《关于解决安信信托历史遗留问题的协议》:鞍山市财政局承接本公司不超过人民币6亿元债务,对应承接本公司对外债权和资产，金额以辽宁天健会计师事务所有限公司出具的辽天会证字 2005 第 306 号审计报告为准，该事项业经本公司 2005 年 12 月 29 日召开的四届二十三次董事会临时会议审议通过。

作为对于鞍山市财政局的补贴，国之杰和本公司承诺，从本协议签署后的第四年起（2008 年），由本公司对鞍山市财政局进行补贴，为期 20 年，补贴标准为：前 10 年每年 1,000 万元；后 10 年每年 1,200 万元。国之杰和本公司连带承担此项承诺。2006 年 4 月 28 日，国之杰承诺：同意承担上述安信信托对鞍山市财政局进行的补贴事项。

2. 经营性租赁承诺

重大经营租赁最低租赁付款额

单位：人民币元

剩余租赁期	最低租赁付款额
8 年以内	189,778,704.00

（二）或有事项

1. 资产负债表日存在的重要或有事项

√适用 □不适用

未决诉讼

中国信达资产管理股份有限公司辽宁省分公司（以下简称“辽宁信达”）依据 2015 年 1 月 8 日生效的最高人民法院（2014）民提字第 163 号民事判决书向辽宁省大连市中级人民法院（以下简称“大连中院”）申请执行安信信托应支付其自 2007 年 8 月 6 日起算至今的迟延履行金人民币 16,140,848.24 元。

2015 年 8 月 18 日，辽宁省大连市中级人民法院（以下简称“大连中院”）签发民事裁定书（稿）（（2015）大执字第 72 号），冻结安信信托银行存款 16,130,847.11 元，冻结期限自 2015 年 8 月 18 日至 2016 年 8 月 17 日。

2016 年 3 月 18 日，辽宁省大连市中级人民法院作出执行裁定书（（2015）大执字第 134 号），解除对安信信托自 2007 年 8 月 6 日至最高人民法院民事判决（（2014）民提字第 163 号）确定的履行期间届满期间的利息部分的强制执行措施。

辽宁信达以及安信信托因均不服上述执行裁定书，分别于 2016 年 3 月 24 日、2016 年 3 月 30 日依法向辽宁省高级人民法院申请复议。目前，该案正在辽宁省高级人民法院审理期间。

2. 公司没有需要披露的重要或有事项，也应予以说明：

□适用 √不适用

（三）其他

□适用 √不适用

十三、资产负债表日后事项

1. 重要的非调整事项

□适用 √不适用

2. 利润分配情况

√适用 □不适用

单位：元 币种：人民币

拟分配的利润或股利	1,242,985,890.60
经审议批准宣告发放的利润或股利	

根据 2017 年 1 月 24 日召开的第七届董事会第四十六次会议决议，本年度拟以 2016 年末总股本 2,071,643,151 股为基数，向全体股东每 10 股派发现金红利 6 元（含税），共派发现金红利 1,242,985,890.60 元；拟以 2016 年末总股本 2,071,643,151 股为基数，资本公积金每 10 股转增 12 股，共计 2,485,971,781 股。

3. 销售退回

□适用 √不适用

4. 其他资产负债表日后事项说明

√适用 □不适用

1. 非公开发行股票资产负债表日后事项详见附注十（五）8（1）。

除上述事项外，本公司不存在其他应披露的资产负债表日后重大事项。

十四、与金融工具相关的风险

√适用 □不适用

本公司在经营过程中面临各种金融风险，主要包括信用风险、市场风险和流动性风险。公司董事会全面负责风险管理目标和政策的确定，并对风险管理目标和政策承担最终责任，同时董事会已授权本公司相关部门设计和实施能确保风险管理目标和政策得以有效执行的程序。董事会通过相关部门递交的定期报告来审查已执行程序的有效性以及风险管理目标和政策的合理性。本公司的稽核审计部也会审计风险管理的政策和程序，并且将有关发现汇报给风险控制与审计委员会。

本公司风险管理的总体目标是通过全面风险管理，促进业务资源优化配置，为受益人持续创造价值，进而实现公司效益和股东利益最大化。

（一）信用风险

信用风险是债务人或交易对手未能或不愿履行其承诺而造成损失的风险。当所有交易对手集中在单一行业或地区中，则信用风险较高。这是由于原本不同的交易对手会因处于同一地区或行业而受到同样的经济发展影响，最终影响其还款能力。信用风险的集中是指当一定数量的客户在进行相同的经营活动时，或处于相同的地理位置上或其行业具有相似的经济特性使其履行合约的能力会受到同一经济变化的影响。信用风险的集中程度反映了公司业绩对某一特定行业或地理位置的敏感程度。在公司信用风险管理中，一是公司严格按照项目评审办法从交易对手的资信实力、所处的地区、行业进行选择，认真审慎评估交易对手的还款能力和还款意愿。二是公司加强对交易对手的尽职调查工作，并由风险管理部及法律合规部初审人员对项目进行初步审核,提示项目风险、制定并落实风控措施,必要时,公司会聘请外部独立专家客观、公正地提出专业意见。三是公司对信托资金的投向在单个法人机构、区域、行业上进行合理布局,避免区域性、行业性的信用风险规模化爆发。四是公司对交易对手进行动态管理,在资金发放后,业务部门、风险管理部等定期或不定期的进行贷后检查和抽查,形成检查报告,发现问题及时预警、及时处理。五是根据财政部《金融企业准备金计提管理办法》(财金〔2012〕20号)及公司章程,为了防范经营风险,增强金融企业抵御风险能力,按不低于风险资产期末余额的1.5%计提一般准备。

1. 发放贷款和垫款

(1)贷款和垫款按行业分类列示如下

单位:元　币种:人民币

行业	期末余额	年初余额
房地产业	1,742,000,000.00	150,000,000.00
批发和零售业	937,063,425.00	250,000,000.00
文化、体育和娱乐业	549,967,591.20	
租赁和商务服务业	480,000,000.00	510,000,000.00
信息传输、计算机服务和软件业	145,000,000.00	420,000,000.00
科学研究、技术服务和地质勘查业	40,000,000.00	40,000,000.00
电力、燃气及水的生产和供应业		623,120,000.00
农、林、牧、渔业		150,000,000.00
制造业		400,000,000.00
合计	3,894,031,016.20	2,543,120,000.00

(2)贷款和垫款按地区分布

单位:元　币种:人民币

地区	期末余额	年初余额
上海	2,612,000,000.00	1,508,120,000.00
北京	1,044,967,591.20	395,000,000.00
四川	137,063,425.00	—
海南	60,000,000.00	—
湖南	40,000,000.00	40,000,000.00
重庆	—	300,000,000.00
江苏	—	200,000,000.00
江西	—	100,000,000.00
合计	3,894,031,016.20	2,543,120,000.00

2. 信用风险敞口

下表列示了资产负债表项目、或有负债及承诺事项的最大信用风险敞口。最大信用风险敞口是指不考虑可利用的抵押物或其他信用增级的情况下的信用风险敞口总额。

单位:元　币种:人民币

项目	期末余额	年初余额
存放同业款项	3,445,451,410.65	1,348,065,467.89
以公允价值计量且其变动计入当期损益的金融资产	5,683,470,402.50	3,123,218,369.69
发放贷款和垫款	3,165,683,385.80	2,173,120,000.00
可供出售金融资产	4,200,870,809.68	1,606,601,947.27
合计	16,495,476,008.63	8,251,005,784.85

(二)市场风险

市场风险是指由于市场因素变动导致损失的风险,主要表现为市场环境、行业状况、供求关系、价格、利率、汇率等宏观因素发生变化对项目价值产生负面影响,导致信托财产或公司利益遭受损失。同时,市场风险还具有很强的传导效应,某些信用风险根源可能也来自于交易对手的市场风险。公司密切关注各类市场风险,及时调整投资战略。报告期内公司市场风险可控,未发生因市场风险造成的损失。

宏观方面,公司加强对宏观经济走势及金融形势的分析和研判,注重行业政策研究,加大国家对鼓励类行业的投资力度,严格限制类行业的投资;另外,公司通过对业务的创新和转型,严格行业、地区的投放集中度。微观方面,公司在对具体项目进行尽职调查时,会聘请专业的机构参与调查,充分考虑专业机构的意见或建议;另外,公司建立充足的风险准备金,制定风险处置预案、锁定项目退出风险。报告期内,公司各项业务顺利开展。

公司固有业务的投向涉及基础设施、制造业等多个领域,企业类型大多为中小企业,均为国家鼓励和支持的对象。

(三)流动性风险

流动性风险,是指企业在履行以交付现金或其他金融资产的方式结算的义务时发生资金短缺的风险。

本公司的政策是确保拥有充足的现金以偿还到期债务。流动性风险由本公司的财务部门集中控制。财务部门通过监控现金余额、可随时变现的有价证券以及对未来12个月现金流量的滚动预测,确保公司在所有合理预测的情况下拥有充足的资金偿还债务。报告期内,无此类风险发生。2016年末公司总资产191.26亿元,比年初增加99.67亿元,增幅108.82%。主要构成为存放同业款项、对外发放贷款及对外投资的金融资产等,至期末上述资产均为正常类资产。公司在固有业务规模逐渐扩大的同时,收益持续稳定增长。

(四)信托业务

首先,公司倡导"全员风险责任"的文化,确保每一位员工切实履行各自的风险管理职责,提升风险意识和风险管理执行力。其次,2016年度公司进一步完善了信托业务风险管控机制,通过制定系统的信托业务风险管理操作规程和优化业务报审及决策流程,逐步形成"决策有逻辑、监管有依据、行为有标准、职责可落实"的风险管控机制。

再次，其对于存续项目，公司严格执行项目后续管理制度。年内，公司对存续的信托项目进行了全面的风险排查和项目再评估工作，对可能存在风险项目进行预警并提出整改要求，拿出整改措施。另外，报告期内，公司按照监管要求建立了恢复与处置机制，对公司出现流动性风险或实质性风险等情况的项目提前作出风险应对预案。

在业务实际操作方面，公司严格执行经董事会批准的信托业务评审与管理制度，信托计划的设立均经充分的尽职调查，履行严格的评审程序，落实财产抵押、权利质押、机构保证、债权劣后承诺、主动管理等风控措施，并实行持续的投、贷后跟踪管理。公司执行的后续管理措施包括向项目公司派出驻场监管人员，按照公司下发的管理制度与细则从股东会、董事会、工程、财务、销售、印章、人员等多个层面对项目公司进行主动管理，确保项目公司有序经营，实现既定的信托目的，保证信托计划偿付资金来源的安全性。必要时，公司会将外部行业专家对项目进行行业与市场的分析结论作为决策参考依据。信托业务的开展及后续管理均严格以受益人利益最大化为宗旨，依法操作。

2016年，公司信托资金主要投向涉及房地产业、清洁能源产业、证券市场、基础产业等领域。同时，公司继续向非房地产领域进行业务拓展，调整业务结构，加大其他领域的创新力度。

2016年，应到期清算的信托计划累计173个，实际清算信托计划173个，全部正常清算。截至2016年12月31日，公司管理的信托财产总额为2,349.52亿元（未经审计），信托财产抵押充分，管理正常，风险可控。

报告期内，购买本公司作为受托人发行的信托计划，其中已到期实现投资收益金额1,014.74万元，期末余额44.30亿元。

（五）净资本风险控制指标（按母公司口径）

指标名称	期末余额（万元）	监管指标
净资本	1,128,271.67	≥2亿元
固有业务风险资本	251,220.55	
信托业务风险资本	185,141.11	
各项业务风险资本之和	436,361.66	
净资本/各项业务风险资本之和	258.56%	≥100%
净资本/净资产	82.25%	≥40%

报告期内，公司依据《信托公司净资本管理办法》积极推进净资本管理，在优化存量风险资产结构的同时，进一步强化增量业务的资本约束机制，确立了以净资本管理为核心的业务发展模式和管理体系。截至2016年末，公司净资本为1,128,271.67万元，各项业务风险资本之和为436,361.66万元，净资本/各项业务风险资本之和的比率为258.56%，净资本/净资产的比率为82.25%。净资本各项指标均在监管底线要求之上。

十五、其他重要事项

（一）前期会计差错更正

1. 追溯重述法

□适用 √不适用

2. 未来适用法

□适用 √不适用

（二）债务重组

□适用 √不适用

（三）资产置换

1. 非货币性资产交换

□适用 √不适用

2. 其他资产置换

□适用 √不适用

（四）年金计划

□适用 √不适用

（五）终止经营

□适用 √不适用

（六）分部信息

1. 报告分部的确定依据与会计政策

□适用 √不适用

2. 报告分部的财务信息

□适用 √不适用

3. 公司无报告分部的，或者不能披露各报告分部的资产总额和负债总额的，应说明原因

□适用 √不适用

4. 其他说明：

□适用 √不适用

（七）其他对投资者决策有影响的重要交易和事项

□适用 √不适用

（八）其他

□适用 √不适用

十六、母公司财务报表主要项目注释

（一）长期股权投资

对联营、合影企业投资

单位：人民币元

被投资单位	年初余额	本期增减变动								期末余额	减值准备期末余额
		追加投资	减少投资	权益法下确认的投资损益	其他综合收益调整	其他权益变动	宣告发放现金股利或利润	计提减值准备	其他		
1. 合营企业											

续表

被投资单位	年初余额	本期增减变动								期末余额	减值准备期末余额
		追加投资	减少投资	权益法下确认的投资损益	其他综合收益调整	其他权益变动	宣告发放现金股利或利润	计提减值准备	其他		
2.联营企业											
泸州市商业银行股份有限公司		337,701,204.17		23,949,490.40						361,650,694.57	
大童保险销售服务有限公司		507,500,000.00		1,628,465.28						509,128,465.28	
小计		845,201,204.17		25,577,955.68						870,779,159.85	
合计		845,201,204.17		25,577,955.68						870,779,159.85	

（二）利息净收入

单位：人民币元

项目	本期发生额	上期发生额
利息收入	326,509,529.46	265,999,234.10
发放贷款和垫款	316,559,918.00	256,669,384.17
存放同业	8,825,189.03	9,329,849.93
信托业保障基金	1,124,422.43	
利息支出	139,627,430.56	777.78
信托业保障基金	138,316,666.67	
同业拆借	1,310,763.89	777.78
利息净收入	186,882,098.90	265,998,456.32

（三）手续费及佣金收入

单位：人民币元

项目	本期发生额	上期发生额
手续费及佣金收入	4,524,108,944.15	2,331,343,662.15
其中：信托报酬	4,393,423,148.21	2,207,737,206.28
中间业务收入	130,685,795.94	123,606,455.87
手续费及佣金支出	7,966,916.35	13,592,009.14
手续费及佣金净收入	4,516,142,027.80	2,317,751,653.01

（四）投资收益

单位：人民币元

项目	本期发生额	上期发生额
权益法核算的长期股权投资收益	25,577,955.68	
处置以公允价值计量且其变动计入当期损益的金融资产取得的投资收益	243,529,355.05	72,622,711.99
处置可供出售金融资产取得的投资收益	10,666,998.19	117,850,356.78
合计	279,774,308.92	190,473,068.77

十七、补充资料　　√适用　□不适用

（一）当期非经常性损益明细表

单位：元　币种：人民币

项目	金额	说明
非流动资产处置损益	-22,835.59	
越权审批或无正式批准文件的税收返还、减免		
计入当期损益的政府补助（与企业业务密切相关，按照国家统一标准定额或定量享受的政府补助除外）	130,803,000.00	
计入当期损益的对非金融企业收取的资金占用费		
企业取得子公司、联营企业及合营企业的投资成本小于取得投资时应享有被投资单位可辨认净资产公允价值产生的收益		
非货币性资产交换损益		
委托他人投资或管理资产的损益		
因不可抗力因素，如遭受自然灾害而计提的各项资产减值准备		
债务重组损益		
企业重组费用，如安置职工的支出、整合费用等		
交易价格显失公允的交易产生的超过公允价值部分的损益		
同一控制下企业合并产生的子公司期初至合并日的当期净损益		
与公司正常经营业务无关的或有事项产生的损益		
除同公司正常经营业务相关的有效套期保值业务外，持有交易性金融资产、交易性金融负债产生的公允价值变动损益，以及处置交易性金融资产、交易性金融负债和可供出售金融资产取得的投资收益		
单独进行减值测试的应收款项减值准备转回		
对外委托贷款取得的损益		
采用公允价值模式进行后续计量的投资性房地产公允价值变动产生的损益		
根据税收、会计等法律、法规的要求对当期损益进行一次性调整对当期损益的影响		
受托经营取得的托管费收入		
除上述各项之外的其他营业外收入和支出	-154,385.22	
其他符合非经常性损益定义的损益项目		
所得税影响额	-32,656,444.80	
少数股东权益影响额		
合计	97,969,334.39	

公司是金融机构，以投资方式运用自有资金产生的损益是公司的经常性损益。

对公司根据《公开发行证券的公司信息披露解释性公告第1号——非经常性损益》定义界定的非经常性损益项目，以及把《公开发行证券的公司信息披露解释性公告第1号——非经常性损益》中列举的非经常性损益项目界定为经常性损益的项目，应说明原因。

□适用　√不适用

（二）净资产收益率及每股收益

√适用　□不适用

报告期利润	加权平均净资产收益率（%）	每股收益	
		基本每股收益	稀释每股收益
归属于公司普通股股东的净利润	41.15	1.7142	1.7142
扣除非经常性损益后归属于公司普通股股东的净利润	39.83	1.6588	1.6588

（三）境内外会计准则下会计数据差异

□适用 √不适用

（四）2016年度信托财务明细表

一、信托财务报表

1. 信托项目资产负债汇总表

编制单位：安信信托股份有限公司　　2016年12月31日　　金额单位：万元

信托资产	期末数	期初数	信托负债和信托权益	期末数	期初数
信托资产：			信托负债：		
货币资金	1,236,925.99	1,056,262.29	交易性金融负债	0.00	0.00
拆出资金	0.00	0.00	衍生金融负债	0.00	0.00
存出保证金	0.00	0.00	应付受托人报酬	0.00	17,570.32
交易性金融资产	0.00	0.00	应付保管费	0.00	0.00
衍生金融资产	0.00	0.00	应付受益人收益	26,439.37	11,922.30
买入返售金融资产	0.00	0.00	应交税费	0.00	0.00
应收款项	5,638,504.28	3,096,501.05	应付销售服务费	0.00	0.00
发放贷款	12,080,593.45	13,251,446.07	其他应付款项	52,700.56	31,427.11
可供出售金融资产	38,160.00	45,000.00	其他负债	0.00	0.00
持有至到期投资	2,109,197.18	4,619,376.66	信托负债合计	79,139.93	60,919.73
长期应收款	0.00				
长期股权投资	2,391,786.50	1,522,414.20	信托权益：		
投资性房地产	0.00	0.00	实收信托	23,323,893.34	23,438,835.64
固定资产	0.00	0.00	资本公积	4,840.00	11,680.00
无形资产	0.00	0.00	外币报表折算差额	0.00	0.00
长期待摊费用	0.00	0.00	未分配利润	87,294.13	79,564.90
其他资产	0.00	0.00	信托权益合计	23,416,027.47	23,530,080.54
信托资产总计	23,495,167.40	23,591,000.27	信托负债及信托权益总计	23,495,167.40	23,591,000.27

2. 信托项目利润及利润分配汇总表

编制单位：安信信托股份有限公司　　2016年1－12月　　金额单位：万元

项目	本年累计金额	上年累计金额
1. 营业收入	2,225,976.50	1,640,484.50
1.1 利息收入	1,292,033.81	1,115,971.73
1.2 投资收益	505,841.07	236,365.01
1.2.1 对联营企业和合营企业的投资收益	0.00	0.00
1.3 公允价值变动损益	0.00	0.00
1.4 租赁收入	0.00	0.00
1.5 汇兑损益	0.00	0.00
1.6 其它收入	428,101.62	288,147.76
2. 支出	580,787.48	315,790.63

续表

项目	本年累计金额	上年累计金额
2.1 税金及附加	0.00	0.00
2.2 受托人报酬	442,457.47	209,855.16
2.3 保管费	10,413.81	5,925.67
2.4 投资管理费	0.00	0.00
2.5 销售服务费	6,742.65	6,407.35
2.6 交易费用	0.00	0.00
2.7 资产减值损失	25,504.85	0.00
2.8 其它费用	95,668.70	93,602.45
3. 信托净利润	1,645,189.02	1,324,693.87
4. 其它综合收益	-6,840.00	6,240.00
5. 综合收益	1,638,349.02	1,330,933.87
6. 加:期初未分配信托利润	79,564.90	50,105.11
7. 可供分配的信托利润	1,724,753.92	1,374,798.98
8. 减:本期已分配信托利润	1,637,459.79	1,295,234.08
9. 期末未分配信托利润	87,294.13	79,564.90

二、编制基础

公司以信托业务实际发生的交易和事项,按财政部颁布的《企业会计准则》的规定进行确认和计量,在此基础上编制信托财务报表。

三、会计报表中重要项目的明细资料

1. 信托资产

金额单位:万元

信托资产	期初数	期末数
集合	8,632,661.98	11,169,888.31
单一	14,628,664.17	11,746,916.40
财产权	329,674.12	578,362.69
合计	23,591,000.27	23,495,167.40

1.1 主动管理型信托业务的信托资产

金额单位:万元

主动管理型信托资产	期初数	期末数
证券投资类		
其他投资类	7,748,065.69	9,075,384.05
融资类	2,854,736.48	5,061,216.87
事务管理类		
合计	10,602,802.17	14,136,600.92

1.2 被动管理型信托业务的信托资产

金额单位：万元

被动管理型信托资产	期初数	期末数
证券投资类		
其他投资类		
融资类	150,927.53	8,181.40
事务管理类	12,837,270.57	9,350,385.08
合计	12,988,198.10	9,358,566.48

2. 本年度已清算结束的信托项目

金额单位：万元

已清算结束信托项目	项目个数	实收信托合计金额	加权平均实际年化收益率
集合类	27	1,230,031.00	10.17%
单一类	132	7,630,996.13	8.74%
财产管理类	14	168,723.25	5.76%

2.1 本年度已清算结束的主动管理型信托项目

金额单位：万元

已清算结束信托项目	项目个数	实收信托合计金额	加权平均实际年化信托报酬率	加权平均实际年化收益率
证券投资类	—	—	—	—
其他投资类	22	1,166,230.00	4.28%	10.95%
融资类	52	1,907,098.90	4.59%	12.22%
事务管理类	—	—	—	—

2.2 本年度已清算结束的被动管理型信托项目

金额单位：万元

已清算结束信托项目	项目个数	实收信托合计金额	加权平均实际年化信托报酬率	加权平均实际年化收益率
证券投资类	—	—	—	—
其他投资类	—	—	—	—
融资类	4	141,719.50	0.10%	6.32%
事务管理类	95	5,814,701.98	0.41%	7.43%

3. 本年度新增信托项目

金额单位：万元

新增信托项目	项目个数	实收信托合计金额
集合类	50	5,659,468.80
单一类	112	6,284,766.50
财产管理类	22	414,448.20
新增合计	184	12,358,683.50
其中：主动管理型	118	8,705,708.80
被动管理型	66	3,652,974.70

4. 信托资产运用与分布表

金额单位:万元

资产运用	金额	占比(%)	资产分布	金额	占比(%)
货币资金	1,236,925.99	5.26%	基础产业	1,570,887.94	6.69%
贷款	12,080,593.45	51.42%	房地产	4,329,303.80	18.43%
交易性金融资产			证券市场		
可用出售金融资产	38,160.00	0.16%	实业	14,165,359.51	60.29%
持有至到期投资	2,109,197.18	8.98%	金融机构		
长期股权投资	2,391,786.50	10.18%	其他	3,429,616.15	14.59%
其他	5,638,504.28	24.00%			
信托资产总计	23,495,167.40	100.00%	信托资产总计	23,495,167.40	100.00%

四、关联关系及其交易

1. 信托与关联方交易情况

本期无信托与关联方之间的交易。

2. 信托公司自有资金运用于自己管理的信托项目、信托公司管理的信托项目之间关联交易情况公司用自有资金运用于自己管理的信托计划的信托受益权,期初金额为12亿元,本期购买金额44.3亿元,本期赎回金额12亿元,期末余额为44.3亿元。

五、主要财务指标

指标名称	指标值(%)
加权年化信托报酬率	1.55%

六、本公司履行受托人义务情况及因本公司自身责任而导致的信托资产损失情况

近年来,部分信托业务受宏观经济面影响,出现了不同程度的流动性风险。对此,本公司已制定相应的风险管理策略,并建立了有效的危机处理机制。公司根据《信托法》及《信托公司管理办法》等相关法律法规和信托文件的规定,在管理和处分信托财产时,履行了恪尽职守、诚实、信用、谨慎、有效管理的义务。没有发生任何损害受益人利益的情况,也无自身责任而导致信托财产损失的情况。

七、信托赔偿准备金的提取、使用和管理情况

根据2008年11月18日召开的第二次临时股东大会通过的修改后的公司章程规定,我公司从2008年度起按母公司税后净利润5%提取信托赔偿准备金。本年度提取信托赔偿准备金15,169.74万元,信托赔偿准备金余额为32,634.48万元。

安信信托股份有限公司

2017年1月24日

第十二节 备查文件目录

备查文件目录	载有公司法定代表人、会计机构负责人签名并盖章的会计报表
备查文件目录	载有会计师事务所盖章、注册会计师签名并盖章的审计报告原件
备查文件目录	报告期内在中国证监会指定网站上公开披露过的所有公司文件的正本及公告的原稿

董事长:王少钦

董事会批准报送日期:2017年1月24日

修订信息

□适用 √不适用

第十三节 信托公司信息披露内容

一、信托公司前三年主要财务会计数据

√适用 □不适用

单位:元 币种:人民币

项目	2016年	2015年	2014年
资产总额	19,125,695,062.24	9,158,951,229.91	2,953,944,097.71
负债总额:	5,407,528,488.96	2,850,031,933.02	1,149,306,762.37

续表

项目	2016年	2015年	2014年
股东权益	13,718,166,573.28	6,308,919,296.89	1,804,637,335.34
存款总额			
其中：			
企业活期存款			
企业定期存款			
储蓄活期存款			
储蓄定期存款			
贷款总额	3,894,031,016.20	2,543,120,000.00	1,755,000,000.00
其中：			
企业贷款	3,894,031,016.20	2,543,120,000.00	1,755,000,000.00
零售贷款			
资本净额			
其中：			
核心一级资本			
其他一级资本			
二级资本			
加权风险资产净额			
贷款损失准备			

信托公司前三年主要财务会计数据的说明

无

二、信托公司前三年主要财务指标

√适用 □不适用

单位：元 币种：人民币

项目	2016年	2015年	2014年
营业收入	5,245,959,043.75	2,954,767,340.15	1,809,379,782.37
利润总额	4,153,221,290.46	2,361,435,670.42	1,377,219,715.84
归属于本行股东的净利润	3,033,947,447.70	1,722,148,466.81	1,023,527,923.64
归属于本行股东的扣除非经常性损益后的净利润	2,935,978,113.31	1,631,997,993.16	1,028,401,788.98

□适用 √不适用

信托公司前三年主要财务指标的说明

无

三、信托公司报告期分级管理情况及各层级分支机构数量和地区分布情况

□适用 √不适用

四、报告期信贷资产质量情况

√适用 □不适用

单位：元 币种：人民币

五级分类	金额	占比(%)	与上年末相比增减(%)
正常贷款	3,894,031,016.20	100	增加53.12个百分点
关注贷款			

续表

五级分类	金额	占比(%)	与上年末相比增减(%)
次级贷款			
可疑贷款			
损失贷款			
合计	3,894,031,016.20	100	增加53.12个百分点

自定义分类标准的贷款资产质量情况

□适用 √不适用

公司重组贷款和逾期贷款情况

□适用 √不适用

报告期贷款资产增减变动情况的说明

□适用 √不适用

五、贷款损失准备的计提和核销情况

□适用 √不适用

六、信托公司应收利息情况

√适用 □不适用

单位:元 币种:人民币

项目	期初余额	本期增加数额	本期收回数额	期末余额
应收利息	4,975,811.11	15,467,696.36	4,975,811.11	15,467,696.36

应收利息坏账准备的提取情况,坏账核销程序与政策

无

信托公司对应收利息和坏账准备的增减变动情况的分析

无

七、营业收入

√适用 □不适用

单位:元 币种:人民币

项目	数额	所占比例(%)	与上年同期相比增减(%)
贷款利息净收入	168,851,343.00	3.22	减少34.21个百分点
拆放同业利息收入			
存放中央银行款项利息收入			
存放同业利息收入	8,825,189.03	0.17	减少5.41个百分点
债券投资利息收入			
手续费及佣金净收入	4,516,142,027.80	86.09	增加94.85个百分点
其他项目			
投资收益	279,774,308.92	5.33	增加46.88个百分点
公允价值变动收益	272,366,175.00	5.19	增加50.86个百分点

报告期信托公司营业收入的情况说明

无

八、信托公司贷款投放情况

(一)信托公司贷款投放按行业分布情况:

√适用 □不适用

单位:元 币种:人民币

行业分布	期末		期初	
	账面余额	比例(%)	账面余额	比例(%)
电力、燃气及水的生产和供应业			623,120,000.00	24.5

续表

行业分布	期末		期初	
	账面余额	比例(%)	账面余额	比例(%)
房地产业	1,742,000,000.00	44.74	150,000,000.00	5.9
建筑业				
科学研究、技术服务和地质勘查业	40,000,000.00	1.03	40,000,000.00	1.57
农、林、牧、渔业			150,000,000.00	5.9
批发和零售业	937,063,425.00	24.06	250,000,000.00	9.83
信息传输、计算机服务和软件业	145,000,000.00	3.72	420,000,000.00	16.52
制造业			400,000,000.00	15.73
租赁和商务服务业	480,000,000.00	12.33	510,000,000.00	20.05
文化、体育和娱乐	549,967,591.20	14.12		

信托公司贷款投放按行业分布情况的说明

无

(二)信托公司贷款投放按地区分布情况:

√适用 □不适用

单位:元 币种:人民币

地区分布	期末		期初	
	账面余额	比例(%)	账面余额	比例(%)
上海	2,612,000,000.00	67.08	1,508,120,000.00	59.3
重庆			300,000,000.00	11.8
江苏			200,000,000.00	7.87
北京	1,044,967,591.20	26.84	395,000,000.00	15.53
甘肃				
四川	137,063,425.00	3.52		
江西			100,000,000.00	3.93
湖南	40,000,000.00	1.02	40,000,000.00	1.57
海南	60,000,000.00	1.54		

信托公司贷款投放按地区分布情况的说明

无

(三)信托公司前十名贷款客户情况

√适用 □不适用

单位:元 币种:人民币

	余额	占比(%)
前十名贷款客户	3,694,031,016.20	94.86

信托公司前十名贷款客户情况的说明

无

(四)贷款担保方式分类及占比

√适用 □不适用

单位：元　币种：人民币

	期末		期初	
	账面余额	占比(%)	账面余额	占比(%)
信用贷款	1,862,000,000.00	47.82	1,278,120,000.00	50.26
保证贷款	1,182,063,425.00	30.36	895,000,000.00	35.19
附担保物贷款	849,967,591.20	21.82	370,000,000.00	14.55
-抵押贷款	260,000,000.00	6.68	150,000,000.00	5.9
-质押贷款	589,967,591.20	15.14	220,000,000.00	8.65
合计	3,894,031,016.20	100.00	2,543,120,000.00	100

信托公司按主要担保方式分类的贷款投放分布情况的说明

无

九、抵债资产

□适用　√不适用

十、信托公司计息负债和生息资产情况

信托公司计息负债和生息资产的平均余额与平均利率情况

□适用　√不适用

信托公司计息负债情况的说明

√适用　□不适用

我公司向中国信托业保障基金有限责任公司借入款项，期末余额为16亿元，平均利率为6.6%。

信托公司生息资产情况的说明

□适用　√不适用

十一、公司持有的金融债券情况

□适用　√不适用

十二、报告期理财业务、资产证券化、托管、信托、财富管理等业务的开展和损益情况

报告期理财业务的开展和损益情况

□适用　√不适用

报告期资产证券化业务的开展和损益情况

□适用　√不适用

报告期托管业务的开展和损益情况

□适用　√不适用

报告期信托业务的开展和损益情况

√适用　□不适用

详见本报告第十一节附注十七(四)

报告期财富管理业务的开展和损益情况

□适用　√不适用

其他

□适用　√不适用

十三、信托公司对财务状况与经营成果造成重大影响的表外项目情况

□适用　√不适用

十四、报告期各类风险和风险管理情况

(一)信用风险状况的说明

√适用　□不适用

详见本报告第十一节、财务报告附注十四、与金融工具相关的风险

(二)流动性风险状况的说明

√适用　□不适用

详见本报告第十一节、财务报告附注十四、与金融工具相关的风险

(三)市场风险状况的说明

√适用　□不适用

详见本报告第十一节、财务报告附注十四、与金融工具相关的风险

(四)操作风险状况的说明

√适用　□不适用

详见本报告第十一节、财务报告附注十四、与金融工具相关的风险

(五)其他风险状况的说明

√适用　□不适用

详见本报告第十一节、财务报告附注十四、与金融工具相关的风险

十五、信托公司与关联自然人发生关联交易的余额及其风险敞口的说明

□适用　√不适用

十六、报告期内信托公司推出创新业务品种情况

□适用　√不适用

中信信托有限责任公司 2016年年度报告

目 录

1. 重要提示

1.1 本公司董事会及董事保证本报告所载资料不存在任何虚假记载、误导性陈述或者重大遗漏，并对其内容的真实性、准确性和完整性承担个别及连带责任。

1.2 本公司独立董事林义相、徐经长、张宏久对年度报告内容的真实性、准确性、完整性无异议。

1.3 本公司董事长陈一松、总经理李子民、主管会计工作的副总经理王道远保证年度报告中财务报告的真实和完整。

2. 公司概况

2.1 公司简介

2.1.1 公司历史沿革

中信信托有限责任公司（前身是中信兴业信托投资公司）是经原中国人民银行批准设立的非银行金融机构，成立于1988年3月1日，注册地为北京市。2002年，经中国人民银行批复，中信集团公司将中信兴业信托投资公司重组、更名、改制为“中信信托投资有限责任公司”，并承接中信集团公司信托类资产、负债及业务。2007年，根据中国银行业监督管理委员会《关于中信信托投资有限责任公司变更公司名称和业务范围的批复》，公司名称变更为“中信信托有限责任公司”。

公司于2005年、2006年、2014年分别增资2.92亿元、4亿元、88亿元，目前公司注册资本金为100亿元（其中外汇2,300万美元）。

2.1.2 公司的法定名称

中文：中信信托有限责任公司（缩写：中信信托）

英文：CITIC Trust Co., Ltd.

2.1.3 公司法定代表人：陈一松

2.1.4 公司注册地址：北京市朝阳区新源南路6号京城大厦

邮政编码：100004

公司互联网网址：http://trust.ecitic.com

公司电子信箱：citict@citictrust.com.cn

2.1.5 公司负责信息披露事务的高级管理人员：王道远

公司信息披露事务联系人：王珂

办公电话：8610－84862332

办公传真：8610－84861380

电子信箱：wangket@citictrust.com.cn

2.1.6 公司选定的信息披露报纸：《金融时报》

2.1.7 年报备置地点：北京市朝阳区新源南路6号京城大厦13层

2.1.8 公司聘请的会计师事务所：毕马威华振会计师事务所（特殊普通合伙）

地址：北京市东城区东长安街1号东方广场东2座办公楼8层

2.1.9 公司聘请的律师事务所：北京市嘉源律师事务所

地址：北京市西城区复兴门内大街158号远洋大厦F407室

2.2 公司组织结构图

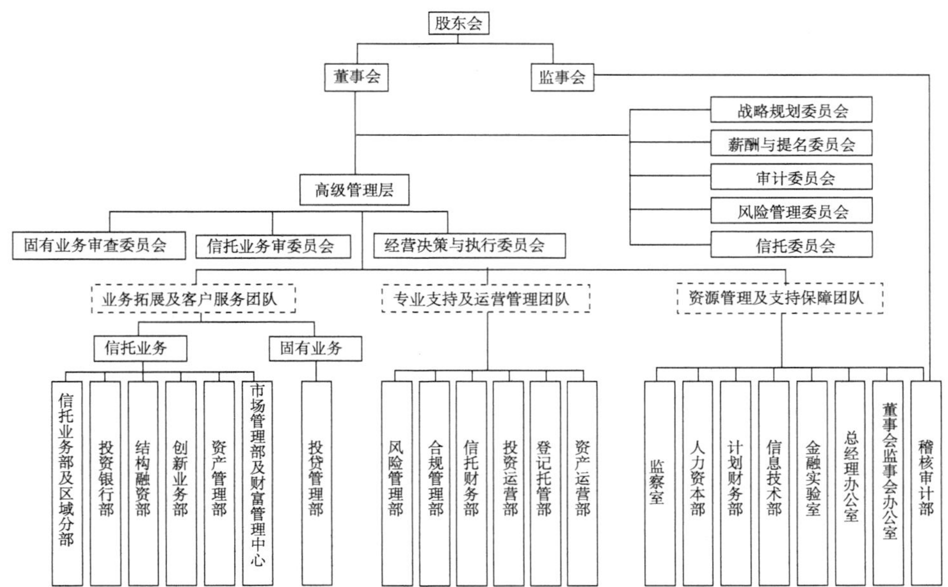

3. 公司治理

3.1 公司治理结构

3.1.1 股东总数:2

表 3.1.1

股东名称	持股比例	法定代表人	注册资本（单位:亿元）	注册地址	主要经营业务及主要财务情况
中国中信有限公司	80%	常振明	1,390.00	北京市朝阳区新源南路6号	金融、实业,2016年底净资产为5,154亿元。
中信兴业投资集团有限公司	20%	王炯	16.00	上海市虹口区四川北路859号55楼	实业投资与贸易,2016年底净资产为178亿元。

注:中信兴业投资集团有限公司是中国中信有限公司的全资子公司。中国中信集团有限公司为本公司最终实际控制人。

3.1.2 董事、董事会及其下属委员会

表 3.1.2-1（董事长、董事）

姓名	职务	性别	年龄	选任日期	所推举的股东名称	该股东持股比例(%)	简要履历
陈一松	董事长	男	48	2014年7月	中国中信有限公司	80%	湖南大学经济学硕士,1990年9月参加工作,先后在中信实业银行、中信证券公司、中国建设银行就职; 2006年8月入职本公司,历任公司副总经理、总经理、副董事长,现任职公司董事长。

续表

姓名	职务	性别	年龄	选任日期	所推举的股东名称	该股东持股比例(%)	简要履历
路京生	副董事长	男	59	2013年6月	中国中信有限公司	80%	中央党校在职研究生,1972年12月参加工作,先后在北京市环境保护检测中心、中共中央组织部就职;2010年5月入职本公司,现任职公司副董事长。
张翔燕	副董事长	女	51	2015年7月	中国中信有限公司	80%	清华大学工商管理硕士,1987年8月参加工作,先后在中信实业银行、中信证券公司、中信控股有限公司、中信集团公司就职;2006年7月任职公司董事,现任职公司副董事长、信诚基金管理有限公司专职董事长。
李子民	董事	男	45	2014年8月	中国中信有限公司	80%	中国科学院大学工学博士,1994年7月参加工作并入职本公司,历任部门总经理、业务总监、公司副总经理,现任职公司董事、总经理。
张　立	董事	女	44	2012年5月	中信兴业投资集团有限公司	20%	中央财经大学经济学硕士,1997年4月参加工作,先后在中信证券公司、中信兴业投资集团有限公司就职,现任中信兴业投资集团有限公司副总经理。

表3.1.2-2(独立董事)

姓名	职务	性别	年龄	选任日期	所推举的股东名称	该股东持股比例(%)	简要履历
林义相	独立董事	男	52	2012年5月	中国中信有限公司	80%	法国巴黎第十大学应用宏观经济博士,天相投资顾问有限公司董事长兼总经理。
徐经长	独立董事	男	51	2012年5月	中国中信有限公司	80%	中国人民大学经济学博士,中国人民大学商学院教授、博士生导师。
张宏久	独立董事	男	62	2016年6月	中国中信有限公司	80%	北京大学法学硕士,北京市竞天公诚律师事务所合伙人。

表3.1.2-3(董事会下属专门委员会)

董事会下属专门委员会名称	职责	组成人员姓名	职务
战略规划委员会	负责拟定公司中长期发展战略规划,审阅公司年度经营计划,增加或减少注册资本的方案,对公司合并、分立、解散、清算和变更公司组织形式的方案进行研究,并依据内外部发展状况对上述问题予以调整和完善等。	陈一松	主任委员
		张翔燕	委员
		徐经长	委员
审计委员会	审核和监督风险控制和内部审计年度计划的制定和执行,评估风险控制和审计结果,并提出改进建议等。	徐经长	主任委员
		张宏久	委员
		张　立	委员

续表

董事会下属专门委员会名称	职责	组成人员姓名	职务
风险管理委员会	拟定风险管理战略、风险管理政策和内部控制原则，监督风险管理和内部控制系统的健全性、合理性和执行的有效性，指导公司全面风险管理和内部控制工作。	张翔燕	主任委员
		林义相	委员
		李子民	委员
薪酬与提名委员会	负责拟定董事、高级管理人员、员工的薪酬、福利和其他激励计划，并监督方案的实施；拟定高级管理人员的选择标准、选择程序；对高级管理人员人选的任职资格和条件进行初步审核等。	林义相	主任委员
		徐经长	委员
		路京生	委员
信托委员会	负责拟定公司信托业务发展专项规划；初审拟提请董事会审议的信托项目；对公司日常合规管理工作进行监督；对公司信托业务运行情况进行定期评估等。	张宏久	主任委员
		林义相	委员
		张　立	委员

3.1.3 监事、监事会

表 3.1.3

姓名	职务	性别	年龄	选任日期	所推举的股东名称	该股东持股比例(%)	简要履历
吕君芳	监事会主席	女	45	2013 年 7 月	中国中信有限公司	80%	浙江大学文学博士，1992 年 8 月参加工作，先后在浙江教育学院、浙江工商大学、中信资产管理有限公司就职；2013 年 5 月入职本公司，现任职公司监事会主席。
关颐	监事	男	48	2012 年 5 月	中国中信有限公司	80%	对外经济贸易大学毕业，1990 年 7 月参加工作，先后在中国国际信托投资公司、中信集团公司就职；2006 年 1 月任职公司监事；现任中国中信集团有限公司稽核审计部总经理助理。
李东	监事	女	43	2015 年 10 月	职工代表	—	中央财经大学经济学硕士，1994 年 7 月参加工作并进入国家审计署；2013 年 11 月入职本公司，现任职稽核审计部总经理。

注：本届监事会未设立下属委员会。

3.1.4 高级管理人员

表 3.1.4

姓名	职务	性别	年龄	选任日期	金融从业年限	学历	专业	简要履历
李子民	总经理	男	45	2014 年 7 月	22 年	博士	管理科学与工程	1994 年 7 月入职本公司，历任部门总经理、业务总监、公司副总经理，现任公司董事、总经理。
王道远	副总经理	男	47	2011 年 5 月	20 年	硕士	工商管理	1995 年 3 月入职本公司，历任部门总经理、董事会秘书、公司总经理助理兼信托业务审查委员会主任，现任公司副总经理、董事会秘书。

续表

姓名	职务	性别	年龄	选任日期	金融从业年限	学历	专业	简要履历
薄伟康	副总经理	男	45	2015年3月	10年	博士	国民经济管理	1996年7月参加工作,先后在农业部、国务院办公厅就职,历任主任科员、副处级干部、正处级干部、副局级干部、副巡视员、巡视员;2015年2月入职本公司,现任公司副总经理。
蔡成维	副总经理	男	47	2015年3月	12年	硕士	法律硕士	1991年8月参加工作,先后在山东某市农业局、检察院、建设银行山东省分行、中国中期投资有限公司就职;2006年7月入职本公司,历任部门副总经理、总经理、合规总监;现任公司副总经理。
涂一锴	副总经理	男	40	2015年3月	13年	硕士	企业管理	简要履历:2002年4月参加工作并进入中信银行;2009年2月入职本公司,历任部门副总经理、总经理、业务总监;现任公司副总经理。
赵娜	副总经理	女	41	2015年3月	13年	硕士	工商管理	简要履历:1997年7月参加工作,2002年9月入职本公司,历任部门副总经理、总经理、业务总监;现任公司副总经理。
刘小军	副总经理	男	40	2016年5月	13年	硕士	金融学	简要履历:2002年7月参加工作,2006年4月入职本公司,历任高级经理、部门副总经理、总经理、业务总监;现任公司副总经理。

3.1.5 公司员工

报告期末,公司职工人数为517人。

表3.1.5

项目		2016年度		2015年度	
		人数	比例	人数	比例
年龄分布	25以下	15	3%	42	8%
	25-29	138	27%	139	26%
	30-39	260	50%	254	48%
	40以上	104	20%	93	18%
性别分布	男	311	60%	320	61%
	女	206	40%	208	39%

续表

项目		2016 年度		2015 年度	
		人数	比例	人数	比例
学历分布	博士	16	3%	11	2%
	硕士	351	68%	348	66%
	本科	129	25%	145	27%
	专科	21	4%	24	5%
岗位分布	董事、监事及高管人员	17	3%	17	3%
	自营业务人员	20	4%	28	5%
	信托业务人员	413	80%	402	76%
	其他人员	67	13%	81	16%
合计		517	100%	528	100%

3.2 公司治理信息

3.2.1 年度内召开股东会情况

报告期内公司共召开三次股东会。

6 月 28 日，公司召开 2016 年第 1 次股东会，审议并通过《关于选举独立董事的议案》。

7 月 8 日，公司召开 2016 年第 2 次股东会，审议并通过《关于公司利润分配方案的议案》、《关于董事会年度工作报告的议案》等议案。

11 月 15 日，公司召开 2016 年第 3 次股东会，审议并通过《关于选举任霞为公司董事的议案》。

3.2.2 董事会及其下属委员会履行职责情况

报告期内，董事会及其下属委员会遵照《公司法》、《信托公司治理指引》和《中信信托有限责任公司章程》及相关议事规则，认真审议公司经营管理重大事项。

3.2.2.1 董事会本年度召开会议情况

报告期内公司董事会共召开十二次会议。

1 月 5 日，公司召开第五届董事会第三次会议，审议通过《关于聘请会计师事务所对公司进行审计的议案》。

2 月 29 日，公司召开第五届董事会第四次会议，审议通过《关于公司 2015 年度审计报告的议案》。

3 月 1 日，公司召开第五届董事会第五次会议，审议通过《关于以固有资金投资中信证券股票的议案》。

3 月 18 日，公司召开第五届董事会第六次会议，审议通过《公司 2015 年度经营管理工作报告》、《公司 2015 年财务决算和 2016 年财务预算报告》、《公司 2015 年风险管理及合规管理报告》等议案。

4 月 19 日，公司召开第五届董事会第七次会议，审议通过《关于独立董事人选的议案》。

4 月 22 日，公司召开第五届董事会第八次会议，审议通过《关于聘任财务总监及投贷管理部总经理的议案》。

5 月 17 日，公司召开第五届董事会第九次会议，审议通过《关于聘任刘小军为公司副总经理的议案》。

5 月 23 日，公司召开第五届董事会第十次会议，审议通过《关于公司 2015 年度利润分配方案的议案》。

9 月 2 日，公司召开第五届董事会第十一次会议，审议通过《关于选举信托委员会主任委员、审计委员会委员的议案》。

9 月 13 日，公司召开第五届董事会第十二次会议，审议通过《关于聘请会计师事务所对公司进行年度审计的议案》。

9 月 26 日，公司召开第五届董事会第十三次会议，审议通过《关于董事人选的议案》。

12 月 26 日，公司召开第五届董事会第十四次会议，审议通过《关于免除包学勤副总经理职务的议案》。

3.2.2.2 董事会专门委员会履职情况

报告期内，公司董事会专门委员会认真履行《公司法》和《公司章程》所赋予的各项职权，切实发挥辅助董事会决策等职能，认真审查向董事会提交的各项议案、报告，积极发挥委员在各个领域的专业知识和丰富经验，在促进董事会审慎和科学决策方面发挥了积极作用。

报告期内董事会专门委员会召开会议情况如下。

2 月 15 日，第五届董事会审计委员会第一次会议审查通过《关于公司 2015 年度审计报告的议案》。

3 月 14 日，第五届董事会战略规划委员会第一次会议审查通过《公司 2015 年度经营管理工作报告》、《公司 2015 年度报告》等报告。

3 月 14 日，第五届董事会风险管理委员会第一次会议审查通过《公司 2015 年度经营管理工作报告》、《公司 2015 年风险管理及合规管理报告》等报告。

3 月 14 日，第五届董事会审计委员会第二次会议审查通过《公司 2015 年度经营管理工作报告》、《公司 2015 年财务决算和 2016 年财务预算报告》等报告。

3 月 14 日，第五届董事会薪酬与提名委员会第一次会议审查通过《公司 2015 年度经营管理工作报告》、《关于聘任有关总监及部门负责人的议案》等报告。

3月14日,第五届董事会信托委员会第一次会议审查通过《公司2015年度经营管理工作报告》、《公司2015年风险管理及合规管理报告》等报告。

4月18日,第五届董事会薪酬与提名委员会第二次会议对张宏久先生任职公司独立董事的资格和条件进行初审,审查通过《关于独立董事人选的议案》。

5月17日,第五届董事会薪酬与提名委员会第三次会议对刘小军先生任职公司副总经理的资格和条件进行初审,审查通过《关于聘任刘小军为公司副总经理的议案》。

9月23日,第五届董事会薪酬与提名委员会第四次会议对任霞女士任职公司董事的资格和条件进行初审,审查通过《关于董事人选的议案》。

12月15日,第五届董事会信托委员会第二次会议审查通过《公司2016年消费者权益保护工作开展情况的报告》。

3.2.2.3　独立董事履职情况

公司独立董事专业涵盖经济、金融、财务等领域,具有丰富的专业知识和从业经验。在报告期内,独立董事诚信勤勉履职,积极参加董事会及其专门委员会会议,对公司业务发展和经营管理发表独立意见,审慎开展对各项议案的审议表决,维护公司整体利益,为董事会科学决策发挥了积极作用。

3.2.3　监事会召开会议情况

报告期内监事会召开会议情况如下。

3月18日,公司召开第五届监事会第二次会议,审议通过《监事会2015年度工作报告》,审查《公司2015年度经营管理工作报告》、《公司2015年内部审计工作报告》等报告。

5月10日,公司召开第五届监事会第三次会议,研究监事会工作计划及下一阶段重点工作。

监事会认为,报告期内,公司能够按照合法决策程序对重大事项进行决策,对所开展的业务经营活动符合《公司法》、《信托法》、《信托管理办法》及《信托公司治理引》等有关法律规定;公司董事、高级管理人员能够合法合规履行公司职务;毕马威华振会计师事务所出具的2016年度无保留意见的审计报告,真实、客观地反映了公司财务状况和经营结果。

3.2.4　高级管理人员履职情况

报告期内,公司高级管理人员遵纪守法,勤勉履职,严格贯彻执行股东会和董事会的各项决议,团结协作,开拓创新,体现出较高的决策能力和管理水平,带领全体员工取得了显著业绩。

4. 经营管理

4.1　经营目标、方针、战略规划

4.1.1　经营目标:公司致力于成为综合金融解决方案的提供商和多种金融功能的集成者,以差异化竞争、持续性创新为特色,打造国内领先、综合优势明显、国际化、资源整合型资产管理集团。

4.1.2　经营方针:公司追求和谐、科学的价值文化,秉承"无边界服务、无障碍运行"的经营理念,把握市场规律,超前适变应变,持续学习创新,统筹价值实现。

4.1.3　战略规划:以客户为中心,以信用和人才为资本,以价值创造和风险管理为目的,整合能力和资源,为客户提供投资银行、资产管理与财富管理、服务信托服务,逐步丰富服务品种,提升服务质量,增加客户满意度。

4.2　经营业务的主要内容

公司经营的业务包括三大板块:信托业务、固有业务、通过专业子公司开展的资产管理业务。截至报告期末,公司全口径资产管理规模为1.76万亿元,同比增长27%,其中信托资产规模1.42万亿元,同比增长39%。

4.2.1　信托业务

信托业务是指公司作为受托人,按照委托人的意愿,为受益人利益或特定目的,对信托财产进行管理、处分的业务。公司开展的信托业务根据服务本质大致可以分为投资银行、资产管理、财富管理、服务信托等四类。

投资银行业务指公司为满足客户的融资需求,向社会投资者发行信托产品募集资金,并通过创设债务、股权等融资工具向客户提供融资的业务。随着实体经济的发展变化,不同领域、不同行业的融资需求和融资方式也在发生变化。2016年公司及时调整投行业务的发展方向,积极创新业务模式,在大客户融资、政府与社会资本合作(PPP)业务等领域取得重大突破,投资银行业务保持稳健发展。

资产管理业务指公司为满足买方客户的投资需求,按照约定的投资范围和投资策略,将客户交付的信托资金配置到各类金融产品的业务。报告期内,公司为满足客户不同需求,采取多元化资产配置策略,提供不同组合的产品,主要类型包括权益型、货币投资型、混合型等。

财富管理业务指公司根据高净值个人客户或机构客户的特殊需求,提供专业咨询、资产配置、事务管理等一系列服务,为客户量身打造综合财富管理解决方案的业务。2016年,公司开展的财富管理业务包括家族信托、保险金信托、专户理财等。

服务信托业务是指公司凭借受托人资格、信誉和运营能力,向客户提供财产风险隔离、投融资工具创设、财产监管与运营、财产保管等事务性服务的业务。报告期内,公司在资产证券化、消费信托、慈善信托等领域不断创新。

2016年,公司信托业务实现大规模增长,新增信托项目1280个,新增信托项目规模7866.41亿元,为信托受益人分配信托利益561亿元。报告期末,公司信托资产运用与分布表如下。

表4.2.1　　单位:人民币万元

资产运用	金额	占比(%)	资产分布	金额	占比(%)
货币资产	14,795,139.82	10.38	基础产业	35,901,856.51	25.20
贷款	57,433,675.77	40.31	房地产	15,049,000.63	10.56
交易性金融资产投资	6,600,804.50	4.63	证券市场	5,934,774.83	4.17
可供出售金融资产投资	26,091,072.29	18.31	实业	18,283,371.27	12.83
持有至到期投资	2,140,916.54	1.50	金融机构	24,101,729.99	16.91
长期股权投资	14,826,271.15	10.41	其他	43,218,145.94	30.33
其他	20,600,999.10	14.46			
信托资产	**142,488,879.17**	**100.00**	**信托资产**	**142,488,879.17**	**100.00**
其他管理资产	33,906,518.56		其他管理资产	33,906,518.56	
管理资产总计	**176,395,397.73**		**管理资产总计**	**176,395,397.73**	

4.2.2　固有业务

固有业务指公司运用自有资产开展的业务,主要包括贷款、股权投资、金融产品投资等类型。

公司秉承谨慎稳健运用原则,强化业务风险防范,确保公司资产的稳健增值。报告期末,公司固有资产运用与分布表如下。

表4.2.2　　单位:人民币万元

资产运用	金额	占比(%)	资产分布	金额	占比(%)
货币资产	186,021.66	7.69	基础产业	—	—
贷款及应收款	1,377,304.84	56.95	房地产业	307,265.87	12.71
交易性金融资产	105,983.01	4.38	证券市场	150,658.41	6.23
可供出售金融资产	562,813.88	23.28	实业	6,300.00	0.26
持有至到期投资	—	—	金融机构	438,386.3	18.13
长期股权投资	137,559.36	5.69	其他	1,515,623.70	62.67
其他	48,551.53	2.01			
资产总计	**2,418,234.28**	**100.00**	**资产总计**	**2,418,234.28**	**100.00**

4.2.3　资产管理业务

公司通过中信聚信(北京)资本管理有限公司、信诚基金管理有限公司、中信信诚资产管理有限公司、中信信惠国际资本有限公司等专业子公司,采用有限合伙、股权投资基金等形式开展资产管理业务。报告期末,此类业务规模共3,345亿元,投向涵盖房地产、基础设施、医疗养老、影视文化等领域。

4.3　市场分析

4.3.1　影响业务发展的有利因素

①国内经济社会发展保持稳中有进、稳中向好的态势,经济结构持续调整优化,经济发展内生动力不断增强,这为信托业发展创造了有利环境。

②新一轮的社会经济结构调整将会推动传统产业改造提升,并释放出新的产业及市场,可能给公司带来新的业务机会。

③监管机构坚持风险防范与创新发展并举,引导和推动信托公司稳健发展。中国信托业保障基金有限责任公司和中国信托登记有限责任公司相继成立,行业发展配套机制不断完善。

④与发达国家相比,我国金融市场还处于发展初期,随着各项金融制度与风险防范措施的不断完善,广阔的市场将为信托公司的发展提供雄厚的基础。

⑤我国经济多年的高速增长催生了居民财富绝对存量的大幅增加,客户对资产保值增值、财富传承、家族治理、税务规划等财富管理需求日益增强,这为信托公司开展资产管理及财富管理业务奠定了坚实的基础。

4.3.2　影响业务发展的不利因素

①实体经济变化、部分实体企业经营困难的压力传导到信托行业,信托公司业务风险管理压力加大。

②金融业竞争日趋激烈。大资管时代使得券商、基

金子公司、保险公司等资管机构业务范围不断扩大，各金融机构纷纷开展类信托业务，同质化竞争日益加剧。

③信托传统业务面临调整，信托业“平、房、证、通”四大类传统业务空间进一步萎缩，“高增长、高利润”的商业模式不可持续。

4.4 内部控制

4.4.1 内部控制环境和内部控制文化

公司按照《公司法》、《信托公司治理指引》、《企业内部控制基本规范》等法律法规以及《公司章程》的相关要求，建立了由股东会、董事会、监事会、高级管理层组成的分工明确、权责对应、合理制衡的公司治理结构。董事会负责内部控制的建立健全和有效实施，董事会及其下设的战略规划委员会、审计委员会、风险管理委员会、薪酬与提名委员会、信托委员会等专门委员会和高级管理层认真履行内部控制的管理、监督与评价职责。

公司高度重视内部控制文化建设，在各项经营活动中始终贯彻“内控优先”的管理理念，从环境文化、制度文化、组织文化、行为文化等多层次切入，通过讲座培训、知识竞赛、制度规范、考核激励、全员问责等多种方式倡导和实践内部控制核心理念，营造了良好的合规经营和风险防范的内部控制文化氛围。

4.4.2 内部控制措施

公司不断完善由业务拓展部门、风险合规管理等职能部门、稽核审计部、监察室构筑的内部控制四道防线体系，保障公司稳健经营。

公司高度重视内部控制制度体系建设，目前已形成覆盖公司治理、风险合规、稽核审计、计划财务、信托财务、人力资本、市场销售、信息技术、行政管理等多方面、多层次的制度体系。报告期内，公司新增和修订制度及流程共28项，制度体系进一步细化和完善。

公司持续健全在各层级、各业务流程、各关键操作环节的控制措施，将人工控制与自动控制相结合，不断改造和升级信息系统，逐步实现关键风险点的自动化管控和监督；前、中、后台部门权责明晰，相互监督制衡的运行机制贯穿于全业务流程。公司实施的控制措施包括但不限于：不相容职务分离控制、分级授权审批控制、业务流程控制、会计系统控制、财务预算控制、财产保护控制、运营分析控制、信息系统控制、绩效考评控制、业务预警及应急机制等。

公司建立起有效的“防火墙”机制，在信托业务和自营业务之间实行部门、人员、财务和管理的分离。公司分别设立信托业务审查委员会和固有业务审查委员会，对信托业务和固有业务进行分别、独立的评审。

4.4.3 信息交流与反馈

公司建立了高效、通畅的内外部信息交流与反馈机制。公司在内部各层级之间建立明确的授权机制和报告路线，在上下级之间、前中后台之间保持确定的信息交流与共享机制；通过业务系统、财务管理系统、OA办公系统等渠道，以管理月报、业务快报、专项报告等方式及时报告、传达公司的战略、政策、经营情况等信息；通过观察员制度及公司领导接待日活动，建立了员工与公司管理层之间的定期对话沟通机制。

公司按监管要求，及时报送各类财务及业务报表、事前及事后报告、关联交易报告等；按照《信托项目信息披露管理办法》，及时、准确地向投资者披露信托项目信息，积极履行受托人职责；报告期内修订《客户投诉管理办法》，规范投诉受理和处理流程，设立投诉专线、投诉邮箱、400电话及现场投诉等渠道；制定信托行业第一部《新闻发言人制度》，发挥信息技术大数据和自媒体优势，加强公司对外信息传播工作。

4.4.4 监督评价与纠正

公司建立了多层次的监督评价体系。监事会对董事会建立、实施内部控制的情况进行监督；监察部门对重大事项实施监督；稽核审计部以风险为导向独立行使监督评价职能，通过常规审计与专项审计相结合的方式持续对公司的各类经营管理活动进行监督评价。报告期内，公司修订《内外部审计检查发现问题整改跟踪管理办法》，进一步规范整改跟踪工作的流程和要求，健全内部约束和责任追究机制。

公司加大对重点业务、重点子公司的稽核审计力度，监督活动覆盖采购与招标业务、净资本管理、营销费用等重点领域以及中信聚信（北京）资本管理有限公司等重点子公司，持续开展各类信托项目风险审计，对公司管理人员实施任期经济责任审计，注重审计发现问题的整改跟踪与问责，确保审计建议的有效落实，推动公司不断完善业务、管理方面的内控制度与流程。

报告期内，公司对内部控制设计和运行的有效性开展专项审计，涉及业务流程执行、重要权证管理、信息披露、信息沟通机制、制度管理、人力资源等领域。审计认为，公司的内部控制措施能够覆盖各部门及岗位，渗透至各项业务流程和操作环节，审计过程中未发现公司内部控制体系存在重大缺陷。

4.5 风险管理

4.5.1 风险管理概况

公司风险管理的全局性目标是以客户风险偏好为导向，积极开拓业务机会，通过资源和能力整合及专业化管理，投入与收益相匹配的风险管理成本，为客户创造更大价值，实现业务规模与业务质量的平衡发展。

公司推行全员风险管理文化，构建了以“四道防线”为组织基础，覆盖公司战略风险、业务风险、人力风险、财务风险、声誉风险的全面风险管理体系，通过制度规章和管理流程的有效运行，保障公司经营目标的实现。

4.5.2 风险状况

4.5.2.1 信用风险状况

公司信托业务的信用风险主要来自融资类信托业务。报告期内，公司成功完成了70个融资类信托项目的终止清算，兑付信托本金545亿元，实现了信托业务的预期目标，履行了受托人的尽职管理职责。

公司固有业务信用风险主要来自固定收益类资产。报告期末，公司投资的具有融资属性的金融产品安全性较好，各产品均处于正常运行状态。

4.5.2.2 市场风险状况

公司信托业务的市场风险主要来自直接投资和金融投资信托业务。2016年资本市场风险较2015年同期显著缓释。公司有价证券投资类信托产品整体运行平稳，公司严格依据信托合同进行投资运营，各项风险控制措施有效运行。

公司固有业务的市场风险主要来自固有权益类资产。报告期内，公司有价证券投资业务业绩表现良好。

4.5.2.3 操作风险状况

操作风险在公司证券投资信托业务中比较显著，在风控指标设计、盯盘、预警、平仓/止损、估值等环节中均存在发生系统故障或人员失误的可能。在股市大幅震荡之后，公司及时修订完善了相关制度流程，操作风险得到有效降低。

4.5.2.4 合规与法律风险状况

公司坚持"实质重于形式、合法有效"的原则进行业务审查。报告期内，银监局对公司进行了多次例行检查，并对公司业务流程和内部控制提出了指导意见和改进建议，公司按时完成了相关改进工作，得到了监管部门的认可。公司未因开展违规业务遭受监管处罚或导致交易无效或遭受重大财务损失。

4.5.2.5 道德风险状况

公司通过组织全员培训和宣导教育活动，增加内部监察和审计频率，提高了全体员工的职业操守和道德水平。报告期内，公司未发生因员工道德问题使信托或固有财产遭到损失的情形。

4.5.2.6 声誉风险状况

声誉是信托公司赖以生存的重要资产。信托业逐渐成为公众关注的焦点，监管机构也加强了对信托行业声誉风险管理的监督力度。报告期内，公司加强声誉风险管理，维护了公司良好的品牌声誉。

4.5.3 风险管理

为适应公司业务规模和结构的快速发展变化，公司继续深化风险管理体系建设和机制完善，风险管理能力显著提升。

在业务评审方面，公司在"初审制、主审制、陪审制"为核心的评审机制基础上，一方面加强主审团队建设，加速评审人才培养，将评审通道从原来的4条扩充到7条，按金额计算的业务处理量比2015年同期增长了153%；另一方面，强化中高层对业务的横向把控和覆盖力度，对操作复杂、交易难度大的重点项目除了经过评审会审议外，还以总经理决策会的形式集中研判和决策，充分发挥"智力叠加"的作用。

在风险监控方面，公司坚持"全面覆盖、重点突出、长短结合"的风险管控思路。一是强化项目的全生命周期管理，建立了覆盖项目立项评审、决策审批、发行成立、过程运营、风险处置、终止清算全过程的风险监测体系，确保风险信息传递的连贯性与风险管控强度的持续性；二是进一步完善项目风险分级应对机制，动态跟踪和调整项目风险等级，对风险监控资源进行优化配置，确保较高风险等级的项目得到快速有力的处置响应；三是进一步丰富风险监控手段，长期不间断监测重点项目的风险变化，定期开展全面项目风险排查。

在风险处置方面，公司继续加强了风险处置机构职能建设，在2015年成立了负责风险资产处置和运营的专业化部门—资产运营保全部后，报告期内先后成立了资产运营保全二部和风险处置督导中心，加强了公司风险处置的归集管理，提高了风险处置的决策与执行效率。

在风险综合管理方面，以风险管理需求为核心的全业务流程二期系统于报告期内正式投入使用，实现了业务风险信息化管理的初期目标。同时，公司加强了业务风险研究、分析和综合管理的人才引进，深入开展了大客户融资、PPP业务、消费信托、现金管理工具等专项业务和产品的研究和管理工作。

4.5.3.1 信用风险管理

地方政府信用风险管理。公司一直以来重视与地方政府开展的合作业务，积极响应国家向新型融资模式转型的政策号召，紧密联系地方实际，及时调整展业思路和产品结构，在传统融资业务中多渠道拓宽信托资金来源，降低融资成本；在PPP、政府采购服务等新型合作业务中，同步推进理论研究和业务实践，初步形成了一套业务操作和风险管控的经验体系，继2015年在唐山推出了全国第一笔信托模式PPP业务后，报告期内在湖北、贵州等地又有多笔PPP业务成功落地，为地方政府新旧融资模式的平稳过渡创造了有利条件；在合作政府选择上，公司结合当地经济发展特色，深挖客户需求，力求在经济发展较好、债务负担可控的地区将业务做深做透，通过建立战略合作关系，争取优质业务资源，在更高合作层级上绑定政府的履约信用。公司对地方政府信用风险的管理实现了"存量管得住、增量稳得住"的目标。

大客户信用风险管理。公司重视与综合实力较强的集团大客户的合作，一方面积极与大客户确定战略合作框架，建立"总对总"的合作关系，对合作项目采取集中管控，由公司"总对总"工作负责人对项目进行初步筛选，符合条件后执行项目立项评审，从整体上控制合作项目质量；另一方面，风险管理部与大客户总部直接对接数据信息，汇总融资集中度，定期对客户经营和财务风险进行分析，制定总体合作策略，整体把控融资总量，防范系统性风险。

4.5.3.2 市场风险管理

公司加大了对资本市场业务的拓展力度，明确了以固定收益投资为主，逐步扩大权益性投资的发展方向。公司在原有的私募合作平台以及结构化配资业务基础上，积极发展自主决策型投资业务，包括二级市场定增投资、绝对收益型金融投资、家族信托等业务。

同时，公司还不断提高市场风险的管理能力。项目投资方案的设计和审查中，抓住大类资产配置的核心风控逻辑，遵循组合投资、分散风险的原则，限制单一资产集中度，限制高风险资产的配置比例，限制对冲策略的风险敞口；产品销售过程中，注重客户风险适应性匹配，强化风险揭示、风险教育等环节，确保客户明确知晓和独立承担市场风险；资金运用过程中，在传统的每日盯盘、预警、止损监控以外，增加资产配置比例监控、交易记录监控、业绩回报评价、净值波动分析、业绩归因分析等多种市场风险监测措施，依靠科学的量化指标体系，更准确地把握资金运用效果和业绩改善空间。

4.5.3.3　操作风险管理

公司在业务尽职调查、产品规范化管理、外部中介机构管控、风险监测评价、合同档案管理、信息披露等方面，不断细化管理和规范操作流程，提升业务操作的规范化和标准化水平。报告期内，公司编制了直接投融资业务风险监测工作指引、净资本管理办法等多项管理制度，进一步明确了部门和岗位职责，优化了业务流程。同时，稽核审计部多次对公司内部控制开展审计工作，对审计发现的流程、内控、操作问题及时予以整改完善，努力降低操作风险。

4.5.3.4　合规与法律风险管理

公司全面贯彻“合规风险全覆盖”，通过事前调查、事中控制、事后检查实现对每项业务时间、空间上的全程管理，合规风险得到有效控制，重视交易安排和法律文件的有效性，采取各种措施提高交易对手违约成本，强调业务自力、公力救济措施的可操作性，杜绝合同权利无法行使情况的发生。

4.5.3.5　道德风险管理

公司严控道德风险，在加强员工经营理念、政策法规和业务操作等方面知识技能的学习的同时，加强职业道德和风险防范意识的培养，要求员工全面掌握有关法律法规、各项管理制度和风险防控措施，并在各部门设立观察员岗位，定期向公司汇报有悖于从业操守规范的倾向性问题。报告期内，观察员按季度向公司汇报反映各部门存在的管理问题，提出整改意见，追踪整改落实进度，管理细节在执行层面上得到了及时完善。

4.5.3.6　声誉风险管理

公司重视声誉风险管理，将其纳入公司治理和全面风险管理体系，强调在合规经营和健康发展的基础上，主动、有效、灵活地防范和管理声誉风险。报告期内，公司以创新类业务推广为核心品牌传播策略，以具体项目和市场活动为重点，采取信息内容为主导方式，加大品牌推广力度，整合媒体、业务和市场资源；同时制定了信托行业第一部《声誉风险管理办法》，进一步提升危机处理、监测分析、舆情引导等工作。

4.6　净资本管理概况

公司依据《信托公司净资本管理办法》积极推进净资本管理，进一步强化增量业务的资本约束机制，确立了以净资本管理为核心的业务发展模式和管理体系。报告期末，净资本各项指标均处于符合监管要求的较好水平。

指标	期末数（亿元）	监管标准
净资本	139	≥2 亿元
各项风险资本之和	81	
净资本/各项风险资本之和	172%	≥100%
净资本/净资产	69%	≥40%

4.7　企业社会责任

公司以“信行天下、信惠百姓”为企业愿景，以“为客户提供最佳的增值服务，为股东创造最大的价值，为职工搭建实现自我价值的平台，为行业发展贡献智慧，为社会做出最大的贡献”为使命，积极践行《信托公司社会责任公约》，不断丰富企业社会责任的实践内容。

报告期内，公司积极响应国家绿色金融政策，大力扶持资源节约型、环境友好型产业发展。公司设立了“中信·民生青州宏利水务”、“中信·民生潍坊东兴建设”等多个基础设施建设项目，推动当地乡镇供水中心建设、湿地和路网配套设施修建；联合中国邮政储蓄银行，支持“一带一路”地区民生工程建设。公司积极探索慈善信托，设立中信航天慈善信托，大力支持中国航天科技事业发展；设立北京市第一支双受托人慈善信托，资助环保慈善组织；举办“信托文化中国行”、“美丽中国的信托推动力”等宣传教育活动；组织员工参加“城市定向挑战赛”、植树等公益活动；为青海省玉树自治州曲麻莱县第二完全小学、北京东铁营第二小学、云南白马小学等组织献爱心活动。在员工权益保护方面，公司持续完善工会组织建设，积极保护职工合法权益；设立“举手制”等绿色成长通道，为职工发展提供广阔平台；举办业务知识竞赛，鼓励员工在职继续学习、完善自我成长；支持员工俱乐部开展各类文体活动，丰富员工业余生活。

5. 报告期末及上一年度末的比较式会计报表

5.1　固有资产

5.1.1　会计师事务所审计意见

KPMG Huazhen LLP
8th Floor, KPMG Tower
Oriental Plaza
1 East Chang An Avenue
Beijing 100738
China
Telephone +86 (10) 8508 5000
Fax +86 (10) 8518 5111
Internet kpmg.com/cn

毕马威华振会计师事务所
(特殊普通合伙)
中国北京
东长安街1号
东方广场毕马威大楼8层
邮政编码：100738
电话 +86 (10) 8508 5000
传真 +86 (10) 8518 5111
网址 kpmg.com/cn

审计报告

毕马威华振审字第 1700137 号

中信信托有限责任公司董事会：

我们审计了后附的第 1 页至第 97 页的中信信托有限责任公司 (以下简称“贵公司”) 财务报表，包括 2016 年 12 月 31 日的合并资产负债表和资产负债表，2016 年度的合并利润表和利润表、合并现金流量表和现金流量表、合并所有者权益变动表和所有者权益变动表以及财务报表附注。

一、管理层对财务报表的责任

编制和公允列报财务报表是贵公司管理层的责任，这种责任包括：(1) 按照中华人民共和国财政部颁布的企业会计准则的规定编制财务报表，并使其实现公允反映；(2) 设计、执行和维护必要的内部控制，以使财务报表不存在由于舞弊或错误导致的重大错报。

二、注册会计师的责任

我们的责任是在执行审计工作的基础上对财务报表发表审计意见。我们按照中国注册会计师审计准则的规定执行了审计工作。中国注册会计师审计准则要求我们遵守中国注册会计师职业道德守则，计划和执行审计工作以对财务报表是否不存在重大错报获取合理保证。

审计工作涉及实施审计程序，以获取有关财务报表金额和披露的审计证据。选择的审计程序取决于注册会计师的判断，包括对由于舞弊或错误导致的财务报表重大错报风险的评估。在进行风险评估时，注册会计师考虑与财务报表编制和公允列报相关的内部控制，以设计恰当的审计程序，但目的并非对内部控制的有效性发表意见。审计工作还包括评价管理层选用会计政策的恰当性和作出会计估计的合理性，以及评价财务报表的总体列报。

我们相信，我们获取的审计证据是充分、适当的，为发表审计意见提供了基础。

KPMG Huazhen LLP, a People's Republic of China partnership and a member firm of the KPMG network of independent member firms affiliated with KPMG International Cooperative ("KPMG International"), a Swiss entity

KPMG

审计报告(续)

毕马威华振审字第1700137号

三、审计意见

我们认为，贵公司财务报表在所有重大方面按照中华人民共和国财政部颁布的企业会计准则的规定编制，公允反映了贵公司2016年12月31日的合并财务状况和财务状况以及2016年度的合并经营成果和经营成果及合并现金流量和现金流量。

毕马威华振会计师事务所(特殊普通合伙)

中国注册会计师

王立鹏

中国 北京

周果

2017年3月16日

5.1.2　资产负债表

单位：人民币万元

项　目	合并		母公司	
	2016.12.31	2015.12.31	2016.12.31	2015.12.31
资产：				
现金及银行存款	12,913.52	191.18	2.96	2.96
存放同业款项	202,662.99	546,626.53	186,018.70	532,087.08
以公允价值计量且其变动计入当期损益的金融资产	106,500.70	280543.49	105,983.01	280,012.76
应收手续费	27,330.80	16,228.23	23,403.02	15,842.71
应收利息	25,164.97	1,989.14	20,025.58	0.00
其他应收款	159,693.36	71,350.22	179,679.23	71,231.25
买入返售金融资产	238,718.46	—	238,718.46	—
发放贷款和垫款	435,939.75	503,963.12	313,565.87	372,587.87
可供出售金融资产	766,470.09	514,706.72	562,813.88	489,585.99
持有至到期投资	53,207.17	—	—	—
应收款项类投资	601,912.68	311,349.94	601,912.68	311,349.94
长期股权投资	112,438.29	94,451.63	137,559.36	120,539.40
固定资产	1,541.72	2,081.56	1,283.84	1,801.99
无形资产	2,675.48	2,680.00	2,675.47	2,680.00
商誉	36.21	36.21	—	—
递延所得税资产	36,009.15	28,331.74	35,937.48	28,329.28
其他资产	8,937.09	5,360.98	8,654.74	5,323.80
资产总计	**2,792,152.43**	**2,379,890.69**	**2,418,234.28**	**2,231,375.03**
负债：				
借款	355,335.23	142,971.92	—	—
应付利息	935.78	134.67	—	—
递延收入	14,205.08	3,587.57	14,193.92	3,587.57
应付职工薪酬	117,611.49	99,029.23	114,557.52	98,908.02
应交税费	55,274.84	7,348.07	53,618.12	6,962.62
递延所得税负债	17.89	16.76	—	0.00
其他应付款	227,367.21	327,110.15	227,765.88	326,693.65
负债合计	**770,747.52**	**580,198.37**	**410,135.44**	**436,151.86**
所有者权益：				
实收资本	1,000,000.00	1,000,000.00	1,000,000.00	1,000,000.00
资本公积	938.09	938.09	—	—
其他综合收益	17,225.25	8,689.90	16,235.61	8,456.11
盈余公积	211,433.28	181,016.83	211,433.28	181,016.83

续表

项 目	合并		母公司	
	2016.12.31	2015.12.31	2016.12.31	2015.12.31
一般风险准备	36,861.15	34,427.26	36,861.15	34,427.26
信托赔偿准备	103,789.96	88,581.74	103,789.96	88,581.74
未分配利润	650,908.49	485,832.19	639,778.84	482,741.23
归属于母公司所有者权益合计	**2,021,156.22**	**1,799,486.01**	—	—
少数股东权益	248.69	206.31	—	—
所有者权益合计	**2,021,404.91**	**1,799,692.32**	**2,008,098.84**	**1,795,223.17**
负债和所有者权益总计	**2,792,152.43**	**2,379,890.69**	**2,418,234.28**	**2,231,375.03**

公司法定代表人:陈一松　　主管会计工作的公司负责人:王道远　　公司会计机构负责人:李玎

5.1.3 利润表

单位:人民币万元

项 目	合并		母公司	
	2016 年度	2015 年度	2016 年度	2015 年度
一、营业收入	**581,760.31**	**1,026,300.06**	**564,899.53**	**1,019,363.85**
手续费及佣金收入	437,586.88	370,942.15	430,721.76	370,471.40
利息净收入	104,551.73	88,137.28	98,398.45	84,924.00
投资收益	44,058.32	564,933.58	39,628.36	562,195.85
公允价值变动收益	-4,251.06	2283.94	-3,859.14	1763.55
汇兑净收益	-185.56	3.11	10.10	9.05
二、营业支出	**176,581.82**	**620,648.28**	**169,037.05**	**614,548.84**
税金及附加	13,658.00	29,917.19	13,541.83	29,860.69
业务及管理费	129,499.67	121,878.14	121,869.80	118,509.69
财务费用	-17.57	-6.63	—	—
资产减值损失	33,441.72	468,859.58	33,625.42	466,178.46
三、营业利润	**405,178.49**	**405,651.78**	**395,862.48**	**404,815.01**
加:营业外收入	1,835.57	93.51	1,835.57	93.51
减:营业务支出	324.32	1181.34	324.32	1181.34
四、利润总额	**406,689.74**	**404,563.95**	**397,373.73**	**403,727.18**
减:所得税费用	94,444.15	89,155.03	93,209.21	88,693.21
五、净利润	**312,245.59**	**315,408.92**	**304,164.52**	**315,033.97**
归属于母公司所有者的净利润	312,203.21	314,502.69	—	—
少数股东损益	42.38	906.23	—	—

公司法定代表人:陈一松　　主管会计工作的公司负责人:王道远　　公司会计机构负责人:李玎

5.1.4 所有者权益变动表

单位:人民币万元

项目	2016年度(合并)									2016年度(母公司)						
	归属于母公司所有者权益							少数股东权益	所有者权益合计	实收资本	其他综合收益	盈余公积	一般风险准备	信托赔偿准备	未分配利润	所有者权益合计
	实收资本	资本公积	其他综合收益	盈余公积	一般风险准备	信托赔偿准备	未分配利润									
2016年1月1日余额	**1,000,000.00**	**938.09**	**8,689.90**	**181,016.83**	**34,427.26**	**88,581.74**	**485,832.19**	**206.31**	**1,799,692.32**	**1,000,000.00**	**8,456.11**	**181,016.83**	**34,427.26**	**88,581.74**	**482,741.23**	**1,795,223.17**
本年增减变动金额									—							—
1. 综合收益总额			8,535.35				312,203.21	42.38	320,780.94		7,779.50				304,164.52	311,944.02
2. 利润分配	—	—	—	30,416.45	2,433.89	15,208.22	-147,126.91	—	-99,068.35	—	—	30,416.45	2,433.89	15,208.22	-147,126.91	-99,068.35
提取盈余公积				30,416.45			-30,416.45		—			30,416.45			-30,416.45	—
对所有者的分配							-99,068.35		-99,068.35						-99,068.35	-99,068.35
提取一般风险准备					2,433.89		-2,433.89		—				2,433.89		-2,433.89	—
提取信托赔偿准备						15,208.22	-15,208.22		—					15,208.22	-15,208.22	—
上述1至2小计	—	—	8,535.35	30,416.45	2,433.89	15,208.22	165,076.30	42.38	221,712.59	—	7,779.50	30,416.45	2,433.89	15,208.22	157,037.61	212,875.67
2016年12月31日余额	**1,000,000.00**	**938.09**	**17,225.25**	**211,433.28**	**36,861.15**	**103,789.96**	**650,908.49**	**248.69**	**2,021,404.91**	**1,000,000.00**	**16,235.61**	**211,433.28**	**36,861.15**	**103,789.96**	**639,778.84**	**2,008,098.84**

所有者权益变动表(续)

单位:人民币万元

项目	2015年度(合并)									2015年度(母公司)						
	归属于母公司所有者权益							少数股东权益	所有者权益合计	实收资本	其他综合收益	盈余公积	一般风险准备	信托赔偿准备	未分配利润	所有者权益合计
	实收资本	资本公积	其他综合收益	盈余公积	一般风险准备	信托赔偿准备	未分配利润									
2015年1月1日余额	**1,000,000.00**	—	**261,306.03**	**149,513.43**	**34,427.26**	**72,830.04**	**307,175.16**	**170.99**	**1,825,422.91**	**1,000,000.00**	**261,302.65**	**149,513.43**	**34,427.26**	**72,830.04**	**303,552.92**	**1,821,626.30**
本年增减变动金额																
1. 综合收益总额			-252,616.13				314,502.69	906.23	62,792.79		-252,846.54				315,033.97	62,187.43
2. 利润分配	—	—	—	31,503.40	—	15,751.70	-135,845.66	—	-88,590.56	—	—	31,503.40	—	15,751.70	-135,845.66	-88,590.56
提取盈余公积				31,503.40			-31,503.40		—			31,503.40			-31,503.40	—
对所有者的分配							-88,590.56		-88,590.56						-88,590.56	-88,590.56
提取信托赔偿准备						15,751.70	-15,751.70		—					15,751.70	-15,751.70	—
3. 购买少数股东权益		938.09						-870.91	67.18							
上述1至3小计	—	938.09	-252,616.13	31,503.40	—	15,751.70	178,657.03	35.32	-25,730.59	—	-252,846.54	31,503.40	—	15,751.70	179,188.31	-26,403.13
2015年12月31日余额	**1,000,000.00**	**938.09**	**8,689.90**	**181,016.83**	**34,427.26**	**88,581.74**	**485,832.19**	**206.31**	**1,799,692.32**	**1,000,000.00**	**8,456.11**	**181,016.83**	**34,427.26**	**88,581.74**	**482,741.23**	**1,795,223.17**

公司法定代表人:陈一松　　主管会计工作的公司负责人:王道远　　公司会计机构负责人:李玎

5.2 信托资产

5.2.1 信托项目资产负债汇总表

单位：人民币万元

信托资产	2016.12.31	2015.12.31
信托资产：		
存放同业款项	14,795,139.82	15,794,659.64
拆出资金	—	—
衍生金融资产	—	—
交易性金融资产	6,600,804.50	7,358,868.67
买入返售金融资产	863,263.40	573,014.84
应收票据	—	—
应收账款	18,961,810.52	16,375,848.08
应收利息	56,748.13	79,460.42
应收股利	80,199.80	1,964.91
其他应收款	590,744.96	943,629.77
贷款	57,433,675.77	46,201,057.67
可供出售金融资产	26,091,072.29	7,045,404.59
长期应收款	—	5,199.70
持有至到期金融资产	2,140,916.54	1,702,780.99
长期股权投资	14,826,271.15	6,169,545.22
其他资产	48,232.29	30,061.96
信托资产总计	**142,488,879.17**	**102,281,496.46**
信托负债和信托权益	2016.12.31	2015.12.31
信托负债：		
交易性金融负债	—	—
应交税费	634.17	106.25
其他应付款	2,023,968.89	1,683,812.51
应付账款	47,501.26	69,213.41
长期应付款	—	—
信托负债合计	**2,072,104.32**	**1,753,132.17**
信托权益：		
实收信托	133,704,568.35	96,152,588.42
资本公积	3,908,312.00	2,829,745.53
未分配利润	2,803,894.50	1,546,030.34
信托权益合计	**140,416,774.85**	**100,528,364.29**
信托负债及权益总计	**142,488,879.17**	**102,281,496.46**

法定代表人：陈一松　　主管信托财务负责人：王道远　　会计机构负责人：李青

5.2.2 信托项目利润及利润分配汇总表

单位:人民币万元

项目	2016 年度	2015 年度
一、营业收入	7,552,411.72	6,788,765.34
利息收入	3,711,097.39	3,393,136.21
投资收益	2,904,539.16	2,290,775.72
租赁收入	—	30.95
公允价值变动损益	-125,984.96	-281,573.71
汇兑损益	-1,638.66	606.75
其他收入	1,064,398.79	1,385,789.42
二、营业费用	666,032.87	669,586.34
三、营业税金及附加	16,342.12	26,815.37
四、扣除资产损失前的信托利润	6,870,036.73	6,092,363.63
减:资产减值损失	397.15	-38.42
五、扣除资产损失后的信托利润	6,869,639.58	6,092,402.05
加:期初未分配信托利润	1,546,030.34	888,047.93
六、可供分配的信托利润	8,415,669.92	6,980,449.98
减:本期已分配信托利润	5,611,775.42	5,434,419.64
七、期末未分配信托利润	2,803,894.50	1,546,030.34

法定代表人:陈一松　　主管信托财务负责人:王道远　　会计机构负责人:李青

6. 会计报表附注

6.1 会计报表编制基准不符合会计核算基本前提的说明

6.1.1 会计报表不符合会计核算基本前提的事项

本公司无上述情况。

6.1.2 纳入公司合并会计报表范围的子公司情况

子公司名称	业务性质	注册地	注册资本	实际投资额	母公司持有的权益性资本的比例	合并期间
中信聚信(北京)资本管理有限公司	服务业	北京	400,000,000元	400,000,000元	100%	2012 年 4 月至 2016 年 12 月
中信信惠国际资本有限公司	金融业	香港	77,745,000港元	62,634,855元	100%	2014 年 10 月至 2016 年 12 月

注:2012 年,公司出资 20,000 万元设立全资子公司中信聚信(北京)资本管理有限公司,并将其纳入合并会计报表范围,纳入合并报表的基准日为 2012 年 4 月 17 日。2014 年,公司以现金方式向中信聚信(北京)资本管理有限公司增加注册资本 20,000 万元,变更后注册资本为 40,000 万元。

2014 年,公司出资 158,324 元受让中信信惠国际资本有限公司(以下简称"中信信惠")51%股权,并将其纳入合并会计报表范围,纳入合并报表的基准日为 2014 年 10 月 31 日。2015 年 3 月,公司以现金 31,738,320 元向中信信惠增资。2015 年 10 月,公司以现金 30,738,211 元购买中信信惠少数股权(占该公司股份的 49%),由此取得对中信信惠 100%控制权。

6.2 重要会计政策和会计估计说明

6.2.1 计提资产减值准备的范围和方法

公司计提资产减值准备的范围包括:贷款损失准备、可供出售金融资产减值准备、持有至到期投资减值准备、应收款项类投资减值准备、长期股权投资减值准备、固定资产减值准备和无形资产减值准备。主要计提方法是:

①贷款损失准备

公司按照贷款资产风险分类后的风险程度和回收的可能性计提专项准备。

②可供出售金融资产减值准备

期末对单项投资由于发行方或债务人发生严重财务困难等原因，导致其可收回金额低于账面价值的差额，分项提取可供出售金融资产减值准备。

③持有至到期投资减值准备

期末对单项投资由于发行方或债务人发生严重财务困难等原因，导致其可收回金额低于账面价值的差额，分项提取持有至到期投资减值准备。

④应收款项类投资减值准备

期末对单项投资由于发行方或债务人发生严重财务困难等原因，导致其可收回金额低于账面价值的差额，分项提取持有至到期投资减值准备。

⑤长期股权投资减值准备

期末对单项投资由于市价持续下跌或被投资单位经营状况恶化等原因，导致其可收回金额低于账面价值的差额，分项提取长期投资减值准备。

⑥固定资产减值准备

期末对单项资产由于市价持续下跌、技术陈旧、损坏或长期闲置等原因，导致其可收回金额低于账面价值的差额，分项提取固定资产减值准备。

⑦无形资产减值准备

期末按单项资产预计可收回金额低于其账面价值的差额，分项提取无形资产减值准备。

6.2.2 金融资产四分类的范围和标准

金融资产于初始确认时分为以下四类：以公允价值计量且其变动计入当期损益的金融资产、持有至到期投资、贷款和应收款项、可供出售金融资产。金融资产在初始确认时以公允价值计量。对于以公允价值计量且其变动计入当期损益的金融资产，相关交易费用直接计入当期损益，其他类别的金融资产相关交易费用计入其初始确认金额。

①金融资产的公允价值

存在活跃市场的金融资产，采用活跃市场中的报价确定其公允价值。不存在活跃市场的，本公司采用估值技术确定其公允价值，估值技术包括参考熟悉情况并自愿交易的各方最近进行的市场交易中使用的价格、参照实质上相同的其他金融工具的当前公允价值、现金流量折现法和期权定价模型等。

②金融资产转移

金融资产转移，是指本公司将金融资产让与或交付给该金融资产发行方以外的另一方（转入方）。

已将金融资产所有权上几乎所有的风险和报酬转移给转入方的，终止确认该金融资产；保留了金融资产所有权上几乎所有的风险和报酬的，不终止确认该金融资产；既没有转移也没有保留金融资产所有权上几乎所有的风险和报酬的，分别按下列情况处理：放弃了对该金融资产控制的，终止确认该金融资产并确认产生的资产和负债；未放弃对该金融资产控制的，按照其继续涉入所转移金融资产的程度确认有关金融资产，并相应确认有关负债。

6.2.3 交易性金融资产核算方法

以公允价值计量且其变动计入当期损益的金融资产，包括交易性金融资产和初始确认时指定为以公允价值计量且其变动计入当期损益的金融资产，采用公允价值进行后续计量，所有已实现和未实现的损益均计入当期损益。

6.2.4 可供出售金融资产核算方法

可供出售金融资产指初始确认时即指定为可供出售的非衍生金融资产，以及除上述金融资产类别以外的金融资产，此类金融资产采用公允价值进行后续计量。其折溢价采用实际利率法进行摊销并确认为利息收入。除减值损失及外币货币性金融资产的汇兑差额确认为当期损益外，可供出售金融资产的公允价值变动作为资本公积的单独部分予以确认，直到该金融资产终止确认或发生减值时，在此之前在资本公积中确认的累计利得或损失转入当期损益。与可供出售金融资产相关的股利或利息收入，计入当期损益。

6.2.5 持有至到期投资核算方法

持有至到期投资是指到期日固定、回收金额固定或可确定，且本公司有明确意图和能力持有至到期的非衍生金融资产，采用实际利率法，按照摊余成本进行后续计量，其终止确认、发生减值或摊销产生的利得或损失，均计入当期损益。

6.2.6 长期股权投资核算方法

①长期股权投资的初始计量

长期股权投资在取得时按初始投资成本计量。初始投资成本一般为取得该项投资而付出的资产、发生或承担的负债以及发行的权益性证券的公允价值，并包括直接相关费用。但同一控制下的企业合并形成的长期股权投资，其初始投资成本为合并日取得的被合并方所有者权益的账面价值份额。

②长期股权投资的后续计量

能够对被投资单位实施控制的长期股权投资，以及对被投资单位不具有共同控制或重大影响，且在活跃市场中没有报价、公允价值不能可靠计量的长期股权投资采用成本法核算；对被投资单位具有共同控制或重大影响的长期股权投资，采用权益法核算。

长期股权投资采用权益法核算时，对长期股权投资初始投资成本大于投资时应享有被投资单位可辨认净资产公允价值份额的，不调整长期股权投资的初始投资成本；对长期股权投资初始投资成本小于投资时应享有被投资单位可辨认净资产公允价值份额的，其差额计入当期损益，同时调整长期股权投资的成本。

按权益法对长期股权投资进行核算时，先对被投资单位的净利润进行取得投资时被投资单位各项可辨认资产等的公允价值、会计政策和会计期间方面的调整，再按应享有或应分担的被投资单位的净损益份额确认当期投资损益。

6.2.7 固定资产计价和折旧方法

固定资产按照取得时的实际成本进行初始计量，采用年限平均法计提折旧。

6.2.8 无形资产计价及摊销政策

无形资产按照成本进行初始计量，采用直线法摊销。

6.2.9 收入确认原则和方法

在与交易相关的经济利益很可能流入公司且收入的金额能够可靠地计量时，确认提供与金融业务相关服务收入的实现。

6.2.10 所得税的会计处理方法

采用资产负债表债务法计提递延所得税，所得税率为25%。

6.2.11 信托报酬的确认原则和方法

在收入确认原则基础上，信托业务手续费收入按照信托合同约定的结算方法，一般以收益分配结算报告确认。

6.3 或有事项说明

报告期末，公司没有对外担保。

6.4 重要资产转让及其出售的说明

报告期内，公司没有重要资产转让及其出售。

6.5 会计报表中重要项目的明细资料

6.5.1 固有资产经营情况

6.5.1.1 信用风险资产五级分类情况

按照《中国银行业监督管理委员会关于非银行金融机构全面推行资产质量五级分类管理的通知》的分类标准，本年度公司固有资产质量情况是：

表6.5.1.1

单位：人民币万元

信用风险资产五级分类	正常类	关注类	次级类	可疑类	损失类	信用风险资产合计	不良资产合计	不良资产率(%)
期初数	1,098,501.18	245,117.64	—	2,757.21	11,000.00	1,357,376.03	13,757.21	1.01%
期末数	1,355,291.82	235,321.98	26,600.00	3,018.46	10,928.28	1,631,160.54	40,546.74	2.49%

不良资产合计=次级类+可疑类+损失类

6.5.1.2 资产减值准备情况

表6.5.1.2

单位：人民币万元

	期初数	本期计提	本期转回	本期核销	期末数
贷款损失准备	43,029.76	17,707.00	13,656.72	—	47,080.04
一般准备	32,029.76	5,067.00	13,585.00	—	23,511.76
专项准备	11,000.00	12,640.00	71.72	—	23,568.28
其他资产减值准备	18,260.57	77,860.00	48,284.86	11,000.00	36,835.71
可供出售金融资产减值准备	6,300.00	25,205.00		11,000.00	20,505.00
持有至到期投资减值准备	—	—	—	—	—
应收款项类投资减值准备	11,247.41	52,331.59	48,284.86		15,294.14
长期股权投资减值准备	713.16	—	—	—	713.16
坏账准备	—	323.41	—	—	323.41
投资性房地产减值准备	—	—	—	—	—

6.5.1.3 固有股票投资、基金投资、债券投资、长期股权投资等投资情况

表6.5.1.3

单位：人民币万元

	固有股票	基金	债券	长期股权投资	其他投资	合计
期初数	24,601.43	270,346.41	65.20	120,539.40	474,585.71	890,138.15
期末数	50,650.94	100,007.47	—	137,559.36	518,138.48	806,356.25

6.5.1.4 固有长期股权投资的前五名

表 6.5.1.4

单位:人民币万元

企业名称	占被投资企业权益的比例	主要经营活动	投资收益
信诚基金管理有限公司	49.00%	证券投资基金	13,483.53
中信聚信(北京)资本管理有限公司	100.00%	投资管理、经济信息咨询	—
中信信诚资产管理有限公司	45.00%	资产管理	16,507.82
中信信惠国际资本有限公司	100.00%	资产管理	—
中信锦绣资本管理有限公司	40.00%	投资咨询、投资管理、财务顾问	-11,033.75

6.5.1.5 固有贷款前五名

表 6.5.1.5

单位:人民币万元

企业名称	占贷款总额的比例	还款情况
昆明嘉丽泽旅游文化有限公司	57.15%	正常
新世界中国地产(海口)有限公司	27.73%	正常
云南御行中天房地产开发有限公司	5.55%	欠息
天津鑫鑫投资有限公司	3.03%	欠息
海航地产集团有限公司	2.77%	正常

6.5.1.6 表外业务的期初数、期末数

表 6.5.1.6

单位:人民币万元

表外业务	期初数	期末数
担保业务	—	—
代理业务(委托业务)	72,527.79	72,527.79
其他	—	—
合计	72,527.79	72,527.79

6.5.1.7 公司当年的收入结构

表 6.5.1.7

单位:人民币万元

	合并		母公司	
收入结构	金额	占比	金额	占比
手续费及佣金收入	437,586.88	72.25%	430,721.76	73.82%
其中:信托手续费收入	427,175.76	70.53%	427,175.76	73.21%
投资银行业务收入	—	—	—	—
利息收入	126,456.61	20.88%	115,133.05	19.73%
其他业务收入	—	—	—	—
其中:计入信托业务收入部分	—	—	—	—
投资收益	44,058.32	7.27%	39,628.36	6.79%
其中:股权投资收益	31,695.62	5.23%	28,524.93	4.89%
证券投资收益	4,655.26	0.77%	4,489.21	0.77%
其他投资收益	7,707.44	1.27%	6,614.22	1.13%

续表

收入结构	合并		母公司	
	金额	占比	金额	占比
公允价值变动收益	-4,251.06	-0.70%	-3,859.14	-0.66%
营业外收入	1,835.57	0.30%	1,835.57	0.32%
收入合计	605,686.32	100.00%	583,459.60	100.00%

6.5.2 信托资产管理情况

6.5.2.1 信托资产的期初数、期末数

表 6.5.2.1 单位：人民币万元

信托资产	期初数	期末数
集合	21,656,248.40	37,356,391.86
单一	49,780,098.51	59,710,378.43
财产权	30,845,149.55	45,422,108.88
合计	102,281,496.46	142,488,879.17

6.5.2.1.1 主动管理型信托业务期初数、期末数

表 6.5.2.1.1 单位：人民币万元

主动管理型信托资产	期初数	期末数
证券投资类	20,612,395.05	20,980,394.98
股权投资类	3,675,723.56	1,816,076.88
融资类	18,146,973.98	19,758,609.13
事务管理类	—	—
合计	42,435,092.59	42,555,080.99

6.5.2.1.2 被动管理型信托业务期初数、期末数

表 6.5.2.1.2 单位：人民币万元

被动管理型信托资产	期初数	期末数
证券投资类	—	—
股权投资类	—	—
融资类	—	—
事务管理类	59,846,403.87	99,933,798.18
合计	59,846,403.87	99,933,798.18

6.5.2.2 本年度已清算结束的信托项目个数、实收信托合计金额、加权平均实际年化收益率。

6.5.2.2.1 本年度已清算结束的集合类、单一类资金信托项目和财产管理类信托项目个数、金额、加权平均实际年化收益率。

表 6.5.2.2.1 单位：人民币万元

已清算结束信托项目	项目个数	合计金额	加权平均实际年化收益率
集合类	117	14,601,793.81	7.50%
单一类	340	43,400,143.87	5.91%
财产管理类	90	10,853,703.92	6.64%

6.5.2.2.2　本年度已清算结束的主动管理型信托项目个数、合计金额、加权平均实际年化收益率。分证券投资、股权投资、融资、事务管理类分别披露。

表6.5.2.2.2　　单位:人民币万元

已清算结束信托项目	项目个数	合计金额	加权平均实际年化收益率
证券投资类	68	3,052,753.99	7.17%
股权投资类	6	8,157,044.88	7.31%
融资类	70	5,453,045.30	8.87%
事务管理类	—	—	-

6.5.2.2.3　本年度已清算结束的被动管理型信托项目个数、合计金额、加权平均实际年化收益率。分证券投资、股权投资、融资、事务管理类分别披露。

表6.5.2.2.3　　单位:人民币万元

已清算结束信托项目	项目个数	合计金额	加权平均实际年化收益率
证券投资类	—	—	—
股权投资类	—	—	—
融资类	—	—	—
事务管理类	403	52,192,797.43	5.91%

6.5.2.3　本年度新增的集合类、单一类和财产管理类信托项目个数、合计金额。

表6.5.2.3　　单位:人民币万元

新增信托项目	项目个数	合计金额
集合类	320	23,230,656.40
单一类	690	24,622,487.65
财产管理类	270	30,810,912.55
新增合计	1,280	78,664,056.60
其中:主动管理型	512	9,986,576.13
被动管理型	768	68,677,480.47

注:上述统计未包括尚未清算的开放式信托项目本年度内发生的申购和赎回金额,故期初余额－本期清算＋本期新增≠期末余额

6.5.2.4　信托创新研究成果

报告期内,公司积极推进业务创新,在PPP业务、国际业务、消费信托与消费金融、家族信托与保险金信托、信托型ABN等业务上取得了较大进展。

6.5.2.5　本公司履行受托人义务情况

公司以受益人利益最大化为原则,严格按照《信托法》、《信托公司管理办法》、《信托公司集合资金信托计划管理办法》等法律法规的规定及信托合同等文件的约定,恪尽职守,诚实、信用、谨慎、有效地管理信托财产,严格履行受托人的义务,为受益人的最大利益处理信托事务,公平、公正地处置信托财产,建立金融消费者权益保护机制和管理体系,为投资者提供了回报稳定且风险可控的投资产品。

6.5.2.6　信托赔偿准备的提取、使用和管理情况

公司从2016年的税后利润提取5%的信托赔偿准备金,即15,208.22万元,余额达103,789.96万元。公司2016年度未发生需要使用信托赔偿准备金的事件,也未使用信托赔偿准备金。

6.6　关联方关系及其交易的披露

6.6.1　关联交易方的数量、关联交易的总金额及关联交易的定价原则等

表 6.6.1　　单位:人民币万元

	关联交易方数量	关联交易金额	定价政策
合计	22	2,365,138.77	1. 遵循市场价格的原则,有客观的市场价格作为参照的一律以市场价格为准; 2. 如果没有市场价格,按照成本加成定价; 3. 如果既没有市场价格,也不适合采用成本加成价的,按照协议价定价

6.6.2　关联交易方与本公司的关系性质、关联交易方的名称、法定代表人、注册地址、注册资本及主营业务等

表 6.6.2　　单位:人民币万元

关系性质	关联方名称	法定代表人	注册地址	注册资本	主营业务
母公司	中国中信有限公司	常振明	北京市朝阳区新源南路 6 号	1390.00	金融、实业
同一母公司	中信银行股份有限公司	李庆萍	北京东城区朝阳门北大街 8 号富华大厦 C 座	489.35	银行业务
母公司对其有重大影响	中信证券股份有限公司	张佑君	广东省深圳市福田区中心三路 8 号卓越时代广场(二期)北座	121.17	证券经纪、投行业务

注:公司本年度共有关联方 22 个,主要来自中信集团内部,表中为公司主要关联方。

6.6.3　公司与关联方的重大交易事项

6.6.3.1　固有财产与关联方:贷款、投资、租赁、应收账款、担保、其他方式等期初汇总数、本期发生额汇总数、期末汇总数

表 6.6.3.1　　单位:人民币万元

固有与关联方关联交易				
	期初数	借方发生额	贷方发生额	期末数
贷款	—	—	—	—
投资	4,552.22	35,364.64	—	39,916.86
租赁	1,267.16	3,853.91	5,100.63	20.44
担保	—	—	—	—
应收账款	5,087.88	21,884.33	5,109.32	21,862.89
其他	215,414.09	22,345,808.83	22,284,885.90	276,337.02
合计	226,321.35	22,406,911.71	22,295,095.85	338,137.21

6.6.3.2　信托资产与关联方:贷款、投资、租赁、应收账款、担保、其他方式等期初汇总数、本期发生额汇总数、期末汇总数

表 6.6.3.2　　单位:人民币万元

信托与关联方关联交易				
	期初数	借方发生	贷方发生	期末数
贷款	279,946.70	—	202,364.42	77,582.28
投资	316,146.45	700.00	299,000.00	17,846.45

续表

信托与关联方关联交易				
	期初数	借方发生	贷方发生	期末数
租赁	—	—	—	—
担保	—	—	—	—
应收账款	—	—	—	—
其他	—	—	—	—
合计	596,093.15	700.00	501,364.42	95,428.73

注:此外,还包括支付给关联方中信银行的托管费17,025.26万元。

6.6.3.3 固有财产和信托财产之间的交易金额期初汇总数、本期发生额汇总数、期末汇总数

表6.6.3.3 单位:人民币万元

固有财产与信托财产相互交易			
	期初数	本期发生额	期末数
合计	292,818.96	101,234.76	394,053.72

6.6.3.4 信托资产与信托财产之间的交易金额期初汇总数、本期发生额汇总数、期末汇总数

表6.6.3.4 单位:人民币万元

信托资产与信托财产相互交易			
	期初数	本期发生额	期末数
合计	1,067,751.18	469,767.93	1,537,519.11

6.6.4 关联方逾期未偿还本公司资金的详细情况以及本公司为关联方担保发生或即将发生垫款的情况

关联方无逾期不偿还本公司资金情况,本公司无为关联方担保发生或即将发生垫款情况。

6.7 会计制度的披露

本公司固有业务和信托业务均执行财政部2006年颁布的企业会计准则。

7. 财务情况说明书

7.1 利润实现和分配情况

2016年母公司净利润为304,164.52万元,合并净利润为312,245.59万元。

依据《公司法》、《信托公司管理办法》和本公司章程,公司对本年实现的母公司净利润304,164.52万元进行分配,其中:提取10%法定盈余公积金30,416.45万元,提取5%信托赔偿准备15,208.22万元。

7.2 主要财务指标

指标名称	指标值	
	合并	母公司
资本利润率(%)	16.34%	15.99%
人均净利润(单位:人民币万元)	572.85	582.13

注:资本利润率=净利润/所有者权益平均余额×100%。

人均净利润=净利润/年平均人数。

平均值采取期初、期末余额简单平均法。

公式为:a(平均)=(期初数+期末数)/2。

7.3 对本公司财务状况、经营成果有重大影响的其他事项

报告期内,公司没有对财务状况、经营成果产生重大影响的其他事项。

8. 特别事项揭示

8.1 股东报告期内变动情况及原因

报告期内,本公司没有发生股东变动。

8.2 董事、监事及高级管理人员变动情况及原因

2016年5月,公司董事会聘任刘小军为公司副总

经理。

2016 年 6 月,公司股东会选举张宏久担任公司独立董事,姜国华因个人原因不再担任公司独立董事。

2016 年 11 月,公司股东会选举任霞担任公司董事,原拟任董事曹国强因工作原因不再担任公司董事。

2016 年 12 月,包学勤因个人原因辞去公司副总经理职务。

上述新任董事、高级管理人员的任职资格均已获得北京银监局核准。

8.3　变更注册资本、注册地或公司名称、公司分立合并事项

报告期内,注册资本、注册地或公司名称、公司分立合并事项均未发生。

8.4　公司的重大诉讼事项

报告期内,公司无重大诉讼事项。

8.5　公司及其董事、监事和高级管理人员受到处罚情况

报告期内无上述处罚情况。

8.6　银监会及其派出机构对公司进行检查及提出整改意见的情况

报告期内,北京银监局对公司开展了全面内控、净资本管理及“两个遏制、两个加强”回头看现场检查,并结合消费者保护工作对部分业务实施了专项检查。结合检查情况,公司积极梳理业务发展、内控管理等方面工作,认真制订和落实改进优化方案,有针对性地加强项目独立管理、尽职调查、风险提示、过程管理、信息披露、关联交易等方面的规范管理,公司整体风险、合规管控水平得以进一步提升。

8.7　重大事项临时报告情况

报告期内无临时报告。

8.8　其他有必要让客户及相关利益人了解的重要信息

无。

中融国际信托有限公司 2016年年度报告

目 录

1. 重要提示

本公司董事会及董事保证本报告所载资料不存在任何虚假记载、误导性陈述或者重大遗漏，并对其内容的真实性、准确性和完整性承担个别及连带责任。

本公司独立董事保证本报告所载资料不存在任何虚假记载、误导性陈述或者重大遗漏，并对其内容的真实性、准确性和完整性承担个别及连带责任。

没有董事对年度报告内容的真实性、准确性、完整性无法保证或存异议。

天职国际会计师事务所有限公司为本公司出具了无保留意见的审计报告，本公司董事会对相关事项亦有详细说明，请客户及相关利益人注意阅读。

公司董事长刘洋先生、财务总监连晋华先生声明：保证年度报告中财务报告的真实、完整。

2. 公司概况

2.1 公司简介

2.1.1 公司历史沿革

中融国际信托有限公司前身为哈尔滨国际信托投资公司，成立于1987年。2002年5月，根据中国人民银行《关于哈尔滨国际信托投资公司重新登记有关事项的批复》（银复〔2002〕139号），公司重新登记并获准更名为中融国际信托投资有限公司。2004年，公司先后完成两次股权变更工作，原股东哈尔滨市国有资产管理局和哈慈股份有限公司分别将所持有的股份转让给哈尔滨市经济开发投资公司和中植企业集团有限公司。2007年7月，根据中国银监会《关于中融国际信托投资有限公司变更公司名称和业务范围的批复》（银监复〔2007〕295号），公司获准重新登记并取得新的金融许可证，变更公司名称为目前的“中融国际信托有限公司”。

2010年，经纬纺织机械股份有限公司受让中植企业集团有限公司持有的11,700万公司股本，成为公司第一大股东。公司所有股东按出资比例通过现金入股和未分配利润转增形式增资，公司注册资本从32,500万元增加至58,000万元。2011年，除哈尔滨投资集团有限责任公司外的三家股东通过现金入股和未分配利润转增形式增资，公司注册资本从58,000万元增加至147,500万元。2011年末，除哈尔滨投资集团有限责任公司外的三家股东拟通过现金入股形式向公司继续增资，方案获得中国银行业监督管理委员会黑龙江监管局的批准,2013年1月25日,上述股东实际缴纳增资款项共计100,000万元,2013年1月29日,公司完成工商变更登记,注册资本增加至160,000万元。2014年6月,公司将截至2013年末的117,370万元资本公积及322,630万元未分配利润,合计440,000万元,按照公司现有各股东持股比例进行同比例转增注册资本,转增后,各股东持股比例保持不变。截至2016年12月31日,公司注册资本600,000万元。

2.1.2　公司基本情况简介

(1)法定中文名称:中融国际信托有限公司(简称"中融信托",以下称"公司"或"本公司")

(2)法定英文名称:ZHONGRONG INTERNATIONAL TRUST CO., LTD.(缩写:"ZRT")

(3)法定代表人:刘洋

(4)注册地址:黑龙江省哈尔滨市南岗区嵩山路33号

邮政编码:150090

(5)公司国际互联网网址:www. zritc. com

(6)电子邮箱:zritc@ zritc. com

(7)公司信息披露事务负责人:游宇

信息披露事务联系人:朱熹妍

联系电话:010-56679000

传真:010-58878111

电子信箱:zritc@ zritc. com

(8)公司选定的信息披露报纸名称:《金融时报》、《上海证券报》

(9)年度报告备置地点:黑龙江省哈尔滨市松北区科技创新城创新二路277号哈投大厦25层 北京市西城区广安门内大街338号港中旅大厦12层

(10)公司聘请的会计师事务所名称:天职国际会计师事务所

地址:北京市海淀区车公庄西路19号外文文化创意园12号楼

(11)公司聘请的律师事务所名称:中伦律师事务所上海分所

地址:上海市浦东新区世纪大道8号国金中心二期10-11层

2.2 组织结构

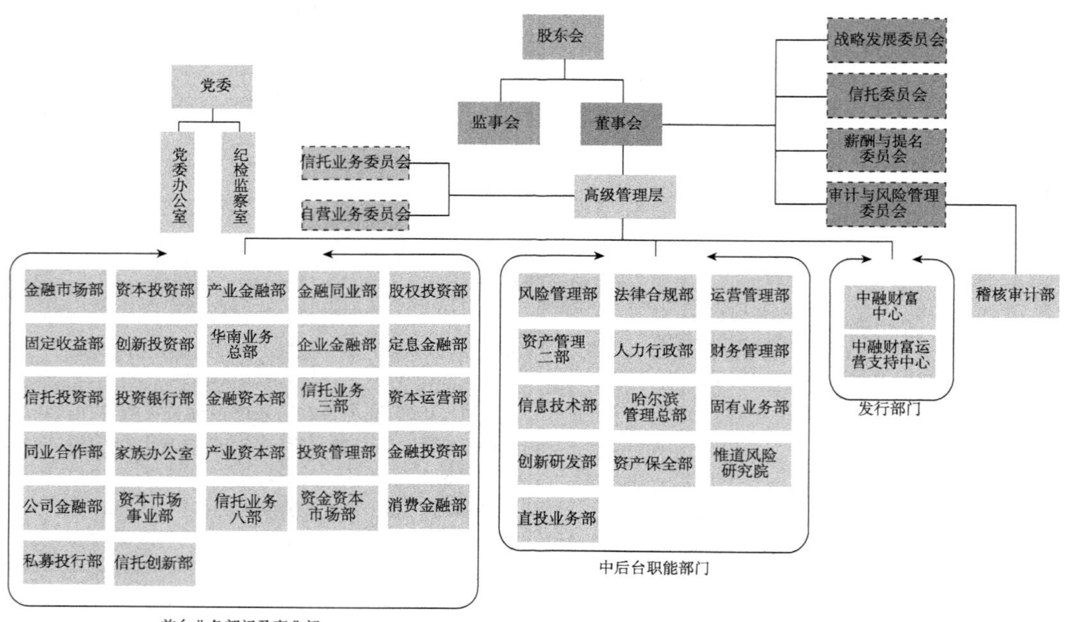

图2.2　公司组织架构

3. 公司治理

3.1　公司治理结构

3.1.1　股东

本年度末,本公司由四家股东共同出资构成,经纬纺织机械股份有限公司为实际控制人。出资比例达10%以上的股东情况如下:

表3.1.1（股东）

股东名称	出资比例	法人代表	注册资本	注册地址	主要经营业务及主要财务情况
★经纬纺织机械股份有限公司	37.47%	叶茂新	70,413万元	北京市北京经济技术开发区永昌中路8号	生产纺织机械、其他机电产品，财务状况良好。
中植企业集团有限公司	32.99%	刘秀坤	500,000万元	北京市朝阳区东四环中路39号A单元1515	资产投资及资产管理，财务状况良好。
哈尔滨投资集团有限责任公司	21.54 %	智大勇	500,000万元	哈尔滨市南岗区汉水路172号	固定资产等项目股权投资，财务状况良好。

注：★号代表本公司最终实际控制人

3.1.2 董事、董事会及其下属委员会

表3.1.2－1（董事长、副董事长、董事）

姓名	职务	性别	年龄	选任日期	所推举的股东名称	所推举的股东持股比例（%）
刘　洋	董事长	男	41	2016－3	经纬纺织机械股份有限公司	37.47%
姚育明	副董事长	男	55	2010－7	经纬纺织机械股份有限公司	37.47%
张向晖	副董事长	女	39	2015－12	经纬纺织机械股份有限公司	37.47%
张　东	董事	男	44	2015－5	经纬纺织机械股份有限公司	37.47%
张宪军	董事	男	42	2015－1	哈尔滨投资集团有限责任公司	21.54%

表3.1.2－1续（董事长、副董事长、董事）

董事简要履历	
刘　洋	自2016年3月起任本公司董事长，曾任中植高科技投资有限公司负责人，上海中植金智科技投资有限公司财务总监，中植企业集团有限公司副总裁兼财务总监，中植企业集团有限公司首席执行官兼财务总监，中融国际信托有限公司董事长、党委书记，中植企业集团有限公司董事局主席。
姚育明	自2010年7月起任本公司副董事长，现任经纬纺织机械股份有限公司总经理，中国恒天集团有限公司党委委员，曾任经纬纺机厂厂长助理兼金融办公室主任，中国纺机集团财务有限公司董事长，内蒙古日信证券有限责任公司董事长，经纬纺织机械股份有限公司常务副总经理。
张向晖	自2015年12月起任本公司副董事长，曾任兴业银行上海分行同业业务部副科长，兴业银行资金营运中心财富管理处副处长、投资银行部发行承销处处长、投资银行部副总经理。
张　东	自2015年5月起任本公司董事，曾任哈尔滨铁路局工程师，天元证券经纪有限公司信息技术部总经理，江海证券经纪有限公司信息技术部副总经理，本公司信息技术部总经理、人力资源部总经理（兼行政管理部总经理）、行政总监、副总裁。
张宪军	自2015年1月起任本公司董事，现任哈尔滨投资集团有限责任公司金融资产管理部部长，曾任哈尔滨投资集团有限责任公司长远发展规划处科长、办公室秘书、办公室副主任、办公室正部级员、董事会办公室主任。

表3.1.2－2（独立董事）

姓名	所在单位及职务	性别	年龄	选任日期	所推举的股东名称	所推举的股东持股比例（%）
李　辉	北京赢动投资有限公司总经理	男	45	2010－7	—	—
李华杰	北京永拓会计师事务所管理合伙人	男	52	2015－8	—	—

表 3.1.2－2 续（独立董事）

独立董事简要履历	
李　辉	自2010年7月起任本公司独立董事，现任北京赢动投资有限公司总经理，曾任联合证券投资银行部高级经理，汉唐证券投资银行部副总经理，银河证券投资银行部业务总监，安信证券投资银行部业务总监，瑞信方正证券有限责任公司企业融资部执行董事。
李华杰	自2015年8月起任本公司独立董事，现任北京永拓会计师事务所管理合伙人，曾任哈尔滨阀门厂财务主管，黑龙江会计师事务所部门经理，黑龙江兴业会计师事务所部门经理，利安达信隆会计师事务所副所长，北京永拓会计师事务所有限责任公司副主任会计师。

表 3.1.2－3（董事会下属专门委员会）

委员会名称	主要职责	委员姓名	职务
战略发展委员会	制定公司经营管理目标和长期战略，监督、检查年度经营计划、投资方案的执行情况；对公司的中长期发展战略规划和其他影响公司发展的重大事件进行研究并提出建议。	刘　洋	主任委员
		姚育明	委员
		张　东	委员
审计与风险管理委员会	对公司重大的投资项目、信托资金运用及中介业务进行风险评估和预测，提出风险防范措施；对公司重大的投资项目、信托计划运作及中介业务的执行情况进行监控；针对业务过程中的异常情况做出预警并及时报告董事会等；提议聘请或更换外部审计机构；监督公司内部稽核审计制度实施情况；审核公司重大财务信息及其披露情况；监督公司资金信托业务过程合规性；审查固有业务关联交易合规性、可能导致的各项风险以及是否符合公司长期发展战略。	李　辉	主任委员
		李华杰	委员
		张向晖	委员
薪酬与提名委员会	制订公司高管人员的考核标准和薪酬标准，对公司高管人员的薪酬及奖励执行情况进行监督、检查并向董事会报告。拟定董事和高级管理人员的选任程序和标准；对董事和高级管理人员的任职资格进行初步审核，并向董事会提出建议。	姚育明	主任委员
		张宪军	委员
		张向晖	委员
信托委员会	对公司开展的信托业务进行监督；督促公司依法履行受托职责，当公司或公司股东利益与受益人利益发生冲突时，保证公司为受益人的最大利益服务。	李华杰	主任委员
		李　辉	委员
		张宪军	委员

3.1.3　监事和监事会

表 3.1.3（监事会成员）

姓名	职务	性别	年龄	选任日期	所推举的股东名称	该股东持股比例（%）
张　磊	监事长	男	45	2016－3	中植企业集团有限公司	32.99%
毛发青	监　事	男	47	2010－7	经纬纺织机械股份有限公司	37.47%
侯春琳	监　事	女	41	2016－3	职工监事	—

表 3.1.3 续（监事会成员）

监事简要履历	
张　磊	自2016年3月起任本公司监事长，曾任北京市税务局海淀分局新技术产业开发试验税务所科员，北京市海淀区国家税务局第九税务所、第四税务所科员，北京市海淀区国家税务局税政管理一科科员，北京市海淀区国家税务局征收管理科副科长、科长、办公室主任，北京市国家税务局第五直属税务分局（大企业税收管理局）党组成员、副局长，北京市国家税务局办公室副主任，中植企业集团有限公司财税管理中心总经理。

续表

监事简要履历	
毛发青	自2010年7月起任本公司监事，现任经纬纺织机械股份有限公司副总经理、财务总监，曾任经纬纺织机械股份有限公司会计室主任、财务部部长。
侯春琳	自2010年3月起任本公司稽核审计部总经理，曾任德勤华永会计师事务所有限公司北京分所高级审计员、审计经理，北京天健会计师事务所有限公司项目经理，宁夏天华会计师事务所有限公司项目经理，宁夏长城须琦机床铸造有限公司会计。

3.1.4 高级管理人员

表3.1.4（高级管理人员）

姓名	职务	性别	年龄	选任日期	金融从业年限	学历	专业
张　东	总裁	男	44	2015－5	18年	本科	焊接工艺及设备专业
游　宇	常务副总裁	男	42	2013－6	19年	硕士	金融管理
胡　猛	副总裁	男	36	2015－5	9年	本科	金融学
刘伟器	副总裁	男	42	2010－2	14年	本科	俄语
金庆浩	副总裁	男	47	2016－11	24年	硕士	工商管理
何志强	副总裁	男	41	2011－10	11年	硕士	工商管理
庚　磊	副总裁	男	32	2016－6	8年	本科	法学
连晋华	财务总监	男	57	2010－6	8年	本科	会计学
黄　威	合规总监	女	42	2010－10	19年	硕士	会计学

表3.1.4续（高级管理人员）

高级管理人员简要履历	
张　东	自2015年5月起任本公司总裁，曾任哈尔滨铁路局工程师，天元证券经纪有限公司信息技术部总经理，江海证券经纪有限公司信息技术部副总经理，本公司信息技术部总经理、人力资源部总经理（兼行政管理部总经理）、行政总监、副总裁。
游　宇	自2013年6月起任本公司常务副总裁，曾任中国银监会非银部副处长。
胡　猛	自2015年5月起任本公司副总裁，曾任德勤会计师事务所高级审计员，中国中化集团财务公司财务主管，公司风险管理部副总经理、直投业务部总经理、资金资本市场部总经理。
刘伟器	自2010年2月起任本公司副总裁，曾任济南发祥置业有限公司董事长，中植企业集团副总裁，哈尔滨市融兴典当行主管会计，上海中融汇投资担保公司财务总监。
金庆浩	自2016年11月起任本公司副总裁，曾任哈尔滨市人民银行金融研究室、调统处科员，人民银行哈尔滨市中心支行调统处科员，人民银行哈尔滨金融监管办事处综合处科员、综合处副主任科员，黑龙江银监局办公室副主任科员、政策法规处副处长、准入处副处长、非银行金融机构监管处处长。
何志强	自2011年10月起任本公司副总裁，曾任北京盟科置业有限公司工程部总经理助理，本公司金融市场部总经理、本公司总裁助理。
庚　磊	自2016年6月起任本公司副总裁，曾任兰鹏律师事务所律师助理，中国人寿财产保险股份有限公司北京市分公司办公室法务主管，本公司合规管理部总经理助理、产业资本部副总经理、信托业务一部副总经理、金融资本部副总经理、总经理。

续表

高级管理人员简要履历	
连晋华	自2010年6月起任本公司财务总监,曾任经纬纺机厂审计室主任,经纬机械集团山西纺织机械有限公司总会计师,经纬纺织机械股份有限公司战略管理部部长。
黄　威	自2010年10月起任本公司合规总监,曾任中国银监会业务创新监管协作部理财业务监管岗主理。

3.1.5 公司员工

表3.1.5(公司员工)

项目		2016年度		2015年度	
		人数	比例	人数	比例
年龄分布	25以下	76	3.92%	114	5.76%
	25-29	598	30.84%	693	35%
	30-39	1044	53.84%	958	48.38%
	40以上	221	11.40%	215	10.86%
学历分布	博士	6	0.31%	10	0.51%
	硕士	601	31.00%	643	32.47%
	本科	1136	58.59%	1112	56.16%
	专科	183	9.44%	197	9.95%
	其他	13	0.67%	18	0.91%
岗位分布	董事、监事及高管人员	18	0.72%	17	0.71%
	自营业务人员	0	0	0	0
	信托业务人员	974	50.23%	1167	58.94%
	其他人员	951	49.05%	799	40.35%

注:自营业务人员是指按照岗位分工,专门或至少主要从事固有资金使用和固有资产管理有关业务的职工;信托业务人员是指按照岗位分工,专门从事或者主要从事信托资金使用和信托资产管理各项业务的职工;对于人力行政部等类似无法明确区分的综合部门归为其他人员。另,董事、监事及高管人员的18人中有4人不包含在正式编制1939人中,岗位分布总人数应为正式编制+编制外董事/监事共计1943人。

3.2 公司治理信息

3.2.1 年度内召开股东会会议情况

本年度,公司股东会共召开了6次会议,包括2015年度股东会会议、2016年五次临时股东会会议。会议召开时间和决议的内容如下:

(1)2016年3月4日,公司召开2016年第一次临时股东会,审议并通过了《关于选举并任命第五届董事会成员及非职工代表监事会成员的议案》。

(2)2016年4月8日,公司召开了2015年度股东会,审议并通过了《2015年度董事会工作报告》、《2015年度监事会工作报告》等议案。

(3)2016年8月25日,公司召开了2016年第二次临时股东会,审议并通过了《2016年上半年董事会工作报告》、《2016年上半年监事会工作报告》等议案。

(4)2016年10月24日,公司召开了2016年第三次临时股东会,审议并通过了《关于转让所持新湖财富投资管理有限公司股权的议案》。

(5)2016年11月14日,公司召开了2016年第四次临时股东会,审议并通过了《关于公司参与设立中国信托登记有限责任公司的议案》、《关于公司增加注册资本的议案》等议案。

(6)2016年12月29日,公司召开了2016年第五次临时股东会,审议并通过了《利润分配方案》、《关于中融基金管理有限公司增资议案》等议案。

3.2.2 董事会及其下属委员会履行职责情况

3.2.2.1 董事会履行职责情况

本年度,公司董事会共召开16次会议,包括2015年度会议、2016年中会议及十四次临时会议。会议召开时间和决议的内容如下:

(1)2016年2月1日,公司召开了第四届董事会第三十二次会议,审议并通过了《关于深圳中融宝晟资产管理有限公司增资的议案》、《关于调整董事会审计与风险管理委员会、薪酬与提名委员会的议案》等议案。

(2)2016年3月4日,公司召开了第四届董事会第三十三次会议,审议并通过了《关于董事会换届选举的议案》、《关于提名李辉先生为公司第五届董事会独立董事候选人的议案》等议案。

(3)2016年3月14日,公司召开了第五届董事会第一次会议,审议并通过了《关于选举刘洋先生担任公司第五届董事会董事长的议案》、《关于第五届董事会下设专业委员会人员组成的议案》等议案。

(4)2016年3月28日,公司召开了第五届董事会第二次会议,审议并通过了《关于设立中融永年资产管理有限公司的议案》、《关于设立睿海投资管理(上海)有限公司的议案》。

(5)2016年3月30日,公司召开了第五届董事会第三次会议,审议并通过了《关于聘任庚磊先生为公司副总裁的议案》。

(6)2016年4月8日,公司召开了第五届董事会第四次会议,审议并通过了《2015年度董事会工作报告》、《2015年度经营管理情况报告》等议案。

(7)2016年5月30日,公司召开了第五届董事会第五次会议,审议并通过了《关于设立中融文化国际投资管理有限公司的议案》、《关于上海长昆投资管理有限公司增资的议案》等议案。

(8)2016年6月4日,公司召开了第五届董事会第六次会议,审议并通过了《关于中融盛誉资产管理有限公司股权转让的议案》、《关于向中国信托业保障基金有限责任公司申请流动性支持的议案》等议案。

(9)2016年6月23日,公司召开了第五届董事会第七次会议,审议并通过了《关于审议公司外派监事工作管理制度的议案》。

(10)2016年8月15日,公司召开了第五届董事会第八次会议,审议并通过了《关于战伟宏先生辞任公司副总裁的议案》。

(11)2016年8月25日,公司召开了第五届董事会第九次会议,审议并通过了《2016年上半年董事会工作报告》、《2016年上半年经营管理情况报告》等议案。

(12)2016年10月24日,公司召开了第五届董事会第十次会议,审议并通过了《关于提议召开2016年第三次临时股东会会议的议案》等议案。

(13)2016年11月11日,公司召开了第五届董事会第十一次会议,审议并通过了《关于聘任金庆浩先生为公司副总裁的议案》。

(14)2016年11月14日,公司召开了第五届董事会第十二次会议,审议并通过了《关于公司参与设立中国信托登记有限责任公司的议案》、《关于公司增加注册资本的议案》等议案。

(15)2016年12月15日,公司召开了第五届董事会第十三次会议,审议并通过了《关于上海瑞扬投资管理有限公司增资的议案》、《关于绍融投资管理(上海)有限公司增资的议案》等议案。

(16)2016年12月29日,公司召开了第五届董事会第十四次会议,审议并通过了《利润分配方案》、《关于中融基金管理有限公司增资议案》等议案。

3.2.2.2　董事会下属委员会履行职责情况

公司董事会下设的战略发展委员会、信托委员会、薪酬与提名委员会、审计与风险管理委员会四个委员会,本年度各委员会履行职责情况如下:

(1)战略发展委员会

本年度,战略发展委员会召开会议2次,审议并通过了《战略发展委员会2015年度工作报告》、《战略发展委员会2016年上半年工作报告》。

(2)信托委员会

本年度,信托委员会召开会议3次,审议并通过了《信托委员会2015年度工作报告》、《信托委员会2016年上半年工作报告》等议案。

(3)薪酬与提名委员会

本年度,薪酬与提名委员会召开会议6次,审议并通过了《关于聘任庚磊先生为公司副总裁的议案》、《薪酬与提名委员会2015年度工作报告》、《薪酬与提名委员会2016年上半年工作报告》、《关于聘任金庆浩先生为公司副总裁的议案》等议案。

(4)审计与风险管理委员会

本年度,审计与风险管理委员会召开会议3次,审议并通过了《审计与风险管理委员会2015年度工作报告》、《审计与风险管理委员会2016年上半年工作报告》等议案。

3.2.2.3　独立董事履行职责情况

公司独立董事严格按照《公司法》、《公司章程》等有关规定,认真履行职责,充分发挥独立董事的独立性作用和专业化优势,积极参加公司董事会及其专门委员会会议,审慎开展对会议议案的审查、审议、表决程序,维护了公司的整体利益和全体股东的合法权益,为董事会科学决策发挥了积极作用。

3.2.3　监事会履行职责情况

3.2.3.1　监事会履职情况

本年度,公司监事会共召开会议4次,会议召开时间和决议如下:

(1) 2016年3月4日,公司召开了第四届监事会第九次会议,审议并通过了《关于监事会换届选举的议案》、《关于提名李华杰先生为公司第五届董事会独立董事候选人的议案》。

(2)2016年3月14日,公司召开了第五届监事会第一次会议,审议并通过了《关于选举张磊先生担任公司第五届监事会监事长的议案》。

(3) 2016年4月8日,公司召开了第五届监事会第二次会议,审议并通过了《2015年度监事会工作报告》、《2015年度内审稽核情况报告》等议案。

(4)2016年8月25日,公司召开了第五届监事会第三次会议，审议并通过了《2016年上半年监事会工作报告》、《2016年上半年内审稽核情况报告》等议案。

3.2.3.2 监事会独立意见

报告期内，公司的决策程序符合国家法律、法规和公司章程及相关制度的规定，建立了比较健全有效的内控制度，董事会全体成员及董事会聘任的高级管理人员认真履行了职责，未发现有违法、违规、违章的行为，也没有损害公司利益、股东利益和委托人利益的行为。公司财务报告真实、客观地反映了公司财务状况和经营成果。

3.2.4 高级管理人员履职情况

公司高级管理人员拥有丰富的经济、金融从业经验，具备从事金融管理的专业知识和能力，熟悉信托业务及监管法规，能够识别公司经营中出现的风险并及时加以预防。报告期内，高级管理人员严格遵守法律法规、监管规章以及公司章程的规定，认真贯彻执行股东会和董事会决议，加快推进业务发展和管理创新，为公司战略转型发展奠定了坚实的基础。

4. 经营管理

4.1 经营目标、方针、战略规划

4.1.1 经营目标

——提供优质服务。以客户需求为导向，加强创新能力建设，提高金融服务水平，满足社会多元化需求，为客户提供一揽子金融解决方案。

——保持盈利能力。推进业务转型，提升研究与创新水平，提高专业化运作能力与市场竞争力，保持公司盈利能力持续稳步增长。

——完善人才建设。继续完善人才体系建设，吸引优秀人才，激发组织活力，不断完善适应未来竞争的架构体系和人才结构。

——扩大公司影响力。努力推动自身与行业转型，积极承担社会责任，扩大信托行业的社会影响力，力争成为行业的标杆企业。

4.1.2 经营方针

公司秉持诚信、包容、创新、高效的价值理念，面向高净值客户与机构客户，提升投融资手段的有效性，改进资产管理水平，提高风险识别、防范与化解能力，规范经营，积极创新，为客户提供更全面便捷的金融服务。

4.1.3 战略规划

为推动业务转型，实现长期可持续发展，公司制定了《2015—2017年战略规划》，设立了“一个目标、三组动力”的实施方案。“一个目标”指公司的总体战略方向是从单纯的“资金提供者”转型成为“综合资产管理者”；“三组动力”指公司业绩增长的动力引擎，实现转型的三大板块，即私募投行业务板块、资产管理业务板块和财富管理业务板块。公司将力争成为业务全面优化、管理大幅提升、创新持续推进的国内一流综合资产管理机构。

4.2 所经营业务的主要内容

4.2.1 经营概况

2016年，公司按照既定的战略转型方案，积极推动私募投行、资产管理、财富管理三大板块业务发展，取得良好的经营效果。截至2016年末，公司合并管理资产8,584.72亿元，其中，自有资产256.51亿元，占2.68%；信托资产6,829.67亿元，占80.59%；子公司受托管理资产1,498.54亿元，占17.46%。公司实现营业总收入67.96亿元。公司净资产128.10亿元，净资本113.28亿元，净资本充足率159.01%，净资本盈余42.04亿元。

4.2.2 信托业务

2016年，公司以转型创新为核心，持续调整并优化业务结构，收缩传统融资类业务，围绕资本市场重点拓展以下四方面业务，一是参与优质企业的PE股权投资；二是开展上市公司定向增发、并购重组等业务；三是参与一二线城市的商业地产投资；四是与商业银行、资产管理公司等金融机构合作，开展主动管理型资产证券化业务。本年度内，存续信托计划914个，受托管理资产6,829.67亿元，规模同比略有增长，业务结构进一步优化，风险整体可控。报告期末，信托资产运用与投向的明细情况见下表。

表4.2.2 信托资产运用与分布表

单位：万元

资产运用	金额	占比	资产分布	金额	占比
货币资产	1,370,640.92	2.01%	基础产业	4,995,322.62	7.31%
贷款	15,400,637.20	22.55%	房地产	3,715,882.56	5.44%
交易性金融资产投资	4,823,218.81	7.06%	证券市场	5,530,981.22	8.10%
可供出售金融资产投资	24,591,308.80	36.01%	实业	25,812,997.17	37.80%
持有至到期投资	—	—	金融机构	27,864,432.01	40.80%
长期股权投资	11,009,443.54	16.12%	其他	377,111.31	0.55%
其他	11,101,477.62	16.25%			
信托资产总计	68,296,726.89	100.00%	信托资产总计	68,296,726.89	100.00%

4.2.3 自营业务

本年度,公司自有资金主要以高流动性的资产形式管理,同时为满足自有资金保值和增值的需要,还在一定范围内进行了投资管理,主要用于交易性金融产品及可供出售金融产品的投资。

表4.2.3 自营资产运用与分布表

单位:万元

资产运用	金额	占比	资产分布	金额	占比
货币资产	1,110,018	43.27%	基础产业		
贷款及应收款	158,590	6.18%	房地产业		
交易性金融资产投资	408,651	15.93%	证券市场	713,921	27.83%
可供出售金融资产投资	602,774	23.50%	实业		
持有至到期投资	0	0.00%	金融机构	206,033	8.03%
长期股权投资	210,101	8.19%	其他	1,645,171	64.14%
其他	74,991	2.92%			
资产总计	2,565,125	100.00%	资产总计	2,565,125	100.00%

4.3 市场分析

4.3.1 有利因素

2016年,全球经济维持缓慢复苏态势,我国各项主要经济指标也呈稳中向好的迹象。"一带一路"建设、IPO提速、新三板分层制、国企改革等重要政策的持续推进,都将为资本市场创造更多投资机会。受政府关注和鼓励的节能环保、文化教育、人工智能高端制造、医疗健康等新兴产业将加速发展。信托作为我国投融资市场的重要力量之一,可充分发挥制度灵活、渠道丰富、产品多样的优势,提升资产管理的专业能力,为实体经济和投资者提供综合性金融服务。具体来说,信托公司可以聚焦股权投资、上市公司定增、并购重组、特定产业投资基金等多种投资方式,积极布局具有较大发展空间和盈利前景的相关行业。

4.3.2 不利因素

"新常态"下,信托行业也面临着一些挑战。一是宏观经济增长压力仍然较大,"三去一降一补"经济政策可能会导致传统信托融资业务风险进一步暴露;二是资管行业参与机构扩容进一步加剧,市场竞争压力显著增加,与券商等金融同业相比,信托公司在资本市场业务规模、操作经验上仍存在一定差距,需要不断提升行业投研能力,强化专业人才队伍建设,提升金融服务质量和水平;三是跨市场风险管理难度加大,随着信托公司业务转型,跨市场、跨行业投资业务增多,交易结构复杂的金融产品对信托公司的风险管控能力提出了新的挑战。

4.4 内部控制

4.4.1 内部控制环境和内部控制文化

公司高度重视内部控制基础建设,旨在实现企业经营管理合法合规、保证企业资产安全、确保财务报告及相关信息真实完整、提高经营效率和效果、促进企业实现发展战略等目标。公司依据财政部等五部委联合颁布的《企业内部控制基本规范》及其配套指引、银监会《商业银行内部控制指引》等法规政策和监管规定,围绕公司内部控制目标,制定了《内部控制制度》。本报告期内,公司严格落实监管要求,以风险识别为导向,信息技术建设为支撑,构建以规章制度体系和内控评价体系为主要内容的内部控制体系。

公司高度重视内部控制体系建设,不断改善内部控制环境,建立了合理的组织架构,职责分工明确,汇报路线清晰;建立了规范的公司治理机制,授权清晰,运作规范;清晰界定了董事会、监事会、高级管理层、各部门在内部控制建立、运行和监督过程中的职能定位;在风险识别的基础上,进一步明确了公司层面和业务管理流程层面各项内部控制要求,将内控责任落实到部门、岗位。

公司十分关注并逐步培育"管理层高度重视、内控人人有责、违规必受追究"的内控文化,积极引进金融同行先进的管理经验,通过不定期开展宣导教育,优化和完善内部控制制度与流程,坚决贯彻内控问责制度等方式,努力培育内部控制文化,内部控制的有效性得到提升。

4.4.2 内部控制措施

4.4.2.1 履行内部控制职能的部门

公司运营管理部项目运营中心负责公司内部控制事前、事中的统筹规划、组织推动、实时监控和定期排查。稽核审计部作为公司内部审计部门,对内部控制履行事后检查监督职能,负责涉及经营目标、业务行为、财务状况及内部控制等多方面的审计与稽核工作。根据公司业务特点和内部控制的需要,科学划分内部控制管理职能、合理配置资源,为内部控制的实施提供了有效保证。

4.4.2.2 内部控制的主要制度、流程和执行情况

公司逐步建立科学、严谨的内部控制体系,持续健全完善内部控制制度体系,进一步完善公司治理制度、加强

企业文化建设，优化内部控制环境；结合业务发展和经营特点，持续健全各类业务制度和操作规程，完善各项业务的内部控制机制。公司内部控制制度体系形成了以《公司内部控制制度》为总体制度，《公司内部控制管理手册》为具体内容，《公司内部控制评价手册》为评价标准的三个层次。公司针对各项业务操作和管理支持工作建立了规范化的规章制度和流程程序，内容涵盖综合管理类、信托业务类、自营业务类、财务管理类、风险管理类、人力资源类、信息技术类、合规审计类。

依据相关制度，梳理各部门岗位具体岗位职责，明确流程中各个节点的审批人的审批要点及审批方式，归纳总结出了覆盖所有业务部门、岗位、业务、项目，内容较为详尽和科学的流程记录，编写了流程手册。内控管理组还会定期将流程优化的成果，汇总至内部控制手册，形成内部控制手册定期升级的长效机制，保证内部控制手册的时效性。公司通过内部控制手册将内部控制在公司经营管理中具体化、制度化，使之在对推动和优化内部控制体系建设中更加有的放矢，成为内部控制建设的有效载体和抓手。

通过本年内控制度的进一步完善，公司已经形成一套健全、完整、合理、有效的内控体系。下一步预计从管理效率入手，在完备的制度的基础上，进一步完善内控体系，补充修订相关制度，提高执行力度，促进公司内控持续改进，以期实现内控体系的完备、高效运转。

4.4.3　信息交流与反馈

公司建立了信息报告、信息披露、信息分享和举报投诉等机制，先后制订了《信托计划信息披露管理办法》、《财务信息使用管理办法》、《关联交易管理办法》、《重大突发事件报告制度》、《新闻宣传管理办法》等，对重要事项的跟踪、报告机制涵盖了报告事项、报告责任主体、报告形式、报告流程、报告频率等内容，并规定重要事项需及时向股东会、董事会、监事会、高级管理层和监管部门报告。本报告期内，根据监管要求，对信托计划的设立、高级管理人员的变更等重要事项，公司均按要求履行了报备或报批程序；对于监管部门提出的意见，均予以及时详细地反馈，并报告了整改措施与落实情况；对于内外部经营管理信息、创新业务和行业研究报告等进行定期收集和分析，并通过网络平台、会议交流等方式实现信息广泛共享；对于不涉及商业秘密、知识产权的信息，均在公司内部网站公开，便于全体员工学习；对客户投诉渠道建设，公司进一步明确各部门职责，加强客服人员专业化培训。公司通过公开信息披露机制，接受社会公众的监督，增进了公司与委托人之间的信息交流和沟通。公司通过搭建全方位的信息交流与反馈平台，加强了运行透明度和反舞弊机制的建设。公司设置了举报途径便捷、处理原则公开、处理程序公正、保护举报人合法权益的举报投诉机制，防止由于隐瞒违规行为而造成的损失扩大或内控缺陷得不到及时整改的情况发生。

本年度累计对19个部门进行了22场现场访谈工作，在充分访谈的基础上，同时开展了有针对性的内控测试工作及需求收集工作。通过对公司内控及风险现状评价工作，以期识别公司可能面临的各项风险，针对公司内部控制现状进行诊断和差距分析，进行管理流程梳理和总结，揭示内部控制缺陷，并提出可行的管理建议，推动公司完善内部控制体系。同时，为公司具体业务条线部门、风险管理部门和高级管理人员的日常工作提供实际参考和指导。

4.4.4　监督评价与纠正

公司建立健全的内部监督评价体系，持续对经营管理及业务运行过程进行全面的监督和评价。公司内部审计部门不断加强制度建设和队伍培养，通过财务审计、内控审计和业务审计，关注公司内控风险、操作风险、合规风险和信托项目实质性风险等，排查公司经营管理中存在的漏洞和不足，提出合理的管理建议，并通过整改追踪审计，对稽核工作中发现的问题及时予以指出并监督整改落实，充分发挥审计部门的监督检查职能。

根据《企业内部控制基本规范》及其配套应用指引的要求，参照《信托公司管理办法》、《商业银行内部控制指引》等制度规定，本年度内审部门完成对公司内部控制评价工作，监视公司内部控制的合理性和有效性，推动内部控制体系的完善，提高公司经营管理水平和风险防范能力。

4.5　风险管理

4.5.1　风险管理概况

4.5.1.1　主要风险

公司在经营中可能遇到的风险主要包括：信用风险、市场风险、操作风险、法律风险、合规风险、声誉风险等。

4.5.1.2　风险管理制度和流程

2016年，公司持续推动业务的战略转型，并根据监管政策导向、市场变化情况、业务转型发展需求等继续强化风险管理制度体系的建立健全工作。公司制定并发布了一系列管理规则和业务标准，重点完善了资本市场业务相关制度规范，完整覆盖事前尽职调查、方案设计，事中风险审查、投资决策、产品风险等级评定及推介，投后项目管理、风险监控、投资退出等各个环节。不断完善的风险管理制度对业务合法合规管理开展起到良好的指引作用。

业务规则方面，公司继续健全和完善风险管理制度体系，新增或修订业务层面的风险管理办法及操作规程15项，并根据各类业务开展情况动态调整业务模式和具体要求，保证业务在风险可控的前提下有效开展。

风险管理机制和流程方面，公司本着不断进取的态度，持续进行创新和优化，推动项目决策机制的专业化发展。年度内，公司对业务系统和流程进行全面梳理和重大优化，弥补流程漏洞，有效提升了流程控制的有效性。

4.5.1.3　风险管理组织结构和职责划分

公司已经建立了比较完善的风险管理组织结构。总裁下设信托业务委员会与自营业务委员会，分别对信托业务和自有业务的重大投融资项目进行集体审议和决策,对项目的各项风险进行严谨的分析和评估,重点发挥事前集体审查作用。

公司的风险管理条线共有6个部门,分别为风险管理部、法律合规部、运营管理部、资产管理二部、资产保全部以及稽核审计部。风险管理条线员工教育背景涵盖金融、会计、法律、管理等,其中大部分员工具有硕士及以上学位。风险管理部是负责信托项目前端风险管理的部门,主要负责信托项目成立前期的全面风险审查和评估,以及制定风险管理相关的政策、制度、操作流程,同时还负责与信托业务相关的项目法律审查、法律风险防范以及项目文本审查工作。法律合规部是法律、合规及声誉风险的专业管理部门,主要负责公司法律事务及合规、声誉风险管理和监管对接工作,为公司在依法、合规的基础上开展各项经营活动以及声誉、品牌形象维护等方面提供规则保障。运营管理部是负责公司信托项目后续风险管理的部门,主要负责存续项目管理、风险排查、证券项目监控等工作,包括与项目有关的各类事项审批、定期风险监测、压力测试、监控措施调整等。资产管理二部负责房地产项目的后续风险管理,通过派驻现场监管人员跟踪项目进展,监测并控制相关风险。资产保全部主要负责推动公司风险项目的资产保全工作,加强相关风险项目的资产保全集中专业化处置,减少资产损失,指导、协调各类法律纠纷案件的处理工作。稽核审计部作为公司内部相对独立的部门,负责经营目标、内部控制及财务管理等各方面的审计与稽核工作。其他管理支持部门的风险管理岗位人员,负责一线具体的风险管理事务,对具体项目的风险进行排查,分析项目进展过程中存在的问题并制定解决对策以及逐级汇报。

4.5.2 风险状况

4.5.2.1 信用风险状况

信用风险是公司存续信托项目面临的主要风险之一,是指交易对手不能或不愿按时履约而对公司业务经营所造成的风险。公司在加强信用风险管理方面严格落实监管政策和指导要求,及时调整和完善各项融资类业务的政策,持续推动制度建设,逐步压缩融资业务规模,严格业务流程标准,强化融资后管理、风险监测、分析、防范和化解。

与投资业务相关的信用风险管理,主要体现在交易对手的履约意愿和履约能力。公司严格按照内部政策及流程对投资进行信用评估,选取具有较高信用资质的交易对手,同时考虑行业发展趋势,从多个维度对投资组合设定风险限额来控制信用风险。

(1)信用风险主要集中领域:根据2016年末的统计,公司融资类信托资产占全部信托资产33.37%,按信贷资产五级分类口径统计,无不良融资类信托资产及不良贷款。

(2)抵押品确认的主要原则:最大限度降低价格变动对第二还款来源造成的不利影响,选择质地优良的证券作为质押物,并根据股票质地设置一定的质押率,如果股价下跌到一定程度,则要求融资方或出质人追加质押;以价格相对稳定的土地和房产作为抵押,一般设置不高于50%的抵质押率;保证贷款要求担保人财务状况、经营效益良好,具备足够的担保能力。

(3)一般准备与专项准备的计提方法:依据《信托公司管理办法》,信托赔偿准备金按净利润5%提取,报告期公司提取信托赔偿准备金11,823.58万元,期末余额67,974.57万元;依据财政部2012年20号文《金融企业准备金计提管理办法》,报告期计提一般风险准备754.58万元,期末余额为14,128.51万元。

4.5.2.2 市场风险状况

市场风险是公开市场金融产品或其他产品价格波动导致公司财产或信托财产遭到损失的可能性。公司市场风险主要涉及证券投资自营业务、信托业务等。

2016年末,证券投资信托资产规模占全部信托资产的8.10%。对于此类业务,公司本着审慎原则,合理配置资产,对于项目的投资范围、杠杆比例、投资限制、分散化要求等进行严格限定,此外,通过结构化安排、预警止损等风险管理机制,以及严密的盯市等管理措施,勤勉、尽职履行受托人职责。公司在积极跟踪项目变化情况的同时,严格按照法律法规规定和交易文件约定,定期向投资者进行信息披露,保障投资者的知情权。

4.5.2.3 操作风险状况

公司面临的操作风险主要表现为公司治理机制、内部流程制度不完善或失效;有关责任人出现失误、或责任心缺失而引起的尽职调查信息偏差、贷后检查不足、信息披露不及时;公司信息系统出现功能性缺陷导致业务无法进行;公司没有充分及时做好尽职调查、持续监控、信息披露等工作,未能及时做出应有反应或做出的反应明显有失专业和常理;公司未能履行勤勉尽责义务或无法出具有效证据证明自己已履行勤勉尽责义务等。

公司及时梳理并优化了项目存续期间的披露流程,提高了项目信息披露工作的效率和准确性,并制定和修订了多项业务管理制度和操作指引,进一步加强了前中后台部门的业务操作规范性。年度内,公司对运营管理部进行了重组,设立项目管理中心、运营管理中心、证券管理中心,明确分工,全面提高对项目信息与数据管理、证券项目阀值控制等操作风险重点管理环节的管控能力。

4.5.2.4 其他风险状况

其他风险主要包括法律风险、合规风险及声誉风险等。法律风险是指因公司违反法律规定、监管协议或者因交易对手产生合同纠纷,致使公司遭受处罚或者诉讼的风险。合规风险是指因公司没有遵循法律、规则和准则而遭受法律制裁、监管处罚、出现重大损失的风险。公司面临的声誉风险是指因缺少声誉应急处理能力、不能妥善处理媒体关系以及未建立声誉风险管理机制而导致声誉损失的风险。目前,公司的法律风险、合规风险及声誉风险均处于较低水平。

4.5.3 风险管理

4.5.3.1 信用风险管理

公司信用风险管理的具体措施包括：一是完善信用风险管理制度管理体系。公司执行标准化的管理流程，覆盖尽职调查、信用评估、风险资本测算、风险审查审批、资金划付以及贷后全程监管的全部环节，业务种类覆盖房地产信托、股权收益权信托、信贷资产转让、信托贷款等不同业务品种。为提高项目审查效率与水平，公司推行了独立审批人制度，聘请行业资深专家组建独立审查团队，对项目进行全面风险审查。与此同时，公司持续对信托业务委员会的评审体系进行完善，提高了项目审批决策的专业性和效率。二是完善信用风险限额管理。为减少单一主体信用恶化对公司的财务影响，降低集中度风险，公司在融资业务领域制定严格的单一主体授信限额管理制度，特别对于"两高一资"与产能过剩行业、房地产行业和政府融资平台的融资需求，严格落实"名单制"和限额管理，引导业务部门关注国家重点建设领域、新兴产业，积极配合公司战略转型和业务调整的战略实施。根据交易对手信用状况，严格控制抵质押率，保证足够的安全边际，合理设置交易结构，确保抵质押品安全可控。三是完善行业研究和准 入机制。严格按照国家宏观调控政策和产业政策导向，研究行业发展趋势、市场机会及风险特征，制定内部行业投融资政策，充分利用客户分类、名单制管理和行业限额等多种手段，严格审查行业和客户的准入资质，防范行业风险。四是加大存续项目信用风险的监控力度。设置科学合理的监控指标，提高监控频度，通过多方面信息的监控和整合，及时掌握交易对手信用状况的变化情况，并根据监控信息采取不同的应对措施，有效防范和化解风险。五是加强投资业务的风险防范措施。为保障投资安全，公司严格按照内部政策及流程对投资进行信用评估，选取具有较高信用资质的交易对手，结合行业发展趋势，从多个维度对投资组合设定风险限额。通过分散投资、前期充分尽调、设置合理投资节点、设置对赌条款等多项措施对信用风险进行防范。

4.5.3.2 市场风险管理

证券投资信托业务的风险管理。运营管理部 - 证券管理中心负责对证券业务市场风险进行管理，实际风险管理严格遵循组合投资、分散风险的原则，制定投资范围、比例，采用逐日盯市方法，实时掌握风险状况；选择经验丰富、业绩优秀的投资顾问，以更好地识别市场变化中的潜在风险；设置科学、操作性强的警戒与止损机制并对其严格执行，确保风险始终处于可控状态。另外，市场风险管理具备较强软硬件基础支持，与57家券商、13家期货公司，108家投资顾问公司合作，拥有48条业务专线，搭建了恒生资管系统、恒生期货资管系统、恒生NTSS系统、铭创资管系统、铭创联合风控系统、恒生估值系统等先进的信息化操作系统和风控系统，重点通过对产品警戒线和止损线进行一对一跟踪监控，及时控制风险。

股权收益权信托、公开市场证券质押融资、投资定向增发业务的市场风险主要体现为所质押或投资标的证券价格的不利变动，从而影响信托计划还款来源的可靠性。公司开展以上业务特别注重降低价格不利变动的影响，采取多种措施进行规避和管控：一是融资类项目选择质地优良、流通性较好的证券作为质押物，投资项目选择经营业绩好、未来有较大成长性的投资标的，以合理价格投资。二是设置合理的质押率、投资安全边际高的标的证券，三是按照证券业务投资标准采用逐日盯市制度实时掌握风险状况，四是设置科学、操作性强的预警与止损机制，对项目进行严格监控。五是强化了对融资人、担保方及标的企业的经营状况、股东及实际控制人信用状况等情况进行监控，及时发现潜在风险，对风险进行有效防范和化解。

4.5.3.3 操作风险管理

随着公司业务转型，资本市场项目日益增多，为了加强资本市场项目风险管理，公司制定了《资本市场项目后续风险管理指引》，为前后台人员进行项目风险管理操作提供了大致的方法和方向。

在公司转型过程中，随着浮动收益项目日益增多，对投资人披露工作日益增多。公司及时梳理并优化了项目存续期间的披露流程，提高了项目信息披露工作的效率和准确性，并先后发布了《信托产品净值官网披露操作指引》、《私募基金信息披露管理办法》等相关制度，提高了披露工作操作的标准化程度，降低了操作风险。

为提高操作风险管理水平，年度内公司重组操作风险的管理部门运营管理部，成立项目管理中心、运营管理中心、证券管理中心，明确分工、缩小管理半径，全面提高对项目成立操作风险控制、后期管理、项目信息与数据管理、证券项目阀值控制等操作风险重点管理环节的管控能力。

4.5.3.4 其他风险管理

(1)法律风险

首先，为进一步提高公司业务类法律审查工作质量，防范法律风险，公司于2016年5月成立了风险管理部法律审查中心(以下简称"法审中心")。法审中心在项目文本审查、法律风险防控、部门间法律事务协作、外部律师管理等各个方面均取得了良好的工作成效。法审中心的成立，一方面继续贯彻前中后期深入项目的全流程法律风险审查，另一方面充分利用法审中心的平台，统一各组审查人的法律审查标准，制定标准化文本和工作流程，及时总结工作要点开展员工培训，极大提高了法律审查工作效率。

其次，公司还特别注重法律制度的建设，本年度内，制定了《法律审查人员工作规范手册》等制度性文件，实现法审工作的制度化、标准化、规范化 。

最后，在外部经济环境和监管政策不断变化的情况下，公司高度重视多重监管、跨市场投资中所面临的法律风险，重视外部律师在项目中的参与，积极防范法律风险。

（2）合规风险

公司充分借鉴银行、证券、保险和信托等行业良好的合规管理经验，参照《商业银行合规风险管理指引》积极稳妥地推进合规管理体系建设。本年度内，公司发布了《资本市场项目后续风险管理指引》、《存续项目风险预警管理办法》、《客户投诉管理办法》、《项目推介行为管理办法》等多项合规制度，补充了合规性风险管理的内涵和外延。公司加强对员工的培训，要求员工合法合规开展各项业务。此外，公司积极配合监管部门工作，确保监管政策得以贯彻落实。

（3）声誉风险

为进一步完善公司的品牌管理和声誉管理，公司建立了纵向报告机制和横向协调机制，有效落实声誉风险管理，做到全面监测、主动防范、有效处理，形成声誉风险防控联动效应。具体措施包括：成立品牌管理组，对品牌使用、信息发布及宣传工作进行统一管理；积极维护媒体关系，保持良好、通畅的媒体关系；提高400客服中心服务水平，同时利用自媒体打造信息发布及客户沟通平台。本年度内，声誉风险管理水平有一定的提升。

4.6 净资本管理情况

截至报告期末，公司净资本风险控制指标情况如下：

指标	期末数（元）	监管指标
净资本	11,327,826,182	≥2 亿元
固有业务风险资本	847,973,199	
信托业务风险资本	6,276,200,278	
信托业务风险资本——附加风险资本	—	
各项风险资本之和	7,124,173,477	
净资本/各项风险资本之和	159.01%	≥100%
净资本/净资产	88.43%	≥40%

4.7 企业社会责任

公司秉持诚信、包容、创新、高效的价值理念，围绕"为客户提供全方位金融服务、为股东创造更大价值、为员工打造积极的职业发展平台"的目标，培育良好的企业文化，维护行业健康积极的社会形象，积极履行行业责任和社会责任。

一是积极践行金融服务实体的功能定位，有效引导社会资金服务于"一带一路"、"京津冀协同发展"等国家发展战略，以投贷联动、股权投资、产业基金等模式积极支持健康医疗、环保科技、新型能源等国家鼓励并扶持的产业，提高产融结合的效益；

二是不断提升资产管理与风险管控能力，公司从2014年末启动业务战略转型，重点拓展资产管理业务和财富管理业务，丰富产品类型，提高为客户量身定制产品的综合金融服务能力，同时根据业务转型进展进一步完善风险管控体系，有效保障信托资产安全；

三是依法履行纳税义务，热心支持社会公益活动，2016年度公司累计纳税约16亿元，自2009年起，我司多次被评为哈尔滨市纳税信用A级企业，并连续多年为西部地区的教育事业提供经济支持，积极履行金融机构的社会责任；

四是维护和保障员工的切身利益，为员工创造便捷的职业培训平台，通过公开公正的职级及薪酬管理体系为员工拓展职业发展平台，同时在保障员工法定福利的基础上，增设补充医疗服务，为员工构建和谐、进取的企业氛围。

5. 报告期末及上一年度末的比较式会计报表

5.1 自营资产

5.1.1 会计师事务所审计意见全文

（全文摘自天职业字〔2017〕8794号审计报告）

中融国际信托有限公司全体股东：

我们审计了后附的中融国际信托有限公司（以下简称"中融信托"）财务报表，包括2016年12月31日的资产负债表及合并资产负债表，2016年度的利润表及合并利润表、所有者权益变动表及合并所有者权益变动表和现金流量表及合并现金流量表以及财务报表附注。

一、管理层对财务报表的责任

编制和公允列报财务报表是中融信托管理层的责任，这种责任包括：（1）按照企业会计准则的规定编制财务报表，并使其实现公允反映；（2）设计、执行和维护必要的内部控制，以使财务报表不存在由于舞弊或错误导致的重大错报。

二、注册会计师的责任

我们的责任是在执行审计工作的基础上对财务报表发表审计意见。我们按照中国注册会计师审计准则的规定执行了审计工作。中国注册会计师审计准则要求我们遵守中国注册会计师职业道德守则，计划和执行审计工作以对财务报表是否不存在重大错报获取合理保证。

审计工作涉及实施审计程序，以获取有关财务报表金额和披露的审计证据。选择的审计程序取决于注册会计师的判断，包括对由于舞弊或错误导致的财务报表重大错报风险的评估。在进行风险评估时，注册会计师考虑与财务报表编制和公允列报相关的内部控制，以设计恰当的审计程序，但目的并非对内部控制的有效性发表意见。审计工作还包括评价管理层选用会计政策的恰当性和作出会计估计的合理性，以及评价财务报表的总体列报。

我们相信，我们获取的审计证据是充分、适当的，为发表审计意见提供了基础。

三、审计意见

我们认为，中融信托财务报表在所有重大方面按照企业会计准则的规定编制，公允反映了中融信托2016年12月31日的财务状况及合并财务状况以及2016年度的经营成果和现金流量及合并经营成果和合并现金流量。

中国·北京

二〇一七年三月二十三日 中国注册会计师：王清峰

中国注册会计师：迟文洲

5.1.2 资产负债表

资产负债表

编制单位：中融国际信托有限公司 **2016年12月31日** 金额单位：元

项目	行次	合并		母公司	
		期末余额	年初余额	期末余额	年初余额
资产：	1				
货币资金	2	11,100,175,309.54	7,734,154,186.97	8,439,764,548.45	7,049,197,270.65
结算备付金	3				
拆出资金	4				
以公允价值计量且其变动计入当期损益的金融资产	5	4,086,514,116.41	6,152,546,921.81	2,658,525,081.24	5,439,249,734.85
衍生金融资产	6				
应收票据	7				
应收账款	8	211,359,361.10	72,867,484.49	111,418,253.88	48,275,167.63
预付款项	9		3,268,431.79		
应收利息	10	38,653,417.99	45,007,209.28	25,800,617.60	43,119,585.83
应收股利	11	55,161,595.19	20,803,274.80	55,161,595.19	20,803,274.80
其他应收款	12	580,723,657.90	236,423,826.64	71,325,557.56	60,104,751.44
买入返售金融资产	13	10,000,000.00	—	—	—
存货	14				
划分为持有待售的资产	15				
发放贷款及垫款	16	700,000,000.00	—	—	—
可供出售金融资产	17	6,027,738,263.73	2,272,304,724.64	479,107,813.66	299,190,710.18
持有至到期投资	18				
长期应收款	19				
长期股权投资	20	2,101,008,100.38	1,647,720,018.19	6,020,669,051.38	3,004,282,272.06
投资性房地产	21				
固定资产净值	22	29,342,491.77	28,944,704.74	17,550,114.04	19,903,939.96
在建工程	23				
固定资产清理	24				
无形资产净值	25	37,659,773.29	32,914,011.88	32,757,142.27	29,676,079.90
开发支出	26				
商誉	27				

续表

项 目	行次	合并		母公司	
		期末余额	年初余额	期末余额	年初余额
长期待摊费用	28	38,713,670.31	37,847,678.12	33,050,859.83	34,954,582.76
递延所得税资产	29	634,195,455.49	567,014,719.73	617,711,686.22	572,897,132.77
其他资产	30				
	31				
资产总计	32	25,651,245,213.10	18,851,817,193.08	18,562,842,321.32	16,621,654,502.83
法定代表人:刘洋		主管会计工作负责人:连晋华		会计机构负责人:汪松	

资产负债表(续)

编制单位:中融国际信托有限公司　　2016年12月31日　　金额单位:元

项 目	行次	合并		母公司	
		期末余额	年初余额	期末余额	年初余额
负债:	33				
短期借款	34	344,422,050.00	—	—	—
拆入资金	35	1,300,000,000.00	1,700,000,000.00	1,300,000,000.00	1,700,000,000.00
以公允价值计量且其变动计入当期损益的金融负债	36				
衍生金融负债	37				
应付票据	38				
应付账款	39	11,983,193.75	5,863,443.50	—	—
预收款项	40	31,157,205.58	72,640,391.61	17,107,474.02	24,067,446.57
卖出回购金融资产款	41				
应付手续费及佣金	42				
应付职工薪酬	43	2,322,024,819.33	1,567,883,595.07	2,139,783,544.57	1,492,331,245.88
应交税费	44	649,811,872.81	498,498,749.54	554,510,062.36	451,760,798.85
应付利息	45	15,104,452.72	9,848,205.57	3,226,666.66	6,195,555.57
应付股利	46	1,200,000,000.00	600,000,000.00	1,200,000,000.00	600,000,000.00
其他应付款	47	281,555,085.63	59,525,493.41	27,346,431.52	17,338,523.30
划分为持有待售的负债	48				
长期借款	49				
应付债券	50	4,990,614,182.88	1,441,923,043.85	—	—
长期应付款	51				
长期应付职工薪酬	52	510,392,911.05	1,010,911,029.88	510,392,911.05	1,010,911,029.88
专项应付款	53				
预计负债	54				

续表

项　目	行次	合并		母公司	
		期末余额	年初余额	期末余额	年初余额
递延所得税负债	55				
其他负债	56				
负债总计	57	11,657,065,773.75	6,967,093,952.43	5,752,367,090.18	5,302,604,600.05
所有者权益(或股东权益):	58				
实收资本	59	6,000,000,000.00	6,000,000,000.00	6,000,000,000.00	6,000,000,000.00
其他权益工具	60				
资本公积	61	234,521,087.48	232,131,386.16	234,337,068.07	230,706,386.16
其他综合收益	62	100,003,674.58	43,779,125.99	22,947,041.09	-132,253.73
其中:外币报表折算差额	63	18,416,998.72	2,255,947.67	—	—
盈余公积	64	1,304,531,098.36	1,068,059,563.20	1,304,531,098.36	1,068,059,563.20
一般风险准备	65	821,030,868.54	695,249,335.63	821,030,868.54	695,249,335.63
未分配利润	66	4,800,581,900.77	3,431,444,594.38	4,427,629,155.08	3,325,166,871.52
归属于母公司所有者权益合计	67	13,260,668,629.73	11,470,664,005.36	12,810,475,231.14	11,319,049,902.78
少数股东权益	68	733,510,809.62	414,059,235.29	—	—
所有者权益总计	69	13,994,179,439.35	11,884,723,240.65	12,810,475,231.14	11,319,049,902.78
负债和所有者权益总计	70	25,651,245,213.10	18,851,817,193.08	18,562,842,321.32	16,621,654,502.83

法定代表人:刘洋　　主管会计工作负责人:连晋华　　会计机构负责人:汪松

5.1.3 利润表

编制单位:中融国际信托有限公司　　**2016 年度**　　金额单位:元

项　目	行次	合并		母公司	
		本期金额	上期金额	本期金额	上期金额
一、营业总收入	1	6,796,129,794.71	6,587,819,030.25	5,522,997,950.59	5,976,694,710.85
利息净收入	2	153,808,410.93	123,721,285.15	138,846,405.87	118,116,237.76
利息收入	3	203,723,549.80	216,267,396.27	188,761,544.74	210,662,348.88
利息支出	4	49,915,138.87	92,546,111.12	49,915,138.87	92,546,111.12
手续费及佣金净收入	5	3,958,391,779.71	4,617,699,794.68	3,774,414,525.89	4,424,055,218.55
手续费及佣金收入	6	3,958,391,779.71	4,617,699,794.68	3,774,414,525.89	4,424,055,218.55
手续费及佣金支出	7				
营业收入	8	954,041,915.46	201,771,770.58		
投资收益(损失以“-”号填列)	9	533,575,306.16	792,093,532.71	480,116,920.74	576,064,868.31
公允价值变动损益(损失以“-”号填列)	10	16,220,745.54	-33,067,269.52		-11,181,422.03

续表

项 目	行次	合并		母公司	
		本期金额	上期金额	本期金额	上期金额
汇兑损益（损失以“-”号填列）	11	474,350.27	901,142.69	474,350.27	531,601.27
其他业务收入	12	1,179,617,286.64	884,698,773.96	1,129,145,747.82	869,108,206.99
二、营业总支出	13	3,421,169,147.62	3,310,402,691.54	2,584,787,253.30	2,936,256,026.31
营业税金及附加	14	118,835,852.43	324,089,716.19	101,297,686.06	303,876,966.78
业务及管理费	15	3,289,657,718.84	2,790,958,685.06	2,483,489,567.24	2,437,486,656.03
资产减值损失	16	12,624,255.60	194,892,403.50		194,892,403.50
营业成本	17	51,320.75	461,886.79		
三、营业利润	18	3,374,960,647.09	3,277,416,338.71	2,938,210,697.29	3,040,438,684.54
加:营业外收入	19	158,123,401.70	98,929,053.04	126,401,051.38	88,285,203.19
减:营业外支出	20	8,418,043.23	4,771,387.38	7,168,925.14	4,587,435.61
四、利润总额	21	3,524,666,005.56	3,371,574,004.37	3,057,442,823.53	3,124,136,452.12
减:所得税费用	22	820,653,559.99	766,166,859.82	692,727,471.90	707,018,917.33
五、净利润	23	2,704,012,445.57	2,605,407,144.55	2,364,715,351.63	2,417,117,534.79
归属于母公司所有者的净利润	24	2,631,390,374.46	2,534,520,938.26	2,364,715,351.63	2,417,117,534.79
少数股东损益	25	72,622,071.11	70,886,206.29	—	—
六、其他综合收益的税后净额	26	58,570,745.29	145,336,883.73	23,079,294.82	106,095,695.81
归属母公司所有者的其他综合收益的税后净额	27	56,224,548.59	149,652,458.52		
(一)以后不能重分类进损益的其他综合收益	28				
其中:1. 重新计量设定受益计划净负债或净资产的变动	29				
2. 权益法下在被投资单位不能重分类进损益的其他综合收益中享有的份额	30				
(二)以后将重分类进损益的其他综合收益	31	56,224,548.59	149,652,458.52	23,079,294.82	106,095,695.81
其中:1. 权益法下在被投资单位以后将重分类进损益的其他综合收益中享有的份额	32				

续表

项　目	行次	合并		母公司	
		本期金额	上期金额	本期金额	上期金额
2.可供出售金融资产公允价值变动损益	33	40,063,497.54	147,291,336.08	23,079,294.82	106,095,695.81
3.持有至到期投资重分类为可供出售金融资产损益	34				
4.现金流量套期损益的有效部分	35				
5.外币报表折算差额	36	16,161,051.05	2,361,122.44		
归属于少数股东的其他综合收益的税后净额	37	2,346,196.70	-4,315,574.79		
七、综合收益总额	38	2,762,583,190.86	2,750,744,028.28	2,387,794,646.45	2,523,213,230.60
归属于母公司所有者的综合收益总额	39	2,687,614,923.05	2,684,173,396.78	2,387,794,646.45	2,523,213,230.60
*归属于少数股东的综合收益总额	40	74,968,267.81	66,570,631.50		

法定代表人:刘洋　　主管会计工作负责人:连晋华　　会计机构负责人:汪松

5.1.4 所有者权益变动表

合并所有者权益变动表

2016 年度

编制单位：中融国际信托有限公司　　　　金额单位：元

项目	行次	归属于母公司所有者权益											少数股东权益	所有者权益合计
		实收资本（或股本）	其他权益工具	资本公积	减：库存股	其他综合收益	专项储备	盈余公积	Δ一般风险准备	未分配利润	其他	小计		
栏次	—	1	2	3	4	5	6	7	8	9	10	11	12	13
一、上年年末余额	1	6,000,000,000.00	—	232,131,386.16	—	43,779,125.99	—	1,068,059,563.20	695,249,335.63	3,431,444,594.38	—	11,470,664,005.36	414,059,235.29	11,884,723,240.65
二、本年年初余额	2	6,000,000,000.00	—	232,131,386.16	—	43,779,125.99	—	1,068,059,563.20	695,249,335.63	3,431,444,594.38	—	11,470,664,005.36	414,059,235.29	11,884,723,240.65
三、本年增减变动金额（减少以“-”号填列）	3	—	—	2,389,701.32	—	56,224,548.59	—	236,471,535.16	125,781,532.91	1,369,137,306.39	—	1,790,004,624.37	319,451,574.33	2,109,456,198.70
（一）综合收益总额	4	—	—	—	—	56,224,548.59	—	—	—	2,631,390,374.46	—	2,687,614,923.05	74,968,267.81	2,762,583,190.86
（二）所有者投入和减少资本	5	—	—	2,389,701.32	—	—		—	—	—	—	2,389,701.32	247,625,965.79	250,015,667.11
1. 所有者投入的普通股	6		—		—	—	—	—	—	—	—	—	250,404,295.59	250,404,295.59
2. 其他权益工具持有者投入资本	7				—	—	—	—	—	—	—	—		—
3. 股份支付计入所有者权益的金额	8		—		—	—	—	—	—	—	—	—		—
4. 其他	9		—	2,389,701.32								2,389,701.32	-2,778,329.80	-388,628.48
（三）专项储备提取和使用	10		—				—					—		—
1. 计提专项储备	11	—	—	—	—	—		—	—	—	—	—		—

续表

项 目	行次	归属于母公司所有者权益											数股东权益	所有者权益合计
		实收资本（或股本）	其他权益工具	资本公积	减：库存股	其他综合收益	专项储备	盈余公积	△一般风险准备	未分配利润	其他	小计		
2. 使用专项储备	12	—	—	—	—	—		—	—	—	—	—		—
（四）利润分配	13							236,471,535.16	125,781,532.91	-1,262,253,068.07		-900,000,000.00	-3,142,659.27	-903,142,659.27
1. 提取盈余公积	14	—	—	—	—	—	—	236,471,535.16	—	-236,471,535.16	—	—	—	—
其中：法定公积金	15	—	—	—	—	—	—	236,471,535.16	—	-236,471,535.16	—	—	—	—
任意公积金	16	—	—	—	—	—	—		—		—	—	—	—
#储备基金	17	—	—	—	—	—	—		—		—	—	—	—
#企业发展基金	18	—	—	—	—	—	—		—		—	—	—	—
#利润归还投资	19	—	—	—	—	—	—		—		—	—	—	—
2. 提取一般风险准备	20	—	—	—	—	—	—	—	125,781,532.91	-125,781,532.91	—	—	—	—
3. 对所有者（或股东）的分配	21	—	—	—	—	—	—	—	—	-900,000,000.00	—	-900,000,000.00	-3,142,659.27	-903,142,659.27
4. 其他	22											—		—
（五）所有者权益内部结转	23	—	—	—	—	—	—	—	—	—	—	—		—
1. 资本公积转增资本（或股本）	24			—	—	—	—	—	—	—	—	—	—	—
2. 盈余公积转增资本（或股本）	25		—	—	—	—	—		—	—	—	—	—	—
3. 盈余公积弥补亏损	26	—	—	—	—	—	—		—		—	—	—	—

续表

项 目	行次	归属于母公司所有者权益											少数股东权益	所有者权益合计
		实收资本（或股本）	其他权益工具	资本公积	减：库存股	其他综合收益	专项储备	盈余公积	△一般风险准备	未分配利润	其他	小计		
4.结转重新计量设定受益计划净负债或净资产所产生的变动	27	—	—	—	—		—	—	—		—	—	—	—
5.其他	28									—		—		—
四、本年年末余额	29	6,000,000,000.00	—	234,521,087.48	—	100,003,674.58	—	1,304,531,098.36	821,030,868.54	4,800,581,900.77	—	13,260,668,629.73	733,510,809.62	13,994,179,439.35

法定代表人：刘洋　　主管会计工作负责人：连晋华　　会计机构负责人：汪松

合并所有者权益变动表

2015 年度

编制单位：中融国际信托有限公司　　金额单位：元

项 目	行次	归属于母公司所有者权益											少数股东权益	所有者权益合计
		实收资本（或股本）	其他权益工具	资本公积	减：库存股	其他综合收益	专项储备	盈余公积	△一般风险准备	未分配利润	其他	小计		
栏 次	—	14	15	16	17	18	19	20	21	22	23	24	25	26
一、上年年末余额	1	6,000,000,000.00	—	232,537,248.16	—	-105,873,332.53	—	826,347,809.72	554,401,639.06	2,179,483,106.17	—	9,686,896,470.58	118,488,603.79	9,805,385,074.37
二、本年年初余额	2	6,000,000,000.00	—	232,537,248.16	—	-105,873,332.53	—	826,347,809.72	554,401,639.06	2,179,483,106.17	—	9,686,896,470.58	118,488,603.79	9,805,385,074.37
三、本年增减变动金额（减少以"-"号填列）	3	—	—	-405,862.00	—	149,652,458.52	—	241,711,753.48	140,847,696.57	1,251,961,488.21	—	1,783,767,534.78	295,570,631.50	2,079,338,166.28
（一）综合收益总额	4	—	—	—	—	149,652,458.52	—	—	—	2,534,520,938.26	—	2,684,173,396.78	66,570,631.50	2,750,744,028.28

续表

项　目	行次	归属于母公司所有者权益											数股东权益	所有者权益合计
		实收资本（或股本）	其他权益工具	资本公积	减:库存股	其他综合收益	专项储备	盈余公积	Δ一般风险准备	未分配利润	其他	小计		
(二)所有者投入和减少资本	5	—	—	-405,862.00	—	—	—	—	—	—	—	-405,862.00	229,000,000.00	228,594,138.00
1.所有者投入的普通股	6		—		—	—	—	—	—	—	—	—	229,000,000.00	229,000,000.00
2.其他权益工具持有者投入资本	7				—	—	—	—	—	—	—	—		—
3.股份支付计入所有者权益的金额	8		—		—	—	—	—	—	—	—	—		—
4.其他	9		—	-405,862.00								-405,862.00		-405,862.00
(三)专项储备提取和使用	10		—				—					—		—
1.计提专项储备	11	—	—	—	—	—		—	—	—	—	—		—
2.使用专项储备	12	—	—	—	—	—		—	—	—	—	—		—
(四)利润分配	13							241,711,753.48	140,847,696.57	-1,282,559,450.05		-900,000,000.00		-900,000,000.00
1.提取盈余公积	14	—	—	—	—	—	—	241,711,753.48	—	-241,711,753.48	—	—	—	—
其中:法定公积金	15	—	—	—	—	—	—	241,711,753.48	—	-241,711,753.48	—	—	—	—
任意公积金	16	—	—	—	—	—	—		—		—	—	—	—
#储备基金	17	—	—	—	—	—	—		—		—	—	—	—
#企业发展基金	18	—	—	—	—	—	—		—		—	—	—	—
#利润归还投资	19	—	—	—	—	—	—		—		—	—	—	—

续表

项 目	行次	归属于母公司所有者权益											数股东权益	所有者权益合计
		实收资本（或股本）	其他权益工具	资本公积	减:库存股	其他综合收益	专项储备	盈余公积	△一般风险准备	未分配利润	其他	小计		
2. 提取一般风险准备	20	—	—	—	—	—	—	—	140,847,696.57	-140,847,696.57	—	—	—	—
3. 对所有者（或股东）的分配	21	—	—	—	—	—	—	—	—	-900,000,000.00	—	-900,000,000.00		-900,000,000.00
4. 其他	22											—		—
（五）所有者权益内部结转	23	—	—	—	—	—		—	—	—		—		-
1. 资本公积转增资本（或股本）	24		—		—	—	—	—	—	—	—	—	—	—
2. 盈余公积转增资本（或股本）	25		—	—	—	—	—		—	—	—	—	—	—
3. 盈余公积弥补亏损	26	—	—	—	—	—	—		—		—	—	—	—
4. 结转重新计量设定受益计划净负债或净资产所产生的变动	27	—	—	—	—		—	—	—		—	—	—	—
5、其他	28											—		—
四、本年年末余额	29	6,000,000,000.00	—	232,131,386.16	—	43,779,125.99	—	1,068,059,563.20	695,249,335.63	3,431,444,594.38	—	11,470,664,005.36	414,059,235.29	11,884,723,240.65

法定代表人:刘洋　　主管会计工作负责人:连晋华　　会计机构负责人:汪松

5.2 信托资产

5.2.1 信托项目资产负债汇总表

表5.2.1

单位：万元

项目	2016年12月31日	2015年12月31日
信托资产：		
货币资金	1,370,640.92	1,790,906.66
交易性金融资产	4,823,218.81	6,449,452.64
买入返售金融资产	326,061.08	578,194.18
应收款项	1,258,396.79	938,067.99
发放贷款	15,400,637.20	15,340,269.24
可供出售金融资产	24,591,308.80	17,807,904.67
长期股权投资	11,009,443.54	10,209,462.27
长期待摊费用	14,384.61	10,916.76
其他资产	9,502,635.14	13,866,680.49
信托资产总计	68,296,726.89	66,991,854.90
信托负债：		
应付受托人报酬	2,309.66	4,852.86
应付托管费	7,176.15	9,009.11
应付受益人收益	500,751.13	383,325.56
应付销售服务费	773.72	1,376.86
其他应付款项	1,012,021.19	969,273.87
其他负债	701,913.76	—
信托负债合计	2,224,945.61	1,367,838.27
信托权益：		
实收信托	65,464,127.76	62,383,798.62
资本公积	646,404.76	2,266,626.49
未分配利润	-38,751.24	973,591.52
信托权益合计	66,071,781.28	65,624,016.63
信托负债和信托权益总计	68,296,726.89	66,991,854.90

5.2.2 信托项目利润及利润分配汇总表

表5.2.2

单位：万元

项目	2016年度	2015年度
营业收入	4,141,495.73	7,067,050.46
利息收入	1,580,719.49	2,106,861.54
投资收益	2,740,067.91	5,160,312.74
公允价值变动收益	-203,010.89	-217,230.99
其他收入	23,719.22	17,107.17

续表

项目	2016 年度	2015 年度
支出	708,943.77	1,257,124.80
受托人报酬	312,425.09	356,064.14
托管费	27,727.68	34,613.77
投资管理费	41,030.26	118,201.43
销售服务费	168,117.07	285,333.80
交易费用	15,029.54	221,865.04
其他费用	144,614.13	241,046.61
信托净利润	3,432,551.96	5,809,925.66
其他综合收益	648,868.45	2,074,994.34
综合收益	4,081,420.41	7,884,920.00
加:期初未分配信托利润	973,591.52	731,707.43
可供分配的信托利润	5,202,042.15	7,643,934.98
减:本期已分配信托利润	5,240,793.39	6,670,343.46
期末未分配信托利润	-38,751.24	973,591.52

6. 会计报表附注

6.1　会计报表编制基准不符合会计核算基本前提的说明

6.1.1　会计报表不符合会计核算基本前提的事项

本公司报告期内会计报表无不符合会计核算基本前提的事项。

6.1.2　纳入合并范围的主要子公司基本情况

表 6.1.2　　单位:万元

序号	名称	注册地	业务性质	注册资本（万元）	实际投资额（万元）	母公司所持有的权益性资本的比例	合并期间
1	北京中融鼎新投资管理有限公司	北京	投资管理	150000	122000	100	全年
2	中融基金管理有限公司	深圳	基金管理	75000	75000	51	全年
3	中融(北京)资产管理有限公司	深圳	资产管理	30000	30000	51	全年
4	上海隆山投资管理有限公司	上海	资产管理	30000	30000	100	全年
5	中融国际控股有限公司	维尔京群岛	资产管理	美元 4400 万	28083.78	100	全年
6	中融国际资本管理有限公司	香港	资产管理	港元 9451.10	7473.27	100	全年
7	中融长河资本投资管理有限公司	上海	资产管理	10000	8000	100	全年
8	北京中融汇智人力资源有限公司	北京	资产管理	1000	1000	100	全年
9	上海长昆投资管理有限公司	上海	资产管理	5000	500	80	全年
10	中融汇兴资产管理有限公司	北京	资产管理	5000	890	80	全年
11	中融大有资本投资管理有限公司	上海	资产管理	10000	1000	80	全年
12	深圳中融丝路资产管理有限公司	深圳	资产管理	5000	1000	80	全年
13	中融汇今资产管理有限公司	上海	资产管理	10000	1000	80	全年
14	中融鼎兴资产管理有限公司	上海	资产管理	5000	500	80	全年

续表

序号	名称	注册地	业务性质	注册资本（万元）	实际投资额（万元）	母公司所持有的权益性资本的比例	合并期间
15	珺敦投资管理(上海)有限公司	上海	资产管理	5000	500	80	全年
16	中融亿成资产管理有限公司	上海	资产管理	10000	500	80	全年

6.2 重要会计政策和会计估计说明

本合并财务报表以公司持续经营假设为基础，根据实际发生的交易事项，按照2006年2月15日财政部颁布的《企业会计准则》及2014年财政部颁布的八项具体准则和一项基本准则的有关规定，并基于以下所述重要会计政策、会计估计进行编制。

6.2.1 计提资产减值准备的范围和方法

1.金融资产减值

除了以公允价值计量且其变动计入当期损益的金融资产外，本公司在每个资产负债表日对其他金融资产的账面价值进行检查，有客观证据表明金融资产发生减值的，计提减值准备。

金融资产发生减值的客观证据，包括下列可观察到的各项事项：

1）发行方或债务人发生严重财务困难；

2）债务人违反了合同条款，如偿付利息或本金发生违约或逾期等；

3）本公司出于经济或法律等方面因素的考虑，对发生财务困难的债务人作出让步；

4）债务人很可能倒闭或者进行其他财务重组；

5）因发行方发生重大财务困难，导致金融资产无法在活跃市场继续交易；

6）无法辨认一组金融资产中的某项资产的现金流量是否已经减少，但根据公开的数据对其进行总体评价后发现，该组金融资产自初始确认以来的预计未来现金流量确已减少且可计量，包括：

①该组金融资产的债务人支付能力逐步恶化；

②债务人所在国家或地区经济出现了可能导致该组金融资产无法支付的状况；

③债务人经营所处的技术、市场、经济或法律环境等发生重大不利变化，使权益工具投资人可能无法收回投资成本；

④权益工具投资的公允价值发生严重或非暂时性下跌；

⑤其他表明金融资产发生减值的客观证据。

本公司对单项金额重大的金融资产单独进行减值测试；对单项金额不重大的金融资产，单独进行减值测试或包括在具有类似信用风险特征的金融资产组合中进行减值测试。单独测试未发生减值的金融资产（包括单项金额重大和不重大的金融资产），应包括在具有类似信用风险特征的金融资产组合中再进行减值测试。已单项确认减值损失的金融资产，不应包括在具有类似信用风险特征的金融资产组合中进行减值测试。

（1）持有至到期投资、贷款和应收款项减值

以成本或摊余成本计量的金融资产将其账面价值减记至预计未来现金流量现值，减记金额确认为减值损失，计入当期损益。金融资产在确认减值损失后，如有客观证据表明该金融资产价值已恢复，且客观上与确认该损失后发生的事项有关，原确认的减值损失予以转回，金融资产转回减值损失后的账面价值不超过假定不计提减值准备情况下该金融资产在转回日的摊余成本。

（2）可供出售金融资产减值

可供出售金融资产的公允价值下跌至可供出售金融资产发生减值时，将原直接计入资本公积的因公允价值下降形成的累计损失予以转出并计入当期损益，该转出的累计损失为该资产初始取得成本扣除已收回本金和已摊销金额、当前公允价值和原已计入损益的减值损失后的余额。

在确认减值损失后，期后如有客观证据表明该金融资产价值已恢复，且客观上与确认该损失后发生的事项有关，原确认的减值损失予以转回，可供出售权益工具投资的减值损失转回计入权益，可供出售债务工具的减值损失转回计入当期损益。

在活跃市场中没有报价且其公允价值不能可靠计量的权益工具投资，或与该权益工具挂钩并须通过交付该权益工具结算的衍生金融资产的减值损失，不予转回。

2.其他资产减值

本公司在每一个资产负债表日检查长期股权投资、固定资产、在建工程、投资性房地产、使用寿命确定的无形资产等长期资产是否存在可能发生减值的迹象。

如果该等资产存在减值迹象，则估计其可收回金额。估计资产的可收回金额以单项资产为基础，如果难以对单项资产的可收回金额进行估计的，则以该资产所属的资产组为基础确定资产组的可收回金额。如果资产的可收回金额低于其账面价值，按其差额计提资产减值准备，并计入当期损益。

可收回金额为资产的公允价值减去处置费用后的净额与资产预计未来现金流量的现值两者之中的较高者。资产的公允价值根据公平交易中销售协议价格确定；不存在销售协议但存在资产活跃市场的，公允价值按照该

资产的买方出价确定;不存在销售协议和资产活跃市场的,则以可获取的最佳信息为基础估计资产的公允价值。处置费用包括与资产处置有关的法律费用、相关税费、搬运费以及为使资产达到可销售状态所发生的直接费用。

上述资产减值损失一经确认,在以后会计期间不予转回。

6.2.2 金融资产四分类的范围和标准

以常规方式买卖金融资产,按交易日会计进行确认和终止确认。金融资产在初始确认时划分为以公允价值计量且其变动计入当期损益的金融资产、持有至到期投资、贷款和应收款项以及可供出售金融资产。初始确认金融资产,以公允价值计量。对于以公允价值计量且其变动计入当期损益的金融资产,相关的交易费用直接计入当期损益,对于其他类别的金融资产,相关交易费用计入初始确认金额。

6.2.2.1 以公允价值计量且其变动计入当期损益的金融资产

包括交易性金融资产和指定为以公允价值计量且其变动计入当期损益的金融资产。

交易性金融资产是指满足下列条件之一的金融资产:①取得该金融资产的目的,主要是为了近期内出售或回购;②属于进行集中管理的可辨认金融工具组合的一部分,且有客观证据表明本公司近期采用短期获利方式对该组合进行管理;③属于衍生工具,但是,被指定且为有效套期工具的衍生工具、属于财务担保合同的衍生工具、与在活跃市场中没有报价且其公允价值不能可靠计量的权益工具投资挂钩并须通过交付该权益工具结算的衍生工具除外。

6.2.2.2 持有至到期投资

是指到期日固定、回收金额固定或可确定,且本公司有明确意图和能力持有至到期的非衍生金融资产。

6.2.2.3 贷款和应收款项

是指在活跃市场中没有报价、回收金额固定或可确定的非衍生金融资产。本公司划分为贷款和应收款的金融资产包括发放贷款和垫款、应收账款、应收利息、应收股利及其他应收款等。

6.2.2.4 可供出售金融资产

包括初始确认时即被指定为可供出售的非衍生金融资产,以及除了以公允价值计量且其变动计入当期损益的金融资产、贷款和应收款项、持有至到期投资以外的金融资产。

6.2.3 交易性金融资产核算方法

符合下述条件之一的金融资产,在初始确认时可指定为以公允价值计量且其变动计入当期损益的金融资产:①该指定可以消除或明显减少由于该金融资产的计量基础不同所导致的相关利得或损失在确认或计量方面不一致的情况;②本公司风险管理或投资策略的正式书面文件已载明,对该金融资产所在的金融资产组合或金融资产和金融负债组合以公允价值为基础进行管理、评价并向关键管理人员报告。

以公允价值计量且其变动计入当期损益的金融资产采用公允价值进行后续计量,公允价值变动形成的利得或损失以及与该等金融资产相关的股利和利息收入计入当期损益。

6.2.4 可供出售金融资产核算方法

可供出售金融资产采用公允价值进行后续计量,公允价值变动形成的利得或损失,除减值损失和外币货币性金融资产与摊余成本相关的汇兑差额计入当期损益外,直接计入所有者权益,在该金融资产终止确认时转出,计入当期损益。

可供出售金融资产持有期间取得的利息及被投资单位宣告发放的现金股利,计入投资收益。

6.2.5 持有至到期投资核算方法

持有至到期投资采用实际利率法,按摊余成本进行后续计量,在终止确认、发生减值或摊销时产生的利得或损失,计入当期损益。

实际利率法是指按照金融资产或金融负债(含一组金融资产或金融负债)的实际利率计算其摊余成本及各期利息收入或支出的方法。实际利率是指将金融资产或金融负债在预期存续期间或适用的更短期间内的未来现金流量,折现为该金融资产或金融负债当前账面价值所使用的利率。

在计算实际利率时,本公司将在考虑金融资产或金融负债所有合同条款的基础上预计未来现金流量(不考虑未来的信用损失),同时还将考虑金融资产或金融负债合同各方之间支付或收取的、属于实际利率组成部分的各项收费、交易费用及折价或溢价等。

6.2.6 股权投资核算方法

1.投资成本的确定

(1)同一控制下的企业合并形成的,合并方以支付现金、转让非现金资产、承担债务或发行权益性证券作为合并对价的,在合并日按照被合并方所有者权益在最终控制方合并财务报表中的账面价值的份额作为其初始投资成本。长期股权投资初始投资成本与支付的合并对价的账面价值或发行股份的面值总额之间的差额调整资本公积(资本溢价或股本溢价);资本公积不足冲减的,调整留存收益。

分步实现同一控制下企业合并的,应当以持股比例计算的合并日应享有被合并方账面所有者权益份额作为该项投资的初始投资成本。初始投资成本与其原长期股权投资账面价值加上合并日取得进一步股份新支付对价的公允价值之和的差额,调整资本公积(资本溢价或股本溢价);资本公积不足冲减的,冲减留存收益。

(2)非同一控制下的企业合并形成的,在购买日按照支付的合并对价的公允价值作为其初始投资成本。

(3)除企业合并形成以外的,以支付现金取得的,按照实际支付的购买价款作为其初始投资成本;以发行权益性证券取得的,按照发行权益性证券的公允价值作为其初始投资成本;投资者投入的,按照投资合同或协议约定的价值作为其初始投资成本(合同或协议约定价值不公允的除外)。

2. 后续计量及损益确认方法

本公司能够对被投资单位实施控制的长期股权投资,在本公司个别财务报表中采用成本法核算;对具有共同控制或重大影响的长期股权投资,采用权益法核算。

采用成本法时,长期股权投资按初始投资成本计价,除取得投资时实际支付的价款或对价中包含的已宣告但尚未发放的现金股利或利润外,按享有被投资单位宣告分派的现金股利或利润,确认为当期投资收益,并同时根据有关资产减值政策考虑长期投资是否减值。

采用权益法时,长期股权投资的初始投资成本大于投资时应享有被投资单位可辨认净资产公允价值份额的,归入长期股权投资的初始投资成本;长期股权投资的初始投资成本小于投资时应享有被投资单位可辨认净资产公允价值份额的,其差额计入当期损益,同时调整长期股权投资的成本。

采用权益法时,取得长期股权投资后,按照应享有或应分担的被投资单位实现的净损益的份额,确认投资损益并调整长期股权投资的账面价值。在确认应享有被投资单位净损益的份额时,以取得投资时被投资单位各项可辨认资产等的公允价值为基础,按照本公司的会计政策及会计期间,并抵销与联营企业及合营企业之间发生的内部交易损益按照持股比例计算归属于投资企业的部分(但内部交易损失属于资产减值损失的,应全额确认),对被投资单位的净利润进行调整后确认。按照被投资单位宣告分派的利润或现金股利计算应分得的部分,相应减少长期股权投资的账面价值。本公司确认被投资单位发生的净亏损,以长期股权投资的账面价值以及其他实质上构成对被投资单位净投资的长期权益减记至零为限,本公司负有承担额外损失义务的除外。对于被投资单位除净损益以外所有者权益的其他变动,调整长期股权投资的账面价值并计入所有者权益。

3. 确定对被投资单位具有控制、重大影响的依据

控制,是指拥有对被投资方的权力,通过参与被投资方的相关活动而享有可变回报,并且有能力运用对被投资方的权力影响回报金额;重大影响,是指投资方对被投资单位的财务和经营政策有参与决策的权力,但并不能够控制或者与其他方一起共同控制这些政策的制定。

4. 长期股权投资的处置

(1)对子公司的长期股权投资,但不丧失控制权的情形

部分处置对子公司的长期股权投资,但不丧失控制权时,应当将处置价款与处置投资对应的账面价值的差额确认为当期投资收益。

(2)股权投资或其他原因丧失了对子公司控制权的情形

部分处置股权投资或其他原因丧失了对子公司控制权的,对于处置的股权,应结转与所售股权相对应的长期股权投资的账面价值,出售所得价款与处置长期股权投资账面价值之间差额,确认为投资收益(损失);同时,对于剩余股权,应当按其账面价值确认为长期股权投资或其它相关金融资产。处置后的剩余股权能够对子公司实施共同控制或重大影响的,应按有关成本法转为权益法的相关规定进行会计处理。

5. 减值测试方法及减值准备计提方法

对子公司、联营企业及合营企业的投资,在资产负债表日有客观证据表明其发生减值的,按照账面价值与可收回金额的差额计提相应的减值准备。

6. 减值测试方法及减值准备计提方法

对子公司、联营企业及合营企业的投资,在资产负债表日有客观证据表明其发生减值的,按照账面价值与可收回金额的差额计提相应的减值准备。

6.2.7 固定资产计价和折旧方法

1. 固定资产确认条件、计价和折旧方法

固定资产是指为生产商品、提供劳务、出租或经营管理而持有的,使用年限超过一个会计年度的有形资产。

固定资产以取得时的实际成本入账,并从其达到预定可使用状态的次月起采用年限平均法计提折旧。

2. 各类固定资产的折旧方法

各类固定资产的使用寿命、预计净残值率和年折旧率如下:

表6.2.7

固定资产类别	预计使用年限	预计净残值率(%)	年折旧率(%)
房屋及建筑物	20年	3	4.85
运输设备	5年	3	19.4
电器设备	3-5年	3	19.4-32.3
电子计算机	3-5年	3	19.4-32.3
其他	3-5年	3	19.4-32.3

预计净残值是指假定固定资产预计使用寿命已满并处于使用寿命终了时的预期状态,本公司目前从该项资产处置中获得的扣除预计处置费用后的金额。

与固定资产有关的后续支出,如果与该固定资产有关的经济利益很可能流入本公司且其成本能可靠地计量,则计入固定资产成本,并终止确认被替换部分的账面价值,除此以外的其他后续支出,在发生时计入当期损益。固定资产装修费用符合资本化条件的,本公司予以资本化。

以融资租赁方式租入的固定资产采用与自有固定资产一致的政策计提租赁资产折旧。能够合理确定租赁期届满时取得租赁资产所有权的在租赁资产使用寿命内计

提折旧,无法合理确定租赁期届满能够取得租赁资产所有权的,在租赁期与租赁资产使用寿命两者中较短的期间内计提折旧。

本公司定期对固定资产的使用寿命、预计净残值和折旧方法进行复核,如发生改变则作为会计估计变更处理。

固定资产出售、转让、报废或毁损的处置收入扣除其账面价值和相关税费后的差额计入当期损益。

6.2.8 投资性房地产

无

6.2.9 无形资产计价及摊销政策

1. 无形资产是指本公司拥有或控制的没有实物形态的可辨认非货币性资产。无形资产按成本进行初始计量。与无形资产有关的支出,如果相关的经济利益很可能流入本公司且其成本能可靠地计量,则计入无形资产成本。除此以外的其他无形项目的支出,在发生时计入当期损益。

2. 使用寿命有限的无形资产自可供使用时起,对其原值在其预计的使用寿命内采用直线法分期平均摊销。本公司定期对无形资产的使用寿命及摊销方法进行复核,如发生变更则作为会计估计变更处理。

3. 使用寿命确定的无形资产,在资产负债表日有迹象表明发生减值的,按照账面价值与可收回金额的差额计提相应的减值准备;使用寿命不确定的无形资产和尚未达到可使用状态的无形资产,无论是否存在减值迹象,每年均进行减值测试。

4. 内部研究开发项目研究阶段的支出,于发生时计入当期损益。内部研究开发项目开发阶段的支出,同时满足下列条件的,确认为无形资产:

(1)完成该无形资产以使其能够使用或出售在技术上具有可行性;(2)具有完成该无形资产并使用或出售的意图;(3)无形资产产生经济利益的方式,包括能够证明运用该无形资产生产的产品存在市场或无形资产自身存在市场,无形资产将在内部使用的,能证明其有用性;(4)有足够的技术、财务资源和其他资源支持,以完成该无形资产的开发,并有能力使用或出售该无形资产;(5)归属于该无形资产开发阶段的支出能够可靠地计量。

6.2.10 长期应收款的核算方法

无

6.2.11 长期待摊费用的摊销政策

长期待摊费用按实际发生额入账,在受益期或规定的期限内分期平均摊销。如果长期待摊的费用项目不能使以后会计期间受益则将尚未摊销的该项目的摊余价值全部转入当期损益。长期待摊费用采用年限平均法按5年摊销。

6.2.12 合并会计报表的编制方法

母公司将其控制的所有子公司纳入合并财务报表的合并范围。合并财务报表以母公司及其子公司的财务报表为基础,根据其他有关资料,按照权益法调整对子公司的长期股权投资后,由母公司按照《企业会计准则第33号—合并财务报表》编制。

6.2.13 收入确认原则和方法

本公司收入主要包括:提供劳务取得的收入、让渡资产使用权取得的收入、投资收益及其他收入。

1. 提供劳务

提供劳务交易的结果在资产负债表日能够可靠估计的(同时满足收入的金额能够可靠地计量、相关经济利益很可能流入、交易的完工进度能够可靠地确定、交易中已发生和将发生的成本能够可靠地计量),采用完工百分比法确认提供劳务的收入,并按已经发生的成本占估计总成本的比例确定提供劳务交易的完工进度。提供劳务交易的结果在资产负债表日不能够可靠估计的,若已经发生的劳务成本预计能够得到补偿,按已经发生的劳务成本金额确认提供劳务收入,并按相同金额结转劳务成本;若已经发生的劳务成本预计不能够得到补偿,将已经发生的劳务成本计入当期损益,不确认劳务收入。

本公司提供劳务取得的收入主要为受托管理资产取得的受托业务佣金、咨询顾问及推荐合格投资人佣金。受托业务佣金是根据受托合同规定的计提方法、计提标准确认应由受托人收取的报酬;咨询顾问及推荐合格投资人佣金是根据合同或协议约定的金额或计算标准确认应由委托方支付的服务费。

收入类型主要包括证券投资类业务收入、股权投资类业务收入、贷款类业务收入、财产权类业务收入、股权收益权类业务收入、浮动业绩报酬收入、基金管理费收入、金融服务业务收入等。具体计算方法如下:

证券投资类业务通常每日按持仓产品市价进行估值,按估值后的资产净值作为基数,乘以受托合同约定的受托报酬率,除以天数,按日计算受托报酬。

股权投资类业务通常期限较长,按照合同约定的到期退出方式不同,以到期收回款项或者溢价回购款项扣除项目存续期间各项费用后计算受托报酬。

贷款类、财产权类、股权收益权类等业务通常按照实收受托规模,乘以受托合同约定的受托报酬率,除以受托报酬年收取次数,均匀计算受托报酬。

浮动业绩报酬通常在项目清算后,根据清算的净收益水平,乘以收益水平对应合同约定的浮动业绩报酬率计算。

基金管理费通常按照受托管理基金的规模,乘以基金合同约定的管理费率,除以管理费年收取次数,均匀计算。

金融服务业务通常根据所提供金融服务的内容,按照合同约定的收费标准计算收费金额。

2. 让渡资产使用权

让渡资产使用权在同时满足相关的经济利益很可能流入、收入金额能够可靠计量时,确认让渡资产使用权的收入。

(1)利息收入按照他人使用本公司货币资金的时间和实际利率计算确定,指本公司发放自营贷款,按期计提利息所确认的收入。

本公司发放的贷款,按期计提利息并确认收入。发放贷款到期(含展期,下同)90天后尚未收回的,其应计利息停止计入当期利息收入,纳入表外核算,原在表内反映的应计利息同时冲销当期损益,转入表外核算。

金融企业往来存款利息收入在收到存款银行结息通知单时确认存款利息收入;拆借利息收入按让渡资金使用权的时间和适用利率计算确定。

金融资产发生减值后,利息收入应当按照确定减值损失时对未来现金流量进行折现采用的折现率作为利率确认计算。

(2)使用费收入按有关合同或协议约定的收费时间和方法计算确定。

3.投资收益

本公司的投资收益指持有长期股权投资产生的收益、金融资产买卖及持有期间产生的收益。长期股权投资,在采用成本法核算时,当被投资单位宣告发放现金股利或分派利润时,本公司确认投资收益;在采用权益法核算时,根据被投资单位实现的净利润或经调整后的净利润计算应享有的份额,确认投资收益;出售或处置长期股权投资是,按所获得的收入与投资账面价值之间的差额确认投资收益。金融资产,买入价与卖出价的差额在扣除相关税费后的余额确认为当期投资收益,持有期间产生的分红或派息确认为当期投资收益。

6.2.14 所得税的会计处理方法

公司所得税的会计核算采用资产负债表债务法核算。

公司根据应税暂时性差异计算的未来期间应交的所得税金额确认为递延所得税负债;以很可能取得用来抵扣可抵扣暂时性差异的应纳税所得额为限,确认由可抵扣暂时性差异产生的递延所得税资产。对已确认的递延所得税资产,当预计到未来期间很可能无法获得足够的应纳税所得额用以抵扣递延所得税资产时,应当减记递延所得税资产的账面价值。在很可能获得足够的应纳税所得额时,减记的金额予以转回。

6.2.15 根据信托合同规定的计提方法、计提标准确认应由信托项目承担的受托人报酬

6.2.16 会计政策变更情况

报告期内,本公司无会计政策变更。

6.3 或有事项说明

报告期内,本公司无相关说明事项。

6.4 重要资产转让及其出售的说明

报告期内,本公司无重要资产转让及其出售。

6.5 会计报表中重要项目的明细资料

6.5.1 自营资产经营情况

6.5.1.1 按信用风险五级分类结果披露信用风险资产的期初数、期末数

表6.5.1.1

单位:万元

信用风险资产五级分类	正常类	关注类	次级类	可疑类	损失类	信用风险资产合计	不良合计	不良率(%)
期初数	811,252					811,252		
期末数	1,268,607					1,268,607		

注:不良资产合计=次级类+可疑类+损失类

6.5.1.2 各项资产减值损失准备的期初、本期计提、本期转回、本期核销、期末数

表6.5.1.2

单位:万元

	期初数	本期计提	本期转回	本期核销	期末数
贷款损失准备	0	0	0	0	0
一般准备	0	0	0	0	0
专项准备	0	0	0	0	0
其他资产减值准备	0	0	0	0	0
可供出售金融资产减值准备	19,489	0	0	0	19,489
持有至到期投资减值准备	0	0	0	0	0
长期股权投资减值准备	0	0	0	0	0
坏账准备	47	1,262	0	0	1,309

6.5.1.3 自营股票投资、基金投资、债券投资、股权投资等投资业务的期初数、期末数

表6.5.1.3

单位:万元

	自营股票	基金	债券	长期股权投资
期初数	19,699.37	635,181.33	—	164,772.00
期末数	61,653.38	652,267.67	—	210,100.81

6.5.1.4 前五名的自营长期股权投资的企业名称、占被投资企业权益的比例、主要经营活动及投资收益情况

表6.5.1.4

单位:万元

企业名称	占被投资企业权益的比例	主要经营活动	投资损益
中国信托业保障基金	13.04%	基金管理服务	11,224.04
哈尔滨农村商业银行股份有限公司	9.90%	银行	4,210.45
中国信托登记有限责任公司	3.33%	信托登记业务	—
中融-中融精选进取3号资产管理计划	15.46%	基金管理服务	18.12
深圳铧融股权投资基金管理有限公司	49.00%	基金管理服务	230.57

注:投资损益是指按照企业会计准则规定,核算股权投资确认损益并计入披露年度利润表的金额。

6.5.1.5 前五名的自营贷款的企业名称、占贷款总额的比例和还款情况

公司期末无贷款余额。

6.5.1.6 表外业务的期初数、期末数;按照代理业务、担保业务和其他类型表外业务分别披露

表6.5.1.6

表外业务	期初数	期末数
担保业务	0	0
代理业务(委托业务)	0	0
其他	0	0
合计	0	0

注:代理业务主要反映因客观原因应规范而尚未完成规范的历史遗留委托业务,包括委托贷款和委托投资。

6.5.1.7 公司当年的收入结构

表6.5.1.7

单位:万元

收入结构	金额	占比
手续费及佣金收入	395,839	56.92%
其中:信托手续费收入	376,429	54.13%
投资银行业务收入		0.00%
利息净收入	15,381	2.21%
其他业务收入	117,962	16.96%
其中:计入信托业务收入部分	105,251	15.13%
营业收入	95,404	13.72%
投资收益	54,980	7.91%
其中:股权投资收益	16,694	2.40%
公允价值变动收益	1,622	0.23%
其他投资收益	36,664	5.27%

续表

收入结构	金额	占比
汇兑损益	47	0.01%
营业外收入	15,812	2.27%
收入合计	695,425	100.00%

注：手续费及佣金收入、利息收入、其他业务收入、投资收益、营业外收入均应为损益表中的一级科目，其中手续费及佣金收入、利息收入、营业外收入为未抵减掉相应支出的全年累计实现收入数。报告年度实现信托业务收入的总额，其中以手续费及佣金确认的信托业务收入金额，以业绩报酬形式确认的信托业务收入金额和以其他形式确认的信托业务收入金额。

6.5.2 披露信托资产管理情况

6.5.2.1 信托资产的期初数、期末数

表6.5.2.1 单位：万元

信托资产	期初数	期末数
集合	38,869,737.39	45,436,914.85
单一	19,282,920.60	17,355,405.09
财产权	8,839,196.91	5,504,406.95
合计	66,991,854.90	68,296,726.89

6.5.2.1.1 主动管理型信托业务的信托资产期初数、期末数

表6.5.2.1.1 单位：万元

主动管理型信托资产	期初数	期末数
证券投资类	3,777,089.67	2,869,016.79
股权投资类	5,732,412.56	5,285,076.17
其他投资类	18,162,880.24	24,391,601.58
融资类	13,013,276.44	15,191,561.86
事务管理类	5,164,720.82	468,960.23
合计	45,850,379.73	48,206,216.63

6.5.2.1.2 被动管理型信托业务的信托资产期初数、期末数

表6.5.2.1.2 单位：万元

被动管理型信托资产	期初数	期末数
证券投资类	3,500,476.51	2,661,964.43
股权投资类	1,198,087.34	1,282,293.43
其他投资类	4,749,672.80	3,505,594.96
融资类	8,018,762.42	7,601,736.38
事务管理类	3,674,476.09	5,038,921.06
合计	21,141,475.17	20,090,510.26

6.5.2.2 本年度已清算结束的信托项目个数、实收信托合计金额、加权平均实际年化收益率

6.5.2.2.1 本年度已清算结束的集合类、单一类资金信托项目和财产管理类信托项目个数、实收信托金额、加权平均实际年化收益率

表6.5.2.2.1 单位：万元

已清算结束信托项目	项目个数	合计金额(万元)	加权平均实际年化收益率
集合类	323	8,223,142.08	5.77%
单一类	181	6,414,748.79	7.83%
财产管理类	380	5,197,871.93	8.36%

注：加权平均实际年化收益率=(信托项目1的实际年化收益率×信托项目1的资产总计+信托项目2的实际年化收益率×信托项目2的资产总计+…信托项目n的实际年化收益率×信托项目n的资产总计)/(信托项目1的资产总计+信托项目2的资产总计+…信托项目n的资产总计)×100%

6.5.2.2.2 本年度已清算结束的主动管理型信托项目个数、实收信托合计金额、加权平均实际年化收益率

表6.5.2.2.2 单位：万元

已清算结束信托项目	项目个数	合计金额(万元)	信托报酬率	加权平均实际年化收益率
证券投资类	179	711,123.92	0.75%	1.14%
股权投资类	23	1,505,896.84	2.85%	10.53%
其他投资类	27	555,025.60	0.99%	-1.29%
融资类	94	4,874,071.82	3.77%	9.65%
事务管理类	330	2,204,311.01	1.44%	10.29%

6.5.2.2.3 本年度已清算结束的被动管理型信托项目个数、实收信托合计金额、加权平均实际年化收益率

表6.5.2.2.3 单位：万元

已清算结束信托项目	项目个数	合计金额(万元)	信托报酬率	加权平均实际年化收益率
证券投资类	4	39,882.84	0.18%	14.74%
股权投资类	11	701,350.00	0.52%	9.94%
其他投资类	42	1,093,819.47	0.89%	10.00%
融资类	124	5,156,720.38	0.45%	7.63%
事务管理类	50	2,993,560.92	0.15%	6.98%

6.5.2.3 本年度新增的集合类、单一类和财产管理类信托项目个数、实收信托合计金额

表6.5.2.3 单位：万元

新增信托项目	项目个数	合计金额(万元)
集合类	114	10,732,271.56
单一类	81	5,917,542.29
财产管理类	17	3,201,110.64
新增合计	212	19,850,924.49
其中：主动管理型	144	13,658,618.33
被动管理型	68	6,192,306.16

6.5.2.4 信托业务创新成果和特色业务有关情况

公司积极调整经营策略，加大创新产品开发和研发团队建设力度，紧跟市场形势，充分挖掘创新产品的潜在机会，以模式创新、风险可控、投资者认可作为产品设计的基础，将产品创新提升到新的战略高度，树立财富管理的品牌优势。

6.5.2.5 本公司履行受托人义务情况及因本公司自身责任而导致的信托资产损失情况

报告期内，本公司严格履行受托人义务，不存在因本公司自身责任而导致的信托资产损失情况。

6.5.2.6 信托赔偿准备金的提取、使用和管理情况

依据《信托公司管理办法》第49条,信托赔偿准备金按净利润之5%提取,公司信托赔偿准备金累计额为公司注册资本20%以上时,可以不再提取。提取的信托赔偿准备金主要用于弥补因管理操作不善而对信托财产造成的损失。报告期公司提取信托赔偿准备金11,823.58万元,期末余额67,974.57万元。报告期内,未出现公司自身责任导致信托资产损失的情况,信托赔偿准备金未曾使用。

6.6 关联方关系及其交易的披露

6.6.1 关联交易方的数量、关联交易的总金额及关联交易的定价政策

表6.6.1

单位:万元

	关联交易方数量	关联交易金额	定价政策
合计	12	1,836,651.89	本公司2016年度发生的关联方交易均根据一般正常的交易条件进行,并以市场价格作为定价依据

6.6.2 关联交易方基本情况

报告期涉及关联交易的关联方情况如下:

关联性质	关联方名称	法定代表人	注册地址	注册资本	主营业务
合并子公司	中融基金管理有限公司	王瑶	深圳市前海深港合作区前湾一路1号A栋201室	75,000万元	基金募集、基金销售、特定客户资产管理、资产管理和中国证监会许可的其他业务。
联营企业	中国信托业保障基金有限责任公司	许志超	北京市西城区闹市口大街9号院1号楼二层201	1150,000万元	受托管理保障基金等经相关部门批准后依批准的内容开展经营活动。
合并子公司	中融汇今资产管理有限公司	高远	中国(上海)自由贸易试验区富特北路211号302部位368室	10,000万元	资产管理、投资管理、投资咨询、资产管理咨询
合并子公司	中融国富投资管理有限公司	张东	深圳市前海深港合作区前湾一路1号A栋201室	10,000万元	资产管理、投资管理、投资咨询
合并子公司	北京中融鼎新投资管理有限公司	张东	北京市石景山区八大处高科技园区西井路3号2号楼268房间	150,000万元	项目投资及资产管理、投资咨询、企业管理咨询。

6.6.3 本公司与关联方的重大交易事项

6.6.3.1 固有财产与关联方关联交易

表6.6.3.1

单位:万元

固有与关联方关联交易				
	期初数	借方发生额	贷方发生额	期末数
贷款				
投资	608,461	131,317	370,493	369,285
租赁		310		
担保				
应收账款				

续表

固有与关联方关联交易				
	期初数	借方发生额	贷方发生额	期末数
其他	170,000	280,765	235,000	124,235
合计	778,461	412,393	605,493	493,520

6.6.3.2 信托资产与关联方关联交易

表6.6.3.2 单位:万元

信托与关联方关联交易				
	期初数	借方发生额	贷方发生额	期末数
贷款	4,870.00	—	—	4,870.00
投资	—	156,058.50	—	156,058.50
租赁	—	—	—	—
担保	—	—	—	—
应收账款	—	—	—	—
其他	—	515.33	—	515.33
合计	4,870.00	156,573.83	—	161,443.83

6.6.3.3 固有财产与信托财产相互交易

表6.6.3.3 单位:万元

固有财产与信托财产相互交易			
	期初数	本期发生额	期末数
合计	0	235,000.00	235,000.00

6.6.3.4 信托项目之间相互交易

表6.6.3.4 单位:万元

信托资产与信托财产相互交易			
	期初数	本期发生额	期末数
合计	51,617.21	660,071.17	711,688.38

6.6.4 关联方逾期未偿还本公司资金的详细情况以及本公司为关联方担保发生或即将发生垫款的详细情况

报告期内,本公司关联交易方没有逾期未偿还本公司资金的情况以及本公司为关联方担保发生或即将发生垫款的情况发生。

6.7 会计制度的披露

本公司执行中华人民共和国财政部2006年2月15日颁布的《企业会计准则》及2014年财政部颁布的八项具体准则和一项基本准则的有关规定。

7. 财务情况说明书

7.1 利润实现和分配情况

2016年共实现利润总额352,467万元,净利润270,401万元,计提盈余公积23,647万元,计提一般风险准备755万元,计提信托赔偿准备金11,824万元。

7.2 主要财务指标

表7.2

指标名称	指标值
资本利润率	21.08%
人均净利润	140.10万元

注:资本利润率=净利润/所有者权益平均余额×100%

人均净利润=净利润/年平均人数

平均值采取年初及各季末余额移动算术平均法。

公式为:$a(平均)=(a_0/2+a_1+a_2+a_3+a_4/2)/4$

7.3 对本公司财务状况、经营成果有重大影响的其他事项

公司2016年第四次临时股东会决议，同意公司出资1亿元参与设立中国信托登记有限责任公司，持股比例3.33%。

8. 特别事项揭示

8.1 前五名股东报告期内变动情况及原因

报告期内，本公司股东没有发生变动情况。

8.2 董事、监事及高级管理人员变动情况及原因

8.2.1 董事变动情况及原因

报告期内，董事离任一人，具体情况如下：

表8.2.1

离任董事情况表			
姓名	前任职位	离任时间	离职原因及内部决议
范 韬	董事长	2016－3	董事换届，2016年第一次临时股东会

8.2.2 监事变动情况及原因

报告期内，监事离任二人，具体情况如下：

表8.2.2

离任监事情况表			
姓名	前任职位	离任时间	离职原因及内部决议
高兴山	监事长	2016－3	监事换届，2016年第一次临时股东会
刘立刚	监事	2016－3	监事换届，2016年第一次临时股东会

8.2.3 高级管理人员变动情况及原因

报告期内，高级管理人员离任一人，具体情况如下：

表8.2.3

离任高级管理人员情况表			
姓名	前任职位	离任时间	离职原因及内部决议
战伟宏	副总裁	2016－8	工作变动，第五届董事会第八次会议

8.3 变更注册资本、变更注册地或公司名称、公司分立合并事项

报告期内，公司注册资本、注册地和公司名称未发生变更，未发生分立合并事项。

8.4 公司的重大诉讼事项

报告期内，本公司没有重大诉讼事项发生。

8.5 公司及其董事、监事和高级管理人员受到处罚的情况

报告期内，本公司及其董事、监事和高级管理人员未发生受到处罚的情况。

8.6 银监会及其派出机构对公司检查后提出的整改意见及公司整改情况

2016年10月，黑龙江银监局对公司开展了“两加强、两遏制回头看”专项现场检查。根据检查情况，银监局对公司提出了完善业务决策机制及关联交易审查机制等监管要求。为切实落实监管意见，公司组织相关部门研究制定整改方案，修订相关管理制度，完善了相关决策程序，优化业务合规管控手段，进一步加强了公司风险管理体系建设，为公司业务的持续健康发展奠定基础。

8.7 本年度重大事项临时报告的简要内容、披露时间、所披露的媒体

报告期内，公司重大事项临时报告的披露媒体为《金融时报》、《证券日报》，本年度合计刊登各类公告一则，具体如下：

表8.7（临时披露重大事项）

披露时间	披露公告名称	披露内容	披露媒体
2016－4－15	中融国际信托有限公司关于董事长变更的公告	经中融国际信托有限公司第五届董事会第一次会议审议通过，选举刘洋先生担任公司董事长。根据《公司章程》的规定，我公司已完成相关工商登记变更手续，公司法定代表人已变更为董事长刘洋先生。我公司保证本公告内容不存在任何虚假记载、误导性陈述或者重大遗漏，并确保公告内容的真实性、准确性和完整性。	《上海证券报》

8.8 银监会及其省级派出机构认定的其他有必要让客户及相关利益人了解的重要信息

报告期内,公司相继得到新闻媒体及社会各方的积极评价,获得主要荣誉如下:

(1)中央国债登记结算有限责任公司颁发“优秀发行人”

(2)银行间市场清算所股份有限公司颁发“基金信托机构类结算业务特别奖”

(3)《经济观察报》“卓越财富管理信托公司奖”

(4)《证券时报》“年度优秀信托公司奖”

(5)《每日经济新闻》“卓越风控能力奖”

(6)《金融时报》“年度最佳财富管理信托公司奖”